Soziologie Visueller Kommunikation

York Kautt

Soziologie Visueller Kommunikation

Ein sozialökologisches Konzept

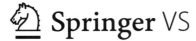

York Kautt
Institut für Soziologie
Justus-Liebig-Universität Gießen
Gießen, Deutschland

Habilitationsschrift, 2015

ISBN 978-3-658-22234-5   ISBN 978-3-658-22235-2   (eBook)
https://doi.org/10.1007/978-3-658-22235-2

Die Deutsche Nationalbibliothek verzeichnet diese Publikation in der Deutschen Nationalbibliografie; detaillierte bibliografische Daten sind im Internet über http://dnb.d-nb.de abrufbar.

Springer VS
© Springer Fachmedien Wiesbaden GmbH, ein Teil von Springer Nature 2019
Das Werk einschließlich aller seiner Teile ist urheberrechtlich geschützt. Jede Verwertung, die nicht ausdrücklich vom Urheberrechtsgesetz zugelassen ist, bedarf der vorherigen Zustimmung des Verlags. Das gilt insbesondere für Vervielfältigungen, Bearbeitungen, Übersetzungen, Mikroverfilmungen und die Einspeicherung und Verarbeitung in elektronischen Systemen.
Die Wiedergabe von allgemein beschreibenden Bezeichnungen, Marken, Unternehmensnamen etc. in diesem Werk bedeutet nicht, dass diese frei durch jedermann benutzt werden dürfen. Die Berechtigung zur Benutzung unterliegt, auch ohne gesonderten Hinweis hierzu, den Regeln des Markenrechts. Die Rechte des jeweiligen Zeicheninhabers sind zu beachten.
Der Verlag, die Autoren und die Herausgeber gehen davon aus, dass die Angaben und Informationen in diesem Werk zum Zeitpunkt der Veröffentlichung vollständig und korrekt sind. Weder der Verlag, noch die Autoren oder die Herausgeber übernehmen, ausdrücklich oder implizit, Gewähr für den Inhalt des Werkes, etwaige Fehler oder Äußerungen. Der Verlag bleibt im Hinblick auf geografische Zuordnungen und Gebietsbezeichnungen in veröffentlichten Karten und Institutionsadressen neutral.

Springer VS ist ein Imprint der eingetragenen Gesellschaft Springer Fachmedien Wiesbaden GmbH und ist ein Teil von Springer Nature
Die Anschrift der Gesellschaft ist: Abraham-Lincoln-Str. 46, 65189 Wiesbaden, Germany

*Kosmologie. Das Äußre ist ein in
Geheimniszustand erhobnes Innre – /
(Vielleicht auch umgekehrt.)
Zwei werden durch den Dritten getrennt und
verbunden.*

Novalis

*Ich hatte mir vorgenommen, zur Nordspitze von
Maine hinaufzufahren, um meine Reise nach Westen
dort zu beginnen. Das würde, so schien mir, der
Reise eine Form geben, und alles in der Welt muß
eine Form haben, sonst lehnt der menschliche Geist
es ab. Aber es muss auch einen Zweck haben, sonst
schreckt das menschliche Gewissen davor zurück.*

John Steinbeck

Inhaltsverzeichnis

1	**Sozialität und Visualität: Traditionslinien eines Forschungsprogramms**...........................	1
2	**Gestaltungen als Symptome des Sozialen – drei Beispiele**	11
	2.1 Teller und Besteck	11
	2.2 Medizinische Ästhetik	15
	2.3 Werbung...	19
3	**Wozu eine Soziologie visueller Kommunikation?**	25
	3.1 Bezugsprobleme.......................................	25
	3.2 Gegenstand...	26
	3.3 Leitfragen und Ziele....................................	29
4	**Zum Begriff der visuellen Kommunikation**	31
	4.1 Visualität	31
	4.2 Kommunikation	34
5	**Kommunikation durch Sichtbarkeit**	43
	5.1 Zum Zusammenhang von Sprache und visueller Kommunikation	43
	5.2 Gestaltung und Gestalt..................................	48
	5.3 Medium und Form	49
	5.4 Zeichen und Symbol	56
	5.5 Darstellung...	61
	5.6 Raumzeitliche Kontextierung.............................	64
	5.7 Inszenierung und Performance	66
	5.8 Picture und Image, Modell und Sujet	68
	5.9 Stil und Stilisierung	70

6	**Form und/als Adaption**.		73
	6.1	Artefakte als Anpassungsphänomene.	74
	6.2	Zum Begriff der Funktion	78
	6.3	Struktur als Umgebung	82
	6.4	Praxis als Umgebung	86
		6.4.1 Praxis als Grundelement des Sozialen	88
		6.4.2 Situative Praxis der Struktur	89
		6.4.3 Implizität und Explizität.	89
		6.4.4 Individualität und Kollektivität	90
		6.4.5 Sozialisation und Praxis.	92
7	**Habitate visueller Kommunikation**.		95
	7.1	Raumzeitliche Konstellation	96
	7.2	Körper	99
		7.2.1 Der Körper als Maßstab des Gestalteten	101
		7.2.2 Der Körper als Zeichenmedium.	102
	7.3	Materialität und Medialität	105
		7.3.1 Materialität und Körper	106
		7.3.2 Materialität und das Spektrum von Medium-Form-Kopplungen	111
	7.4	Emotionen	122
		7.4.1 Emotionen als komplexes Syndrom.	123
		7.4.2 Soziale Ordnung visueller Emotionsexpression	128
		7.4.3 Exkurs: Emotionen und soziokultureller Wandel.	134
	7.5	Macht.	144
		7.5.1 Anthropologische Grundformen der Macht.	145
		7.5.2 Macht und Figuration, Institutionalisierung und Legitimation von Macht.	149
		7.5.3 Anpassungsformen visueller Kommunikation.	152
		7.5.4 Exkurs: Soziokultureller Wandel und Macht.	162
	7.6	Wissen	167
		7.6.1 Wissen und Lebenswelt	168
		7.6.2 Wissen als Rahmen	172
	7.7	Kollektive Identitäten.	177
		7.7.1 Gender	184
		7.7.2 Schichtung und Status	191
		7.7.3 Kultur.	208

7.8	Kommunikative Gattungen und Funktionssysteme		219
	7.8.1	Werbung	221
	7.8.2	Berichte, Dokumentation	223
	7.8.3	Kunst	227
	7.8.4	Wissenschaft und Bildung	231
	7.8.5	Wirtschaft	233
	7.8.6	Recht	235

8 Methodologische Schlussfolgerungen: Sozialökologie visueller Kommunikation 239
    8.1   Ökologie des Sozialen 239
    8.2   Genealogie und Anti-Genealogie 243
    8.3   Theorie und Empirie 246
    8.4   Daten 248
    8.5   Forschungsprozesse 250
    8.6   Sozialökologische Reflexivität 253

Literatur 259

Sachverzeichnis 291

Sozialität und Visualität: Traditionslinien eines Forschungsprogramms

Artefakte gehören seit der frühesten Kulturgeschichte zu den Lebenswirklichkeiten des Menschen. Kleidung, Schmuck, Kultobjekte, Gebrauchsgegenstände, Behausungen, Bilder und viele Dinge mehr erlangen seit jeher ihre Zweckmäßigkeit nicht nur durch ihre Materialität und ihren praktischen Nutzen, sondern auch – und damit zusammenhängend – über ihre sinnhaften Bedeutungen. Die visuelle Erscheinungsform gestalteter Dinge hat hieran wesentlich Anteil. Obwohl das sichtbare Design von Artefakten nicht die Sprache des gesprochenen und gedruckten Wortes spricht, ist es integrales Moment des von Menschen gesponnenen und fortwährend geknüpften Netzes von Bedeutungen, das man, eine Metapher von Clifford Geertz aufgreifend, als die soziale Wirklichkeit verstehen kann.[1] Ja das visuell Gestaltete ist neben und mit der Sprache in besonderer Weise eine treibende Kraft der Entwicklung sozialer Wirklichkeiten, weil es, im Unterschied zu kognitiven Prozessen (Gedanken, Fantasien, Vorstellungen), intersubjektiv verfügbar ist. Wie sprachliche Mitteilungen gehören Artefakte zu den empirisch beobachtbaren Konstituenten des Sozialen.

Verständlicherweise machen unterschiedliche Fachwissenschaften die Beziehungen von Sozialität und Visualität seit langem zum Thema. Für die *Geschichtswissenschaft* etwa sind soziale, kulturelle und gesellschaftliche Gegebenheiten

---

[1]Geertz (1983, S. 29 [1973]) lehnt seine Formulierung an Max Webers Definition von Kultur als „ein vom *Menschen* aus mit Sinn und Bedeutung bedachter endlicher Ausschnitt aus der sinnlosen Unendlichkeit des Weltgeschehens" an (Weber 1982, S. 180 [1904], Hervorhebung im Original). Zur Reflexion des Kulturbegriffs für vorliegende Arbeit vgl. Abschn. 7.7.3.

schon immer Ausgangspunkte der Untersuchung des Ästhetischen. Ihre Analysen visueller Repräsentations- und Erinnerungskulturen gründen oftmals – der langandauernden Dominanz von Oberschichten in stratifizierten Gesellschaften entsprechend – in der Auseinandersetzung mit Macht und Herrschaft.[2] Aber auch Studien zur Sozialgeschichte des Alltagslebens reflektieren auf gestaltete Sichtbarkeiten.[3] Ähnliches gilt für die *Kulturwissenschaften.* Schon Jakob Burckhardts Klassiker „Die Kultur der Renaissance in Italien" (1860) verknüpft die Analyse des Artifiziellen, z. B. des Landschaftsbildes oder der Kleidermode, mit der Untersuchung soziokulturellen Wandels.[4] Weiterhin spielt in der *Kunstgeschichte* bzw. der *Kunstwissenschaft* das Soziale seit langem eine tragende Rolle. Aby Warburg gilt u. a. deshalb als eine der Schlüsselfiguren der modernen Kunstwissenschaft, weil er verschiedenste Phänomene des Bildlichen dies- und jenseits der Kunst in den Zusammenhang von Kultur und Gesellschaft stellt.[5] Die (Re-)Konstruktion der Zentralperspektive in der frühen Neuzeit als „symbolische Form" (Panofsky (1980 [1927])) und die Beschreibung einer damit einhergehenden „Rationalization of Sight" (Ivins 1938) vor dem Hintergrund gesellschaftlicher Entwicklungen (Wissenschaft, Technik- und Medienwandel u. a.) sind weitere Beispiele einer auf soziokulturelle Entwicklungen Bezug nehmenden Kunstwissenschaft. Auch wenn sich diese der Frage zuwendet, inwiefern Generationen die Kunst bedingen, fungiert das Soziale als Erklärungshorizont.[6] Selbiges gilt für Untersuchungen zur künstlerischen Herstellung, Demonstration und Aufrechterhaltung von Macht. Die Inszenierungsformen des Politischen,[7]

---

[2]Vgl. z. B. Althoff (2003); zu einem Überblick auch Köstler/Seidl (Hrsg. 1998).

[3]Man denke z. B. an die Untersuchungen der Annales-Schule (vgl. Ariès/Duby/Veyne 1989).

[4]Insbesondere Macht (Herrschaftshäuser und Papsttum), Religion und Wissenschaft sind hier relevante Bezugsgrößen.

[5]Der Versuch der Dechiffrierung von kulturgebundenen wie einzelne Kulturen transzendierenden „Pathosformeln" (2001) und mythologischen (Bild-)Narrationen des Projekts „Mnemosyne" (Warburg 2003) belegen dies ebenso eindrucksvoll wie die Studie zum „Schlangenritual" (vgl. Warburg (2011 [1938]), die die Analyse ästhetischer Formen (Körperbemalungen, Tänze, Architektur u. a.) einbindet in die Untersuchung von Ritualen, Zeremonien und anderen Praxisformen und daher unter theoretischen wie methodologischen und methodischen Gesichtspunkten weniger an eine kunstwissenschaftliche Untersuchung im traditionellen Sinne, denn an eine ethnografische Feldstudie erinnert.

[6]Vgl. Pinder (1949 [1926]).

[7]Vgl. Baxandall (1972), Bredekamp (1975), Warnke (1992).

der Streit um Bilder im Spannungsgefüge von Idolatrie und Ikonoklasmus[8] oder das bildbezogene Strafen im Recht[9] sind gut erschlossene Themen unter anderen.

Bemerkenswert ist weiterhin die *Semiotik,* die verschiedenste Artefakte im Rahmen einer allgemeinen Zeichentheorie beschreibt und dem Sozialen, Kulturellen und Gesellschaftlichen eine formgebende Bedeutung zugesteht.[10] Nicht zu vergessen die *Ethnologie.* Sie nutzt Fotografien von Anbeginn nicht nur als eigenwertiges Dokumentationsmedium in der Feldforschung,[11] sondern versteht Bilder schon seit längerem als Zeugnisse eines Erfahrungszusammenhangs zwischen Lebenswirklichkeit und medialer Darstellung.[12] Unter dem Namen der Volks- bzw. *Völkerkunde* wendet sie sich zudem früh der Alltagsästhetik in ihren sozialen (kulturellen, gesellschaftlichen) Bedeutungsgefügen zu.[13] Auch die *Designtheorie*[14] oder die *Kommunikations-* und *Medienwissenschaft* reflektieren auf die Gesellschaft. Das Verdienst der Letzteren ist es unter anderem zu zeigen, dass und inwiefern Medientechniken Wahrnehmungen und visuell basierte Sinnkonstruktionen beeinflussen und soziale Wirklichkeiten bedingen.

---

[8]Vgl. Warnke (Hrsg. 1988), Bredekamp (2010, S. 192–230), Warnke/Fleckner/Ziegler (Hrsg. 2011).

[9]Vgl. Bredekamp (2010, S. 197–203), Vismann (2007).

[10]Insbesondere im Kontext der Kultur- und Mediensemiotik steht das Visuelle schon länger im Fokus (vgl. Barthes (1964), Eco (1977)). Zu einem Überblick semiotischer Bild-Konzepte siehe Nöth (2000, S. 508–551). Zur Frage nach der genuin kulturellen Bedeutung von Bildern im Anschluss an semiotische Modelle vgl. Schelske (1997).

[11]Vgl. z. B. die klassischen ethnologischen Studien von Malinowski (1929) und Bateson/Mead (1942). Fotos und Filme werden hier als Aufzeichnungs- und Speicher-Medien von (Feld-)Daten genutzt (zu einer kritischen Darstellung der kolonialistischen Perspektive ethnografischer Forschung Hägele (2011); zu einem Überblick vgl. Ball/Smith (1992), Petermann (2000), Pink (2001). Zur Geschichte der Visual Anthropology zwischen 1860–1920 vgl. Edwards (Hrsg. 1994)). Auch die Ethnomethodologie bezieht Visualität früh in ihre Methoden und Methodologien ein (z. B. Jalbert Hrsg. 1999; Goodwin 2001).

[12]Klassische Studien sind z. B. Chalfen (1987) und Worth/Adair (1972); zu einem Überblick vgl. Schändlinger (1997). Eine neuere Entwicklung sind z. B. die „Performativen Sozialwissenschaften" (vgl. Denzin 2008). Auch bildbezogene Befragungstechniken wie das „Photo-Interview" (vgl. Wuggenig 1990) nutzen Bilder als Darstellungs- und Reflexionsmedien des Sozialen.

[13]Z. B. mit dem Konzept der „Dingbedeutsamkeit"; zu einem Überblick vgl. König (2003); siehe weiterhin Gerndt/Haibl (Hrsg. 2005), Hörning (2001) und die Beiträge in Miller (Hrsg. 2009).

[14]Vgl. z. B. Selle (1993; 1997) und Krippendorf (2006). Zu den Designwissenschaften als Wissenskulturen vgl. Mareis (2011).

Marshall McLuhans Studien zu den Medien Fotographie, Film und Fernsehen (1970 [1964]) oder auch Jonathan Crarys Untersuchung zu den „Techniken des Betrachters" (1996 [1992]) sind hierfür Beispiele.[15] *Mediensoziologische* Untersuchungen weisen hierzu eine Nähe auf, indem sie z. B. visuelle Medien als spezifische Konstituenten des Sozialen und Triebkräfte soziokulturellen Wandels rekonstruieren.[16]

Im angloamerikanischen Sprachraum formiert sich seit einigen Dekaden der Forschungsbereich *Visual Culture*.[17] Als „Visual Studies" folgen sie den Perspektiven der Cultural Studies und stellen die (Re-)Konstruktion machtbedingter Praktiken in den Mittelpunkt, die Blick-, Seh- und Bilder-Ordnungen generieren und damit festlegen, was Bilder sind, welche Interpretationen sich durchsetzen und welche Formen von Repräsentativität dominieren.[18] Untersuchungen zu den Beziehungen von visueller Kultur und Klasse,[19] Ethnizität,[20] Gender,[21] (Post-)Kolonialismus[22] oder sozialen und künstlerischen Bewegungen[23] geben hierfür Beispiele. In ihrem Fokus auf die (Re-)Produktion von Hegemonie und

---

[15]Zu medienwissenschaftlichen Auseinandersetzungen mit Phänomenen der Bildlichkeit vgl. weiterhin z. B. Baudrillard (1978; 1982), Flusser (1996), Keppler (2006), Virilio (1989). Zu einem Überblick über kommunikations- und medienwissenschaftliche Ansätze auch Müller und Geise (2015) sowie Lobinger (2012).

[16]Zur Reflexion von „Image" als Phänomen der Gegenwartsgesellschaft in Beziehung zu Bildmedienentwicklungen vgl. Kautt (2008); zu einer Übersicht über Fragestellungen und Themen der Filmsoziologie vgl. z. B. Winter (1992), Schroer (Hrsg. 2008), Heinze/Moebius/Reicher (Hrsg. 2012).

[17]Vgl. Gattegno (1969), Bryson/Holly/Moxey (Hrsg. 1994), Jenks (Hrsg. 1995), Bird et al. (Hrsg. 1996), Burgin (1996), Mirzoeff (Hrsg. 2012), Barnard (1998), Evans/Hall (Hrsg. 1999), Heywood/Sandywell (Hrsg. 1999), Sturken/Cartwright (2009), Crouch/Lübbren (2003).

[18]Eine frühe Variante der Visual Studies kann daher in kunstgeschichtlichen Untersuchungen gesehen werden, die Kunstwerke (inklusive ihrer Herstellung und Rezeption) sozialgeschichtlich kontextieren (vgl. exemplarisch Baxandall 1972).

[19]Eine bahnbrechende Arbeit in diese Richtung ist die Studie über „die sozialen Gebrauchsweisen der Photographie" von Bourdieu u. a. (1983 [1965]). Sie zeigt, wie Inszenierungsformen und Diskursivierungen des Mediums in gruppenspezifische soziale Wirklichkeiten eingebunden sind, die ihrerseits durch die Kräfteverhältnisse der Klassen strukturiert werden. Vergleichbare Ansätze finden sich auch in der Kunstsoziologie (vgl. Paulsson 1955).

[20]Vgl. Doy (2000), Hieber (2008a).

[21]Vgl. Jones (2003), Carson/Pajaczkowska (2001).

[22]Vgl. Avermaete/Karakayali/von Osten (Hrsg. 2010).

[23]Vgl. Hieber/Villa (2007), Hieber (2008b), Schober (2009).

Gegenmacht im Feld der Sichtbarkeiten unterhalten die Studien eine Nähe zum traditionsreichen geschichts-, kunst- und bildwissenschaftlichen Forschungsprogramm der politischen Ikonografie.[24]

Gerade auch die *Wissenssoziologie* hat einen erheblichen Beitrag zur (Re-)Konstruktion des Zusammenhangs von Bildlichkeit und Sozialität geleistet. Sie zeigt, dass und inwiefern Wissensformationen innere und äußere Bilder bedingen, wie Wissen und soziale Wirklichkeiten verschränkt sind und welche Bedeutung der Entwicklung von „Sehgemeinschaften" (Raab 2008) zukommt.[25] Mit den Theoriemitteln der Wissenssoziologie sind zudem musterförmige visuelle Kommunikationsmodi als Lösungsmechanismen sozialer Probleme identifiziert und als „kommunikative Gattungen" (Luckmann 1986) beschrieben worden.[26] Auch die *Science-and-Technology-Studies* und die *Aktor-Network-Theory* dechiffrieren Wissen und Wissenschaft als maßgebliche Gestaltungskräfte des Visuellen, indem sie unterschiedlichste Artefakte (Diagramme, Tabellen, Röntgenbilder uvm.) als Episteme beschreiben, die an der Konstruktion wissenschaftlicher Realität und deren Durchsetzung in der Gesellschaft Anteil haben.[27]

Die *Mikrosoziologie* indessen rückt die Interaktionsordnung als Stellgröße visueller Performativität in den Vordergrund. Hervorzuheben sind hier insbesondere die Arbeiten Erving Goffmans. Er hat nicht nur den Körper als ein Darstellungsmedium sozialer Kategorien, Identitätsformen und Beziehungsverhältnisse rekonstruiert, sondern zudem gezeigt, dass und inwiefern die Gestaltung materialer Umgebungen zum „Impression-Management" von Akteurinnen und Akteuren und zur Definition von Situationen beiträgt.[28] Sein dramaturgischer Ansatz bezieht sich mit Begriffen wie „Bühne", „Kulisse", „Fassade" u. a. auf visuelle Sinntatsachen und lässt sich in verschiedenen Zusammenhängen für eine Soziologie visueller Kommunikation nutzen. Von großer Relevanz ist zudem seine Beschreibung eines „rituellen Idioms" der Geschlechter,

---

[24]Insofern ist es nur konsequent, dass kunstwissenschaftliche Beiträge in sozialwissenschaftlichen Bänden zu Themen wie „Iconic Power" (Alexander/Bartmanski/Giesen Hrsg. 2012) zu finden sind. Zur kunstgeschichtlichen Ikonografie des Politischen vgl. Warnke (1992). Dass im politischen Anspruch jenseits deskriptiver oder verstehender Perspektiven ein besonderes Merkmal der Cultural Studies im Reigen kultursoziologischer Konzepte zu sehen ist, pointiert Albrecht (2002, insb. S. 22–26).

[25]Vgl. Raab (2008), Schnettler (2007), Bohnsack (2007).

[26]Vgl. Knoblauch/Raab (2002).

[27]Vgl. z. B. Latour/Woolgar (1979), Knorr Cetina (1999), Pauwels (Hrsg. 2006).

[28]Vgl. z. B. Goffman (1969, 1986).

die die Prägekraft von Gender-Codes im „every day life" ebenso offenlegt wie im Kontext massenmedialer Inszenierungen (vgl. Goffman 1981). Einen wichtigen Beitrag zur Soziologie des Visuellen hat Goffman darüber hinaus durch seine methodologischen und methodischen Reflexionen im Kontext seiner Rahmen-Theorie (1977) geleistet.[29] Nicht zuletzt bieten *gesellschaftstheoretische* Perspektiven einen Bezugsrahmen für die Analyse des Zusammenhangs von Sozialität und visueller Kommunikation. Sie zeigen z. B., welche Problemlagen mit sozialer Differenzierung einhergehen und wie sich Funktionssysteme auf die Herstellung bestimmter visueller Kommunikationen – z. B. der Werbung, der Wissenschaft oder der Kunst – spezialisieren.[30]

Dem Anspruch der Darstellung des sehr umfangreichen Forschungsstandes kann und will diese Auflistung nicht genügen.[31] Trotz der Kontingenz ihrer Zuordnungen und Generalisierungen macht sie jedoch eines deutlich: Sozialität, Kultur und Gesellschaft fungieren in verschiedenen Disziplinen seit längerem als wichtige Bezugspunkte der Reflexion visueller Gestaltung.

Fragt man nach Gründen für diese Entwicklung, wird man erneut an gesellschaftliche Prozesse denken müssen. Insbesondere die technischen Bildmedien sind von Bedeutung, da sie seit der Mitte des 19. Jahrhunderts mit der Fotografie und wenig später mit dem Film, dem Fernsehen und dem Computer zu Differenzierungs- und Dynamisierungsschüben in ganz unterschiedlichen Gesellschaftsbereichen führen.[32] Bilder kommen nunmehr privat ebenso massenhaft zum Einsatz wie in Organisationen und Funktionssystemen (Wissenschaft, Bildung, Massenmedien u. a.), wobei gerade die computerisierten, vernetzten Medien mit ihren fortwährend aktualisierten Bilderströmen zu omnipräsenten Konstituenten des Sozialen werden. Dabei steigern nicht nur die Bildmedien, sondern die Technisierung der Lebenswelten im Allgemeinen die Komplexität der

---

[29]Zu rahmentheoretischen Bild-Analysen vgl. auch Willems (1997, S. 380–403) und Willems/Kautt (2003, S. 132–136). Für die Kommunikationswissenschaften vgl. Dahinden (2006).

[30]Vgl. zur Kunst und zu den Massenmedien Luhmann (1995a, 1996); zur Werbung vgl. Kautt (2008).

[31]Zu nennen wäre z. B. weiterhin die Philosophie, die bisweilen für eine stärkere Auseinandersetzung mit der sozialen Praxis im Umgang mit Bildern plädiert (vgl. z. B. Böhme 1999).

[32]Siehe dazu im Blick auf die Einführung der Fotografie im 19. Jahrhundert ausführlich Kautt (2008, S. 36–97). Zur Reflexion und Spezifikation des Begriffs Kultur siehe Abschn. 7.7.3.

Formenvielfalt dramatisch. Man denke nur an industriell erzeugte Materialien wie Stahl, Beton oder Plastik, um zu erahnen, wie drastisch sich die visuellen Ästhetiken menschlicher Lebenswirklichkeiten im letzten Jahrhundert gewandelt haben.

Vor diesem Hintergrund ist verständlich, dass bereits am Ende des 19. Jahrhunderts eine reformpädagogische Bewegung des „Sehen-Lernens" gefordert wird.[33] Auch das wenige Jahrzehnte später an Schulen und Universitäten etablierte Lehrfach „Visuelle Kommunikation" trägt, ob in theoretisch-analytischer oder praktischer (Design-)Ausrichtung, einem Orientierungs-, Lern- und Lehrbedarf Rechnung, der auf die neuen Medienverhältnisse und die vielgestaltigen visuellen Kulturen der Moderne eingestellt ist.[34] Zugleich diffundiert der Begriff „visuelle Kommunikation" in kultur- und sozialwissenschaftliche Diskurse.[35] Gerade in der Kunstwissenschaft wird früh deutlich, dass sich eine Theorie der Kunst ebenso wenig wie eine philosophische Ästhetik als tragfähiges Erklärungskonzept all dessen erweisen kann, was im Kontext neuerer Ansätze unter dem Begriff „visuelle Kultur" („Visual Culture") subsumiert wird. Umso mehr gewinnt das Bemühen an Plausibilität, den Rahmen einer auf Kunst fokussierten Theorie hin zu einer allgemeine(re)n Bildtheorie zu überschreiten. Schon die erwähnten Klassiker (Warburg, Panofsky) nehmen diese Spur auf, die inzwischen in vielen Verzweigungen fortgeführt wurde. Hans Belting etwa lotet die Reichweite anthropologischer Perspektiven für die Untersuchung von Artefakten verschiedener Zeiten und Kulturen aus.[36] William Mitchell nutzt den von Panofsky in die Ikonografie eingeführten Begriff der Ideologie als Schleusenöffnung hin zu einer weiter gefassten Theorie visueller Gestaltung.[37] Whitney Davis unternimmt über die (Re-)Konstruktion kulturvermittelter Muster des Gestaltungshandelns

---

[33]Georg Fuchs skizziert deren pädagogischen Wert folgendermaßen: „Denn eine Ästhetik der Zukunft wird nicht eine ‚Lehre vom Schönen' sein, sie wird niemals fragen: ‚Was ist schön?' – denn es ist uns längst geläufig, daß alles schön sein kann –, sondern sie wird eine Gymnastik sein, ein Training […], eine Gymnastik aller Organe, durch die wir in das Leben tauchen können, durch die wir es fühlen, fassen, schmecken, auskosten und ausschöpfen." (Fuchs 1904, zit. n. Kemp 1980, S. 259).
[34]Vgl. zu dieser Debatte die Beiträge in Ehmer (Hrsg. 1971).
[35]Die 1975 zunächst von Sol Worth herausgegebene Fachzeitschrift „Studies in the Anthropology of Visual Communication" ist hierfür ein Beleg unter anderen. Seit 1980 erscheint das Journal unter dem Titel „Studies in Visual Communication".
[36]Vgl. Belting (2001). Zu einer anthropologischen Perspektive auf Bilder und Bildlichkeit vgl. auch Gehlen (1960), Joas (1994), Macho (2011) und Sachs-Hombach (2003).
[37]Vgl. Mitchell (1986).

den Versuch, eine „General Theory of Visual Culture" auszuarbeiten.[38] Und die Kunstgeschichte zieht Konsequenzen aus der Reflexion der Gesellschaftsbezogenheit und kulturellen Verflochtenheit ihres Gegenstands, indem sie sich als „*historische Bildwissenschaft*"[39] neu formiert.[40]

Indessen fehlt es bislang unverkennbar an Konzepten, die der sozialen Komplexität visueller Gestaltungen umfänglich Rechnung tragen wollen. Die seit den 1990er Jahren in den Sozial- und Kulturwissenschaften verbreitete Rede von einem „visual turn" bzw. „pictorial turn" (Mitchell 1997) oder „iconic turn" (Boehm 1994) markiert eher einen auf die Unübersichtlichkeit der Verhältnisse eingestellten Theoriebedarf, als dass mit ihr eine Wende hin zur Arbeit an einem konzeptuellen Rahmen identifiziert werden könnte.[41] Auch wird mit ihr die epistemologische Fragestellung des „linguistic turn" (vgl. Rorty 1967) nicht aufgegriffen, die dann die Bildbezogenheit von Kognitionen zu reflektieren hätte. „Visual turn" fungiert vielmehr als eine zeitdiagnostische Formel, die die zunehmende Relevanz visueller Kommunikationen in der Gesellschaft ebenso bezeichnet wie die steigende Zahl sozial- und kulturwissenschaftlicher Studien, die sich dem Thema des Visuellen zuwenden.[42]

In jedem Fall kann man soweit festhalten, dass die erwähnten Ansätze bei allen theoretischen, methodologischen und methodischen Unterschieden die Annahme teilen, dass visuelle Gestaltungen auf vielfältige Weise mit dem Sozialen, Kulturellen und Gesellschaftlichen verknüpft sind. Legt man aber die Sozialbezogenheit visueller Gestaltungen als Ausgangspunkt ihres wissenschaftlichen Verstehens zugrunde: Ist dann nicht gerade und bevorzugt die *Soziologie,* die ihrem Selbstverständnis zufolge das Soziale im weitesten Sinne beschreiben und

---

[38]Vgl. Davis (2011).

[39]Vgl. Bredekamp (2004).

[40]Der Entwurf einer Allgemeinen Bildwissenschaft, die als Bezugspunkt verschiedener kultur- und sozialwissenschaftlicher Fachwissenschaften dienen könnte, ist ein fraglos schwieriges Unterfangen (vgl. Boehm (1994, S. 326), Mersmann (2004, S. 97) und Hornuff (2012).

[41]Zu einem Überblick über den „visual turn" vgl. z. B. Jay (2002), Dikovitskaya (2006) und Bachmann-Medick (2006).

[42]Eine alternative Lesart von „pictorial turn" bietet Mitchell, wenn er den Begriff als eine zeitspezifische „Wort/Bild-Relation" innerhalb von Gesellschaften versteht: „Als eine Version des pictorial turn in der antiken Welt ließe es sich zum Beispiel verstehen, wenn sich die Israeliten von dem Gesetz, das ihnen Moses vom Berg Sinai bringt, abwenden und ein goldenes Kalb als ihr Idol aufrichten. Die Wendung zur Idolatrie ist von den Versionen des pictorial turn diejenige, die die meiste Angst auslöst" (Mitchell 2008, S. 320).

erklären will,[43] dazu berufen, diese Verknüpfungen systematisch *in ihrer Breite* zu ergründen? Hält nicht gerade die Soziologie mit ihren Begriffen, Theorien und empirischen Analyseverfahren die nötigen und in besonderem Maße geeigneten Werkzeuge zur Untersuchung der sozialen Beziehungsgeflechte des Visuellen bereit? Und welcher Fachwissenschaft, wenn nicht der Soziologie, muss sich die Frage aufdrängen, welche sozialen Dimensionen im Einzelnen für visuelle Kommunikationen besonders bedeutsam sind?

Folgt man diesen Annahmen, offenbart sich ein spezifisches Forschungsdesiderat nicht nur im Feld der Sozial- und Kulturwissenschaften allgemein, sondern auch innerhalb der Soziologie. Denn diese bleibt trotz erheblicher Fortschritte im Bereich ihrer Methodologien, Methoden[44] und den Entwürfen spezieller (visueller) Soziologien deutlich hinter ihren Möglichkeiten zurück. Indem sie ihre Perspektiven bislang nicht zu einer Soziologie visueller Kommunikation integriert, schöpft sie weder ihr analytisches Potenzial aus, noch trägt sie der sozialen Komplexität ihrer Gegenstände angemessen Rechnung.

Vorliegende Arbeit ist der Versuch, einen konzeptuellen Beitrag zu einer allgemeinen Soziologie visueller Kommunikation zu leisten. In einem ersten Schritt will ich anhand von drei Beispielen für den Problembereich und die Aufgabenstellung einer solchen Soziologie sensibilisieren (*Kap.* 2). In den nachfolgenden Kapiteln wende ich mich Fragestellungen zu, die für die Konzeption einer solchen Soziologie von grundlegender Bedeutung sind und die sich in Zuordnung zu den Kapiteln wie folgt formulieren lassen: Was ist der Gegenstand einer Soziologie visueller Kommunikation und welche Fragestellungen leiten eine solche Soziologie? (*Kap.* 3) Was ist ‚visuelle Kommunikation'? (*Kap.* 4) Ist es möglich und wie ist es möglich, dass das Visuelle kommuniziert? (*Kap.* 5) Wie können die verschiedenen Sozialbezüge visueller Kommunikation konzeptuell modelliert werden? (*Kap.* 6) Mit welchen Argumenten kann man spezifische soziale Phänomene als besonders relevante, formgebende Habitate visueller Kommunikation beschreiben? (*Kap.* 7) Welche methodologischen Schlussfolgerungen ergeben sich aus dem Konzept? (*Kap.* 8).

---

[43]Vgl. z. B. Weber (1980, S. 1) und Luhmann (1997, S. 37–43).

[44]Um nur einige zu nennen: Visuelle Wissenssoziologie (Raab 2008), Segmentanalyse (Breckner 2010), Artefaktanalyse (vgl. Lueger 2010), Objektive Hermeneutik (vgl. Englisch 1991), Struktural-hermeneutische Symbolanalyse (Müller-Doohm 1993), Filmanalyse (z. B. Bohnsack/Marotzki/Meuser Hrsg. 2003, S. 62–66), Dokumentarische Methode (Bohnsack 2006), Videoanalyse (Reichertz/Englert 2011, Knoblauch/Tuma/Schnettler Eds. 2015).

Der Begriff des „Konzeptes" dient mir aus zweierlei Gründen als Leitbegriff dieses Vorhabens. Zum einen betont er in seiner etymologischen Bedeutung (Entwerfen, Planen) die offene Prozessualität eines solchen Unternehmens, das sich entlang der jeweils vorgenommenen Unterscheidungen weiterentwickelt. Zum anderen ersetzt er hier weitgehend den Begriff der „Theorie", der (auch in der Soziologie) nicht selten mit einer kontrafaktischen Entgegensetzung zur Praxis der empirischen Analyse identifiziert wird – so als ließen sich Theorien in einer empiriefreien Sphäre von Gedanken deduktiv entwickeln oder umgekehrt Fallanalysen weitgehend ohne gedankliche Konstrukte durchführen.

Bevor ich mich konzeptuellen Fragen einer Soziologie visueller Kommunikation zuwende, möchte ich den Blick zunächst näher an die ‚Sachen selbst' heranführen, um für die Bezugsprobleme und Leitfragen des Ansatzes zu sensibilisieren. Damit die sachliche Bandbreite und Komplexität der Problemstellung hervortritt, thematisieren die folgenden drei Beispiele sehr unterschiedliche soziale Kontexte, Materialitäten und Darstellungsformen.[45]

---

[45]Indessen verzichte ich im Weiteren gänzlich auf Fallanalysen. Dies geschieht in der Absicht, die grundlegenden Argumentationslinien einer Sozialökologie visueller Kommunikation zu konturieren. Eine Untersuchung, die das hier vorliegende Konzept in eine empirisch-analytische Methode überführt und dabei Fallbeispiele diskutiert, erscheint in Kürze.

Gestaltungen als Symptome des Sozialen – drei Beispiele

2.1 Teller und Besteck

Setzen wir die Aufklärung der Sozialbezüge visueller sichtbarer Gestaltungen als Aufgabe einer Soziologie visueller Kommunikation an, ergeben sich für die Gegenstände Teller und Besteck gleich mehrere Erklärungsansätze. Gleichwohl kann man die Erscheinungsformen auch zu außersozialen Anforderungslagen in Beziehung setzen. So ist der menschliche Körper ein Maßstab – ihm tragen Größen und Proportionen der Esswerkzeuge Rechnung. In puncto Materialität spielt u. a. die Druck-, Hitze und Wasserbeständigkeit sowie die Geschmacksneutralität der Gegenstände eine wichtige Rolle. Wenngleich die Gestalt der Artefakte auf diese Bedarfe reagiert, ist sie zugleich als Resultat von Anpassungsprozessen an soziale, kulturelle und gesellschaftliche Verhältnisse zu verstehen. Das gilt für die Grundformen von Messer, Gabel und Löffel ebenso wie für deren normative Durchsetzung bei dem Prozess des Essens. Da die Nahrungsaufnahme auch ohne diese Werkzeuge erfolgen kann – bis in die aktuelle Gegenwart wird in vielen Regionen der Erde mit den Händen oder mit Stäbchen gegessen – unterliegt diese Formgenese keineswegs ‚natürlichen' Notwendigkeiten.

Eine prominente Antwort auf die Frage, warum und wozu sich im Europa der Neuzeit das Besteck als ein Medium der Nahrungsaufnahme entwickelt, bietet Norbert Elias´ Diagnose des (zunächst europäischen) „Zivilisationsprozesses" (Elias 1997 [1939]). Der Siegeszug des Bestecks trägt demnach der Entstehung moderner Subjekte Rechnung, deren (Selbst-)Disziplinierung sich gerade auch im Bereich von Körper- und Affektkontrollen im Kontext der Mahlzeit manifestiert. Esswerkzeuge fungieren als eine Distanztechnik, die eine Barriere zwischen der Speise und den Speisenden herstellt. Damit kommt es zugleich zu einer neuen Konventionalisierung von Essgebärden, auf die sich zwischen dem 16. und 18. Jahrhundert wiederum ein verfeinertes Besteckdesign einstellt: Da der Löffel nicht mehr mit der Faust, sondern mit drei Fingern gehalten werden soll, wird sein Stiel verbreitert und abgeflacht und auch die Laffe gewinnt eine flachere und ovale Form.[1] Vergleichbares geschieht mit dem Messer. Dessen fragilerer Griff ermöglicht, ja fordert differenziertere Hand- und Fingerbewegungen geradezu ein, während die abgerundete Spitze die barbarische Symbolik des Aufspießens abmildert. Ein besonderes Symptom dieses (Zivilisations-)Prozesses ist die Gabel. Ihre Form ist technisch betrachtet eine Weiterentwicklung des Spießes, der die Drehbewegung erfasster Objekte verhindert. Historisch gesehen ist die Gabel damit keine Errungenschaft, denn schon der antike Dreizack übernimmt diese Funktion. Die Innovation besteht vielmehr darin, den miniaturisierten, mehrzinkigen Spieß bei Tische durchzusetzen. Gerade weil die Hände das Essen mühelos fixieren, ist der Gebrauch der Gabel in besonders offensichtlicher Weise der ‚bloß' kulturellen Konvention des zivilisierten Essens geschuldet, weshalb die Gabel als „Inkarnation eines bestimmten Affekt- und Peinlichkeitsstandards" (Elias 1997, S. 171) gelesen werden kann. So wird verständlich, dass die Verbreitung der Gabel, die im 15. Jahrhundert ihren Anfang in den Adels- und Patrizierfamilien Oberitaliens nimmt, gegen kritische Stimmen durchgesetzt werden muss, die erst um 1800 verstummen, zu einer Zeit, in der das Gerät in den Mittelschichten des gesamten europäischen Raums Akzeptanz findet[2] (Abb. 2.1).

Die Theorie des Zivilisationsprozesses liefert wichtige Anhaltspunkte für das historische Verständnis der Entwicklung der Grundformen des Bestecks, bietet jedoch für dessen weitere Gestaltungsdimensionen keine Perspektive. Eine dieser Dimensionen ist das Prinzip der Serialität, das auf zwei Ebenen wirkt: Zum einen werden die Elemente des Bestecks stilistisch aneinander angepasst – das Messer spricht dieselbe Formensprache wie die Gabel und der Löffel. Insofern verweisen die Formen nicht nur auf sich selbst, sondern auf ein System der Dinge, das einem allgemeineren, überindividuellen Gestaltungsprinzip folgt. Zum anderen zeigt sich das Prinzip der Serialität an der exakten Wiederholung ein und desselben Formenkanons für alle an einer Mahlzeit Teilnehmenden. Die Invarianz der Besteckformen zwischen den Speisenden gehört offensichtlich zu den Grundgesetzen der Besteck-Gestaltung und deshalb reproduziert der Markt die einzelnen Serien über viele Jahre. Da aus technischen, wirtschaftlichen oder organisatorischen Gründen nichts gegen eine Kombination von Formen spricht,

---

[1] Vgl. hierzu ausführlich Spode (1994).
[2] Neben der Verspottung der überfeinerten, unnatürlichen und unnötigen ‚Gäbelchen' spielen zunächst religiös motivierte Vorbehalte eine Rolle (der Dreizack als Symbol des Teufels), vgl. Spode (1994, S. 25–34).

2.1 Teller und Besteck

Abb. 2.1 Teller und Besteck. (Quelle: Eigene Darstellung)

wird man die Gründe für die serielle Homogenisierung der Erscheinungsformen wiederum im Bereich des Sozialen bzw. Kulturellen suchen müssen. Simmels „Soziologie der Mahlzeit" (2001 [1910]) bietet hierfür einen geeigneten Bezugsrahmen, indem sie das Arrangement der am Essen beteiligten Gegenstände auf die Vermittlung des Spannungsverhältnisses von Individuum und Gemeinschaft bezieht. Die Sozialform der Mahlzeit, so Simmel, vermittelt zwischen dem „egoistischen" Vorgang des Essens und der Gemeinschaft und sie tut dies notwendigerweise in einer zeit- und gesellschaftstypischen Weise. Die strikte Gleichheit des Bestecks an einer Tafel lässt sich demzufolge, ebenso wie die Form des Tellers, als Gestalt interpretieren, die den Ansprüchen des modernen

Subjekts auf ‚Individualität' ebenso gerecht wird wie seinem Bedürfnis nach Gemeinschaft. Besonders anschaulich wird diese Perspektive an Simmels Deutung der Tellerform:

> Er (der Teller) zeigt an, dass diese Essportion ausschließlich für diese eine Person abgeteilt ist. Die Rundform des Tellers markiert dies; die Kreislinie ist die abschließendste, ihren Inhalt am entschiedensten in sich konzentrierende – wogegen die für alle bestimmte Schüssel eckig oder oval, also weniger eifersüchtig geschlossen sein mag. Der Teller symbolisiert die Ordnung, die dem Bedürfnis des Einzelnen gibt, was ihm als einem Teile des gegliederten Ganzen zukommt, aber ihn dafür auch nicht über seine Grenze hinausgreifen lässt. Aber nun hebt der Teller diesen symbolischen Individualismus doch wieder in eine höhere formale Gemeinsamkeit auf; die Teller eines Esstisches müssen jeweils in sich völlig gleichartig sein, sie vertragen keinerlei Individualität; verschiedene Teller oder Gläser für die verschiedenen Personen würden absolut sinnwidrig und hässlich sein. Jeder Schritt, der die Mahlzeit in den unmittelbaren und sinnbildlichen Ausdruck höherer, synthetischer sozialer Werte aufwärts führt, lässt sie eben damit einen höheren ästhetischen Wert gewinnen (Simmel 2001 [1910]), S. 144).

Für die Expression des Individuellen kommt der sozialen Praxis eine besondere Bedeutung zu, wobei die Standardisierung der (Besteck-)Formen als eine Vergleichsfolie fungiert, die individuelle Unterschiede im Umgang mit den Materialien hervortreten lässt.

Neben den Grundformen und dem Prinzip der Serialität kann die Feindifferenzierung des Designs in Sachen ‚Schönheit' als dritte Dimension der Besteck-Gestaltung angesehen werden. Schon ein kurzer Blick auf das aktuelle Angebot macht die Variationsbreite deutlich: Neben puristisch-klaren Formen im Stile der Neuen Sachlichkeit oder des Bauhaus finden sich ornamental-verspielte Gestaltungen, die an höfische Kultur erinnern sollen, ebenso wie rustikale Varianten mit Holzgriff. Die Namensgebungen der Produkte verweisen dabei ebenso wie das Formverständnis auf einen bestimmten ‚Geschmack', auf einen bestimmten Lebensstil und damit zusammenhängende Werte und Normen. Der Bedarf für entsprechende Differenzierungen ergibt sich, weil in der modernen, funktional differenzierten Gesellschaft der „alte, im 18. Jahrhundert noch vorausgesetzte Zusammenhang von Schichtung und Geschmack heute aufgelöst ist" (Luhmann 1996, S. 89). Umso wichtiger sind in der Gegenwartsgesellschaft Einrichtungen wie die Werbung, die die semantisch differenzierten Besteck- und Geschirr-Designs in den weiteren Horizont einer Bildwelt stellen, deren Images ein breites Spektrum von Orientierungswerten in Sachen Geschmack für unterschiedliche Milieus und individuelle Schönheitsvorstellungen erarbeiten.[3]

Zusammenfassend lässt sich demzufolge notieren: Die Existenz und der alltägliche Gebrauch der Objekte an sich, wie deren konkrete Ausgestaltung, hängen maßgeblich mit sozialen Entwicklungen zusammen, wobei sich im Falle von Besteck und Geschirr soziale Differenzierung, Zivilisierung, Individualisierung sowie der relative Bedeutungsverlust von sozialer Schichtung als wichtige Prägekräfte erweisen.

2.2 Medizinische Ästhetik

Man wird sich schnell darauf verständigen können, dass es so etwas gibt wie eine medizinische Ästhetik, die einem in Arztpraxen oder Kliniken begegnet. Das gilt insbesondere für diejenigen Räumlichkeiten, in denen Untersuchungen und Eingriffe am Körper stattfinden, so z. B. Behandlungszimmer, Röntgenräume, Operationssäle. Typischerweise hat man es hier mit einer kühlen, nüchternen und sachlichen Atmosphäre zu tun, die z. B. über helle, glatte Wände, funktionale Möbel sowie technische Geräte hergestellt wird (Abb. 2.2).

Stellt man die Frage, welchen Rationalitäten diese Ästhetik im Einzelnen folgt, mag man zunächst an außersoziale Anforderungslagen denken, etwa an die der Hygiene, der effizienten Arbeitsorganisation oder der Einhaltung industrieller Produktionsnormen (z. B. solche der Deutschen Industrienorm DIN, eingeführt 1928). Doch legen auch soziale Bedingungen eine bestimmte Gestaltung medizinischer Apparate und Räumlichkeiten nahe. Diese Bedingungen hängen mit grundlegenden Vorstellungen vom Mensch-Sein, von Menschen und von Menschlichkeit zusammen. Zentral ist die Idee, dass der Mensch gleichsam ‚mehr' bzw. anderes ist als Natur. Goffman hat zur Beschreibung dieses Sachverhalts den Begriff des „sozialen Rahmens" geprägt und mit ihm all diejenigen Sinnkonstruktionen

---

[3]Die flexiblen Images der Werbung entsprechen wie das Warenfetisch-Design gesellschaftlichen Verhältnissen, in denen ‚Schönheit' ohnehin nur bedingt als Klammer einer kollektivierten „ästhetischen Betrachtung und Darstellung" (Simmel) fungiert. In seinem Text „Soziologische Ästhetik" [1899] notiert Simmel: „Die Schönheit, die heute tatsächlich empfunden wird, trägt noch fast ausschließlich individualistischen Charakter. […] Gerade dass der Einzelne nicht nur das Glied eines größeren Ganzen, sondern selbst ein Ganzes sei, das nun als Solches nicht mehr in jene Organisation sozialistischer Interessen hineinpaßt, – gerade das ist ein ästhetisch reizvolles Bild." (Simmel 1992, S. 103).

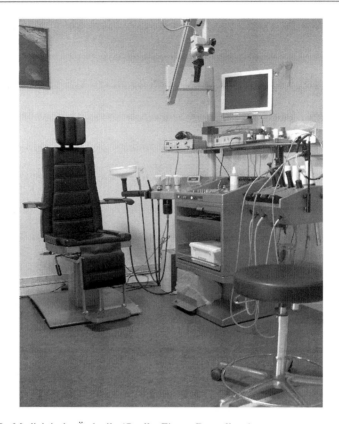

Abb. 2.2 Medizinische Ästhetik. (Quelle: Eigene Darstellung)

bezeichnet, entlang derer Menschen im Alltag als willensgesteuerte, orientierte und (selbst-)bewusste Subjekte interpretiert werden.[4] Darüber hinaus gehört es zu den basalen Vorstellungen vom Mensch-Sein, dass jedes Individuum über ein Selbst verfügt, das es zu achten gilt – Goffman spricht in Anlehnung an Emile Durkheim von einem „heiligen Selbst", dessen Berücksichtigung eine wichtige Bedingung aller Interaktionen darstellt.[5]

---

[4] Vgl. Goffman (1977, S. 31).
[5] Vgl. Goffman (1986, S. 25).

Nun thematisiert die moderne Medizin den Menschen jedoch primär als einen physiologischen Zusammenhang, als einen biologischen Körper. Historisch betrachtet ist die Entstehung dieser Perspektive an langfristige Prozesse (z. B. funktionaler Differenzierung) gekoppelt. In deren Rahmen etabliert die Medizin in der Mitte des 19. Jahrhunderts auf der Basis der Physiologie, der Bakteriologie, der Parasitologie und der Immunologie ein Konzept von Gesundheit, das der Religion, der Moral und der Erziehung weitestgehend enthoben ist und sich an naturwissenschaftlichen Kategorien orientiert.[6] Indem die Medizin den Menschen in einen „natürlichen Rahmen" (Goffman) stellt, erzeugt sie auf der Ebene der Untersuchungs- und Behandlungspraxis, die notwendigerweise immer auch eine soziale Praxis der Interagierenden ist, ein massives Problem. Das Problem besteht darin, dass die Beteiligten zu dem gewöhnlichen Deutungsmuster des Menschen (sozialer Rahmen) auf Distanz gehen müssen, um den ärztlichen Zugriff auf den Körper zu ermöglichen. Geschieht dies nicht – verharrt die Deutung des Patientenkörpers in einem sozialen Rahmen – werden nämlich die normalüblichen Distanzregeln drastisch gebrochen.

Besonders deutlich wird dieses Problem und die darauf eingestellte Funktion der medizinischen Ästhetik insbesondere dann, wenn Körperzonen und Aspekte von Körperlichkeit untersucht werden, die aufs engste mit dem Selbst, der Individualität und der Identität der Behandelten in Beziehung stehen. Die gynäkologische Untersuchung wird in der Literatur daher schon früh als entsprechendes Konfliktfeld beschrieben. Ein praktischer Arzt argumentiert 1845 gegen die ‚neue' Medizin: „Einem züchtigen Fräulein dürfte es eine nicht zuträgliche Überwindung bereiten, wenn sie ihren Busen den Blicken eines jungen Aeskulaps bloßlegen soll, der ihr fremd ist", während ein anderer Arzt seinen Kollegen ebenfalls in den 1840er Jahren folgende Empfehlung ausspricht: „So gehört es sich, dass bei der Untersuchung des Unterleibs, der Brüste etc. dies unterhalb der Bettdecke oder über dem Hemd, wenn es nicht dringende Ursachen anders gebieten, vorgenommen werde." (zit. nach Huerkamp 1989, S. 67) Während sexuell konnotierte Körperzonen die Schwierigkeit besonders deutlich machen, den Körper als bloß natürliches Objekt zu behandeln, wird man stärker generalisierend feststellen können, dass die Fokussierung des Körpers durch die medizinische Untersuchung allgemein eine potenzielle Bedrohung des Selbst darstellt, wenngleich hier freilich zwischen gesundem und krankem Körper und zwischen Krankheiten unter den verschiedensten Gesichtspunkten zu unterscheiden ist (z. B. hinsichtlich der Grade der Sichtbarkeit, der Selbstverursachung oder der Stigmatisierung).

---

[6]Vgl. Labisch (1989).

Vor dem Hintergrund dieser Überlegungen wird die soziale Funktion der medizinischen Ästhetik deutlich: Sie dient gerade nicht der Betonung der sozialen und ‚menschlichen' Beziehung zwischen Ärztinnen bzw. Ärzten und Patientinnen bzw. Patienten. Ihre Funktion besteht vielmehr darin, den sozialen Rahmen für die Beteiligten herunterzumodulieren und unmissverständlich klar zu machen, dass der Zugriff auf den menschlichen Körper mit all seinen Folgen (z. B. der drastischen Nichtbeachtung üblicher körper-territorialer Grenzen) in einem „natürlichen Rahmen" zu interpretieren ist. Wichtig ist diese Funktion nicht nur für die Behandelten (Patient*innen), sondern auch für die Behandelnden (Ärzt*innen): Man stelle sich nur eine Chirurgin bzw. einen Chirurgen vor, der bei der Operation am offenen Herzen an den individuellen Menschen ‚hinter' dem biologischen Körper denkt, um besser erfassen zu können, wie wichtig die Ausblendung des ‚Menschlichen' in klinischen Umgebungen sein kann.

Es wäre daher gänzlich falsch, die fehlende atmosphärische Wärme von Arztpraxen und Klinikräumen als Ausdruck unzureichender Bemühungen in dieser Angelegenheit zu dechiffrieren. Die medizinische Ästhetik zielt mit ihrer Sachlichkeit vielmehr (auch) auf die Herstellung sozialer Situationen ab, die die Behandlung menschlicher Körper als eine ‚Sache' ermöglicht und damit die nötige Handlungsrationalität in den Organisationen moderner Medizin (Praxen, Kliniken) sicherstellt. Ja man könnte sagen: Nicht nur die Ärztin bzw. der Arzt schafft den spezifischen Rahmen für die medizinische Untersuchung, sondern maßgeblich auch die medizinische Ästhetik, die Professionelle und Patientinnen und Patienten umgibt. Die Rahmenfunktion der materialen Umgebung ist umso wichtiger, als die hierfür gegebenen Möglichkeiten sprachlicher Kommunikation recht begrenzt sind – denn jede Kommunikation ist eine *soziale* Operation, die als solche trotz aller versachlichenden Mitteilungsstrategien („bitte mal oben/unten frei machen") dem Deutungsmusters des natürlichen Rahmens entgegensteht.

Faktisch ereignet sich eine Art ‚Arbeitsteilung' zwischen den Beteiligten: Während die medizinischen Objekte den basalen (natürlichen) Rahmen der Situation sicherstellen, können die Professionellen den sozialen Rahmen situativ und personenbezogen in die Interaktion einbringen. Sie gewinnen so die Möglichkeit, sich als Menschen zu zeigen, die neben und mit der Sache (dem biologischen Körper) den individuellen Menschen (u. a. seine Emotionen und Kognitionen) berücksichtigen.

Darüber hinaus indiziert die medizinische Ästhetik eine Tiefe medizinischer Erkenntnisse, die weit über die Einzelsituation und die in diesen verhandelten Kommunikationen hinausreicht. Gerade Apparate wie z. B. Displays mit ihren Messwerten steigern potenziell das *System-Vertrauen* der PatientInnen in die moderne, evidenzbasierte Medizin. Deren Design symbolisiert den Universalismus des medizinischen Systems, der alle Individuen in gleicher Weise, nämlich als biologischen Körper, in den Blick nimmt. Den Gewinnen dieser Darstellungsformen stehen freilich auch Verluste gegenüber: Während die Sachlichkeit zu einer Trennung von Körper und sozialer Identität beiträgt, sodass Krankheiten z. B. weniger stark auf individuelles Handeln zugerechnet werden, womit Probleme vormoderner Medizin entlastet werden können (Krankheit als Indikator individueller Schuld), vermag die moderne medizinische Gestaltung dem Bedürfnis der *sinnhaften* Erfahrung von Krankheit nichts entgegenzubringen.

Wir müssen diese Überlegungen hier nicht weiterführen. Schon soweit wird erkennbar, dass die medizinische Ästhetik in ihren verschiedenen Elementen (Geräte, Räume, Lichtverhältnisse, Displays u. a.) auf soziale Bedarfslagen eingestellt ist und die soziologische Aufklärung visueller Kommunikation auf die Untersuchung jener Beziehungsgefüge zielt.

2.3 Werbung

Inwiefern nun lässt sich für das dritte Beispiel eine Einflussnahme des Sozialen konstatieren? Zunächst einmal ist evident, dass die Abbildung im Unterschied zu den beiden vorausliegenden Beispielen ihrerseits eine Fotografie zeigt. Wir haben es also mit einem Bild (Picture) im Bild zu tun (Abb. 2.3). Dessen Gattungszugehörigkeit ist unmittelbar erkennbar: Es handelt sich um Werbung, genauer gesagt um ein werbendes Großflächenplakat, das als spezifisches Werbeformat eine längere Geschichte hat.[7]

Von dieser Beobachtung ausgehend kann man zunächst die Frage stellen, aus welchen sozialen Gründen großflächige Bildformate für Werbekommunikationen im öffentlichen Raum konzipiert werden. Die Antwort hängt notwendigerweise mit der Frage nach der Entwicklung der modernen, professionell organisierten und funktional differenzierten Werbung zusammen. Denn „Werben" im weiten Sinne des Verführens kann man zunächst als eine anthropologische Konstante auffassen. Das Werben der Geschlechter weist hierauf ebenso hin wie die lange Tradition sprachlicher Überzeugungsarbeit, die schon in der griechischen Antike zur Kunst der schönen Rede (Rhetorik) ausgearbeitet ist.

In der zweiten Hälfte des 19. Jahrhunderts setzt indessen die Entwicklung eines neuen Typus von Werbung ein, der auf ein neues Bezugsproblem eingestellt ist.

---

[7]Zur Sozialgeschichte des Werbeplakats siehe ausführlich Hieber (2011).

Abb. 2.3 Werbeplakat. (Quelle: Eigene Darstellung)

Dieses Problem besteht darin, dass die Realitätskonstruktionen der Massenmedien unter den Bedingungen technischer Bildmedien (beginnend mit der Fotografie) maßgeblich zu bildbasierten Realitäten werden. Kommunikationen, die unter diesen Medienbedingungen in weit ausgedehnten Räumen breitere Publika erreichen sollen, müssen nun als *visuelle* Kommunikationen überzeugen. Den verschiedensten Objekten muss unter medial anonymisierten Kommunikationsverhältnissen ein bildliches ‚Gesicht' gegeben werden. So entsteht in der Gesellschaft der Bedarf an einer Institution, die die Wahrscheinlichkeit der positiven Bewertung visueller Kommunikationen systematisch steigert. Die Werbung entwickelt sich zu eben jener Institution. Sie entfaltet eine Bildsprache, die funktional darauf eingestellt ist, die verschiedensten Objekte (Wirtschaftsgüter, politische Parteien, Non-Profit-Organisationen u. a.) entlang sichtbarer Kommunikationen zu identifizieren und potenziell positiv zu qualifizieren. Neben und mit der Herstellung von Aufmerksamkeit als einer Voraussetzung ihres Erfolges zielt Werbung also vor allem auf die Konstruktion positiver *Images* im Sinne von Identitätskonstruktionen, die auf visuellen Attribuierungen basieren (vgl. Kautt 2008).

2.3 Werbung

Untersucht man nun das beispielgebende Werbeplakat auf gestaltbestimmende Sozialbezüge, ergeben sich gleich mehrere Anhaltspunkte. Auch ohne die von ikonografischen Methoden prinzipiell aus guten Gründen geforderte Bildbeschreibung als erstem Analyseschritt wird man sagen können, dass die weitgehende Reduktion des Gezeigten auf die Personen als ‚Kleider-Träger*innen' die Themen Mode und Selbstdarstellung in den Vordergrund rückt. Der Image-Kern dreht sich um Vorstellungen des ‚Gut-Aussehens' und, damit zusammenhängend, um Vorstellungen der positiven Stilisierung personaler Identität. Dabei soll das Inszenierte ein gutes Image für den Werbenden (das beworbene Objekt) sowie für diejenigen schaffen, die sich mit dem Angebot identifizieren wollen bzw. identifizieren sollen. Für den angestrebten Lifestyle offeriert der Text Konkretisierungen: „Geh auf Schatzsuche", „Sei schnell, sei kühn, hab Spaß". Diese appellativ vorgetragenen Verhaltens- und Einstellungsvorschläge mögen dem kritischen Leser Adornos Formulierung „Fun ist ein Stahlbad" (2003, S. 162) in Erinnerung rufen. In jedem Fall reihen sie sich ein in die Vielzahl gleichlautender Motti einer „Spaßgesellschaft", die die Kulturindustrie dies- und jenseits der Werbung häufig propagiert. Indessen ist der Text prinzipiell verzichtbar. Auch ohne ihn würde das Plakat eine Image-Kommunikation entfalten.

Gehen wir nun auf die der Bild-Inszenierung zugrunde liegenden Sozialbezüge genauer ein. Sie kommen schon durch die bloße Körperlichkeit der abgebildeten Protagonist*innen ins Bild, werden aber in der spezifischen Charakteristik ihrer Darstellung, wie gleich gezeigt, als soziale Konstruktionen lesbar. Die Werbung ist hier wie überhaupt weniger eine Erfinderin von Bedeutung als vielmehr eine Einrichtung der Gesellschaft, die bestehende Wirklichkeiten für Image-Zwecke in bestimmter Weise modulierend aufführt. Im vorliegenden Fall spielt sie mit sozial konstruierten Vorstellungen von Geschlecht ebenso wie mit sozial bedingten Vorstellungen von Alter und individueller Identität.

Erving Goffman hat in seiner klassischen Studie über „Gender Advertisments" (1981 [1979]) gezeigt, dass und inwiefern die Werbung als eine Komprimierung der symbolischen Ordnung der Geschlechter gelesen werden kann. Für Goffman folgen die „Lesart" oder „Kosmologie" der „Geschlechtsklassen" sowie das ihr entsprechende zeremonielle „Idiom" (Goffman 1981, S. 84), das aus Ritualisierungen besteht, einer Art Leitidee, nämlich dem (Deutungs-)Muster der Eltern/ Kind-Beziehung, dem „Eltern-Kind-Komplex in seiner Mittelschicht-Idealversion" (Goffman 1981, S. 20). Dabei erscheint die männliche Seite in der ‚Rolle' der Eltern und die weibliche in der der Kinder.[8]

---

[8]Siehe Goffman (1981, S. 18–28).

Wenngleich sich auch in der Gegenwartswerbung noch viele Beispiele finden lassen, die das Gender-Arrangement im Sinne des „Eltern-Kind-Komplex" aufs Trefflichste illustrieren[9], wird man diese „Leitidee" nicht als die tragende der oben abgebildeten Inszenierung deuten können. Schon die klare Separierung der Personen über eigene Bilder-Rahmen verhindert eine solche Asymmetrisierung, die in anderen Reklamen häufig anhand von Körper-Interaktionen hergestellt wird. Und doch fügt sich die Inszenierung der Geschlechter bei genauerer Betrachtung in die traditionelle Ordnung: Der Mann erscheint durch eine leichte Untersicht vergrößert, demgegenüber die Frau durch die Perspektive dem Bildbetrachter gleichsam subordiniert wird. Der männliche Blick ist nach außen, mit ‚Weitblick' in die Ferne gewandt, der weibliche nach unten auf den eigenen Körper, tendenziell introspektiv. Dazu passen die verschiedenen Körperhaltungen: Während die seinige eine aktive, in den Raum orientierte Bewegung andeutet, scheint die Frau in einer auf den eigenen Körper bezogenen Pose zu verharren. Auch die Kleidungsstile entsprechen unter bestimmten Gesichtspunkten der gewohnten Ordnung der Geschlechter: Während sie über blond gefärbte Haare, Schmuck und Körperbemalungen (Lippenstift, Nagellack, Wimperntusche) sowie das Zeigen von etwas nackter Haut unter der Pelzstola ihre Körperreize betont, bleibt er vergleichbar ‚reizlos'.

Neben und mit Konstruktionen von Gender fußt die Gestaltung auf weiteren sozial bedingten Vorstellungen, z. B. auf solchen von individueller Identität. Ja man kann sagen, dass das modernitätstypische Postulat einer individuell herzustellenden Identität nicht nur sichtbar, sondern geradezu normativ eingefordert wird. Die modische Kombinatorik der Models ist als Role-Model für die ästhetische Arbeit am Selbst gedacht, wobei sich die beworbene Laden-Kette als Billiganbieter von Marken-Labels als Erfüllungsgehilfe dieser Arbeit empfiehlt. Wem das Bild und der Name des Werbenden nicht als Verstehensanweisung genügt, hilft der Text auf die Sprünge: „Große Marken immer bis zu 60 % günstiger" heißt es im Kleingedruckten, das zusammen mit dem Text „Geh auf Schatzsuche – Sei schnell, sei kühn, hab Spaß" neben der erwähnten Aufforderung zur Spaßdisziplin zugleich als Konsumanweisung und Einladung zur modischen Selbstgestaltung gelesen werden kann bzw. soll.

Wenn man danach fragt, welche Entwicklungen im speziellen einen Bedarf an Modellen der Selbststilisierung provozieren, wird man auf den allgemeineren Beziehungszusammenhang von Gesellschaftsstruktur, Geschmack und Ästhetik

---

[9]Zu einer Auseinandersetzung mit den von Goffman beschriebenen „Hyperritualisierungen" und zur Diskussion eines diesbezüglichen Wandels vgl. Willems/Kautt (2003, S. 330–343).

reflektieren müssen, der an anderer Stelle ausführlicher thematisiert wird (vgl. 7.7.2). Da das Plakat offenkundig junge Erwachsene ansprechen soll, sei an dieser Stelle immerhin der spezifische Beziehungszusammenhang von Identitätsarbeit und (Jugend-)Kultur als Hintergrund der behandelten Werbung angedeutet. Wie Friedrich Tenbruck (1965) gezeigt hat, entwickelt sich Jugendkultur im 20. Jahrhundert als ein Moratorium, als eine Spielwiese des Erprobens von Identitäts-Entwürfen für Jugendliche und junge Erwachsene, eben weil die Familie Individuen nicht mehr hinreichend mit dem gesellschaftsnotwendigen Rüstzeug ausstatten kann. So gesehen bedient das Image auch einen gesellschaftlich bedingten Bedarf der Identitätsarbeit Adoleszierender.

Nicht zuletzt steht der behandelte Fall im Netz sozialer Konstruktionen, indem er mit einer zeittypischen Ästhetik operiert. Markant ist insbesondere die Lichtführung. Das Blitzlicht überstrahlt das Haar der Frau und lässt das Blond im Farbdruck grell erscheinen. Die Lichtführung erzeugt eine Stimmung, die sich deutlich von manch anderen Images unterscheidet – etwa dem warmen Licht, das man aus Reklamen für Produkte wie „Caro-Kaffee", „Rama" oder „Nutella" kennt. Image-bildend wirkt zudem die Art des Bildausschnitts. Während die linke Seite etwas ruhiger gestaltet ist, erweckt der gleichsam rohe Anschnitt der Figur auf der rechten Seite den Eindruck eines ‚authentischen' Schnappschusses. Als solcher erinnert er an die ‚Reality'-Ästhetik neuerer Fernsehformate ebenso wie an die avantgardistische Kunst- und Mode-Fotografie z. B. eines Jürgen Teller. Auch ein Vergleich mit der amateurhaften Porträt-Ästhetik, die durch die Omnipräsenz von Social-Media und Smartphones ihren jüngsten Erneuerungsschub erhält, drängt sich auf.[10] Verstärkt wird dieser Eindruck durch die Montage zweier Bilder auf einer Bildfläche – eine Konstellation, die für die computerisierten Medien eher die Regel als die Ausnahme ist.

Nun steht dieser ‚Modernismus' zugleich in einem eigentümlichen Kontrast zum Retro-Look, der die vorgeführte Mode kennzeichnet. Dieser Look lässt ebenso wie die Ausstaffierung des weiblichen Models (Pelzstola, Kleid, Frisur und Haarfarbe) an ‚Vor-Bilder' denken, etwa an Film-Stills von Marylin Monroe oder an künstlerische Nachahmungen derselben im Stile von Cindy Sherman. Wenngleich Interpretationsbezugspunkte wie die zuletzt genannten zugegebenermaßen etwas spekulativ bleiben, kann man doch sagen, dass sich die Ästhetik des Plakats an eine zeittypische Bildsprache des Fotografischen, der Mode, der

---

[10]Zur Karriere der Ästhetisierung des Realen im 20. Jahrhundert vgl. ausführlicher Kautt (2008, S. 87–113 und 2011a).

Unterhaltung und der Kunst anlehnt, die man bei einem bestimmten Publikum als bekannt und akzeptiert voraussetzen kann. Ja man kann sagen, dass sich hier eine Ästhetik manifestiert, die zum lebenswirklichen Erfahrungszusammenhang und zur (Geschmacks-)Mentalität einer *Generation* gehört. Der Begriff der ‚Mode' erfasst den hier gemeinten Zusammenhang nur unzureichend, denn gemeint sind stabilere und unter Lebensstilgesichtspunkten weiterreichende ästhetische Muster einer zeithistorischen Konstellation, in die sowohl die Medienproduktion als auch die Rezeption eingebunden sind.

Wozu eine Soziologie visueller Kommunikation? 3

3.1 Bezugsprobleme

Diese drei Objektbereiche verdeutlichen schon in ihrer skizzenhaften Analyse, dass visuelle Gestaltungen mannigfaltig mit dem Sozialen, Kulturellen und Gesellschaftlichen verflochten sind. Gänzlich verschiedene Strukturen wie z. B. situative Interaktionen, Konstruktionen von Gender, generationsspezifische Geschmacksvorlieben, Organisationen oder Funktionssysteme nehmen Einfluss. Das Soziale wirkt als ein immer schon gegebener Bezugsrahmen von Designprozessen, als eine Bedingung, die das „Wie" und „Wozu" von Gestaltung reguliert. Wenngleich sich diese Zusammenhänge in den einzelnen Erscheinungsformen nicht immer unmittelbar zu erkennen geben, zeigt doch die genauere Untersuchung, inwiefern sich das Soziale als formgebende Variable rekonstruieren lässt.

Das grundlegende Bezugsproblem einer Soziologie visueller Kommunikation ist demnach die soziale Komplexität des Gegenstandes. Zu dieser gehören neben und mit den visuellen Gestaltungen die Komplexität soziologischer Theorien, Methodologien und Methoden, die an der Konstitution des Objektbereichs unweigerlich beteiligt sind.

Letzteres forciert das Problem, da es zwischen soziologischen Konzepten nicht nur Grenzen der Anschlussmöglichkeit, sondern auch Diskrepanzen gibt, die bisweilen in reproduktiven ‚Schulen' kultiviert werden. Freilich ist die Komplexität der Soziologie weniger Resultat eines wissenschaftsimmanenten L'Art pour L'Art, als vielmehr unvermeidliche Folge ihres Gegenstandsbereichs: Indem die Soziologie das Soziale im weitesten Sinne zu ihrem Zuständigkeitsbereich erklärt und dementsprechend Sinn, Handeln und Kommunikation zu ihren

Grundbegriffen zählt,[1] interessiert sie sich für das gesamte Spektrum sozialer Wirklichkeiten. Interaktionen und situative Ereignisse, Organisationen und Institutionen, Funktionssysteme, Kultur und soziokultureller Wandel oder Themen wie Macht, Emotionen und kollektive Identität gehören ebenso zu ihren Untersuchungsgebieten wie die Beziehungen zwischen diesen Konstruktionen.

Eine Soziologie visueller Kommunikation ist also mit zwei Komplexitäten konfrontiert: ihrer eigenen und derjenigen ihrer Gegenstände. Daraus folgt, dass sie die verschiedensten Dimensionen des Sozialen und deren wechselseitigen Durchdringungen für die Beschreibung und das Verstehen ihrer Gegenstände in Betracht ziehen muss. Indem ihr Konzepte für Kultur, soziale Ungleichheit, Generation, Emotionalität, Macht, Wissen und weitere soziale Phänomene zur Verfügung stehen, kann sie schlechterdings eine ihrer Perspektiven privilegieren. Denn mit welchem Argument ließe sich behaupten, dass eine der sozialen Kategorien prinzipiell relevanter ist als die anderen und in den verschiedenen Zusammenhängen dominiert, was sich als visuelle Kommunikation ereignet?

Wie sich bereits im Kontext der drei Beispiele zeigt, bietet die Beschaffenheit der Artefakte kaum Anhaltspunkte für die Plausibilität und Legitimität soziologischer Perspektivenverengungen. Ohnehin muss sich die Relevanz soziologischer Konzepte in empirischen Fallanalysen erweisen. Untersuchungen, die bestimmte soziale Phänomene wie milieu- oder genderspezifische Praktiken, Wissensformen, Machtprozesse oder Funktionssysteme in den Blick nehmen, kommen dabei nicht umhin zu begründen, auf der Basis welcher Unterscheidungen und mit welchen Folgen sie alternative Erklärungskonzepte bei der Interpretation des Gestalteten ausschließen. Um das grundlegende Bezugsproblem der Komplexität genauer zu fassen, wende ich mich im Folgenden der Reflexion des Gegenstands einer Soziologie visueller Kommunikation zu.

3.2 Gegenstand

Die Einschränkung einer Soziologie visueller Kommunikation muss sich über die Orientierung an dem Gegenstandsbereich ergeben, der ihr den Namen gibt. Das bedeutet, die visuellen Objekte selbst in den Mittelpunkt zu stellen und im Blick auf diese danach zu fragen, welche sozialen Sachverhalte, Ereignisse und

---

[1]Während Sinn und Handeln schon Grundbegriffe des Weberschen Theoriegebäudes sind (Weber 1980), rückt der Kommunikationsbegriff erst später in den Mittelpunkt, so z. B. im Rahmen der Sozial- und Gesellschaftstheorien von Niklas Luhmann (1974) und Jürgen Habermas (1984).

3.2 Gegenstand

Prozesse es sind, die diesen ihre *sichtbare Form* verleihen. Es geht nicht darum, soziale Prozesse *am Beispiel* des (visuell) Gestalteten zu ergründen. Solche Untersuchungen liegen vor, wenn etwa die soziale Konstruktion von Geschlecht, Organisationsstrukturen, Statushierarchien, (Sub-)Kulturen oder Machtverhältnisse entlang der Praxis visueller Darstellungen rekonstruiert werden. Die Soziologie visueller Kommunikation verfolgt vielmehr einen Forschungsansatz, der sich auf die umfängliche Beschreibung und das Verstehen der visuellen Dimension von Artefakten in seinen Sozialbezügen einstellt und diesbezüglich nach adäquaten soziologischen Konzepten Ausschau hält.

Aus diesem Gegenstandsverständnis folgt weiterhin, dass die Kommunikation *über* visuelle Kommunikation weniger von Interesse ist als Kommunikation, die *durch* das visuell Gestaltete selbst vermittelt, bedingt und strukturiert wird. Die *unsichtbaren* Eigenschaften von Artefakten sind dementsprechend nur in ihrer Beziehung zur äußeren Form von Belang. Eine Soziologie visueller Kommunikation interessiert sich nicht für das Gestaltete in all seinen Dimensionen, sondern im speziellen für die sichtbare Form. Um aus der unendlichen Vielfalt von Dingen ein Beispiel herauszugreifen: Kühlschränke sind mit ihren funktionalen Eigenschaften mannigfaltig mit dem Sozialen und dem soziokulturellen Wandel der Gesellschaft verknüpft.[2] Eine Soziologie visueller Kommunikation fragt indessen, wie die jeweiligen Sichtbarkeiten auf das Soziale eingestellt sind, indem sie z. B. milieu- oder subkulturbezogenen Geschmack, generative Mentalitäten oder zeittypische Moden zum Ausdruck bringen. Die Sphäre des Artifiziellen im Sinne des sichtbar Gestalteten bildet also den Gegenstandsbereich einer Soziologie visueller Kommunikation.

Damit ist auch gesagt, dass ihr Gegenstandsbereich weit über den Bereich derjenigen Artefakte hinausgeht, die gemeinhin als *Bilder* bezeichnet werden. So gesehen läge es nahe, an weite Bildbegriffe aktueller Bildtheorien anzuschließen. Diese umfassen verschiedenste Objekte (Denkmäler, Gebäude usw.) ebenso wie „innere", d. h. mentale Bilder (Vorstellungen, Assoziationen, Träume).[3] Plausibel ist diese Ausdehnung schon aufgrund des Beziehungszusammenhangs verschiedener Formen und Ebenen von Bildlichkeit. So zeigen flächige Bilder

---

[2]Das zeigt die Geschichte der Mechanisierung des Haushalts (vgl. Rammert 1993, S. 209–229), wobei der Hinweis auf die Veränderung der Geschlechterrolle oder auf das Entstehen einer modernen „Kühlschrankkultur" (Kaufmann 2006, S. 53) nur einige der Bezüge von Technologie und Sozialität benennt.

[3]Das gilt, bei aller Verschiedenheit im Einzelnen, z. B. für die Bildbegriffe von Belting (2001, siehe z. B. S. 29–33), Bredekamp (2010, S. 52 f.), Boehm (1994, S. 30 f.), Mitchell (1986, S. 9 f.) oder Davis (2011, S. 230–233).

(Zeichnungen, Gemälde, Fotografien u. a.) oftmals Dinge, deren Bedeutung auf der visuellen Wahrnehmung von Objekten jenseits dieses Darstellungstyps (Flächenbild) gründet. Auch die Erkenntnis, dass Imaginationen notwendigerweise der Konstitution visuell vermittelten Sinns immanent sind, spricht für einen weiten Bildbegriff.

Aus mehreren Gründen plädiere ich jedoch dafür, nicht vom Begriff des Bildes, sondern von dem der visuellen Kommunikation auszugehen. Hierfür spricht u. a. der Sachverhalt, dass der Kommunikationsbegriff in den Sozialwissenschaften zur Beschreibung der Grundoperationen sozialen Sinns breit etabliert ist. Eine Soziologie des Visuellen kann an bestehende kommunikationstheoretische Konzepte anschließen, indem sie zeigt, dass, inwiefern und inwieweit gestaltete Sichtbarkeiten als Kommunikation und damit als *sozialer* Vorgang zu verstehen sind (vgl. hierzu das nachfolgende Kapitel). Zugleich lässt sich mit der anderen Seite der Wortschöpfung „Visuelle Kommunikation" der Gegenstandsbezug betonen und spezifizieren. Denn Visualitäten sind *intersubjektiv gegebene Sachverhalte,* die sich – im Unterschied etwa zu Vorstellungen – empirisch beobachten lassen. Der Vorschlag, Bilder als „wahrnehmungsnahe Zeichen" zu definieren (Sachs-Hombach/Schirra 2009, S. 412), ist an das Konzept einer Soziologie visueller Kommunikation ebenso anschlussfähig wie Konrad Fiedlers Position, Bilder als „Sichtbarkeitsgebilde" zu fassen, „die mittels ihrer eigenen Sichtbarkeit die Ansichtigkeit des Dargestellten für das Sehen erschließen und dokumentieren." (Majetschak 2009, S. 173) Hier wie dort geht es um ein Verständnis von Bildlichkeit, das die Sichtbarkeit von Gegenständen und die dazugehörigen Bedeutungsgehalte anbindet an produktive wie rezeptive Visualisierungspraktiken (des Darstellens, der phänomenologischen Reduktion u. a.), die das Unsichtbare (des Sinns) im Sichtbaren adressieren.

Ein weiterer Grund, nicht Bild und Bildlichkeit, sondern visuelle Kommunikation als Ausgangsbegriff zu präferieren, hängt mit der alltagssprachlichen und nicht selten auch in bildwissenschaftlichen Untersuchungen zu findenden Fokussierung des Bildbegriffes auf zweidimensionale Flächenbilder (Pictures) zusammen (vgl. dazu ausführlicher Abschn. 5.8). Der Terminus „visuelle Kommunikation" erinnert demgegenüber stets daran, dass sich die infrage stehenden Untersuchungsgegenstände keinesfalls auf Pictures beschränken. Zugleich ermöglicht er das Freibleiben des Bildbegriffs für die Bezeichnung von Flächenbildern als einer spezifischen Untermenge visueller Kommunikation.[4]

---

[4]Zur Präferenz für den Begriff des Zeichens vor ‚Bild' in der Auseinandersetzung mit dem „iconic" bzw. „pictorial turn" in der Problematisierung des Sprache-Bild-Dualismus vgl. Bartmanski (2014).

Unklarheiten hinsichtlich der Bezeichnung von Bildern im weiteren (Bildlichkeit) und engeren Sinne (Flächenbilder) können so vermieden werden.

Nicht zuletzt ist der Bildbegriff weniger geeignet für eine Soziologie visueller Kommunikation, weil mit „Bild", in Einklang mit der auf „figura"[5] zurückgehenden Bedeutung, gewöhnlicherweise prägnant konturierte Gestaltungen gemeint sind, die tendenziell für sich selbst stehen. Demgegenüber kommt es für eine Soziologie visueller Kommunikation entscheidend darauf an, künstliche Erscheinungsformen gleichsam als Knotenpunkte und Verflechtungszusammenhänge in sozialen Beziehungsgefügen zu rekonstruieren. Während die sprachliche Metapher des Bildes ein umgrenztes Objekt in der Vorstellung provoziert, assoziiert man über die Wortschöpfung ‚visuelle Kommunikation' eher einen *Zusammenhang* – und um dessen Aufklärung geht es einer Soziologie visueller Kommunikation.

3.3 Leitfragen und Ziele

Dem bisher Gesagten folgend lautet die Leitfrage einer Soziologie visueller Kommunikation: Inwiefern bedingt das Soziale die Erscheinungsform gestalteter Dinge? Oder, von den Objekten ausgehend: Inwiefern und inwieweit lässt sich die visuelle Form von Artefakten auf das Soziale zurückführen?

Diese Perspektive zieht grundlegende Fragen wie die folgenden nach sich: Wie ist es möglich, dass Visualität als Ausdrucksmedium des Sozialen fungiert? Welche sozialen Faktoren sind nach Maßgabe der Soziologie und im Blick auf die Gegenstände selbst besonders in Betracht zu ziehen? Wie lassen sich die verschiedenen Sozialdimensionen an den empirischen Fällen (re-)konstruieren? Inwiefern spielen Akteurinnen bzw. Akteure, die soziale Praxis und die Situation eine Rolle?

Das *Ziel* einer Soziologie visueller Kommunikation ist demnach das theoretische (konzeptuelle) wie empirisch-analytische Verstehen der visuellen Erscheinungsformen von Artefakten im Beziehungsgefüge sozialer, kultureller und gesellschaftlicher Umgebungen. Sie dechiffriert manifeste wie latente Bedeutungen und Funktionen des Gestalteten in diesen Gefügen und deren fallbezogenen Verflechtungen, Relationierungen und Relevanzabstufungen. Da die Komplexität der sozialen Beziehungszusammenhänge des Artifiziellen weit über offensichtliche, selbstexplikative Zeichen (z. B. leicht lesbare Statussymbole) hinausgeht, kann die Soziologie zur Aufklärung unserer gestalteten Umwelt einen erheblichen Beitrag leisten. Das gilt umso mehr, als sie nicht nur latente

---

[5]Vgl. hierzu Bauch (1994).

und manifeste soziale Merkmale zueinander ins Verhältnis setzen, sondern auch weiterführende Fragen wie diejenige nach der Beteiligung sozialer Strukturen, sozialer Praxis oder des soziokulturellen Wandels, an visuelle Kommunikation adressieren kann.

Verliert sie besagte Leitfragen und die daran gebundenen Ziele aus den Augen, kann sie die Auseinandersetzung mit Artefakten z. B. als Allgemeine Soziologie, als Soziologie sozialer Systeme, als Soziologie der Kultur, als Soziologie des Wissens oder als Soziologie sozialer Praxis betreiben. Als Soziologie visueller Kommunikation rückt sie jedoch die umfängliche Aufklärung der Erscheinungsformen in den Mittelpunkt. Das heißt selbstverständlich nicht, dass sie nicht einzelne Sozialbezüge visueller Kommunikation fokussieren kann. Im Gegenteil! Fragestellungen wie die nach der Einflussnahme von situativen (Interaktions-)Kontexten, Gender, Kultur oder Lebensstile werden mit einem solchen Forschungsansatz umso besser als Spezifikationen mit eingeschränkten Interpretations- und Geltungsansprüchen reflektierbar.

In puncto Leitfragen und Ziele muss nochmals der Gegenstandsbezug einer Soziologie visueller Kommunikation betont werden: Weil die Gestalt der Artefakte quer steht zu den üblichen Einteilungen des Sozialen durch die Soziologie, bedarf es eines Konzeptes, das sich von soziologischen Schubladen nicht unnötig einschränken lässt. Eine Soziologie visueller Kommunikation muss hinsichtlich ihrer konzeptuellen und empirisch-analytischen Perspektiven offen bleiben, sodass sie sich von den Gegenständen und der darauf bezogenen Analyse leiten lassen kann.[6]

Mit dem Postulat der Multiperspektivität ist zugleich auf die paradoxe Ausgangssituation einer Soziologie visueller Kommunikation hingedeutet: Es kann eine solche ‚Bindestrichsoziologie' nur in der Form der Bezugnahme auf verschiedene soziologische Konzepte geben, wenn sie ihrem Gegenstand gerecht werden will. Sie kann und muss sich fallabhängig Perspektiven der Allgemeinen Soziologie, der Emotionssoziologie, der Theorie sozialer Systeme, der Soziologie der Kultur, der Soziologie des Wissens und anderer Soziologien zu Eigen machen. Sie muss also der Einsicht folgen, dass die soziologische Aufklärung des Visuellen unvermeidlich komplexer Syntheseleistungen von Theorien, Methodologien und Methoden bedarf.

---

[6]Ähnliches gilt für andere Bereiche der Sozialwissenschaften, etwa die Ethnografie (Hirschauer/Amann 1997, S. 19) oder auch die Kulturtheorie (vgl. Baecker 2001, S. 7).

Zum Begriff der visuellen Kommunikation

4.1 Visualität

Mit dem Visuellen ist hier die Sphäre des für Menschen Sichtbaren gemeint. Wahrnehmungsphysiologische oder auch epistemologische Befunde, die z. B. unter dem Begriff „Konstruktivismus" verhandelt werden, lassen keinen Zweifel daran, dass die Sphäre des für uns Sichtbaren nicht die ‚wirkliche Wirklichkeit', die Realität ‚an sich' repräsentiert. Die Wahrnehmung kann vielmehr nur ‚Bilder' generieren, die als Resultate verschiedenster Selektionen (der Netzhaut, des Gehirns usw.) zu verstehen sind, die die ‚reale Realität' in spezifischer Weise transformieren.

Zur Veranschaulichung dieses Sachverhalts verwendet Gregory Bateson die traditionsreiche Metapher von der Wahrnehmung als Herstellungsprozess von „Karten", die sich zwar auf ein „Territorium" beziehen, dieses aber als solches nicht zugänglich machen können.[1] Die Wahrnehmung transformiert als Verkettung von Unterscheidungsleistungen das unsichtbar bleibende Territorium in einen visuellen Eindruck, wobei die Kontinuität der Selektionsprozesse stabile, wiedererkennbare Formen erzeugt. Die Soziologie visueller Kommunikation fokussiert also mit dem Visuellen einen Horizont von „Karten" eines stets unsichtbar bleibenden Territoriums.

Dass Prozesse der Wahrnehmung als *individuelle* Körperereignisse nicht gleichsam mechanisch ablaufen, sondern durch eine Vielzahl von (z. B.

---

[1]Vgl. Bateson (1994 [1972], S. 583 f.). Die Karten-Metapher findet sich auch schon in der poetischen Epistemologie der Frühromantik, so z. B. in Novalis' Werk „Die Lehrlinge zu Sais" (vgl. Novalis 1969, S. 116).

psychischen, sozialen) Einflussgrößen bedingt werden, lässt sich schon aus lebenswirklichen Erfahrungen erschließen. Befindlichkeiten wie Müdigkeit oder Krankheiten können Wahrnehmungen spürbar beeinflussen. Die Sphäre des Visuellen lässt sich so gesehen nicht umstandslos als Tatsachenzusammenhang einer gegebenen Wirklichkeit begreifen, die für alle und immer dieselbe ist. Dessen ungeachtet kann man davon ausgehen, dass die Selektivität von Wahrnehmungen auf einer sehr grundlegenden (biologischen) Ebene der Erzeugung von Seheindrücken bei den meisten Menschen in ähnlicher Weise gegeben ist und insofern die „Karten" des Sichtbaren *intersubjektiv* zur Verfügung stehen.

Das muss u. a. betont werden, weil der in den Kultur- und Sozialwissenschaften gängige – und prinzipiell durchaus richtige – Hinweis auf die Einflussnahme des Sozialen auf die Sehweisen allzu leichtfertig über diesen Sachverhalt hinweggeht. Mit guten Gründen hat schon die Gestalttheorie darauf hingewiesen, dass die von ihr beschriebenen Wahrnehmungsmechanismen (Figur/Hintergrund, Gruppenbildung sichtbarer Elemente, räumliches Sehen, Bewegungswahrnehmung u. a.) kaum sozial bedingt sind und dementsprechend zwischen Individuen wenig variieren, sodass geradezu von „Gesetzen der Wahrnehmung" gesprochen werden kann.[2] Auch James Gibsons Beschreibung einer „ökologischen Optik" betont die Wichtigkeit von Invarianten des organisch bedingten Sehens in der Verschränkung mit Invarianten der Umgebung (vgl. Gibson 1982, S. 334 f.). Dass es auch dauerhafte und substanzielle Unterschiede zwischen Menschen auf der Wahrnehmungsebene gibt (Sehschwächen, (Farben-)Blindheit u. a.), ist damit selbstverständlich nicht bestritten. Ebenso wenig bestritten ist der Sachverhalt, dass Wahrnehmungsprozesse von vorausliegendem Wissen, von Gefühlen, Erfahrungen usw. der jeweiligen Individuen beeinflusst werden und es so gesehen kein „unschuldiges Auge" gibt.[3]

In jedem Fall ist die prozessuale Stabilität der Wahrnehmungsorgane für die Konstitution des Sozialen aus verschiedenen Gründen relevant. Dabei spricht die Wahrnehmungsphysiologie den Primärwahrnehmungen eine hervorgehobene Bedeutung für die Realitätskonstruktion menschlicher Individuen zu. Während die Sprache mit ihren syntaktischen Verknüpfungsregeln die Herstellung komplexer Sinngebilde überhaupt erst ermöglicht, sind Primärwahrnehmungen eine treibende Überzeugungskraft in Sachen ‚Realität'. Das multimodale Zusammenspiel

---

[2]Zu den Dimensionen dieser „Gesetze" sowie einer gestalttheoretischen Reflexion auf die „sozialen Faktoren der Wahrnehmung" vgl. Metzger (1975, insb. S. 647 f. und S. 655–660).
[3]Siehe hierzu im Anschluss an die von Gombrich geprägte Formulierung Goodman (1998, S. 17–21).

4.1 Visualität

verschiedener Sinnesleistungen ist hierbei wichtig: „Wenn unsere Wahrnehmung von zwei Sinnesmodalitäten bestätigt wird, wenn wir also beispielsweise greifen können, was wir sehen, dann besteht in der Regel kein Zweifel an der Realität dessen, was da draußen ist. Der Inhalt der Wahrnehmung hat den ‚intermodalen Konsistenztest' bestanden." (Singer 2009, S. 105) Die Primärwahrnehmungen fundieren also auf einer sehr grundlegenden Ebene unser Weltverständnis entlang fortlaufender Konsistenzprüfungen. So obliegt es dem limbischen System des Gehirns „die verteilten Aktivitäten im Großhirn zu bewerten und festzustellen, ob das, was dort jeweils erarbeitet wird, in sich konsistent ist und zu dem passt, was durch frühere Erfahrung bereits bekannt ist." (Ebd., S. 118) Von besonderer Bedeutung sind dabei der Tastsinn und die damit in Beziehung stehende Körpererfahrung. An zweiter Stelle steht bereits der Gesichtssinn. Ihn zeichnet aus, „dass er in der Lage ist, die Körper anderer Organismen, Mitmenschen oder Tiere in ihrer Ausformung und Dynamik präzise erfahrbar zu machen. Er ermöglicht es dem Betrachter, durch die Auswertung von Mimik und Gestik, Bewegung, Eleganz und Körperbau Rückschlüsse zu ziehen auf die Gestimmtheit, aber auch die Wesenheit der Person. Der Gesichtssinn erfüllt damit eine eminent wichtige Funktion in der sozialen Kommunikation und beim Aufbau sozialer Strukturen." (Ebd., S. 108).

Im Rahmen einer phänomenologischen Perspektive betont Maurice Merleau-Ponty, dass Prozesse der visuellen Wahrnehmung an der Konstitution des Sinnhaften beteiligt und folglich immer schon mit diesem verstrickt sind. Sichtbare Gestalten sind Merleau-Ponty zufolge ein Apriori des Kondensierens identifizierbarer, wiedererkennbarer Gestalten, die ihrerseits mit Sinn belegt werden können. Merleau-Ponty spricht vom „Wahrnehmungsglauben" als einer wichtigen Basis der Herstellung von Sinn. Die Wahrnehmung von Körper- und Objekt-Grenzen gibt hierfür ein Beispiel. Sie nimmt nicht nur auf die Ausbildung von logischen, sprachlich benennbaren Identitäten, sondern zugleich auf die Subjektgenese Einfluss.[4]

Nun realisieren visuelle Wahrnehmungen für sich selbst genommen noch keine sinnhafte Kommunikation. Entsprechend ist die Frage aufgeworfen, welche Prozesse hinzutreten müssen, sodass von „visueller Kommunikation" gesprochen werden kann.

---

[4] Siehe Merleau-Ponty (1986, S. 17–34). Vergleichbar betont Gibsons ökologischer Ansatz die Relevanz der Selbstwahrnehmung des Individuums im Zusammenhang mit und in Differenz zu (s)einer Umgebung (vgl. Gibson 1982 S. 120 ff.). Das individuelle Blickfeld realisiert ihm zufolge die „Kennzeichnung des Selbst" gerade auch in der Dynamik stetiger Bewegung, die er als „visuelle Kinästhesie" (visual kinesthesis) fasst (Gibson 1982, S. 120).

4.2 Kommunikation

Ich gehe zunächst von Luhmanns Verständnis von Kommunikation als Zusammenhang der Selektionsprozesse Information, Mitteilung und Verstehen aus. Luhmann erläutert hierzu:

> Keine dieser Komponenten kann für sich allein vorkommen. Nur zusammen – das heißt nur dann, wenn ihre Selektivität zur Kongruenz gebracht werden kann. Kommunikation kommt deshalb nur zustande, wenn zunächst einmal eine Differenz von Mitteilung und Information verstanden wird. Das unterscheidet sie von bloßer Wahrnehmung [...]. Im Verstehen erfasst die Kommunikation einen Unterschied zwischen dem Informationswert ihres Inhalts und den Gründen, aus denen der Inhalt mitgeteilt wird. Sie kann dabei die eine oder die andere Seite betonen, also mehr auf die Information selbst oder das expressive Verhalten achten. Sie ist aber immer darauf angewiesen, dass beides als Selektion erfahren und dadurch unterschieden wird. Es muß, mit anderen Worten, vorausgesetzt werden können, dass die Information sich nicht von selbst versteht und dass zu ihrer Mitteilung ein besonderer Entschluss erforderlich ist (Luhmann 1997, S. 21).

Nun ist es wichtig zu betonen, dass es für die Unterscheidung von Information und Mitteilung keine materielle Entsprechung in dem Sinne gibt, dass spezifische Aspekte der jeweiligen Sichtbarkeiten auf „Information" verweisen, während andere die Mitteilung fundieren. Ebenso wenig intendieren die Begriffe Information und Mitteilung eine Unterscheidung von Form und Inhalt, wenn man hierunter die Ansicht fasst, dass ein ideelles Konstrukt prinzipiell von seiner (z. B. visuellen) Form der Darstellung zu unterscheiden sei. Auch wenn die Entgegensetzung von „Information" und „expressivem Verhalten" im obigen Zitat diese Deutung nahelegt, kann es für den Bereich visueller Gestaltung keinen Zweifel daran geben, dass die sichtbare Form zugleich den Inhalt bestimmt, ja Letzterer sich mit der Form artikuliert. An einem Beispiel: Es kann keine inhaltsunbedeutende visuelle Darstellung von Themen wie Geschlecht, Alter oder Ethnizität geben. Die spezifische Form der Darstellung ist unausweichlich Teil der ‚inhaltlichen' Bedeutung. Sowohl die informative Dimension bzw. der Sachaspekt oder das „Thema" einer Kommunikation (vgl. Luhmann 1984, S. 227), als auch die „Mitteilung", d. h. die handlungsbezogene Begründung des Themenangebots (ebd., S. 194), müssen in Beteiligung des Sichtbaren erfolgen. Dementsprechend muss beides – Information und Mitteilung – von Beobachtenden entlang visueller Formen unterschieden und im Verstehen

4.2 Kommunikation

zueinander in Beziehung gesetzt werden.[5] Der Adressat einer Kommunikation muss also entlang materiell verfügbarer Gestalten Informations- und Mitteilungsaspekte unterscheiden können. Wie jede Kommunikation ist auch die visuelle stets in einem medialen Substrat verankert.

Legt man dieses Begriffsverständnis zugrunde, kann man soweit notieren: Visuelle Kommunikation ergibt sich, wenn Beobachtende entlang von Sichtbarkeiten Informationen und Mitteilungen unterscheiden und im selektiven Vorgang des Verstehens synthetisieren. Luhmanns Kommunikationsmodell stimmt dabei mit Saussures Konzept des Zeichens insofern überein, als dieses nicht die materialisierten Gestalten für sich selbst, sondern die von Beobachtenden generierte Einheit der Unterscheidung von Signifikant (Bezeichnendes in einem medialen Substrat) und Signifikat (Bezeichnetes) als Zeichen definiert. Das Phänomen der Kommunikation ist also weder auf der Seite materialisierter Objekte, noch auf der Seite des Bewusstseins bzw. der Kognitionen von Menschen zu lokalisieren. Erst dann, wenn visuell Gestaltetes zum Anlass wird, Information und Mitteilung zu unterscheiden und sinnverstehend zu synthetisieren, ereignet sich visuelle Kommunikation. Das in der (visuellen) Kommunikation entstehende ‚Objekt' ist folglich etwas anderes als das mediale Substrat, das für die Konstitution wahrnehmbarer Zeichenvehikel die Voraussetzung ist. Das sinnhafte ‚Objekt' – sei dies ein zweidimensionales Bild, ein Gebäude oder eine Gartengestaltung – entsteht im Widerstreit (visueller) Wahrnehmungen, Kognitionen und Vorstellungen, die von Beobachtenden sinnverstehend zu einem Ergebnis gebracht werden.[6]

Diese Überlegungen deuten bereits an, dass Kommunikation als Vorgang wie als Kommunikationseinheit nicht einem Einzelbewusstsein zugeordnet werden kann. Denn die Herstellung einer Informationen und Mitteilungen unterscheidbar machenden Gestalt setzt die Beteiligung eines weiteren, vorgängigen Bewusstseins voraus.[7] Als prozessuales wie auf der Basis empirisch beobachtbarer medialer Substrate sich vollziehendes Ereignis ist Kommunikation also ein soziales

---

[5]Auch Luhmann zufolge können außersprachliche Performanzen Kommunikation in Gang setzen (vgl. z. B. Luhmann 1984, S. 208).

[6]Zu diesem Vorgang in Bezug auf einschlägige Positionen der Bildtheorie vgl. Wiesing (2009, S. 206 ff.).

[7]Die sich hieraus ergebende Frage nach der Möglichkeit der Entstehung von Kommunikation überhaupt beantwortet Luhmann mit der – freilich spekulativ bleibenden – These der Faszinationskraft von Medium-Form-Differenzen: Indem auffällige Formen (etwa mündliche Laute) vor dem Hintergrund unstrukturierter Geräusche (Medium) das Bewusstsein attrahieren, provozieren sie die Orientierung von Bewusstsein an Kommunikationsmedien und dazugehörige Folgen (z. B. des Lernens), vgl. Luhmann (1997, S. 195 ff.).

Geschehen, ja „die einzig genuin soziale Operation" (Luhmann 1997, S. 81), die nicht ohne rekursive Vernetzung existiert, ohne „ein Netzwerk, an dessen Reproduktion jede einzelne Kommunikation selber mitwirkt". (Ebd., S. 83). Gleichwohl ist es sehr wichtig zu erkennen, dass sich Kommunikation – auch visuell basierte – medienvermittelt von der Einbindung in Interaktionskontexte emanzipiert. Kommunikation zwischen zwei oder mehr Individuen, die in einer sozialen Situation zugegen sind, ist lediglich ein spezifischer, keineswegs aber der einzig mögliche Fall. Medienvermittelte Kommunikation setzt mitnichten die leibliche Kopräsenz von Kommunizierenden voraus. So kann ein einzelnes Individuum in Bezug auf ein gestaltetes (sichtbares) Objekt Information und Mitteilung unterscheiden und verstehend synthetisieren. Eben dies ist ein gewöhnliches Weltgeschehen nicht erst im Zeitalter des Computers oder der Telefonie. Es gehört vielmehr zu den soziokulturell äußerst wirkungsmächtigen Charakteristika schon früher visueller Kommunikationsmedien wie Stein, Holz, Ton, Papier oder Leinwand. Mit ihnen transzendieren Sinnkonstruktionen soziale Situationen, womit u. a. die zeitliche und räumliche Verfügbarkeit des Mitgeteilten über die Möglichkeiten von Körper-Performanzen erheblich ausgedehnt wird.[8] Kommunikationsmodelle, die soziale Situationen und Interaktionen als den zentralen Bezugsrahmen kommunikativer Ereignisse verstehen, übergehen leichtfertig diesen Sachverhalt.

Doch zurück zum Grundbegriff der Kommunikation. Die weiteren Überlegungen schließen an die genannten Perspektiven Luhmanns an, lösen sie jedoch aus dem weiteren Kontext seiner Systemtheorie heraus. Das ist aus verschiedenen Gründen unerlässlich. So ist im Kontext der (Re-)Produktion von Sinn auf der Basis sichtbarer Formen unmittelbar evident, dass Kommunikation weder als

---

[8]Wie kaum ein anderer in der Soziologie hat Luhmann den Medien gerade auch vor dem Hintergrund dieses Sachverhalts eine zentrale Bedeutung der Entwicklung sozialer Ordnungen zugeschrieben. Besonders deutlich wird dies in seinen „Überlegungen zu einer Theorie symbolisch generalisierter Kommunikationsmedien" (1974). Insofern und insoweit Medien (beginnend mit der Schrift) Kommunikation aus der Sphäre der Anwesenden hinausschieben (=Anonymisierung der Kommunikation), so Luhmann, minimieren sie den Zustimmungsdruck, dem Kommunikation in Interaktionskontexten unterliegt. Die Kommunikationsmedien forcieren damit in den verschiedensten Themenzusammenhängen ein kommunikatives Akzeptanzproblem – auf das sich dann die „symbolisch generalisierten Kommunikationsmedien" als Mechanismen der Akzeptanzsteigerung einstellen. Ein deutliches Defizit kann man seiner Medientheorie indessen bezüglich des Computers sowie bezüglich der technischen Bildmedien attestieren. Zu den soziokulturellen Effekten der Letzteren, für die die Fotografie eine besondere Zäsur darstellt, vgl. ausführlicher Kautt (2008, S. 33–96).

4.2 Kommunikation

„operativ geschlossenes", noch als ein „autopoietisches System" konzipiert werden kann. Nicht nur, dass die von Luhmann angenommene Ja/Nein-Codierung sprachlicher Kommunikation im Bereich visueller Kommunikation weniger zu überzeugen vermag (vgl. dazu den folgenden Abschnitt).[9] Auch die Tatsache, dass man eine Vielzahl materialisierter Objekte (Architektur, Konsumprodukte, Mode, Landschaften uvm.) und die hierauf bezogene Kommunikation keiner „Systemreferenz" im Luhmannschen Sinne wird zuordnen können, bringt diesen Ansatz in ernsthafte Erklärungsnöte. Jedenfalls wird man in der systemtheoretisch-orthodox gedachten Option, Sinnformen wie die eben genannten, lediglich mit der Systemreferenz „Kommunikation" zu identifizieren, keine erkenntnisbringende Perspektive sehen können.

Entscheidend für die Distanznahme zur Systemtheorie im Sinne einer allgemeinen Bezugstheorie einer Soziologie visueller Kommunikation ist für mich jedoch der Sachverhalt, dass Luhmanns Kommunikationskonzept Gregory Batesons berühmte Definition von Information als einem Unterschied, der einen Unterschied macht,[10] so generalisiert und respezifiziert,[11] dass eine von Bateson angezielte Pointe fast gänzlich verloren geht: Dass nämlich Information ein prozessuales Geschehen ist, das verschiedene Ordnungsebenen integriert und eben dadurch Kommunikationen verschiedenen Typs – bis hin zur menschlichen Kommunikation – realisiert. Während Luhmann Kommunikation als „operativ geschlossen" und „autopoietisch" konzipiert und der Beteiligung verschiedener „Systeme" am kommunikativen Geschehen über den Begriff der „strukturellen Kopplung" eine zwar unerlässliche, nicht aber formgebende Bedeutung zuspricht, betont Bateson mit dem Begriff der Information das *Zusammenspiel*

---

[9]So evident die Wahrscheinlichkeitssteigerung von Zustimmungs- und Ablehnungsprozessen durch sprachliche Sinnzuspitzungen ist (Luhmann zitiert aus Goethes „Wahlverwandtschaften": „Jedes Wort erregt den Gegensinn"), rechtfertigt die Mannigfaltigkeit sprachlicher Sinn(re)produktion kaum die generelle Zuordnung zu einer Leitdifferenz, die Luhmann – vergleichbar mit funktionssystemspezifischen Codes – als Element der Autopoiesis des Systems (der Kommunikation) veranschlagt.

[10]In Batesons Formulierung: „Der *terminus technicus* ‚Information' kann vorläufig als *irgendein Unterschied, der bei einem späteren Ereignis einen Unterschied macht,* definiert werden." (Bateson 1994, S. 488).

[11]Die Generalisierung wird erreicht durch die Entkontextualisierung der Formulierung eines „Unterschieds, der einen Unterschied macht", die Respezifikation durch die Anbindung des Informationsbegriffs an Konzepte, die die Irritabilität von Systemen durch Umwelt trotz ihrer „operativen Schließung" erklären sollen (u. a. durch „strukturelle Kopplung", vgl. Luhmann 1997, S. 92 ff. und an Beispielen ebd., S. 781 ff.).

verschiedener Ordnungsebenen als konstitutiv für die konkrete Ausprägung von Kommunikation. Wenngleich Luhmann in verschiedenen Texten Ähnliches in den Blick nimmt und etwa feststellt, dass Praxis als individuelles Selektieren jedwedem Handeln unterliegt (1969) und Bewusstsein an Kommunikation notwendigerweise beteiligt ist (1988c), führen diese Überlegungen nicht zu dem Schluss, das Kommunikation ein geistiges Geschehen ist, zu dem u. a. individuelle Menschen gehören, die unterschiedliche Ordnungsebenen integrieren und als eben solche ‚Subjekte' an der Konstitution sozialer Ordnungen dies- und jenseits von Funktionssystemen stets maßgeblich beteiligt sind.

Batesons epistemologische Überlegungen tragen dabei der Selektivität etwa der Wahrnehmung und des Bewusstseins und den damit einhergehenden Eigenwerten durchaus Rechnung. Zugleich verlieren sie die informationsbezogenen Beziehungsgeflechte dazwischen nicht aus den Augen. Entscheidend ist für Bateson vielmehr, dass die Vernetzung von Informationen über verschiedene Ordnungsebenen hinweg möglich und notwendig ist, wenn sich Kommunikation ereignen soll. Ja seine „Ökologie des Geistes" ist maßgeblich davon geprägt, eben dies als Beschreibungs- und Erklärungsprinzip verschiedenster Verhaltensphänomene anzusetzen. Das gilt nicht nur für visuelle oder sprachliche Kommunikation. Schon einfache Handlungen wie beispielsweise das Fällen eines Baumes ereignen sich im informativen Zusammenspiel verschiedener Elemente und Ebenen, zu denen neben dem Bewusstsein und den Wahrnehmungen des Menschen die Objektwelt jenseits seines Körpers gehört. Für das Verständnis der Verkettung von Informationen, die auch für (visuelle) Kommunikationen unerlässlich ist, lohnt sich ein längeres Zitat zum Begriff des „Geistes", der mit dem der Kommunikation in Beziehung steht.

> Was verstehe ich unter ‚meinem' Geist? Ich vermute, dass die Abgrenzung eines individuellen Geistes immer davon abhängen muß, welche Phänomene wir verstehen oder erklären wollen. Offensichtlich gibt es außerhalb der Haut Mengen von Mitteilungswegen, und diese sowie die Mitteilungen, die sich übertragen, müssen, sofern sie überhaupt relevant sind, als ein Teil des geistigen Systems einbezogen werden.
>
> Stellen Sie sich einen Baum und einen Mann mit einer Axt vor. Wir beobachten, dass die Axt durch die Luft saust und bestimmte Arten von Einschnitten in einer schon existierenden Kerbe an der Seite des Baumes hinterläßt. Wenn wir nun diese Menge von Phänomenen erklären wollen, werden wir es mit Unterschieden an der Schnittseite des Baumes, mit Unterschieden auf der Retina des Mannes, mit Unterschieden in seinem Zentralnervensystem, mit Unterschieden in seinen nach außen gehenden nervlichen Mitteilungen, mit Unterschieden im Verhalten seiner Muskeln, mit Unterschieden in der Flugbahn der Axt bis hin zu den Unterschieden zu tun haben, welche die Axt dann an der Seite des Baumes hinterläßt. Unsere Erklärung

> wird (zu bestimmten Zwecken) immer wieder diesen Kreislauf durchlaufen. Wenn man irgend etwas im menschlichen Verhalten erklären oder verstehen will, dann hat man es im Prinzip immer mit totalen Kreisläufen, vollständigen Kreisläufen zu tun. Das ist der Grundgedanke der Kybernetik. Das elementare kybernetische System mit seinen Nachrichten in Kreisläufen ist in der Tat die einfachste Einheit des Geistes; und die Umwandlung eines Unterschieds, der sich in einem Kreislauf fortpflanzt, ist die elementare Idee. Bei komplizierteren Systemen ist es vielleicht eher angezeigt, sie geistige Systeme zu nennen, aber im wesentlichen ist es das, worüber wir sprechen. [...] Die richtige Weise, das System abzugrenzen, besteht darin, die Grenzlinie so zu ziehen, dass man keiner dieser Wege in einer Weise durchschneidet, die die Dinge unerklärbar macht (Bateson 1994, S. 589 f.).

Das Zitat macht deutlich, dass Informationen nicht als lokalisierbare Einheiten, sondern als ein prozessuales Geschehen verketteter Unterschiede gedacht werden, die zwischen verschiedenen Materialitäten (Baum, Axt, Körper) und Ordnungsebenen (z. B. visuelle Wahrnehmung, Kognitionen zur Führung der Axt) einen Zusammenhang herstellen. Den Begriff der Kommunikation setzt Bateson dabei auf dem Abstraktionsniveau des Umgangs mit informationsbezogenen Zusammenhängen an. Kommunikation ist Bateson zufolge ein „Netzwerk von Mitteilungswegen", die außer- und innerhalb von Organismen (u. a. Menschen) lokalisiert sind. „Aber die Charakteristika des *Systems* (der Kommunikation, Y.K.) beruhen in keiner Weise auf irgendwelchen Grenzlinien, die wir über die Kommunikationskarte legen können. Es ist für die Kommunikation nicht sinnvoll, zu fragen, ob der Stock des Blinden oder das Mikroskop des Wissenschaftlers ‚Teile' des Menschen sind, der sie benutzt. Sowohl der Stock als auch das Mikroskop sind wichtige Kommunikationswege und als solche Teile des Netzwerks, für das wir uns interessieren" (Bateson ebd., S. 330).

Kommunikationen sind also für Bateson „Systeme" nicht im Luhmannschen Sinne, sondern Zusammenhänge von Unterschieden über verschiedene Ordnungsebenen hinweg. Ja die Verschränkung von Informationen in weiter ausgedehnten Zusammenhängen, zu denen Individuen und Objekte gleichermaßen gehören, sind eine wichtige Pointe seiner „ecology of mind", in die sich sein Kommunikationsmodell einfügt. Die deutsche Übersetzung verwendet daher an der Stelle von „mind" ganz zu Recht den Begriff des „Geistes", denn die Alternative „Bewußtsein" erfasst in ihrer Gebundenheit an je individuelles Bewusstsein nicht das von Bateson gemeinte Beziehungsgefüge.

Indessen ist Batesons Geist- und Kommunikations-Konzept nicht zu verwechseln mit der Annahme, dass alles mit allem zusammenhängt. Das ist zu betonen, weil Ökologie-Konzepte wie z. B. diejenigen von Gilles Deuleuze und

Felix Guattari den Akzent sehr deutlich auf den Hinweis des mannigfaltigen Verzweigtseins von Objekten in rhizomatischen, gleichsam unbegrenzten, Beziehungsgeflechten legen.[12] Bateson nimmt hingegen an, dass zwischen Informationskreisläufen *Grenzen* bestehen bzw. auf dem Niveau menschlicher Kommunikation durch Beobachtende und deren Fragen (Unterscheidungen) Grenzen gezogen werden können und müssen. Die Rede nicht nur von „Geist", sondern von „System" des Geistes bringt dies zum Ausdruck. Die empirisch gegebenen Informationskreisläufe verzweigen sich nicht beliebig und sie bezwecken nicht Beliebiges, sondern sie generieren ein *bestimmtes* Verhalten und *bestimmte* Eigenschaften. Der Informationskreislauf, der das Fällen eines Baumes ermöglicht, ist z. B. unabhängig von dem Informationskreislauf zwischen den Lichtunterschieden und den selektiven Mechanismen des Baumes, die die Fotosynthese vollziehen. Und in Bezug auf visuelle Kommunikation werden die Grenzen gezogen durch die Komponenten, die im Einzelfall für den Vollzug der Unterscheidung von Information, Mitteilung und Verstehen genutzt werden. Die ‚Sachen selbst' sind in jedem Fall in ihrer Komplexität beschränkt, ihre Beziehungsverflechtungen laufen nicht ins Endlose und ein Objekt bzw. ein Objektzusammenhang kann an verschiedenen Informationsverknüpfungen teilhaben, ohne dass dieselben miteinander in Beziehung stehen müssen.

Nun ist Kommunikation im weiten Sinne von ‚Informationsverarbeitung' kein Privileg menschlicher Individuen, ja nicht einmal nur von Tieren. Konsequenterweise spricht Bateson z. B. auch von „physiologischer Kommunikation", die Pflanzen durchaus einschließt. Die Besonderheit *menschlicher* Kommunikation besteht indessen darin, besonders hoch organisierte Ebenen der Informationsverarbeitung zu erreichen, z. B. solche, die im Medium der Sprache die komplexe Relationierung bezeichneter Objekte und damit u.a. Kommunikation über Kommunikation (Meta-Kommunikation) ermöglichen.[13] Wichtig für den Zusammenhang einer Soziologie visueller Kommunikation ist der Hinweis auf den Sachverhalt, dass die höheren Ordnungsebenen menschlicher Kommunikation (z. B. sprachliche Mitteilungen) nicht nur auf untere Ordnungsebenen (z. B. der Wahrnehmung) angewiesen bleiben, sondern sich Kommunikation als aktives Zusammenwirken verschiedener Ebenen ereignet. Dementsprechend denkt

---

[12]Vgl. Deleuze/Guattari (1992) und Guattari (2012).
[13]Genauer gesagt sind es bestimmte Formen der Metakommunikation, die für menschliche Kommunikation charakteristisch sind. Denn auch Tiere verfügen über Meta-Kommunikation, indem sie etwa Zeichen zur Markierung bestimmter Ereignisse als Spiel verwenden (Bateson 1994, S. 244 f.).

sich Bateson Kommunikation als Sequenzen der *Umwandlung* von Information zwischen Ordnungsebenen, wobei jede Stufe einer Kommunikationssequenz „als eine Stufe der vorherigen zu betrachten" ist (Bateson ebd., S. 529).

Diesem Verständnis folgt die Annahme der stetigen Verschränkung „ikonischer Codes" und „sprachlicher Codes" (ebd., S. 530) sowie die Hypothese, dass die Evolution sprachlicher Kommunikation aufs Engste mit anderen Äußerungsformen einhergeht. So setzen Sprechakte mit ihren ‚digitalen' Bedeutungsgehalten die Kommunikation von Körperperformanzen immer schon voraus. Eingeschlossen ist hierin die Vermutung, dass die Mitteilungsmöglichkeiten körpervermittelter Darstellungen die Ausbildung von Sprache provozieren, wie zugleich die Differenzierungsmöglichkeiten der Sprache, einmal entwickelt, auf die Spielarten visueller Kommunikationen zurückwirken und deren Komplexitätssteigerung ermöglichen.

Hiervon ausgehend nimmt der Begriff des Lernens in Batesons Kommunikationstheorie einen festen Platz ein, ja sind Kommunikation und Lernen untrennbar verbunden. Im Unterschied zu Luhmann hält Bateson für das kommunikative Geschehen nicht nur die Beteiligung von Bewusstsein an Kommunikation in einem allgemeinen, vom Individuum gleichsam abstrahierten, Sinne für erforderlich. Er betont vielmehr, dass die empirisch konkreten und mannigfaltigen Erfahrungen von Menschen (aber auch anderer Organismen) unter Einschluss ihrer individuellen Erfahrungen in ihren Umgebungen Voraussetzung und integrales Moment von Kommunikation sind. Menschliche Kommunikation kann sich nur ereignen, wenn Organismen in der Lage sind, Informationsverkettungen verschiedener Ordnungsebenen auf der Basis komplexer Erfahrungs- und Wissensbestände zueinander in Beziehung zu setzen.

In diese Richtung weist auch das für Bateson grundlegende Verständnis von Kommunikation als Resultat von Musterbildung. Weil Erfahrungen Redundanzen konstituieren, können sich Markierungen wie z. B. bildliche oder lautliche Formen auf die Muster der Erfahrung beziehen und zu selbst musterhaften (redundanten) Bezeichnungen derselben werden. Bateson spricht von „Schnittzeichen" und gibt hierfür u. a. das Beispiel des Satzes „Es regnet".[14] Dessen kommunikatives Fungieren ergibt sich maßgeblich über Redundanz. Weil es in der erfahrbaren Welt Regen als wiederkehrendes Phänomen gibt, kann sich ein Code als „Schnittzeichen" auf dieses Phänomen beziehen. Hier wie überhaupt basiert Kommunikation also auf dem komplexen Zusammenspiel von Redundanzen

---

[14]Vgl. hierzu Bateson (1994, S. 184 ff.).

materialisierter Formen (z. B. ikonische Zeichen, Schriftzeichen), die mit den Redundanzen der weiteren Umgebung von Organismen sowie mit körperlichen und kognitiven Prozessen der Organismen selbst in Beziehung stehen. Aus diesen Überlegungen folgt, dass der Unterscheidungszusammenhang von Information, Mitteilung und Verstehen keineswegs als „operativ geschlossenes System" im Sinne Luhmanns aufgefasst werden kann. Kommunikation ereignet sich vielmehr in einem Verknüpfungszusammenhang, der Wahrnehmungsprozesse, Emotionen und Kognitionen ebenso einschließt wie Formen des Wissens, die einzelnen Kommunikationen immer schon vorausgehen. Das kommunikative Funktionieren visueller Gestaltungen realisiert sich mit Informationsverkettungen über verschiedene Ordnungsebenen hinweg, im Kontext situativer Körperperformanzen (Mimik, Gestik u. a.) ebenso wie im Rahmen spezifischer Darstellungssysteme wie etwa denen der Wissenschaft oder der Kunst.[15]

Eine Soziologie visueller Kommunikation muss den Kommunikationsbegriff demnach an die „Systeme des Geistes" binden, für die Bateson feststellt: „Die richtige Weise, das System abzugrenzen, besteht darin, die Grenzlinie so zu ziehen, dass man keinen dieser Wege in einer Weise durchschneidet, die die Dinge unerklärbar macht." (Bateson 1994, S. 590).

---

[15]Auf der Ordnungsebene des (re-)produzierten (und z. B. sprachlich/bildlich/schriftlich fixierten) Wissens spricht Bateson von einer „Ökologie der Ideen" als einer Teilmenge der „Ökologie des Geistes". Dass und inwiefern Ideen immer zu vorgängigen Ideen (und zu Gefühlen und Körpererfahrungen) in Beziehung stehen, ist ein wesentliches Thema seiner „Metaloge" (vgl. Bateson 1994, S. 73 ff.).

Kommunikation durch Sichtbarkeit 5

5.1 Zum Zusammenhang von Sprache und visueller Kommunikation

Die bisherige Reflexion auf Information und Kommunikation deutet bereits an, dass es visuell basierten Sinn nur im Verflechtungszusammenhang mit sprachbasierter Kommunikation geben kann.[1] Während visuelle Wahrnehmungen in Erfahrungswissen eingehen und an der Konstruktion von Realität Anteil haben, fungieren sprachbezogene Kognitionen, einmal für Individuen verfügbar, in umgekehrter Richtung als (Wahrnehmungs-)Rahmen, indem sinnverstehendes Betrachten das Visuelle nach Kommunikationsaspekten abtastet. Dass sich ein bewusstseinsabhängiges Bewerten und Deuten visueller Wahrnehmungen fortwährend ereignet, betont u. a. die Sozialpsychologie, wenn sie von einem „effort after meaning" (Bartlett 1995 [1931]) spricht.

Bildtheoretische Auseinandersetzungen weisen im Anschluss an Wittgenstein demgemäß darauf hin, dass sichtbare und mentale Bilder sprachlich-rationale Argumentationen präreflexiv beeinflussen und steuern.[2] Auch Begriffe hängen von der „Verfügbarkeit nicht-arbiträrer, wahrnehmungsgestützter Medien" ab (Hombach/Schirra 2009, S. 423).[3] Kommunikationsprozesse ereignen sich also prinzipiell in multimodalen Zusammenhängen, denn das Verstehen einzelner

---

[1] Zur Sprachabhängigkeit und Sprachbezogenheit visueller Gestaltungen vgl. auch Hunt (1976) und Krauss (1998).

[2] Vgl. Mitchell (1986, S. 18 f.). Zur Bildhaftigkeit der Sprache vgl. Zimmermann (2000) und zur Angewiesenheit des Denkens und Argumentierens auf bildliche Vorstellungen Fellman (2005, S. 52 ff.).

[3] Dies bestätigen auch Befunde der Neurophysiologie (vgl. Singer 2009).

‚Kommunikationskanäle' bedarf der Einbezugnahme weiterer Modi. Während sich diesem Verständnis folgend sämtliche Medien als „gemischte oder hybride Bildungen" verstehen lassen, wird zugleich deutlich, dass das Sehen „nicht rein optisch" ist, „denn es verlangt für seine Operationen eine Koordination von optischen und taktilen Eindrücken." (Mitchell 2009, S. 320). Nicht nur der „linguistic turn", sondern auch der „visual turn", ist demnach nur als ein „medial turn" sinnvoll zu konzipieren.[4]

Empirische Indizien für die Verschränkung visueller und sprachlicher Formen gibt es zahlreich – man denke nur an Bildkommentierungen in den Printmedien oder an Objekte wie die Mode, die Schriftlichkeit in sich aufnimmt. Zudem ist Kommunikation *über* visuelle Kommunikation möglich und beeinflusst fortwährend die Kommunikation *durch* visuelle Darstellungen, weil sprachlicher Sinn der Praxis visueller Gestaltung immer schon zur Verfügung steht. Gespräche oder schriftbasierte Kommunikationen über Design, Filme, Raumkonstellationen, Kunst und dergleichen mehr, bilden ein interpretationswirksames Bezugssystem des Vergleichens, Deutens und Bewertens visueller Objekte.

Dabei ist Schriftlichkeit ihrerseits auf Visualität angewiesen und erlangt in ihrer typografisch gestalteten Form eine Sinnhaftigkeit, die über die Grundfunktion der Herstellung der Lesbarkeit arbiträr codierter Zeichen hinausgeht – Schrift bedeutet etwas auch als Schrift*bild*.[5] Ferner fungiert in den audiovisuellen Medien Film, Fernsehen und Computer Sprache neben und mit dem visuell Bedeutenden ohnehin als integriertes Kommunikationsmedium.

Angesichts der wechselseitigen Verknüpfungen von sprachlicher und visueller Kommunikation ist die Notwendigkeit der Einbezugnahme sprachlichen Sinns als Dimension der Gegenstandsebene evident. Gleichwohl ist an dieser Stelle

---

[4]Vgl. Hombach/Schirra (2009, S. 424). Diese grundlagentheoretischen Annahmen werden durch Untersuchungen zu empirisch vorliegenden Kommunikationsformen bestätigt, z. B. von solchen über die Rekonstruktion der Verknüpfungen von Sprache und Bildlichkeit in der mittelalterlichen Kultur (vgl. Wenzel 1995). Zu einer Analyse multimodaler Beziehungen am Beispiel des zeitgenössischen Nachrichtenfernsehens vgl. z. B. Holly (2010); am Beispiel von Powerpoint-Präsentationen siehe Knoblauch (2013). Zu (Bild-) Vignetten als einem Textbedeutungen spezifizierenden wie zugleich eigenwertigen Sinngenerator vgl. Scharfe (2005). Zum synästhetischen Zusammenspiel von Sound und Visualität bei der Herstellung von Emotionen im Film vgl. z. B. Fahlenbrach (2007).

[5]Zu Schriftbildlichkeit in verschiedenen sozialen Kontexten, u. a. in historischer Perspektive, vgl. die Beiträge in Krämer/Cancik-Kirschbaum/Totzke, Rainer (Hrsg. 2012). Zum typografischen Wandel als Indikator soziokulturellen Wandels im Rahmen der Werbung vgl. Kautt (2008, S. 126–132).

5.1 Zum Zusammenhang von Sprache und visueller Kommunikation

nicht nur auf die bedeutungstragende Verknüpfung von Visualität und Sprache, sondern auch auf grundlegende *Unterschiede* zwischen diesen Kommunikationsmedien hinzuweisen.[6] Ein wichtiger Unterschied besteht darin, dass Sprache *sequenziell* organisiert werden muss, während visuelle Gestaltungen ihre Details *simultan* präsentieren können. Die verschiedensten Elemente einer Gestalt, eines Bildes oder eines weiteren Ding-Zusammenhangs wie etwa einer räumlichen Umgebung, liegen einem Individuum zeitgleich vor Augen und fixieren keine zeitliche Reihenfolge der Rezeption. Reichertz spricht in diesem Zusammenhang vom „flanierenden Blick" und von Betrachtern als „Marodeuren", „die sich nur das nehmen, was ihnen passt." (Reichertz 2007, S. 280 f.). Wenngleich Menschen im Betrachten eine zeitliche Reihung vornehmen, unterliegt die Organisation der Sequenzierung von Sinn im Medium des Visuellen deutlichen Restriktionen. Das gilt sogar für den Film: Während die Abfolge der Bilder eine sequentielle Ordnung realisiert, die z. B. für die Konstruktion semantischer Zeitlichkeit, d. h. für den bedeutungsgenerierenden Umgang mit Vergangenheit, Gegenwart und Zukunft, genutzt werden kann, bleiben im Ereignisstrom die simultan verfügbaren Sichtbarkeiten für unkontrollierbare Selektionen der Zuschauenden offen. Indessen erlaubt die simultane Präsentationsform eine erhebliche Beschleunigung der Informationsverarbeitung. Während die mündliche oder schriftliche Darstellung eines räumlichen Arrangements wie etwa eines Wohnzimmers viele Textseiten in Anspruch nehmen würde, kann mittels technischer Bildmedien in wenigen Augenblicken eine sehr detailgenaue Beschreibung erfolgen. Zugleich schafft die Simultaneität visueller Gestaltungen und die damit gegebene Offenheit möglicher rezeptiver ‚Lesewege' einen spezifischen *Kommunikationsüberschuss,* der für die *Polysemie* visueller Darstellungen mitverantwortlich ist.[7]

Ein weiterer wichtiger Unterschied zwischen sprachlichen und visuellen Kommunikationsmedien liegt in der unterschiedlichen *Variabilität ihrer Erscheinungsformen.* Wie Lahusen zu Recht feststellt, sind „die Parameter visueller Kommunikation (Konturen, Texturen, Farben, Perspektiven etc.) [..] ihrem ‚natürlichen Auftreten' nach unendlich und unbestimmt." (Lahusen 1996, S. 96) Die Variabilität der Formen und Medien, die für die visuelle Gestaltung von Sinn in Anspruch genommen werden können, ist im eingeschränkten Spektrum menschlicher Wahrnehmung unerschöpflich. Ganz anders im Bereich der Sprache

---

[6]Zur einem Überblick über die Spezifität visueller Sinnkonstruktion siehe auch Heßler/Mersch (2009).
[7]Zur Polyvalenz von Bildern vgl. Hofmann (2005, S. 12–16) und Müller/Kappas (2011, S. 319).

und den dazugehörigen Konventionalisierungen von Laut- und Schriftzeichen. Zwar bieten Sprache und Schrift unendliche Kombinationsmöglichkeiten. Schrift kann zudem in den unterschiedlichsten Materialitäten Gestalt annehmen: Buchstaben, Wörter und Sätze können mit Steinen und Ästen gelegt, mit Licht in eine fotografische Emulsion oder mit landwirtschaftlichem Gerät in ein Weizenfeld geschrieben werden. Das Spektrum der Erscheinungsformen muss jedoch in der Praxis der typografischen Gestaltung stark limitiert bleiben, da ansonsten die bedeutungsgenerierende Kodierung der arbiträren Zeichen kollabiert.

Demgegenüber ist visuelle Gestaltung jenseits des Typografischen aus rein funktionalen Gründen nicht zu vergleichbaren Konventionalisierungen gezwungen. Die höheren Freiheitsgrade der Gestaltung bringen jedoch einen Mangel an Eindeutigkeit mit sich, dem im Medium der Sprache durch Zeichenfestlegungen begegnet wird.

Hiermit ist bereits auf einen weiteren Unterschied sprachbasierter und visueller Kommunikation hingedeutet: Während die Darstellungsidentitäten der Sprache (Buchstaben, Wörter, Sätze) und deren grammatische Strukturen zahlreiche Aussagetypen unterscheidbar und im sozialen Geschehen operationalisierbar machen, stößt die visuelle Kommunikation diesbezüglich an Grenzen. Schon einfache grammatische Konstruktionen und damit zusammenhängende Aussagen, wie solche des Satzgefüges ‚Subjekt-Prädikat-Objekt', können im Medium des Bildlichen nicht hergestellt werden. Visuelle Gestaltungen können in sich selbst *kaum temporalisieren,* d. h. Vergangenheit, Gegenwart und Zukunft unterscheiden, sie können nur schwerlich in einem sprachlichen Sinne *argumentieren*[8] und die Darstellung von Zusammenhängen wie solchen der *Kausalität,* der *Verneinung,* des *Fragens* (und *Antwortens*), des *Beweisens* und *Widerlegens,* bleiben weitgehend ausgeschlossen.[9] Auch lassen sich logische Schlussfolgerungen und Paradoxien visuell nicht kommunizieren.[10] Und indem visuell performierte Aussagen in diesem Sinne nicht so scharf konturiert sind wie diejenigen der

---

[8]Siehe aber zu vergleichbaren visuellen Mechanismen Behr (2005) und die Beiträge in Harth und Steinbrenner (Hrsg. 2013).

[9]Über sequenzielle Ordnungsmöglichkeiten kommt dem Film eine Sonderrolle zu. Aber auch im Film muss Sprache eine wesentliche Stützfunktion übernehmen, denn schon einfache, im Präsens formulierte Aussagen wie „Herr X hat für Tat Y kein Motiv" lassen sich bildlich als Feststellungen der gezeigten Menschen nicht in die Narration einführen.

[10]Für Gestaltungen, die etablierte Sehgewohnheiten irritieren (man denke an Eschers oder Magrittes Spiele mit der Zentralperspektive und anderen Darstellungskonventionen) schlägt Wlad Gozich den Begriff der „Dissonanz" vor (vgl. Gozich 1991).

5.1 Zum Zusammenhang von Sprache und visueller Kommunikation

Sprache, entziehen sie sich der „strikten Anwendung des Ja/Nein-Codes der verbalen Kommunikation", wenn man der These Luhmanns zustimmen will, dass jede sprachliche Äußerung die Frage nach Zustimmung oder Ablehnung provoziert (Luhmann 1995a, S. 36).[11]

Bemerkenswert sind weiterhin Unterschiede in Sachen *situativer Anschlussfähigkeit*. Während die an einer Interaktionssequenz Beteiligten einem gesprochenen Satz unmittelbar widersprechen oder eine weiterführende Bemerkung zur Seite stellen können, sind solche Anschlüsse im Falle visueller Kommunikation nur bedingt möglich. Auf ein Artefakt, sei dies ein Konsumgegenstand, ein Bild, ein Gebäude oder ein Kunstwerk, kann situativ nicht durch die Herstellung analoger (visueller) Konstruktionen ‚geantwortet' werden. Nur in seltenen Ausnahmefällen herrschen Bedingungen, die es möglich machen, einer visuellen Kommunikation eine andere gegenüberzustellen. So z. B. dann, wenn mittels computerisierter Bildtechniken, wie z. B. Smartphones, mehrere Teilnehmer einer sozialen Situation verschiedene Bilder (Filme) von ein und demselben Ereignis kommunikativ verfügbar machen. Dabei kann man vermuten, dass mit der Computerisierung der Gesellschaft ein soziokultureller Wandel einhergeht, der nicht zuletzt durch den drastischen Wandel von Anschlussmöglichkeiten visueller Kommunikation geprägt wird. Nicht nur im Rahmen der professionell betriebenen (Re-)Produktion von Bildern, sondern auch in der amateurhaften Bilderpraxis verkürzt sich die Reaktionszeit von Bildern auf Bilder – so z. B. in den sogenannten social-media (z. B. facebook, tumblr, instagram). Die Selektivität des Anschlusshandelns wird neben sprachlichen Kommentierungen in das Zeigen visueller Kommunikationen verlagert, wobei weitere Bilder das Vorherige bestätigen, spezifizieren oder ihm eine andere Position entgegenstellen. Gleichwohl kann man sagen, dass in der sachlichen und zeitlichen Einschränkung der Möglichkeiten von Anschlusskommunikation ein Merkmal visueller Kommunikation zu sehen ist.

---

[11]Zur argumentativen Herleitung dieser Annahme vgl. ausführlich Luhmann (1997, S. 205–230). Man wird sagen können, dass die Überzeugungskraft der Luhmannschen These in dem Maße abnimmt, in dem sich sprachliche Kommunikation auf Bildlichkeit im Sinne von Vorstellungsbildern einstellt. Poetische Dimensionen von Prosa und erst recht reine Formen von Lyrik setzen eher auf das Erspüren von Bedeutungen, indem sie sprachliche Zuspitzungen vermeiden oder in ein Gefüge bringen, in dem Zustimmung und Ablehnung nicht auf bestimmte Inhalte von Aussagen, sondern auf die Überzeugungskraft des ästhetischen Gesamtzusammenhangs bezogen sind – so wie eine visuelle Darstellung unter verschiedenen Gesichtspunkten zu überzeugen vermag oder nicht. Man denke nur an Metaphern, die auf Vorstellungsbilder, Stimmungen, Emotionen und Atmosphären abzielen.

Die Reflexion auf diese Unterschiede betont nochmals das Angewiesensein visueller Gestaltungen auf das Netz der Sprache für das Emergieren visueller Kommunikation. Letztere kann sich im Luhmannschen Begriffssinn – des Unterscheidungszusammenhangs von Information, Mitteilung und Verstehen – nur ereignen, wenn das sichtbar Gestaltete zu sprachlich strukturierten Sinnhaftigkeiten in Beziehung gesetzt wird. Damit ist keineswegs gesagt, dass visuelle Artefakte nur über den ‚Umweg' der Sprache zu sinnhaften Gebilden werden. Ohnehin ist der Vergleich von sprachbasierter und visueller Kommunikation ein schieflaufender Vergleich, wenn er von der Annahme getragen ist, dass sich mit ihm die Funktionsweise visueller Sinnherstellung umfänglich verstehen lässt.[12] Vielmehr kommt es auf die Erarbeitung von Konzepten an, die erklärbar machen, wie das Visuelle für Kommunikation präpariert werden kann, ohne allzu sehr auf Sprache angewiesen zu sein bzw. wie es möglich ist, visuelle Wahrnehmungen für Emotionen, Kognitionen (Gedanken) und sprachlich formulierten Sinn vorzubereiten. Konzepte zur Beschreibung und Differenzierung eben solcher Potenziale werden in den nächsten Abschnitten behandelt.

5.2 Gestaltung und Gestalt

Sinnvollerweise fasst die Gestalttheorie den Begriff der Gestalt sehr weit, wenn sie die Frage stellt, wie es kommt, dass wir Dinge als distinkte Objekte identifizieren und von ihrer Umgebung unterscheiden. Sie geht diesbezüglich nicht nur von der Selektivität der Wahrnehmung, sondern auch von spezifischen Eigenschaften der Objekte aus. Die Geschlossenheit der Form ist neben der räumlichen Nähe sichtbarer Elemente zueinander das wohl wichtigste Merkmal.[13] Inwiefern Wahrnehmungsprozesse von Organismen für die Objektidentifizierung strukturiert sein müssen, scheint indessen auch für den Menschen nicht genau geklärt zu sein. Immerhin kann festgestellt werden, dass das Sehsystem in der Lage ist, „jene Konturelemente ausfindig zu machen, die zusammengebunden werden müssen, um eine Figur zu ergeben." (Singer 2009, S. 121).

Während die Erklärung dieses „Bindungsproblems"[14] nicht in den Zuständigkeitsbereich der Soziologie fällt, muss sie jedoch auf die Möglichkeit der Figuren- und

---

[12]Zu einer Zurückweisung sprachtheoretischer Modelle als Bezugsrahmen der Erklärung visueller Semantik vgl. Harth (2005).

[13]Vgl. Metzger (1975, S. 29 ff.).

[14]Vgl. hierzu Singer (2009, S. 120–125).

Gestaltwahrnehmung hinweisen. Wenngleich Gestalten wichtige Ausgangspunkte, ja fortwährende Bezugsrahmen der Konstruktion visueller Kommunikation sind, bleiben sie nicht menschlichem Handeln vorbehalten.[15] Auch die Natur kann als Gestalter in Erscheinung treten – nämlich dann, wenn ihre Ordnung des Sichtbaren die visuelle Wahrnehmung von Organismen strukturiert. Die phänotypischen Unterschiede der Geschlechter von Tieren und Menschen oder auch die Organisation der Beziehung zwischen Pflanzen und Insekten über gestaltete Sichtbarkeiten (z. B. Blumen) geben hierfür ein Beispiel.

Der Begriff Gestalt bzw. Gestaltung muss also mehr bedeuten als die Herstellung sichtbarer Ordnung – nämlich die an Kognitionen gebundene Zurichtung von Sichtbarkeiten für die Unterscheidungsleistungen der Kommunikation. Wie aber werden Gestaltungen für diesen Prozess präpariert?

5.3 Medium und Form

Wie Luhmann in Bezug auf verschiedene Kommunikation bedingende Strukturen und Apriories verdeutlicht, ist Kommunikation „unwahrscheinlich". Plausibilität erlangt diese These schnell, wenn man wie Luhmann Kommunikation nicht vom Mitteilungshandeln, sondern vom Verstehen aus perspektiviert. Der Empfänger, dem das Bewusstsein (die Gedanken) des anderen (des Senders) prinzipiell verschlossen ist (sind), kann dessen Mitteilung nur über den Umweg der immer *sozialen* Kommunikation und nur im Rahmen derjenigen Unterscheidungsleistungen verstehen, die an der (Re-)Produktion von Kommunikation beteiligt sind. Es ist daher unwahrscheinlich, dass der Empfänger dieselben Unterscheidungen wie der Sender an Kommunikation anlegt, ja überhaupt anlegen

---

[15]Ein auch für die Soziologie bemerkenswertes Spezialproblem der Theorie der Gestaltwahrnehmung besteht in der Frage, wie lebendige und unlebendige ‚Figuren' unterschieden werden. Schon Ludwig Klages hatte den Versuch einer Phänomenologie des Lebendigen (1950 [1913]) unternommen und damit einen Horizont von Fragestellungen eröffnet, der unter den Gestaltungsbedingungen des Computers und den daraus hervorgehenden Möglichkeiten des Artificial-Life-Designs aktueller ist denn je. Ein zentraler Ausgangspunkt für Klages ist die Sichtbarkeit selbstorganisierten Verhaltens, das dem determiniert erscheinenden Verhalten lebloser Objekte entgegensteht. Die Flugbahn des Vogels gibt hierfür ein Beispiel: Sie folgt nicht den ballistischen Gesetzen und unterscheidet sich dementsprechend von geworfenen Dingen, sodass das sichtbare Phänomen als Ausdruck des Lebendigen und d. h. Eigenmächtigen interpretiert wird.

kann, der Enkodierung also eine Dekodierung entspricht. Obwohl, wie auch Luhmann feststellt, Kommunikation im Alltag meistens reibungsfrei abläuft, kommt die Theorie nicht umhin, festzustellen, dass „Konsens im Vollsinne einer vollständigen Übereinstimmung unerreichbar ist." (Luhmann 1997, S. 82). Aus diesem Grund wird das kommunikationstheoretische Modell der Übertragung von Information, auch im erweiterten Sinne der Annahme von En- und Dekodierungsprozessen, zurückgewiesen und durch die Theorie der Kommunikationsmedien ersetzt. Mit ihr will Luhmann erklären, warum Kommunikation trotzdem funktioniert, d. h. wie es möglich ist, dass Kommunikationen produziert und aneinander angeschlossen werden können.

Die Theorie der Kommunikationsmedien unterscheidet nun unterschiedliche Unwahrscheinlichkeiten und entsprechend unterschiedliche Medien, die als Mechanismen der Wahrscheinlichkeitssteigerung des Funktionierens von Kommunikation gedacht sind. Auf der allgemeinsten Ebene geht es Luhmann um die Unwahrscheinlichkeit des Sichereignens von Kommunikation überhaupt. Denn, so die Überlegung, ohne eine bereits vorliegende Kommunikation gäbe es keinen Anlass zur Kommunikation. Da die Möglichkeit der Entstehung von Kommunikation also bereits ihr Vorhandensein voraussetzt, stellt sich die Frage „wie denn die Kommunikation selbst ihre eigene Unwahrscheinlichkeit des Sichereignens überwinden kann" (Luhmann 1997, S. 190). Sie stellt sich umso mehr, als alle der an Kommunikation beteiligten Komponenten (Information, Mitteilung, Verstehen) als Selektionsleistungen jeweils anders möglich, d. h. kontingent sind und es daher unwahrscheinlich ist, dass sich Bewusstseine auf Kommunikation überhaupt einlassen. Diese Unwahrscheinlichkeit, so Luhmann, wird *in* der Kommunikation mithilfe der *Unterscheidung von Medium und Form* gelöst. Unter Medium versteht Luhmann „locker gekoppelte Elemente" in einem „medialen Substrat" (Luhmann 1995a, S. 168). Werden die locker gekoppelten Elemente zu Formen gebunden, faszinieren sie die Wahrnehmung und steigern die Wahrscheinlichkeit der Beteiligung von Bewusstsein. Formen nehmen aber nur an Kommunikation teil, wenn sie von einem Beobachtenden, d. h. in Beteiligung eines Bewusstseins, von einem Medium unterschieden werden. Das Durchführen der Unterscheidung von Medium und Form bezeichnet Luhmann als ein „Kommunikationsmedium": „Wenn wir von ‚Kommunikationsmedium' sprechen, meinen wir immer die operative Verwendung der *Differenz* von medialem Substrat und Form" – und Kommunikation, so Luhmann weiter, ist „nur als Prozessieren dieser Differenz möglich" (ebd., S. 195). Das Kommunikationsmedium

5.3 Medium und Form

ist also nicht das „mediale Substrat",[16] und es sind auch nicht die Formen, sondern es ist das, was in der Unterscheidung und dem prozessualen Fortgang von Unterscheidungen im Zusammenhang in Erscheinung tritt.

Ein plastisches Beispiel ist die Medium-Form-Unterscheidung, die das Kommunikationsmedium Sprache ermöglicht. Die einzelnen, ungekoppelten Laute bilden ein *Medium,* in dem sich die zu Wörtern aneinander gebundenen Laute der gesprochenen Sprache als *Formen* deutlich abheben und sich als solche von dem Medium unterscheiden lassen. Betrachtet (hört) man hingegen Wörter in ihrer Vielzahl und in ihrer spezifischen Abfolge, werden sie zu Medien, in denen Sätze als Formen Kontur gewinnen. Medium und Form sind aufeinander bezogene Begriffe, die mit der Beobachter(innen)position variieren – Medien können zu Formen werden und umgekehrt. In jedem Fall ist, so Luhmann, die Form „stärker als das mediale Substrat" und „setzt sich im Bereich der lose gekoppelten Elemente durch [...]. Anderseits sind Formen weniger beständig als das mediale Substrat. Sie erhalten sich nur über besondere Vorkehrungen wie Gedächtnis, Schrift, Buchdruck. Aber selbst dann, wenn eine Form als wichtig bewahrt wird, und hierfür setzen wir den Begriff der Semantik ein, bleibt die freie Kapazität des medialen Substrats zu immer neuen Kopplungen erhalten." (1997, S. 200). Es geht also um einen Prozess des Koppelns und Entkoppelns, denn „das Medium wird wieder freigegeben. Ohne Medium keine Form und ohne Form kein Medium, und in der Zeit ist es möglich, diese Differenz ständig zu reproduzieren." (Ebd., S. 199).

Zum einen macht das Modell der Unterscheidung von Medium und Form verständlich, wie die Reproduktion von Kommunikation auf Dauer gestellt werden kann. Zum anderen macht es deutlich, dass sich die Anschlussfähigkeit für weitere Kommunikationen auf der Seite der Form und nicht auf der Seite des medialen Substrats ergibt. Das gilt für Wahrnehmungsmedien wie für Kommunikationsmedien: „Auch hier bilden, wenn man auf Sprache abstellt, nicht schon Worte, sondern erst Sätze einen Sinn, der in der Kommunikation prozessiert werden kann." (Ebd., S. 201).

Was bedeutet dieser Argumentationszusammenhang nun für das Thema visuelle Kommunikation? Obwohl es wie erwähnt zahlreiche Unterschiede zwischen den Kommunikationsmedien der Sprache (Oralität, Schriftlichkeit) und denen der

---

[16] „Wo es auf größere Genauigkeit ankommt und nur die eine Seite der Unterscheidung im Unterschied zu (und nicht in Einheit mit) der anderen bezeichnet werden soll, werden wir [...] von medialem Substrat sprechen." (Luhmann 1997, S. 195) Vorliegende Arbeit verfährt entsprechend.

visuellen Gestaltung gibt, wird man die grundlegenden Überlegungen zur Unterscheidung von Medium und Form für ein Modell visueller Kommunikation übernehmen können. Auch in der Sphäre visueller Wahrnehmung gilt, dass auffällige (visuelle) Medium-Form-Relationen das Bewusstsein faszinieren. Die in Stein gehauene Skulptur, die mit Ölfarbe gezogenen Pinselstriche auf der Leinwand, die auf Film gebannten Lichtreflexionen, Kombinationen von Materialien, Farben und Formen im Produktdesign: In allen Fällen haben wir es mit Formen zu tun, die sich mühelos als solche zu erkennen geben, weil sie die Eigenschaften (Elemente) medialer Substrate in spezifischer, und d. h. auch in erkennbar *anders* möglicher, Weise aneinander binden. Visuelle Formen bilden kommunikationsaktivierende Differenzen vor dem Hintergrund des unvorhersehbaren Hergestelltseins von Artefakten. Gestaltete Formen sind ein „Auslöseeffekt" von Kommunikation (vgl. Luhmann 1995, S. 47) und provozieren die Frage nach ihrer Bedeutung.

Da schon einfache Gestaltungen auf Medium-Form-Unterscheidungen basieren und nicht erst komplexere Sinngefüge (Bilder, Filme), ist es hilfreich, sich diesen Prozess anhand einfachster Dingzusammenhänge zu verdeutlichen. Stellen wir uns einen Fichten-Nutzwald vor, in dem die Bäume in gleichmäßigen Abständen und parallel geführten Reihen angepflanzt sind. Der beliebig nutzbare Boden ist hier das *Medium,* in das sich Bäume durch eine räumlich geordnete Platzierung als *Formen* einprägen. Die Ordnung ist leicht als artifizielles, von Menschen gemachtes, Gebilde von der ‚natürlichen Natur' zu unterscheiden. Ähnlich wie bei Wörtern und Sätzen lässt sich auch hier die Medium-Form-Beziehung mit der Beobachtungsposition variieren. So kann die *Form* der geordneten Bepflanzung zu einem *Medium* werden, in das sich wiederum andere *Formen* einprägen lassen. Dies geschieht z. B. in der Kombination verschiedener Bepflanzungsformen (Nadelwald, Mischwald, ‚Urwald'). Die erste Medium-Form-Relation (Boden/geordnete Baumplatzierung) wird dann zu einem medialen Substrat für weitere Formen, vergleichbar mit Wörtern, die sich im Medium der Laute als Formen abzeichnen, für Satzbildungen jedoch als Medien in Anspruch genommen werden.

Nun liegt in Fällen wie der Nutzwaldbepflanzung fraglos *keine* Mitteilungsabsicht vor – die Gestaltung des Sichtbaren soll hier nichts ‚bedeuten'. Selbiges gilt aber auch für die Sprache, wenn man diese auf dem Niveau von Medium-Form-Unterscheidungen betrachtet. Die Auffälligkeit von Lauten, Wörtern und Sätzen vor dem Hintergrund unstrukturierter Geräusche realisiert noch keinen Sinn. Hinzutreten müssen be-deutende Zuschreibungen an Medium-Form-Relationen, die, wenn auch willkürlich (arbiträr) gewählt, der jeweiligen Form eine bestimmte Bedeutung zuordnen und durch Wiederholungen den einmal fixierten Sinn

5.3 Medium und Form

stabilisieren. Zudem muss das Unterschiedene als gewählte Alternative vor dem Hintergrund anderer Medium-Form-Konstellationen in Erscheinung treten können, wenn Sinn beteiligt sein soll. Sinnhafte Formen müssen, so Luhmann, anstatt „die Welt phänomenal zu geben", den Hinweis mit sich führen, „dass es immer auch noch etwas anderes gibt – sei es Unbestimmtes, sei es Bestimmtes, sei es Notwendiges oder nicht zu Leugnendes, sei es nur Mögliches oder Bezweifelbares, sei es Natürliches oder Künstliches. Die Form Sinn ist mithin Medium und Form zugleich, und zwar so, dass das Medium seinerseits nur als Prozessieren von Formen aktualisiert werden kann." (Luhmann 1995, S. 174).

Das Mitführen sinnhafter Hinweise kann den beispielgebenden forstwirtschaftlichen Bepflanzungen nicht zugestanden werden. Aber schon dann, wenn ein solches Arrangement zum Motiv eines Fotos wird, ereignet sich sinnhaftes Bezeichnen. Spätestens jetzt drängt die Sichtbarkeit des Gezeigten Beobachtenden Überlegungen auf, die einem schon in der Konfrontation mit den ‚abgebildeten' Erscheinungsformen selbst ‚in den Sinn kommen' können. So lässt sich die Medium-Form-Relation eines Fichtennutzwalds mit Effektivität, Ordnung, Rationalität, ästhetischer Langeweile oder mangelnder (Arten-)Vielfalt in Zusammenhang bringen. Im Bilder-Rahmen des Gemäldes, der Fotografie oder des Films wird das Gesehene durch den Rahmen nochmals geformt, sodass sinnhafte Deutungen wie die genannten wahrscheinlicher werden – das Abgebildete wird z. B. zum Sinnbild für Monokultur.

Das Beispiel zeigt, dass das Sichereignen von Kommunikation über Medium-Form-Kopplungen gesteigert werden kann. Und nicht nur das: Medium-Form-Kopplungen machen die Fixierung von Sinn und die Wiederholung sinnhafter Formen, mithin das Entstehen visueller Semantiken, möglich. Bilder von Monokulturen bringen beispielsweise in der Gegenwartsgesellschaft ein bestimmtes Sujet zum Ausdruck, nämlich u. a. das der schonungslosen, auf wirtschaftlichen Erwägungen basierenden Ausbeutung der Natur.

Freilich ist die im Beispiel behandelte Spezifikation von Medium-Form-Beziehungen über den Bilder-Rahmen nur eine Möglichkeit der Kopplung von Elementen. Eine weitere liegt in der Kombination von Farben und Formen. Hier gilt wie für weitere Optionen der Medium-Form-Relationierung, dass beide Seiten in einer dynamischen Beziehung stehen:

> Es liegt in der Natur des Erscheinenden, dass jedes Einzelne nicht an sich wirkt, sondern im Verhältnis zum anderen sich darstellt. Ein Grün wirkt anders neben einem Rot als neben einem Gelb. Alles beeinflusst sich gegenseitig. Alles bekommt sein Gesicht erst durch die kontrastierende Umgebung. Und was bei der Farbe so einleuchtend ist, gilt ebenso von der Form. Es wirkt etwas nur insofern lang, als es gegen Kürzeres kontrastiert (Fiedler, zit. n. Majetschak 2009, S. 175 f.).

Im Bereich bildlicher Darstellungen stehen weiterhin Perspektiven, Linienführungen, Größenverhältnisse, (Blick-)Achsenbildungen und andere kompositorische Techniken zur Kopplung von Elementen zur Verfügung. Vergleichbares gilt für dreidimensionale Objekte. Ob ein Tisch in einem Restaurant aus Beton, Metall, Plastik oder Pappe besteht oder eine Kombination von Materialien umsetzt, ob seine Beine klobig oder grazil gestaltet sind, ob er bunt oder monochrom ist, ob auf ihm Tischdecken (und wenn: aus welchem Stoff, mit oder ohne Verzierungen) platziert sind usw.: All das kann, u. a. im Kontext der anderen Sichtbarkeiten der jeweiligen Situation, Gestaltung zu einer ‚Aussage' machen, die über die semantischen Implikationen einzelner Formen weit hinausgeht. Für das Ingangsetzen visueller Kommunikation ist in jedem Fall ein gewisser Grad der Komplexität von Medium-Form-Relationen bzw. eine „syntaktische Dichte" (vgl Scholz 1999, S. 43 f.) von Elementen erforderlich.

Dabei wird in den verschiedensten Zusammenhängen die Erscheinungsform des medialen Substrats als Sinngenerator genutzt. Die Kombinatorik des Stofflichen im Bereich der Architektur oder des Produktdesigns gibt hierfür prägnante Beispiele: Plastik, Holz, Metall, Beton, Leder, Glas uvm. kommen hier nicht beliebig, sondern neben praktischen und technischen Gesichtspunkten aufgrund ihrer ästhetischen Eigenschaften zum Einsatz.

Um deutlich zu machen, dass wir es diesbezüglich nicht mit einer Spezialkompetenz von Flächenbildern und deren Spezialgedächtnissen und Sondersemantiken (z. B. im Rahmen der Kunst), sondern mit einem Basismechanismus visueller Kommunikation zu tun haben, wenden wir uns wiederum einem einfachen Alltagsgegenstand zu (vgl. Abb. 5.1 und 5.2).

Die Formen dieser Objekte unterscheiden sich deutlich von der jeweiligen Umgebung und weisen die Gegenstände mühelos als Gestalten im Sinne der Gestalttheorie (geschlossene Form) aus. Zudem präpariert das Design über spezifische Medium-Form-Relationen weiterführende Mitteilungen. Im Zusammenhang mit dem Wissen um vergleichbare Objekte legt die sichtbare Form die Identifizierung von Tee- bzw. Kaffeekannen nahe. Zum anderen liegt in der Spezifität der Objektgestaltung eine darüber hinausgehende Mitteilungsabsicht, die mit ästhetischen Beurteilungsfragen in Verbindung steht. Die Einordnung in milieuspezifische Geschmacksorientierungen ist hierfür ein Rahmen (unter anderen). So könnte man in dem ersten Modell die Variante ‚schlichte Eleganz' (vgl. Abb. 5.1) erkennen während das zweite Beispiel die Formensprache des

5.3 Medium und Form

Abb. 5.1 Kaffeekanne I. (Quellen: Eigene Darstellung)

gut-bürgerlichen Porzellangeschirrs spricht (vgl. Abb. 5.2). Der Sachinformation stellen die expressiven Werte des Designs eine Mitteilung zur Seite und eben jene Unterschiede werden im kommunikativen Vollzug des Objektes (z. B. im Rahmen einer Kaufentscheidung, im Rahmen eines Kaffeeklatschs) registriert.

Die in einem medialen Substrat zur Verfügung stehenden Elemente und deren fallbezogene Relationierung sind also an der Konstitution visueller Kommunikation beteiligt. Die im Folgenden behandelten Begriffe Zeichen und Symbol tragen zur Spezifikation des Medium-Form-Modells bei, das auf eine grundlegende Weise erklären will, wie es möglich ist, dass Sichtbarkeiten das Bewusstsein attrahieren und die Selektionsprozesse Information, Mitteilung und Verstehen motivieren, mithin Kommunikation entlang des Visuellen wahrscheinlicher werden lassen.

Abb. 5.2 Kaffeekanne II. (Quellen: Eigene Darstellung)

5.4 Zeichen und Symbol

Geht man von einem Zeichenbegriff der semiotischen Tradition aus, die Zeichen als Einheit der Unterscheidung von Bezeichnendem (Signifikant) und Bezeichnetem (Signifikat) versteht, könnte man im Anschluss an Luhmanns Medientheorie sagen, dass Zeichen spezifische Formen sind, nämlich solche, die einen Verweisungsbezug zwischen Signifikant und Signifikat voraussetzen. Die Definition von Zeichen als Einheit der Unterscheidung von Signifikant und Signifikat ist allgemein genug, um sehr verschiedene Zeichen zu umfassen. Sie bietet sich deshalb für eine Soziologie visueller Kommunikation an, die zwar keiner Typologie der Zeichen, wohl aber eines Begriffs zur Bezeichnung der zeichenhaften Dimension von Kommunikation bedarf.

5.4 Zeichen und Symbol

In Übereinstimmung zum oben ausgeführten Kommunikationsbegriff ist ein Zeichen als Einheit der Unterscheidung von Signifikant und Signifikat dabei nicht das, was in der Materialität des Gestalteten sichtbar wird, sondern die Bedeutung, die sich in der bewusstseinsabhängigen Verknüpfung des sichtbaren Zeichenvehikels mit etwas anderem (z. B. dem Bezeichneten) ergibt.[17] Das empirisch gegebene ‚Trägermedium', das mediale Substrat, ist nur die sichtbare Dimension einer Form des Sinns, deren Bedeutung als solche unsichtbar bleibt. Mode etwa kann sich auf Identitätswerte, das Lichtdesign von Filmen auf emotionale Stimmungen und ein Diagramm auf die Illustration wissenschaftlicher Erkenntnisse beziehen. Hier wie dort ‚kommuniziert' das Sichtbare jedoch einen Sinn, der als solcher nicht in der phänomenalen Erscheinungsform aufgeht, sondern aus den hieran anschließenden Unterscheidungsprozessen (Information, Mitteilung, Verstehen) im Sinne einer kommunikativen Integration von Ordnungsebenen durch Beobachtende hervorgeht. Im Medium des Sinns visueller Kommunikation verschränkt sich dabei stets Sichtbares mit Unsichtbarem. Die viel zitierte Formel Paul Klees „Kunst gibt nicht das Sichtbare wieder, sondern macht sichtbar" (Klee 1920) beschreibt in diesem Sinne keineswegs ein exklusives Merkmal von Kunst, sondern ein Charakteristikum visueller Darstellungen überhaupt, auch wenn die im Sichtbaren angespielten Unsichtbarkeiten in verschiedenen Anwendungszusammenhängen höchst unterschiedlich sein können.

Nun lassen sich Zeichen bzw. Zeichenvehikel unter verschiedenen Gesichtspunkten unterscheiden. Von grundlegender Bedeutung ist die von Charles Sanders Peirce vorgenommene Unterteilung von symbolischen, ikonischen und indexikalischen Modi der Zeichenbildung (vgl. Peirce 1998 [1894]): Während symbolische Zeichen auf sozialen (arbiträren) Konventionalisierungen beruhen, bilden sich ikonische Zeichen, wenn der Signifikant in einer Ähnlichkeitsbeziehung zum Bezeichneten steht. Indexikalität schließlich basiert darauf, dass das Bezeichnete im Darstellungsmedium (dem Bezeichnenden) selbst Spuren hinterlässt, so wie im Falle des Fußabdrucks oder der Fotografie. Geht ersterer unmittelbar auf den Fußtritt zurück, stehen fotografische (filmische, fernsehtechnische) Bilder ursächlich mit den Lichtreflexionen der Gegenstände in Beziehung, die vor der Kamera positioniert waren.[18]

---

[17]Der Zeichenbegriff impliziert dabei, dass visuelle Wahrnehmungen Kognitionen strukturieren und damit u.a. auf das sinnhafte Sehen Einfluss nehmen. So gesehen ist Visualität ein „formatives Prinzip" und nicht auf das Sichtbare beschränkt (Pape 2009, S. 68).

[18]Dass indexikalische Zeichen simuliert werden können, ist damit selbstverständlich nicht bestritten.

Tatsächlich konstituieren sich nicht wenige Zeichen und Zeichenbedeutungen über einen Verflechtungszusammenhang besagter Modi. Der sogenannte Bundesadler etwa erlangt seine Bedeutung nicht nur qua symbolischer Konventionalisierung, sondern auch durch den ikonischen Zeichenmodus. Seine Erscheinungsform ähnelt dem stattlichen Greifvogel und eben dieser Verweisungsbezug ist ein Grund dafür, dass sich vergleichbare Zeichen (Adler, Löwen, Bären u. a.) seit Jahrhunderten im Bildprogramm der Mächtigen und Herrschenden finden. Dabei muß das im Sichtbaren Bezeichnete keineswegs ein sichtbares Objekt sein. Schon ein Blick auf die Formenvielfalt von „Pictures" zeigt: Es gibt Bilder, deren Sichtbarkeiten keinerlei Ähnlichkeit zu einem wahrnehmbaren Objekt jenseits des Bildes aufweisen, während andere stark auf Ähnlichkeitsbeziehungen zielen und wiederum andere an Vorstellungen (Phantasien) orientiert sind. Auch der Typus der „entwerfenden Bilder" (Scholz 2009, S. 152–155), die als Konstruktionsanleitungen möglicher Objekte fungieren (z. B. Schnittmuster, Bauzeichnungen), gründen nicht auf Ikonizität. In allen Fällen visueller Kommunikation jedoch konstituieren sich Zeichen unter Einschluss materieller, *sichtbarer* Signifikanten.

Vielschichtige Zeichenzusammenhänge kennzeichnen auch die technischen Bildmedien, die in der Gesellschaft omnipräsenter sind denn je. Die indexikalischen Zeichenvehikel sind hier dominant, integrieren aber vielfach ikonische und symbolische Modi. Ein Beispiel ist eine Reportagefotografie, die einen Demonstranten zeigt, der die Druckgrafik eines Machthabers (ikonischer Modus) hält, dessen Konterfei durchgestrichen ist (symbolischer Modus). Der indexikalische Modus der Fotografie fügt nicht nur eine weitere Dimension hinzu, sondern lässt zugleich die ikonischen und symbolischen Zeichenvehikel in einem anderen Licht erscheinen. Als Foto beglaubigt das Bild, dass eben jenes Ereignis inklusive seiner ikonischen und symbolischen Dimensionen an einem bestimmten Ort stattgefunden hat, wobei es damit zugleich die Frage aufzuwerfen vermag, ob, inwiefern und inwieweit dem indexikalischen ‚Dokumentieren' zu trauen ist.

Peirce und die daran anschließenden Studien haben die Semiotik zu einer sehr komplexen Zeichentheorie ausgearbeitet, die die verschiedensten Zeichenkomponenten und ihre Relationen typisiert und in ein begriffliches System einordnet.[19] Für eine Soziologie visueller Kommunikation sind die semiotischen Feindifferenzierungen indessen kaum hilfreich. Denn zeichentheoretische Modelle vermögen nur wenig auszusagen über die Beziehungen zwischen dem Sozialen, Kulturellen und Gesellschaftlichen einerseits und den

---

[19]Vgl. Peirce (1983); vgl. zu einer Übersicht über das semiotische Zeichen-Konzept Nöth (2000, S. 131–226) und Schulz (2005, S. 72 ff.).

5.4 Zeichen und Symbol

Zeichen andererseits.[20] Wohl aber kann die Semiotik zur Erklärung der Frage hinzugezogen werden, wie es möglich ist, dass das Visuelle sinnhaft präpariert und als Medium des Sozialen fungieren kann. Erhellend sind vor allem ihre grundlegenden Annahmen. Zu diesen gehört neben und mit dem Zeichenmodell die Überlegung, dass sich Zeichen in einem Ver- bzw. Anknüpfungsprozess vorausliegender Zeichen konstituieren. Kognitiv vorliegende Deutungsschemata, die mit dem Begriff des „Interpretanten" gefasst werden, sind dabei als Verknüpfungsmedium gedacht. Interpretation ist in diesem terminologischen Gerüst „das Decodieren einer Bedeutungsbeziehung zwischen Zeichenträger und Designat im Lichte bestimmter Interpretanten (z. B. eine andere grafische Darstellung, aber auch ein sprachliches Lexem)." (Lahusen 1996, S. 100).

Zeichen sind also eingebunden in einen fortwährenden Prozess der „Semiose"[21], und es ist eben diese, über das einzelne Zeichen, die einzelne visuelle Darstellung, hinausgreifende Relation, die die Bedeutung des einzelnen Zeichens mitbestimmt. Der Hinweis auf den stets gegebenen Verknüpfungszusammenhang ist eine wesentliche Pointe des von Julia Kristeva (1979) geprägten Konzepts der „Intertextualität". Damit ist weniger der Verweisungszusammenhang verschiedener Textsorten (Gattungen) gemeint, sondern – auf einer grundlegenderen Ebene – der Sachverhalt, dass sich Bedeutungen von Texten prinzipiell nur in Beziehung zu anderen Texten, d. h. „intertextuell" ergeben. Dabei ist nicht nur die Verbindung von Schrifttexten, sondern auch und gerade der „Übergang von einem Zeichensystem zu einem anderen" gemeint, wie z. B. dann, wenn das Zeichenmaterial einer Karnevalsszene in einen geschriebenen Text ‚übersetzt' wird.[22] Kristeva führt zu solchen Prozessen der Übertragung („Transposition") aus:

> Wenn man einmal davon ausgeht, dass jede signifikante Praxis das Transpositionsfeld verschiedener Zeichensysteme (Intertextualität) ist, dann versteht man auch, daß ihr Aussage‚ort' und ihr denotierter ‚Gegenstand' nie einzig, erfüllt und identisch mit sich selbst sind, sondern pluralisch, aufgesplittert und Tabellenmodellen zugänglich. Die Polysemie erscheint so auch als Folge semiotischer Polyvalenz, d. h. der Zugehörigkeit zu verschiedenen semiotischen Systemen (Kristeva 1979, S. 69).

---

[20]Zu einer kunstwissenschaftlichen Kritik der Semiotik, die u. a. darauf hinweist, dass Bilder nicht in semiotischen Kategorien aufgehen, vgl. Belting (2005, insb. S. 32 f.).
[21]Vgl. hierzu Nöth (2000, S. 227 ff.).
[22]Dieses Zeichenkonzept passt also zu dem oben behandelten Kommunikationsbegriff im Sinne einer „Ökologie des Geistes". Zur Reflexion der Übertragbarkeit des originär sprachorientierten Konzeptes des Intertextualität auf Interpiktorialität vgl. Loreck (2013, S. 93 ff.).

Die Sinnhaftigkeit visueller Kommunikation ereignet sich also in weitläufigeren Konstellationen, in einem Netz bewusstseins- und erinnerungsabhängiger Relationen und Verknüpfungen von Relationen. Winfried Nöth hält für die Semiotik fest:

> Die weiter gefaßte Zeichenkonzeption [..] versteht Repräsentation *auch* (oder sogar *nur*) als einen Prozess des Verweises von Zeichen auf Zeichen. Das Bezeichnete liegt für sie nicht einfach jenseits der Zeichen in einer noch nicht zeichenhaften Welt. Auch Gedanken und Wahrnehmungen sind als mentale Repräsentationen Zeichen, denn sie sind zeichenhaft verbunden mit all jenen Gedanken und Wahrnehmungen, die im Wissen und in der Erinnerung des Wahrnehmenden mit ihnen assoziiert sind (Nöth 2009, S. 237, Hervorh. im Orig.).

Zeichen, so könnte man sagen, entstehen durch Iterationen, wobei es die Formkonstanz materieller Objekte möglich macht, dass in verschiedenen Bewusstseinen vergleichbare Erwartungsstrukturen hinsichtlich der Identifizierung von Objekten als Zeichen, d. h. als Einheiten der Unterscheidung von Signifikant und Signifikat, etabliert werden.

Von diesem Modell ausgehend bilden Symbole eine Untermenge der Zeichen. Im gängigen Begriffsverständnis ist die Funktionsweise symbolischer Zeichen weder auf Ähnlichkeitsbeziehungen zwischen Bezeichnendem und Bezeichnetem noch auf Indexikalität angewiesen. Es genügt das Bestehen einer Regel, die angibt, was das Zeichen bedeutet. Dieser Ansatz betont soziale (kulturelle, gesellschaftliche) Prozesse der Konventionalisierung und Habitualisierung als Voraussetzungen und Bedingungen des Symbolischen.[23] Im Anschluss an die Ikonografie religiöser Bildpraktiken kann man im Symbolischen jedoch auch einen anderen Zeichengebrauch erkennen. Diese Tradition erinnert Luhmann, wenn er die Besonderheit von Symbolen nicht im Hinweis auf das Abwesende sieht, sondern sie geradezu umgekehrt als Medium der *Vergegenwärtigung* des Abwesenden versteht. Der Zauber des Symbolischen besteht demnach darin, die Differenz zum Bezeichneten vergessen zu machen und statt dessen selbst als dessen Stellvertreter zu erscheinen: „Durch Symbolisierung wird also zum Ausdruck gebracht und dadurch kommunikativ behandelbar gemacht, dass in der Differenz eine

---

[23]Peirce spricht von „habits" als Komponenten symbolischer Konventionalisierung, wozu neben sozialvermittelten auch die „inborn habits" gehören, denn auch sie können als Regel der ‚Lesart' eines Zeichens fungieren, ohne dass ihr ‚Funktionieren' auf Ähnlichkeitsbeziehungen oder das Prinzip der Indexikalität angewiesen wäre. Die Soziologie interessiert sich indessen nur für die sozial bedingten „habits", die sich allerdings nicht auf das Spektrum dessen beschränken, was im Anschluss an Bourdieu als habituelle Praxis visueller Kommunikation beschrieben werden kann (zu „Praxis" vgl. ausführlicher Abschn. 6.4).

Einheit liegt und dass das Getrennte zusammengehört, sodass man das Bezeichnende als stellvertretend für das Bezeichnete (und nicht nur: als Hinweis auf das Bezeichnete) benutzen kann, in der Großen Tradition also: als stellvertretend für das Heilige." (Luhmann 1997, S. 319).

Wie für Zeichen generell, gilt auch hier, dass nicht die Eigenschaften materieller Träger das Potenzial der Symbole begründen. Es sind vielmehr die von der Gesellschaft breit getragenen Prozesse *symbolischer Generalisierung,* die eben diesen ‚Glauben' an die Symbole ermöglichen.[24] Hierfür gibt die in den Bildwissenschaften viel diskutierte Darstellungsform der Zentralperspektive ein Beispiel. Schon Erwin Panofsky (1980 [1927]) hat in ihr eine „symbolische Form" gesehen, weil sie auf einer (wissenschaftlichen) Weltanschauung basiert, die es möglich macht, dass das mit ihr Dargestellte als objektive Darstellung des Raumes erscheint. Die dazugehörige, in der italienischen Renaissance einsetzende, „Rationalisierung des Sehens" (Ivins 1938) ist fraglos eine bis heute wirkungsmächtige Form der Symbolisierung. Das gilt zumindest in bestimmten Darstellungszusammenhängen – etwa dem des ‚Dokumentierens' von Weltsachverhalten. Im Blick auf Darstellungskontexte wie z. B. TV-Nachrichten, Reportagefotografien oder Dokumentarfilme kann man jedenfalls einer Formulierung von Andreas Schelske zustimmen:

> Dieser mathematische Darstellungsstil ermöglicht die starke Kontrolle darüber, ob der Einzelne und seine Naturbetrachtung sich in die monokulare Perspektive der homogenen Kollektivsicht *nachmessbar* einpassen. Weichen Bilder hingegen von der Perspektive ab, so verlieren sie zumindest heutzutage die symbolischen Geltungsansprüche, die das bildlich Dargestellte als ikonisches Wissen über eine faktische ‚Welt' behaupten. Deshalb verwirklicht seit geraumer Zeit insbesondere die Perspektive die visuell kommunikative Vergesellschaftung (Schelske 1997, S. 67, Hervorh. im Orig.).

5.5 Darstellung

Mit Darstellungen werden hier Resultate von Gestaltungsprozessen gefasst, die Medium-Form-Relationen, Zeichen, Symbole und andere Gestaltungsmittel zu komplexeren Arrangements vereinen. Neben und mit der Begrenzung der Gestalt

---

[24]Diese Zusammenhänge erörtert Luhmann im Fokus auf die von ihm sogenannten „symbolisch generalisierten Kommunikationsmedien" – also themenorientierte Spezialsprachen wie z. B. Macht, Liebe oder Geld. Zu den grundlegenden theoretischen Überlegungen hierzu vgl. Luhmann (1974).

nach außen – der Bilderrahmen ist hierfür ein Beispiel – unterscheiden sich Darstellungen von ihrer Umgebung durch die strukturierte Komplexität ihrer inneren Elemente. Gottfried Boehms Begriff der „ikonischen Differenz" umfasst beide Komponenten und lässt sich auf verschiedene visuelle Darstellungen jenseits des zweidimensionalen Flächenbildes beziehen: „Was uns als Bild begegnet, beruht auf einem einzigen Grundkontrast, dem zwischen einer überschaubaren Gesamtfläche und allem, was sie an Binnenereignissen einschließt." (Boehm 1994, S. 29 f.) Indem Darstellungen verschiedene Bedeutungsvehikel zum Einsatz bringen, entfalten sie zugleich einen komplexen Sinnüberschuss. Gemeint ist hier nicht nur der Sachverhalt, dass das Ganze (der Darstellung) mehr als die Summe seiner Teile ist. Gemeint ist auch, dass der in der Betrachtung emergierende Gesamtsinn nur eingeschränkt von der Darstellung selbst kontrolliert werden kann. Denn wie oben im Vergleich zur Sprache bereits festgestellt, ist das Potenzial visueller Gestaltungen zur Relationierung ihrer Elemente beschränkt. Eben dies hält Hart Nibbrig für ein charakteristisches Merkmal des Darstellens: „So untergräbt es sich denn immanent immer auch selbst durch die Kluft zwischen seinen Zeichen und dem von ihnen Bezeichneten und durch die Unmöglichkeit, dass die Verknüpfung und Verkettung der Darstellungsmittel, in welchem Medium auch immer, sich selbst enthalten kann." (Nibbrig 1994, S. 11).

Die Komplexität von Darstellungen bringt einen weiteren Sachverhalt mit sich: Darstellungen sind unter sozialen Gesichtspunkten informativ. Sie haben einen sozialen Mitteilungscharakter, der über einzelne Zeichen und Symbole hinausgeht. Sie informieren – trotz bzw. mit ihrem Sinnüberschuss – mit einer Vielzahl ihrer Elemente über die Frage, wie sie in ihren Beziehungen zum Menschen verstanden werden wollen. So leiten uns bildliche Darstellungen etwa dazu an, ihnen als Werbung, Kunst, Journalismus oder Unterhaltung zu begegnen, und in den meisten Fällen gelingt die Übermittlung der hierfür nötigen Rahmen-Hinweise mühelos. Auch Gebrauchsgegenstände versehen uns unentwegt mit einer Fülle von Informationen, die uns ‚sagen', was wir von ihnen (nicht) erwarten können oder sollen. Auch wenn sich die Interaktion mit Dingen nicht immer leicht gestaltet, ist doch kaum zu übersehen, dass das Design in vielen Fällen die Interaktion mit der Objektwelt strukturiert. Dabei beschränken sich Darstellungen keineswegs nur auf das ‚Was' des Kommunizierten. Sie spezifizieren zugleich das ‚Wie': Jede Werbung, jeder journalistische Bildbericht, jeder Unterhaltungsfilm, jedes Mode- oder Möbeldesign bringt zahlreiche Elemente ins Spiel, die die Kommunikation zu einer bestimmten Mitteilung im jeweiligen Themenbereich machen.

Auf dem Komplexitätsniveau von Darstellungen regulieren visuelle Kommunikationen vielfach die sozialen Beziehungen zwischen Menschen und Artefakten.

Ja mehr noch: Indem Darstellungen mit ihren Informationen und Mitteilungen Erwartungen, Wissen und Vorstellungen beeinflussen, tangieren sie nicht nur das Verhalten des Einzelnen zu den Objekten, sondern auch das Verhalten zwischen Menschen sowie die Beziehungsgefüge zwischen Menschen in ihrem Verhältnis zur Sphäre visueller Kommunikation. Unvermeidliche „boundary objects" (Star/Griesemer 1989) sind Darstellungen schon deshalb, weil sie, wie visuelle Kommunikationen generell, als soziale Tatsachen zur sinnhaften Umgebung des Menschen gehören. Funktional spezifizierte Settings wie Bahnhöfe, Museen, Universitäten oder Fußballstadien machen dies schnell ersichtlich, sind aber nur spezifische Anwendungen eines die verschiedensten Bereiche der Lebenswirklichkeit durchdringenden Prinzips, visuelle Kommunikation als Medien der Herstellung und Strukturierung des Sozialen in Anspruch zu nehmen.[25]

Dass dies einmal mehr, einmal weniger reflexiv, einmal erfolgreicher, einmal weniger erfolgreich geschieht, ist kaum zu bestreiten. Entscheidend für unseren Zusammenhang ist jedoch, dass bei komplexeren Gebilden wie Darstellungen prinzipiell von einer *Sozialbezogenheit* der Artefakte auszugehen ist. Zur Überprüfung dieser These kann eine Textpassage Erving Goffmans herangezogen werden. Sie reflektiert den Darstellungsbegriff in Bezug auf Akteurinnen bzw. Akteure und deren Eingebundensein in soziale Situationen. Sie lässt sich jedoch auch stimmig lesen im Rahmen eines Gedankenexperiments, das in das folgende Zitat an der Stelle von „Individuum" den Begriff „Artefakt" einsetzt.

> Angenommen, die Gesamtheit von Verhalten und Erscheinungen eines Individuums *(eines Artefaktes, Anm. Y.K.)* informiere diejenigen, die es beobachten, über seine soziale Identität, seine Stimmung, seine Absicht und seine Erwartungen, über den Stand seiner Beziehung zu ihnen. In jeder Kultur wird ein bestimmtes Spektrum dieses Zeige-Verhaltens und Aussehens spezialisiert, damit es regelmäßiger und vielleicht effektiver diese informierende Funktion erfüllen kann, wobei das Informieren schließlich, wenn auch nicht immer eingestandenermaßen, die Kontrollaufgabe bei der Ausführung übernimmt. Diese indikativen Ereignisse kann man Darstellungen nennen. Wie wir sagten, legen sie provisorisch die Bedingungen des Kontaktes, den Modus, den Stil oder die Formel fest für den Verkehr, der sich zwischen den Personen *(zwischen Personen und Artefakten, Anm. Y.K.)* entwickeln soll, vorausgesetzt, dass die Darstellung erfolgt ist und die Personen sie wahrgenommen haben (Goffman 1981b, S. 9 f.).

---

[25]Zur Diskussion des Konzeptes der boundary objects vgl. die Beiträge in Gießmann und Taha (Hrsg. 2017).

Sicherlich können Darstellungen lebloser Artefakte nicht mit denen lebender Menschen gleichgesetzt werden. Insbesondere ist Verhalten ein Begriff, den man für die Beschreibung und Erklärung von Dingen nicht wird verwenden wollen – Computer vielleicht ausgenommen. Und doch: Die Darstellungskomponente zahlloser Artefakte informiert uns sehr wohl über Identitätsattribute, über Stimmungen, Absichten und Erwartungen, die an die Objekte selbst sowie an die Beziehungen zwischen Menschen und Objekten adressiert werden.

5.6 Raumzeitliche Kontextierung

Unter Kontextierung verstehe ich die Nutzung der strukturellen Einbindung von Gestalten in raumzeitliche Konstellationen für Darstellungszwecke (vgl. Abschn. 7.1).[26] Strukturell ist diese Einbindung, weil Artefakte prinzipiell raumzeitlich platziert sind, sodass ihre Zeichenhaftigkeit von Beobachtenden zu der jeweiligen Umgebung in Beziehung gesetzt werden kann, und zwar auch dann, wenn die Gestaltung auf diese Relation keinen Bezug nimmt.

Das dezidierte Design nicht nur einzelner Objekte, sondern räumlich ausgedehnterer Objektzusammenhänge ist indessen durchaus häufig. Anwendungsfälle sind z. B. Arrangements, die das Wahrnehmungsfeld situativ Beteiligter umfassend manipulieren: Museen, Kinos, Messen, Parteitage, Gefängnisse oder das Theater sind hierfür Beispiele. Letzteres fungiert schon aufgrund seiner historisch weit zurückreichenden Tradition als bemerkenswertes Modell.[27] Die verschiedensten Elemente des europäischen Guckkasten-Theaters (Bühne, Vorhang, Anordnung der Publikumssitze, Beleuchtung, Verengung des Raumes zur Bühne hin etc.) zielen darauf ab, den Blick der Zuschauenden auf die Performance zu fokussieren und den Raum jenseits derselben ‚auszublenden'. Selbiges gilt für das Kino: Das Phänomen der „Immersion", das rezeptive ‚Eintauchen' in die Bilderströme, gründet nicht zuletzt auf der Verdunkelung des Raumes, die den Blick ganz auf die helle Leinwand lenkt.

Auch für die Kunst ist die inszenatorische Handhabung der Differenz von Darstellung (Kunstwerk) und Darstellungsumgebung (räumliches Umfeld des

---

[26]Indessen wird der Kontext-Begriff auch in den Bildwissenschaften höchst unterschiedlich benutzt – er kann z. B. auch den Sachverhalt bezeichnen, dass Bilder zu anderen Bildern derselben Person in Zusammenhang stehen, so z. B. dann, wenn das Werk von Kunstschaffenden den ‚Kontext' der Einzelarbeit bildet (vgl. Doelker 2005, S. 260 f.).

[27]Zu der Entwicklung des wahrnehmungssteuernden Settings seit der griechischen Antike vgl. z. B. Brauneck (1994).

5.6 Raumzeitliche Kontextierung

Kunstwerks) relevant. Vorrichtungen wie die weitgehende Neutralisierung des Hintergrunds (weiße Wände) oder ein hinreichender Abstand zwischen Kunstwerken sollen neben und mit der eigenmächtigen Abgrenzung des Kunstwerks den Blick der Betrachtenden an die Einzeldarstellung binden. Man stelle sich nur Richard Serras Skulpturen in einer Stahlfabrik, Robert Rauschenbergs Blechbilder auf dem Schrottplatz, Donald Judds Holzkuben bei Ikea, Jeff Koons Kleinplastiken bei Woolworth oder Hans Peter Feldmanns Fotoarbeiten im Präsentationsrahmen der Internetplattform „flickr" vor, um zu erahnen, wie wichtig die inszenatorische Behandlung des Zusammenhangs von Darstellung und Darstellungsumgebung im Bereich der Kunst ist.

Den Kunstwerken der genannten Künstler mangelt es dabei keineswegs an ‚Autonomie'. Geradezu umgekehrt ist es ein zentrales Merkmal moderner Kunst, die Einheit der Unterscheidung von Darstellung und raumzeitlicher Umgebung zu reflektieren – sich also auf den jeweils gegebenen ‚Kontext' einzustellen, wobei dies keineswegs der Raum eines Museums sein muss (auch Schrottplätze können als Schauplatz von Kunst fungieren). Die inszenatorische Neutralisierung bzw. Spezifizierung des Raumes ist sicherlich eine historisch wichtige Stabilisierung der Kunst und deren „Logik der Sammlung" (Groys 1997). Indem Kunstwerke in funktional differenzierten Räumen präsentiert werden, steht die Gestaltung des sichtbaren (Container-)Raumes in einer symbolischen Beziehung zum imaginären Raum der Kunst im Allgemeinen. Man könnte auch sagen: Museen konstituieren einen selbstähnlichen, historisch (relativ) gleichbleibenden Meta-Raum, der als solcher Vergleiche zwischen den in ihm präsentierten Formen, d. h. Vergleiche im eigenen (Raum-)Gedächtnis nahelegt.[28] So gesehen ist die museale Raumgestaltung auch mehr bzw. anderes als die Eliminierung sozialer Kontexte im Sinne einer „Ideologie" des „White Cube" (O'Doherty 1976) – sie kann als funktionales Komplement der auf Formenspiele konzentrierten Kunst und deren systemspezifisches Gedächtnis betrachtet werden: Weil die Sinnformen der Kunst stärker als diejenigen anderer Systeme (des Rechts, der Wissenschaft u. a.) auf der Präparierung des Ästhetischen (dem Wahrnehmbaren) basieren, muss die raumzeitliche Konstellation hier besonders als Rahmen ihrer Erscheinungsformen (Kunstwerke) wirken – das Zurückdrängen konkurrierender visueller Informationen bietet sich hierfür an, ist aber freilich nicht die einzig mögliche Lösung des Problems.

---

[28]Dass sich die Konstruktion von Räumen im Allgemeinen mit beobachterbezogenen Praktiken vollzieht, die über situativ wahrnehmbare Container-Räume hinausgehen, ist ein wesentlicher Befund der Raum-Soziologie. Löw spricht in diesem Zusammenhang von „Spacing" und „Syntheseleistung" (vgl. Löw 2012, S. 158 ff.).

Aber auch in weniger offensichtlich auf Inszenierung eingestellten Zusammenhängen wird die raumzeitliche Konstellation in ausgedehnteren Flächen so arrangiert, dass Einzeldarstellungen mehr oder weniger ‚passende' Beziehungen zu benachbarten Objekten eingehen. Kaufhäuser, Zoos, Restaurants, Stadtplätze, Behörden, Bildungseinrichtungen, Bürokomplexe: Ihr Design kann einem Gestaltungsprinzip folgen, das die einzelnen Formen auf seine raumzeitliche Platzierung und die dazugehörigen Gestaltungen einstellt.

Wie die Aufzählung der inszenatorischen Anwendungsbereiche zeigt, kann das Design raumzeitlicher Konstellationen ganz verschiedenen Zwecken dienen – etwa denen der Unterhaltung, der (Re-)Produktion von Macht, der Kunst oder der Einbindung von Individuen in Lern- und Arbeitszusammenhänge. Gemein ist den unterschiedlichen Kontextualisierungen, dass sie die einzelnen Darstellungselemente mit einer *ästhetischen Selbstähnlichkeit* ausstatten. Im Anschluss an Claude Lévi-Strauss (1977) kann man auch von einer „Homologie" der Zeichen sprechen, die sich durch die Einbindung derselben in ein und denselben Sinnhorizont ergibt. So verweisen verschiedene Dinge eines Vergnügungsparks (Architektur, Typografie, Sitzgelegenheiten usw.) in ihrem spielerisch und farbenfrohen Charakter auf die Idee des ‚Spaß-Habens', während sie in Bürogebäuden oder Bildungseinrichtungen auf ‚Sachlichkeit' abheben usw. Es wäre jedoch falsch, aus solchen Beispielen eine umfängliche *Kontrollierbarkeit* der raumzeitlichen Konstellation für bestimmte Darstellungszwecke abzuleiten. Zu bedenken ist nämlich, dass auch aufwendigere Eingriffe in das Sehfeld begrenzt und d. h. unterscheidbar sind. Selbst „virtual realities", die etwa über Headsets Wahrnehmungen jenseits ihrer eigenen Darstellung ausblenden und sich mit dem Verhalten der in ihnen agierenden Individuen verändern, haben eine raumzeitliche Grenze, die man sieht (und spürt), wenn man sich auf entsprechende Mensch-Computer-Interaktionen einlässt.[29]

5.7 Inszenierung und Performance

Zu Inszenierungen und Performances werden Darstellungen dann, wenn sie sich mit genauer definierbaren Absichten an ein bestimmtes Publikum richten. Indem Inszenierungen für bestimmte Gruppen entworfen werden, fungieren sie tendenziell als „kulturelles Forum" (Newcomb/Hirsch 1986). Hierfür bringen sie höherstufig

---

[29]Man denke auch an panoramatische Darstellungen, die sich besonders im 19. Jahrhundert einer großen Beliebtheit erfreuen. Zu einem Vergleich derselben mit PC-Computerspielen unter dem Aspekt der Immersion vgl. Korn (2005, S. 283 ff.).

5.7 Inszenierung und Performance

generalisierte visuelle Semantiken zum Einsatz, von denen man wissen kann, dass sie von spezifischen Anderen gekannt und ggf. geschätzt und erwartet werden.

Die verschiedensten massenmedialen Formate sind hierfür prägnante Beispiele. Auf allen Ebenen der sichtbaren Gestaltung (Licht, Bühnen, Kulissen u. a.) ist ihre Selektivität nicht nur auf die Anforderungen der Gattungen (z. B.: Nachrichten, Werbung, Unterhaltung), sondern zugleich auf unterstellte Erwartungshaltungen von Publika eingestellt, die sich u. a. entlang verschiedener sozialer Kategorien unterscheiden lassen. Geschmackspräferenzen, Wertorientierungen, Wissensbestände oder Einkommensverhältnisse wirken unverkennbar auf Inszenierungen ein. Je mehr sich Darstellungen an gruppenbezogenen Anforderungslagen ausrichten, desto mehr kann von Inszenierung gesprochen werden. Man könnte auch sagen: Inszenierungen bilden sich als Kombinationen und Integrationen von Darstellungen, die in Bezug auf soziale Anlässe, Themen und Publika spezifiziert sind.

Mit dem Begriff der *Performance* hingegen kann man flüchtige Bedeutungsdimensionen von Darstellungen und Inszenierungen bezeichnen, die aus dem akteursgebundenen Handeln in *Situationen* hervorgehen. Im Unterschied zu den an Speichermedien (Dinge, Bilder, Filme u. a.) gekoppelten visuellen Kommunikationen lösen sich Performances mit den jeweiligen Situationen und der leiblichen Präsenz der Beteiligten auf. Als spezifische Darstellungen sind sie auf die Flüchtigkeit ihrer Trägermedien und auf die Flüchtigkeit ihres Kontextes – die fortlaufend aktualisierte und d. h. fortlaufend sich auflösende Einzelsituation – eingestellt. Obwohl performative Ereignisse mit audiovisuellen Medien aufgezeichnet und archiviert werden können, sind die Resultate medialer Erfassung (z. B. Filme) nicht identisch mit dem performativen Ereignis, sondern Ergebnis einer Gestaltung, die das mediale Substrat (z. B. des Films) für eine spezifische Darstellung oder Inszenierung der Performance nutzt.[30] Dies gilt für Filme von Theateraufführungen ebenso wie für Spielfilme, ethnologische Filme (die etwa eine Zeremonie zeigen) oder Werbespots. Hier wie dort werden performative Ereignisse durch filmische Darstellungsmittel gerahmt. Andererseits basieren Performances als situative Aufführungen ihrerseits zumeist auf geplanten Darstellungen, die sich der verschiedensten Speichermedien (Dinge, Bilder, Filme u. a.) bedienen.

---

[30]Und freilich gilt auch, dass es eine Beziehung zwischen medialen Aufzeichnungen flüchtiger Ereignisse und diesen selbst gibt und dass das ‚gespeicherte' Medienprodukt z. B. als Vergleichsfolie fungieren kann: „Even in the case of a musical genre like jazz, where the artist is expected to produce a performance different from the recorded one, the recording is the standard according to which the life performance is judged." (Auslander 1999, S. 160).

5.8 Picture und Image, Modell und Sujet

Ein besonders gängiges Mittel, Sichtbarkeiten für Kommunikation zu präparieren, besteht darin, Medium-Form-Relationen, Zeichen, Darstellungen oder Inszenierungen auf zweidimensionalen Trägermedien zu organisieren. Wir haben es dann mit (Flächen-)Bildern im Sinne von „Pictures" zu tun. Die Abgrenzung zwischen dem Darstellungsinneren und der äußeren Umgebung wird oftmals über den buchstäblichen Bilderrahmen betont, der auch für die omnipräsenten Displays computerisierter Medien ein wesentliches Kennzeichen ist. Und weil Sichtbarkeiten schon hierdurch einen quasi-kommunikativen Status erlangen, erstaunt die weit zurückreichende Tradition des Rahmens kaum.[31]

Aber auch ohne Rahmen erreichen bildliche Darstellungen leicht einen Grundkontrast zu ihrem Umraum, denn die meist gewählte Viereckform realisiert eine strenge Geschlossenheit der Gestalt und eine damit einhergehende Grenzziehung nach außen. So ist es möglich, dass in vielen Anwendungskontexten (z. B. der Printmedien) im Zusammenspiel von Fläche, Rahmen und Medium-Form-Relationen mühelos die kommunikationserforderlichen „ikonischen Differenzen" (Boehm 1994) hergestellt werden.

Schon im Anschluss an semiotische Zeichenmodelle ist dabei ersichtlich, dass Flächenbilder nicht prinzipiell außerbildliche Seheindrücke *ab*bilden bzw. auf Ähnlichkeitsbeziehungen zu diesen gründen müssen.[32] Symbole etwa kommen als arbiträre Bedeutungszuschreibungen ohne ikonische Verweisungsbezüge aus. In jedem Fall aber steht die Sichtbarkeit des Bildes in ihrem kommunikativen Vollzug mit sinnhaften Vorstellungen in Beziehung, die für sich selbst nicht sichtbar sind. Die englische Alltagssprache kennt hierfür die Unterscheidung von Image und Picture, die mit der Formulierung „You can hang a picture, you can't hang an image" gut veranschaulicht wird (vgl. Mitchell 2008, S. 322): „Das *picture* ist ein materielles Objekt, etwas, das man verbrennen oder zerbrechen kann. Ein *image* ist etwas, das in einem *picture* erscheint und dessen Zerstörung überlebt – im Gedächtnis, im Narrativ, in Kopien, als Spur und in anderen Medien."

---

[31] Siehe zu den vielfältigen Rahmenformen bereits der griechischen Antike Ehlich (1954).

[32] Zur Zurückweisung des Konzepts ‚Ähnlichkeit' als Ausgangspunkt der Frage nach dem Bild entlang der Reflexion des Begriffs „Realismus" siehe Goodman (1998, S. 42–47). Ohnehin ist Abstraktion, das hatte schon Wilhelm Worringer (1921) im Blick auf die geometrischen Formen früher Kulturen (z. B. der ägyptischen Pyramiden) bemerkt, ein uraltes Prinzip des „Kunstwollens" – ein Befund, der ungeachtet der Problematik von Worringers These, die Geschichte der Kunst ereigne sich als Wechselspiel von „Abstraktion und Einfühlung", Gültigkeit beanspruchen kann.

5.8 Picture und Image, Modell und Sujet

(Ebd.) Wie die Begriffe Kommunikation, Zeichen oder Darstellung geht die Unterscheidung von Image und Picture also davon aus, dass sich die Sinnhaftigkeit eines Bildes nicht in den Sichtbarkeiten des Bildes (Picture) erschöpft.[33]

Mit Image ist darüber hinaus angesprochen, dass materielle Bilder (Pictures) in ihren Sichtbarkeiten ein spezifisches *Thema*, eine bestimmte *Vorstellung* oder *Idee* behandeln. Erving Goffman benutzt zur Reflexion dieses Zusammenhangs die Begriffe *Modell* und *Sujet*. Unter Sujet versteht Goffman etwas, was „wohl zum menschlichen Lebensbereich" gehört, „aber nicht nur zur gegenwärtigen, realen Welt" (Goffman 1981a, S. 55).[34] Dem Image-Begriff analog sind mit Sujet die ‚hinter' dem Sichtbaren liegenden Vorstellungen, Ideen, Wünsche und Fantasien gemeint. Der Visualisierung unsichtbarer Phänomene können materiale Vorbilder als Anhaltspunkte dienen – Goffman spricht von „Modellen" (ebd.). So fungieren Menschen aus Fleisch und Blut z. B. bei der Herstellung von Gemälden, in Spielfilmen oder Werbespots als Modelle der Sujets ‚Jugendlichkeit', ‚Reichtum' oder ‚Einsamkeit', indem die Inszenierungen die individuellen Darsteller nicht als eben solche, sondern als allegorische Ausdrucksmedien der genannten Vorstellungen thematisieren.

Als sinnhafte Konstruktionen sind Images notwendigerweise in den Semantiken einer Kultur, einer Gesellschaft verankert. Im Blick auf besonders tradierte und in einer Gesellschaft als bekannt vorauszusetzende Images könnte man auch von Topoi sprechen, von definierten ‚Orten' im Bilderhaushalt der Gesellschaft.[35] In ihrer Orientierung am historisch Vorgängigen sind Sujets (Images) notwendigerweise wissensabhängig. So mag ein Mensch in einem Gemälde ein erotisches Sujet erkennen, wo ein anderer darüber hinaus „Batsheba im Bade" erblickt, ein kanonisiertes Motiv der Kunstgeschichte.

Ich verwende im Folgenden die Unterscheidung von Modell und Sujet, weil sie den skizzierten Sachverhalt klarer fasst und potenzielle Begriffsverwirrungen von Bild im engeren (Picture) und weiteren Sinne (Image) im jeweiligen Anwendungsfall vermeidet. Im Unterschied zur Unterscheidung von

---

[33] Diese Überlegung ist schon ein wesentlicher Ausgangspunkt der platonischen Bildtheorie, insofern Bilder als Abbilder (eikones) des sinnlich Wahrnehmbaren gedacht sind, das zu unsichtbaren Ideen in Beziehung stehen kann (vgl. dazu Scholz 2009, S. 146–150).

[34] Diese Formulierung ist etwas unglücklich gewählt, denn neben der Sphäre des Sichtbaren gehören ja auch Vorstellungen und Ideen zur „gegenwärtigen, realen Welt", wenn man das Reale nicht als Synonym zum Sichtbaren verwenden will.

[35] Auch an Niklas Luhmanns Begriff der „bewahrenswerten Semantik" (1984a, S. 224) als einem Teil von Kultur wäre hier zu denken.

Picture/Image macht die Unterscheidung Modell/Sujet zudem deutlich, dass der mit ihr reflektierte Sachverhalt nicht auf pictures beschränkt ist: Auch Skulpturen, Gartengestaltungen, Häuserfassaden, Konsumprodukte und unzählige andere visuelle Darstellungen mehr sind als Sujets gestaltbar. Nicht zuletzt bringt die Unterscheidung von Sujet und Modell den Vorteil mit sich, dass der Image-Begriff für andere Verwendungskontexte frei bleibt. Das ist für eine Soziologie visueller Kommunikation schon deshalb wichtig, weil sich in Reaktion auf Medienentwicklungen im 20. Jahrhundert eine Image-Semantik in der Alltagssprache einspielt, die etwas anderes bezeichnet als im Rahmen besagter Unterscheidung.[36]

5.9 Stil und Stilisierung

Weiterhin tragen die Begriffe Stil und Stilisierung zur Klärung der Frage bei, wie das Visuelle kommuniziert. Das Konstruktionsprinzip der Stilisierung ist die Wiederholung. Im Unterschied zum Sujet geht es nicht um die Tradierung spezifischer Ideen, sondern um die Kontinuierung konkreter Sichtbarkeiten, die in der Praxis als Wiederholung erkannt werden können. Notwendig ist hierfür nicht die *absichtsvolle* Herbeiführung visueller Redundanzen. So können gleichbleibende Bewegungsmuster von Menschen, etwa beim Gehen, als individuelle Stile identifiziert werden. Auch zahlreiche andere korporale Ausdrucksmodi (Geschlecht, Behinderung, Hautfarbe u. a.) wirken in ihrer Persistenz stilbildend und fungieren unwillkürlich als Ausgangspunkte sozial bedingter Bedeutungszuschreibungen. In diesem Sinne entwirft z. B. Bourdieu Stile als weitgehend verinnerlichte Habitus, denen eine handlungsgenerative Funktion zukommt. Ein sehr begrenzter Satz von Dispositionen erzeugt eine nahezu unendliche Zahl von Handlungen, denen man nachträglich ihre Stilähnlichkeiten ansieht, ohne dass man sie immer vorhersehen könnte.[37] Ritualisierte Darstellungen, wie z. B. die der Geschlechter, sind in diesem Sinne als Erzeugnisse habitueller Stile zu verstehen, die neben und mit ihren Zeichengestalten intuitives Wissen und Urteilskraft hervorbringen und durch diese hervorgebracht werden.

---

[36]Vgl. zur Entwicklung von Image als einer spezifischen (visuellen) Schematisierung von Identität seit dem 20. Jahrhundert ausführlich Kautt (2008).
[37]Vgl. Hahn (1986, S. 609).

5.9 Stil und Stilisierung

Als visuelle *Darstellung* fungiert Stil jedoch erst dann, wenn Gestaltungen erkennbar absichtsvoll auf Wiederholung setzen. Diesen Vorgang kann man als *Stilisierung* fassen. Stilisierung ist eine Darstellungspraxis, die bestehende Formen in den Dienst der Herstellung von Selbstähnlichkeiten stellt und entsprechend reflexiv auf diese Funktion eingestellt ist. Aus Stilisierungen hervorgehende Stile finden sich in den verschiedensten Gesellschaftsbereichen: Möbel, Mode, Social-Media, Automobile, Jugendsubkulturen, Kunstwerke u. v. m.: Obwohl wir es mit sehr unterschiedlichen Ästhetiken und gesellschaftlichen Kontexten zu tun haben, fungieren visuelle Stile hier wie dort als Basismechanismus der Herstellung situationstranszendierender Selbst- und Fremd-Identifizierungen. Die in vielen Zusammenhängen gegebene Notwendigkeit der Herstellung und Orientierung sozialer Identitäten dürfte hierfür der entscheidende Anlass sein (vgl. Abschn. 7.7).

Indem Modernisierungsprozesse wie die der funktionalen Differenzierung die Notwendigkeit individueller und kollektiver Identitätsarbeiten massiv forcieren, werden (Selbst-)Stilisierungen als Medium des Sozialen in der Gegenwartsgesellschaft tendenziell wichtiger. Stile bieten sich besonders an, weil mit der Redundanz sichtbarer Formen zugleich Semantiken stabilisiert werden können, die auf bestimmte Identitätswerte verweisen: Die modische Selbstähnlichkeit des Punkers kontinuiert z. B. Nonkonformität und Unzivilisiertheit, die des Bankers Konformität und Zivilisiertheit; die Bilderwelt der Automarke Porsche zielt mit ihren Stilisierungskonstanzen auf Dynamik und Sportlichkeit, diejenige von Mercedes stärker auf die Symbolwelt „feiner Leute" usw.

Die Konzepte Medium und Form, Modell und Sujet, Zeichen, Darstellung, Inszenierung/Performance, raumzeitliche Kontextierung und Stilisierung haben eins gemeinsam: Sie machen ersichtlich, dass und inwiefern die Sichtbarkeit physischer Objekte so manipuliert werden kann, dass sie mehr ist als bloße Materialität, nämlich Anlass sinnhafter Kommunikation. Die skizzierten Prozesse schaffen die Voraussetzungen für ein auf Sichtbarkeiten bezogenes Gedächtnis der Gesellschaft, mithin Bedingungen für die Ausbildung und Differenzierung visueller Semantiken in unterschiedlichen Themenbereichen.

Die genannten Theoreme bieten jedoch keine Perspektive für die Einbezugnahme sozialer Gesichtspunkte, mit denen sich Designprozesse ereignen. Sie können nicht sagen wozu, aus welchen sozialen, kulturellen oder gesellschaftlichen Gründen, Darstellungen ihre Form gewinnen. Mit eben dieser Frage beschäftigt sich das folgende Kapitel.

Form und/als Adaption 6

Die Diskussion einiger Beispiele im zweiten Kapitel diente der exemplarischen Darstellung der Verflochtenheit des Gestalteten mit Sozialität, Kultur und Gesellschaft. Im Nachgang zur Reflexion auf den Gegenstandsbereich einer Soziologie visueller Kommunikation (Kap. 3) und auf die Möglichkeiten, Visualitäten als sinnhafte Formen zu präparieren (Kap. 4 und 5), möchte ich diese Überlegungen nun wieder aufgreifen. Denn eben hierin – in der komplexen Sozialbezogenheit visueller Gestaltung – liegt das allgemeine Bezugsproblem einer Soziologie, die die umfängliche Aufklärung ihres Gegenstandes anstrebt.

Zur hinführenden Illustration des Gedankengangs dient mir erneut ein Beispiel: die Uhr. Dieser Gegenstand ist geeignet, weil er in seiner Einfachheit verständlich macht, dass das hier gemeinte Phänomen nicht nur hochkomplexe Gebilde (wie z. B. diejenigen des Films), sondern auch die gewöhnlichen Formen visueller Kommunikation betrifft. Wie wir wissen, sind Uhren Apparate mit der Funktion der Zeitmessung. Ihre sichtbare Gestalt ist daher Resultat der Bemühungen, eben diese Leistung auf dem Wege technischer Vorrichtungen zu bewerkstelligen. Sonnenuhren, Schiffsuhren, mechanische Uhren oder computerisierte Uhren setzen die Funktion der Zeitmessung in unterschiedlichen Technologien um und unterscheiden sich dementsprechend in ihrer Gestalt.

Der Blick auf die konkreten Artefakte (Uhren) gibt jedoch schnell zu erkennen, dass die Formen nicht nur auf technische, sondern auch auf soziale Bedarfslagen eingestellt sind. Abgesehen davon, dass sich die Entwicklung der Zeitmessung als solche zu sozialen (kulturellen, gesellschaftlichen) Anforderungen in Beziehung setzen lässt, weisen die einzelnen Gestaltungsformen von Uhren soziale Bezüge auf. Armbanduhren verdeutlichen dies prägnant: Ihr Design ist auf soziale Konstruktionen von Gender (z. B. Weiblichkeit/Männlichkeit) ebenso eingestellt wie auf solche des Alters (z. B. kindliche Verspieltheit, ‚jugendliche Sportlichkeit', ‚seriöses Alter'), des milieubezogenen und subkulturellen Geschmacks, der Mode oder auch auf solche des situativen Kontextes (Beruf/Freizeit). Die Auswahl von Materialien, Farben und Formen sowie die Relationierung der Gestaltungselemente indizieren dementsprechend zahlreiche soziale Informationen. Aber auch andere Phänomene des Uhrendesigns folgen sozialen Funktionen – man denke z. B. an die hervorgehobene Größe von Uhren an Kirchtürmen oder Rathäusern als Insignien von Macht und Kontrolle oder an Gestaltungsformen, die die Computerisierung der Technik verschleiern, um die jeweiligen Artefakte als Manifestationen eines guten alten, vordigitalen Zeitalters erscheinen zu lassen (z. B. bei Armbanduhren mit Tracking-Funktionen).

Noch facettenreicher wird die Einbindung der Uhrengestaltung in situationstranszendierende Strukturen, wenn man die intertextuellen Effekte zwischen Uhren und bildlichen Darstellungen von Uhren verschiedener Genres berücksichtigt. So entwirft die Werbung Images, in deren Rahmen die angesprochenen Attribuierungen des Artefaktendesigns (Gender, Status u. a.) in komplexere visuelle Semantiken eingearbeitet werden, sodass sich wechselseitige Verweisungsbezüge der visuellen Kommunikationen (Artefaktendesign/Werbungs-Image) ergeben.

Beispiele wie dieses verdeutlichen den Bedarf für ein Konzept, mit dem visuelle Kommunikationen in der Komplexität ihrer Sozialbezüge untersucht werden können. Der folgende Abschnitt will zeigen, dass und inwiefern Herbert Simons „Sciences of the Artificial" (1994 [1969]) einen Ansatz bieten, der sich für diese Problemstellung erschließen lässt.

6.1 Artefakte als Anpassungsphänomene

Obwohl die Wissenschaften vom Künstlichen als Pionierleistung einer Allgemeinen Theorie des Gestalteten gelten können, haben sie sich trotz gelegentlicher Rezeption (vgl. Mareis 2011, S. 138 ff.) weder zu einer fachwissenschaftlichen Disziplin entwickelt, noch sind sie in den designorientierten Wissenschaften und universitären Lehrfächern etabliert. Ein Grund für die bislang ausbleibende Resonanz in der Soziologie dürfte die Ausrichtung der Theorie an ingenieurswissenschaftlichen Fragestellungen und Anwendungsbezügen sein, die sich von einer auf Beschreibung, Erklären und Verstehen zielenden Wissenschaft wie der Soziologie deutlich unterscheidet.

Nichtsdestotrotz bieten Simons Überlegungen einen hervorragenden Ausgangspunkt für eine Soziologie visueller Kommunikation. Indem nämlich Simon die evolutionstheoretische Perspektive auf biologische Formen als Anpassungsphänomene an Umgebungen in die Sphäre des Künstlichen überträgt, öffnet er den Blick für den gesamten Horizont von Bedingungen, die potenziell auf das Gestaltete einwirken.

Artefakte, verstanden als das vom Menschen Gemachte, so Simon, sind in ihren konkreten Eigenschaften als relative Anpassungen an Umgebungen aufzufassen. Simon sieht in der Sphäre des Künstlichen eine „Schnittstelle", einen „Punkt der Begegnung zwischen [...] einer ‚inneren' Umgebung, der Substanz und inneren Gliederung des Artefakts selbst, und einer ‚äußeren' Umgebung, der Umwelt, in der es operiert" (Simon 1994, S. 6). Da Artefakte über ihre spezifischen Eigenschaften eine „innere Umgebung" ausbilden, die eine Grenze zu einer „äußeren Umgebung" zieht, bezeichnet Simon Artefakte gelegentlich als „Systeme" (Simon 1994, S. 14 f.).

Im Unterschied zu den Formenvariationen des Organischen (z. B. durch Mutationen) können Anpassungsprozesse in der Sphäre des Künstlichen gezielt angestrebt werden. Dies bedenkend ist es plausibel, mit Herbert Simon davon auszugehen, dass *Rationalität* die entscheidende Ressource und den entscheidenden Engpass der Adaption des Künstlichen darstellt, ja die Grenzen der Rationalität die Grenzen der Anpassung des Künstlichen festlegen.[1] Diese Annahme überzeugt jedenfalls im Blick auf die *praktischen* Versuche, Design bestmöglich an Umgebungen anzupassen. Denn im konkreten Entwurfsgeschehen wird deutlich, dass man nicht alle Eigenschaften der sozialen Umgebungen eines Artefaktes kennen und berücksichtigen kann.

Diese Annahme steht in deutlichem Kontrast zu Luhmanns Adaption der Evolutionstheorie in die Theorie sozialer Systeme. Denn Luhmann zufolge ereignen sich Variationen – passend zu seiner Theorie operativ geschlossener Systeme – in der Sphäre des Sozialen gleichsam ‚blind' für die Gegebenheiten der Umwelt. In Anlehnung an neuere evolutionstheoretische Konzepte plädiert Luhmann entsprechend dafür, dem Begriff der Anpassung nur einen untergeordneten Stellenwert zukommen zu lassen, nämlich zur Feststellung des Sachverhalts, dass die systeminternen Variationen, die als solche nicht in Bezug auf Umwelteigenschaften erfolgen, bei einer jeweils gegebenen Umwelt die Autopoiesis der Systemoperationen ermöglichen oder nicht (vgl. Luhmann 1997, S. 445 f. und 473 f.).[2] Indem Menschen als Medien des In-Beziehung-Setzens und Verknüpfens

---

[1]Vgl. Simon (1994, S. 7–12 und S. 142).

[2]Dies entspricht der (zufälligen) genetischen Variation des Organischen im Unterschied zu artifiziellen Adaptionen. Letztere schließen unter den Wissens- und Technikbedingungen der Gegenwartsgesellschaft selbst das Gen-Design, d. h. das Design von Lebewesen ein: Über die Spielräume der Zuchtauswahl deutlich hinaus werden genetische Variationen nunmehr auf der Basis wissenschaftlichen Wissens rationalisierbar.

von „geistigen Systemen" (Bateson) als erklärendes Moment ausfallen, muss der Begriff der „strukturellen Kopplung" die „Erklärungslast" für die Frage übernehmen, wie es möglich ist, dass sich Systeme auf Umwelt einstellen (vgl. Luhmann 1997, S. 446).

Gleichwohl ist mit Simons Hinweis auf den Entwurfsprozess und dessen Basisressource Rationalität die entscheidende Bedingung für Anpassungsprozesse nicht benannt. Während Entwurfshandlungen die Akzeptanzwahrscheinlichkeit des Gestalteten potenziell zu steigern vermögen, entscheiden doch die Anforderungslagen der (sozialen) Umgebung darüber, in welchem Maße Artefakte angepasst sind oder nicht. Hier liegen die Selektionsbedingungen, die über den (Miss-)Erfolg einer visuellen Kommunikation entscheiden. Wenngleich Gestaltungen als „Schnittstellen" von äußerer und innerer Umgebung zwischen Artefakten und Umgebungen vermitteln, können sie doch nicht auf die Selektivitäten der Umgebungen zugreifen, die hier entlang der Begriffe Struktur und Praxis (vgl. Abschn. 6.3 und 6.4) sowie über die Beschreibung der einzelnen Habitate (Kap. 7) noch ausführlich zum Thema werden.

Da die Unterscheidung von innerer und äußerer Umgebung im Kontext der Soziologie Assoziationen zur Luhmannschen Systemtheorie wachruft, ist hier zu betonen, dass Simon die Objekte des Künstlichen keineswegs als „operativ geschlossene", sich selbst reproduzierende („autopoietische") Systeme versteht. Wie auch ließe sich plausibilisieren, dass Spielplätze, Aquarelle, Bankgebäude, Computerspiele, Wasserkocher, Smartphones, Autos, Gemälde und unzählige andere Gegenstände soziale Systeme darstellen, deren kommunikative Reproduktion sich stets an einer Leitdifferenz („Code") und systemspezifischen Kriterienkomplexen zu deren Handhabung („Programme") orientiert?

Wenn man nun aber visuelle Kommunikation als Prozess versteht, in dem Informationen zwischen verschiedenen Ordnungsebenen zirkulieren (vgl. Abschn. 4.2), was spricht dann dennoch dafür, Artefakte als „innere Umgebung" von einer „äußeren Umgebung" zu unterscheiden und eben hierin, in der Differenz von Artefakt und Umgebung, einen zentralen Ausgangspunkt einer Soziologie visueller Kommunikation zu sehen?

Auf der Seite der „äußeren Umgebung" lautet das Argument: Soziale Strukturen liegen mit ihren spezifischen Anforderungslagen an das Gestaltete immer schon vor, bevor die einzelne Kommunikation Form annimmt. Auf der Seite der Artefakte („innere Umgebung") lautet das Argument: Die empirisch vorliegenden Fälle gehen zwar aus dem In-Beziehung-Setzen verschiedenster Elemente hervor, liegen aber dann, sind die gestaltenden Syntheseleistungen vorangeschritten, als materialisierte, überschaubare Formen mit spezifischen Merkmalen vor, die von Umgebungen unterschieden werden können. Es ist die Fixierung von

6.1 Artefakte als Anpassungsphänomene

Eigenschaften, die die Grenzen zwischen der „inneren" und der „äußeren" Umgebung" zieht. Sicher bleibt die Sphäre des dinghaft Materialisierten stets im Fluss: Man kann den Stoffbezug eines Sofas wechseln, ein Bild übermalen, einen Park umgestalten, ein Foto bearbeiten usw. Einmal zur gestalteten Form geronnen, nimmt die Dynamik der Veränderungen jedoch gewöhnlich erheblich ab. Obgleich sich Artefakte leicht modifizieren oder vernichten lassen, sind sie also durch eine gewisse Persistenz ihrer Erscheinungsform gekennzeichnet. Die Stabilität des Materials, in das die Gestaltungen geprägt sind (Papier, Plastik, Metall, Holz, elektronische Speichermedien u. a.), spielt hierbei sicherlich eine substanzielle Rolle. Aber auch andere Einschränkungen, z. B. die in Gestaltungsprozesse zu investierende (knappe) Zeit oder ökonomische Ressourcen, tragen zur Kontinuierung des einmal Bestehenden bei.[3] Nicht zu vergessen ist zudem, dass die Umgebungen der Artefakte ihrerseits nicht fortwährend variierend auf Artefakte einwirken, sondern auf die Stabilisierung von Formen angewiesen sind. Man denke etwa an Sozialisations- und Lernprozesse, die im Umgang mit Dingen individuell durchlaufen werden müssen.

Neben und mit der Fixierung von Eigenschaften lässt sich von einer Abgrenzung von Artefakten von einer Umgebung durch die Art und Weise sprechen, *wie* die Grenze gezogen wird (vgl. Kap. 5). Sie lässt sich kontrastieren zu den Formwerdungen des Natürlichen, da im Künstlichen die *Kontingenz* der Gestalt zu erkennen ist. Erkennbar ist die Orientierung des Designs an variablen *Zielen* und *Zwecken* sowie das prinzipielle Gegebensein von Gestaltungsalternativen, mit denen die Ziele verfolgt werden. „Gewisse Phänomene", so Simon, sind künstlich „in einem sehr spezifischen Sinn: Sie sind nur deshalb wie sie sind, weil ein System durch Zwecke oder Ziele in die Umgebung, in der es lebt, eingepasst ist. Wenn natürliche Erscheinungen, in ihrer Bindung an die Naturgesetze, eine ‚Aura' von Notwendigkeit um sich haben, so zeigen künstliche Phänomene, in ihrer Verformbarkeit durch die Umwelt, eine Aura von ‚Unabhängigkeit'." (Simon1998: Vii) Vor dem Hintergrund der Kontingenz des Gestaltbaren geben sich Artefakte als drastische Einschränkungen und als Auswahl von Alternativen zu erkennen. Sie ziehen über das schmale Spektrum der mit ihnen realisierten Eigenschaften eine *spezifische* Grenze zwischen sich selbst und ihrer Umwelt, weil das Ausgewählte als Markierung allem Nichtgewählten gegenübersteht und einen *nicht* beliebigen Assoziationsraum eröffnet, der das Herstellen von

---

[3]Dass ökologische Gesichtspunkte trotz drängender Problemlagen und trotz der hierauf eingestellten Debatten über Nachhaltigkeit jedoch bislang kaum von Bedeutung sind, ist offensichtlich.

spezifischen Beziehungen zwischen Objekten nahelegt. Dass sich ein solcher Assoziationsraum eröffnet, hängt wiederum mit der notwendigen Beteiligung menschlicher Akteure am Prozess der Kommunikation zusammen: Menschen setzen das Gesehene mit dem ihnen zur Verfügung stehenden Weltwissen in Beziehung.

Nun erfordert die Erschließung der Wissenschaften vom Künstlichen für eine Soziologie visueller Kommunikation einige Modifikationen und Spezifikationen. Diese betreffen alle Ebenen des Konzeptes – nämlich a) die Ebene der Artefakte („innere Umgebung"), b) die Ebene der Umwelten („äußere Umgebungen") und c) die Ebene der Beziehung zwischen Artefakten und Umgebungen. Die Spezifikation auf der Ebene der Artefakte (a) ergibt sich über die Bestimmung von visueller Kommunikation als Gegenstandsbereich (vgl. Abschn. 3.2, Kap. 4 und 5). Für die soziologische Übersetzung der Frage, was unter den „äußeren Umgebungen" des Künstlichen zu verstehen ist (b) und wie die Beziehungen zwischen „innerer" und „äußerer Umgebung" hergestellt und variiert werden, dient mir im Folgenden die Auseinandersetzung mit den in der Soziologie etablierten Begriffen „Praxis" und „Struktur". Zuvor aber wende ich mich dem Begriff der Funktion zu.

6.2 Zum Begriff der Funktion

Versteht man Gestalten als Resultate der Anpassung an Bedarfslagen sozialer Umgebungen, schreibt man ihnen Funktionen zu. Diese bis hierher latent mitgeführte Perspektive erfordert eine ausführlichere Diskussion. Einen klärenden Ausgangspunkt kann die wohl prägnanteste Formel bisheriger Designtheorien bieten: *„form follows function"*. Sie stammt von dem Architekten Louis Henry Sullivan (1896, S. 111) und wird bis in die aktuelle Gegenwart zitiert, moduliert und kritisiert. Kritischen Kommentaren unterliegen oftmals Deutungen, die im Funktionalistischen eine Gegenbewegung zum bloß Schmückenden, zum Zierrat erkennen. Der Rückzug des Designs auf die vermeintlich bloße Sachfunktion eines Artefaktes erscheint dann einem Gestaltungsprinzip verpflichtet, dem sich andere Leitwerte entgegenstellen lassen – man denke etwa an das von Hartmut Esslinger geprägte Credo „form follows emotion".

Im Rahmen einer Perspektive, die die Plastizität des Gestaltens für *unterschiedliche* Ziele und Funktionen annimmt, gilt es daher, den Begriff der Funktion von besagter Deutung des ‚Funktionalistischen' zu lösen. Ohnehin liegt der Deutung eines funktionalistischen Designs als einer an der Funktion der Dinge orientierten Gestaltung eine falsche Interpretation zugrunde. Es geht hier

6.2 Zum Begriff der Funktion

vielmehr häufig um die *Symbolisierung* von ‚Funktionalität' als *Wert*. Vermittelt werden Werte wie Sachorientierung, Eigentlichkeit („less is more"), Bescheidenheit und ‚guter' (moderner) Geschmack (z. B. Ornamentverzicht) – mithin spezifische (Identitäts-)Eigenschaften, die frühe Beispiele des Bauhaus-Purismus eines Mies van der Rohe ebenso verdeutlichen wie aktuelle Smartphones, z. B. in der Gestalt(ung) von Apples „iPhone".

Herbert Simons „Wissenschaften vom Künstlichen" bieten für eine adäquate Justierung des Funktionsbegriffs einen Bezugspunkt. Von „Funktion" spricht Simon nämlich im Zusammenhang des ‚Funktionierens' von Artefakten in Umgebungen, womit ein Zusammenspiel von Eigenschaften auf beiden Seiten gemeint ist und zwar unabhängig davon, welche Eigenschaften im Einzelfall aufeinander bezogen sind. Die Ausrichtung visueller Kommunikation an Emotionen ist diesem Verständnis zufolge ebenso funktional wie die Orientierung an Mentalitäten, Machtformen oder Funktionssystemen. Im Kontext einer Soziologie visueller Kommunikation heißt es dementsprechend: Form follows *social functions,* wobei, der Komplexität sozialer Anforderungslagen folgend, das Gestaltete auf ganz verschiedene Umgebungen eingestellt sein kann.

Für die Soziologie visueller Kommunikation ist Funktionalität also nur insofern von Interesse, als *soziale* Gesichtspunkte zum Tragen kommen. Gehen Formgestaltungen lediglich auf außersoziale Anforderungslagen, etwa biologische oder physikalische Umgebungen, zurück, wie z. B. dann, wenn Farben aus bloß wahrnehmungsphysiologischen Gründen oder Materialien wegen Dehnungseigenschaften gewählt werden, ist dies nicht der Fall. Soziale Funktionen realisieren Gestaltungen nur dann, wenn sie in der Sphäre sinnhafter Bedeutung eine Aufgabe übernehmen. Design geht dann über individuell vorliegende Motive, Wünsche und Interessen hinaus. Bereits Durkheim hatte Funktionen in diesem Sinne als „soziale Nützlichkeiten" bestimmt: „Die Funktion eines sozialen Phänomens kann nicht anders als sozial sein, d. h. sie besteht in der Erzeugung von Wirkungen, die sozial nützlich sind. Allerdings kann es vorkommen und kommt tatsächlich vor, daß sie zugleich den Individuen dient. Doch macht dieses glückliche Ergebnis nicht den unmittelbaren Grund ihres Daseins aus." (Durkheim 1984, S. 193).

Robert Merton folgend kann man in diese Stoßrichtung die (Re-)Konstruktion manifester und latenter Funktionen als Aufgabe einer Soziologie visueller Kommunikation identifizieren: „Manifeste Funktionen sind solche objektiven Folgen, die zur Angleichung oder Anpassung des Systems beitragen und von den Personen, die diesem System angehören, beabsichtigt sind und erkannt werden; latente

Funktionen dementsprechend solche, die weder beabsichtigt sind noch erkannt werden." (1995, S. 49)[4].

Eine Soziologie visueller Kommunikation tut gut daran, dem weiten Verständnis von „Funktion" im Sinne des „sozial Nützlichen" zu folgen und diesen Begriff nicht weiter definitorisch zu verengen. Die Gründe hierfür liegen in der Vielschichtigkeit ihres Gegenstandes und der damit einhergehenden Variabilität sozialer Nützlichkeiten, die Artefakte aufweisen.[5]

Weiterhin ist es wichtig zu sehen, dass mit der Analyse funktionaler Beziehungen zwischen Artefakten (visuellen Kommunikationen) und ihren Umgebungen *keine Erklärung für die Entstehung* derselben angeboten wird. Schon Durkheim hatte darauf hingewiesen, dass die Funktion sozialer Sachverhalte nicht notwendigerweise aus deren ursächlichem Entstehungszusammenhang hervorgeht und dementsprechend die Untersuchung von Funktionen von den Bemühungen der Ursachenforschung zu trennen ist.[6]

Relevant ist zudem die Einsicht, dass funktionsorientierte Analysen keineswegs *sämtliche* Eigenschaften einer visuellen Kommunikation als Anpassungsresultate auffassen. Erscheinungsformen können funktionslose Merkmale aufweisen und als solche sogar das sichtbare Design bestimmen. Unverkennbar besteht auch eine Ästhetik der Verschwendung und der Vergeudung, die sich nicht am Nützlichen in einem gängigen Verständnis der Soziologie orientiert. Man denke in diesem Zusammenhang nicht zuletzt an ‚Schönheit' als Kategorie des Gestaltens und der Wahrnehmung und Bewertung des Gestalteten.[7] Vermuten kann man

---

[4]Dabei ist nicht ausgeschlossen, dass das Wissen um latente soziale Funktionen des Gestalteten Eingang in das Alltagswissen findet. So vermutete Merton schon 1949, dass die von Thorstein Veblen in seiner „Theorie der Feinen Leute" (1997 [1899]) beschriebene latente Funktion des „demonstrativen Konsums" bekannt sei (vgl. Merton 1995, S. 67 f.). Im Blick auf die u. a. durch Massenmedien und Wissenschaft angetriebene „reflexive Modernisierung" (Beck/Giddens/Lash 1996) kann man davon ausgehen, dass u. a. in der Sphäre des Konsums ein Wissen um latente Funktionen von Gestaltungen in gesteigertem Maße vorliegt – alltagssprachliche Begriffe wie ‚Selbstdarstellung', ‚Image' oder ‚Statussymbol' indizieren diese Entwicklung (vgl. Kautt 2008, S. 330 ff.).
[5]Demgegenüber reserviert Luhmann den Funktions-Begriff für die Leistungen sozialer Systeme, die diese nicht für spezifische Teilbereiche der Gesellschaft (andere Systeme), sondern für die Gesamtgesellschaft erbringen (vgl. Luhmann 1997, S. 758).
[6]Siehe Durkheim (1984, S. 179 ff.).
[7]Zu einem entschiedenen Plädoyer gegen die Vereinnahmung des Verstehens gesellschaftlicher Ereignisse über Zwecke und Nützlichkeiten siehe Bataille, der neben dem demonstrativen Konsum soziale Phänomene wie (sportliche) Wettkämpfe, Feste, Geschenke u. a. zumindest in einer unterstellten Ur-Form als Verschwendungshandlungen gleichsam um

6.2 Zum Begriff der Funktion

immerhin, dass das Schöne als interesseloses Wohlgefallen nicht gänzlich aufgeht in einer soziologischen Entzauberung, wie sie z. B. Bourdieu vornimmt, indem er die (Re-)Produktionslogiken der Klassengesellschaft im Bereich der Ästhetischen aufdeckt. Man wird vielmehr die Identifizierung des Schönen in einem unfunktionalisierten Sinne offen halten und hierin Simmel folgen können:

> Indem ich das Ding schön nenne, ist seine Qualität und Bedeutung in ganz anderer Weise von den Dispositionen und Bedürfnissen des Subjektes unabhängig, als wenn es bloß nützlich ist. Solange die Dinge nur dies sind, sind sie fungibel, d. h. jedes andere, das denselben Erfolg hat, kann jedes ersetzen. Sobald sie schön sind, bekommen sie individuelles Fürsichsein, so dass der Wert, den eines für uns hat, durchaus nicht durch ein anderes zu ersetzen ist, das etwa in seiner Art ebenso schön ist (Simmel 1989, S. 47).

Artefakte weisen jedenfalls eine Fülle unfunktionaler Kennzeichen auf, die man *nicht* notwendigerweise in funktionalistischer Manier als „Formenüberschuss" bezeichnen muss. Zugleich gilt aber auch, dass sich zu einem bestimmten Zeitpunkt funktionslose Eigenschaften zu anderen Zeiten durchaus als nützlich erweisen können. Im Anschluss an die Evolutionstheorie biologischer Organismen spricht Luhmann von einem „preadaptive advance" solcher Merkmale: Ändert sich die (soziale) Umgebung, können bislang funktionslos gebliebene Eigenschaften plötzlich Funktionen übernehmen.[8] Ein häufiger Fall im Bereich visueller Kommunikation dürfte in der Bewertung von etwas als ‚schön' liegen, was zunächst nicht unter Schönheitsgesichtspunkten gestaltet wurde – so etwa der schlichte, aufs Notwendigste reduzierte Holztisch einer Tiroler Bauernfamilie aus dem 18. Jahrhundert, der im 21. Jahrhundert etwas ‚Wärme' in die kühle Designerwohnung bringen soll.

Von einer derart lockeren und dynamischen Kopplung von System- und Umgebungseigenschaften gehen auch Simons „Wissenschaften vom Künstlichen" aus. Simon weist darauf hin, dass nur wenige Merkmale jeweiliger Umwelt(en) Einfluss auf die jeweiligen Artefakte nehmen, wie auf der anderen Seite nur einige Merkmale des Artefakts zu den Umwelten in Beziehung stehen

---

ihrer selbst willen versteht (1985 [1933], S. 12 ff.). In vorliegender Arbeit rücken entsprechende Praktiken in die Nähe eines spezifischen Begriffs von Kultur (vgl. Abschn. 7.7.3d), der insofern Batailles Verausgabungs-Theorem entgegenkommt, als Batailles Nützlichkeitsvorstellungen auf ein modernes, kapitalistisches (materielles) Nützlichkeitsverständnis fokussiert sind (vgl. ebd., S. 9).

[8]Vgl. Luhmann (1997, S. 513).

müssen. Indem die Soziologie visueller Kommunikation Gestaltung als funktionale „Schnittstelle" (Simon) versteht, arbeitet sie also keineswegs mit einem System-Umwelt-Determinismus, der den Dingen bzw. visuellen Kommunikationen kein ‚So-Sein' neben und mit den Eigenschaften zubilligen würde, die im Rahmen eben dieser Perspektive als Nützlichkeit erklärt werden.[9] Wohl aber kann ein solches Konzept davon ausgehen, dass man gestaltete Dinge immer *auch* daraufhin befragen kann, ob und inwiefern sie auf Umgebungen Bezug nehmen und welche Merkmale auf beiden Seiten funktional zusammenspielen.

Nicht zuletzt ermöglicht ein offener Funktionsbegriff (soziale Nützlichkeit) die analytische Sensibilisierung für die Multifunktionalität der Objekte in Anpassung an verschiedene soziale Anforderungslagen. Erinnern wir uns an das Beispiel der Armbanduhr: Ihr Design kann nicht nur zeittypischen Moden und Mentalitäten, sondern zugleich sozialen Konstruktionen von Geschlecht (Gender), Image, Alter, Subkultur, Lebensstil oder Klassenlage folgen.[10]

6.3 Struktur als Umgebung

Schon das Beispiel der Uhr macht deutlich, dass der Begriff der „äußeren Umgebung" mehr und anderes bezeichnet als „Kontext". Das gilt zumindest dann, wenn man einer häufigen Wortverwendung folgt, die unter „Kontext" die raumzeitliche Einbindung von Dingen und Ereignissen in Situationen unter Einschluss akteursbezogener Handlungen versteht. Die „Visuelle Ethnographie" (vgl. z. B. Pink 2001, S. 97 ff.) oder die „Visual Anthropology" (vgl. z. B. Collier/Collier 1990) etwa „kontextualisieren" soziale Prozesse als raumzeitlich verortete Praktiken.

Obwohl Kontexte in diesem Sinne fraglos eine formgebende Dimension der „äußeren Umgebungen" von Artefakten darstellen – ja sich visuelle Kommunikation ohne situative Praxis nicht ereignen kann – ist hiermit die Einflussnahme

---

[9]Das Missverständnis der Evolutionstheorie als eine Art Ontologie natürlicher wie sozialer Objekte ist vermutlich ein wichtiger Hintergrund für die wiederkehrende Zurückweisung der Theorie für die Sphäre des Sozialen, von anderen Simplifizierungen („Sozialdarwinismus") ganz abgesehen.

[10]Während dies bei Alltagsgegenständen eher zu erwarten ist, erstaunt die Multifunktionalität in hoch spezialisierten Gesellschaftsbereichen wie z. B. der Medizin schon eher: Wie die Feldforschung zeigt, werden hier die Resultate bildgebender Verfahren auch unter Schönheitsgesichtspunkten gestaltet – es tritt also zur Funktion der Medizin eine weitere hinzu; siehe dazu Burri (2008a, S. 54).

6.3 Struktur als Umgebung

sozialer Umgebungen bei weitem nicht hinreichend reflektiert. Am Beispiel der Uhr: Vorstellungen von Weiblichkeit und Männlichkeit, Alter, Lebensstil, Mode u. a. gehen Produktions- und Rezeptionskonstellationen ebenso voraus wie Organisationen oder Institutionen, die z. B. über Produktdesign und Werbung am Geschehen beteiligt sind. Simon spricht von Umgebungen als „Problembereichen", auf die sich die Gestaltung des Artifiziellen einstellen muss. Den Anpassungsdruck visueller Kommunikationen an Umgebungen plausibilisiert eine in der Evolutionstheorie bekannte Erkenntnis: „Die äußere Umgebung bestimmt die Bedingungen, unter denen das Ziel erreicht werden kann. Ist das innere System (die Artefakte, Anmerk. Y.K.) in geeigneter Weise ausgelegt, so ist es der äußeren Umgebung angepaßt und sein Verhalten wird zu einem Großteil vom Verhalten der letzteren bestimmt [...]. Das Verhalten nimmt die Form des Problembereichs an." (Simon 1994, S. 10 f.) Mit guten Gründen hatten daher bereits die ersten Vertreter der Humanökologie und der Psychologischen Ökologie den Anpassungsdruck im Bereich des Sozialen betont: „Jede Art von sozialem Leben findet innerhalb bestimmter Grenzen statt, die darüber entscheiden, was möglich ist und was nicht, was geschehen und was nicht geschehen kann." (Levin 1982, S. 291).

Die Chancen, dass Artefakte mit ihren sichtbaren Eigenschaften bestimmte Zwecke und Ziele erreichen, hängen demnach von Bedingungen in der Umwelt ab. Die höchst asymmetrische Beziehung zwischen beiden Seiten – einer kleinen Anzahl von Objekteigenschaften steht ein weiter Horizont von Umgebungseigenschaften gegenüber – lässt keine Anpassung der Umgebungen an Artefakte, sondern nur umgekehrt eine Anpassung der Objekte an ihre Umgebungen zu. Die Variabilität von Formen, Zielen und Zwecken kann nichts daran ändern, dass die selektiven Kriterien, die über die Beachtung, die Akzeptanz und den Erfolg einer Gestaltung entscheiden, nicht im Zugriffsbereich der Artefakte liegen, sondern in deren Umwelt.

Nun lässt sich Simons Verständnis von „innerer Umgebung" in den soziologisch etablierten Begriff der Struktur übersetzen. Eine hierzu passende Definition bietet Luhmann: „Strukturen sind Bedingungen der Einschränkung des Bereichs anschlussfähiger Operationen, sind also Bedingungen der Autopoiesis des Systems." (Luhmann 1997, S. 430) Es geht also um einen Begriff, der unterschiedlichste Einschränkungsbedingungen des Sozialen bezeichnet und nicht etwa nur kollektiv geltende symbolische Generalisierungen, Regeln oder Normen. Das Konzept fasst die verschiedensten Konstruktionen, die auf der Basis materieller Verankerungen (des Bewusstseins, der Dinge, der Kommunikationsmedien) einzelne Situationen überdauern und daher als Kommunikations- und Handlungsorientierungen quer zu sozialen, raumzeitlich verorteten Situationen stehen.

Der Strukturbegriff ist demnach „ein Komplementärbegriff zur Ereignishaftigkeit der Elemente" (Luhmann 1984, S. 392 f.) und ermöglicht auf diesem Abstraktionsniveau die Erfassung verschiedenster „Problembereiche" (Simon), auf die sich visuelle Kommunikation einstellen kann und einstellen muss, wenn sie in der jeweiligen Umgebung erfolgreich sein will.

Auf der Basis dieser Überlegungen spreche ich im Folgenden von *strukturellen Umgebungen*. Hierunter werden intersubjektiv bestehende Bedingungen verstanden, die einzelne Situationen und damit Handlungspraktiken von Individuen ebenso wie raumzeitliche Konstellationen transzendieren, in denen einzelne Artefakte platziert sind. Im Anschluss an Merton könnte man auch von *„strukturellen Kontexten"* (Merton 1995, S. 52) visueller Kommunikation sprechen. Solche strukturellen Umgebungen sind z. B. das situative Wirklichkeitsverstehen anleitende „Rahmen" (Goffman), Interaktionsrituale, räumliche „Settings" (Barker 1960), „feeling rules" (Hochschild 1979), Formen der Macht, Semantiken kollektiver Identitäten (des Geschlechts, des Alters, der Subkultur u. a.) oder spezifische Gesellschaftsbereiche wie u. a. Wirtschaft, Kunst oder Religion. Diese und andere strukturelle Umgebungen formulieren je spezifische Einschränkungsbedingungen für die Praxis visueller Kommunikation, die sich ‚in' bzw. mit ihnen ereignet. Der Strukturbegriff wird hier also nicht auf der Ebene der nicht-sinnhaften Materialität angesetzt und dementsprechend den Kultur- und Praxis-Theorien gegenübergestellt (vgl. zu diesem Antagonismus Reckwitz 2003, S. 286 f.), sondern selbst auf der Ebene sozialer Konstruktionen verortet.

Allerdings ist der Luhmannsche Strukturbegriff aus seiner systemtheoretischen Einbettung herauszulösen. Denn im Rahmen einer „Ökologie des Geistes", die Kommunikation nicht als „operativ geschlossenes System", sondern als Zusammenhang verschiedener Ordnungsebenen auffasst, kann die Reservierung des Strukturbegriffs für „Bedingungen der Autopoiesis des Systems" nicht überzeugen. Dem oben skizzierten Konzept (vgl. Abschn. 4.2) folgend sind Strukturen vielmehr als Einschränkungsbedingungen konstitutiv mit Kommunikation verknüpft. Anthony Giddens Relationierung von Praxis und Struktur kommt diesem Sachverhalt in gewisser Weise entgegen. Während Giddens Strukturen als „Regeln und Ressourcen" auffasst, „die rekursiv in Institutionen eingelagert sind" (Giddens 1988, S. 76), versteht er sie zugleich als Medium wie Ergebnis von Praxis: „Struktur ist den Individuen nicht ‚äußerlich': in der Form von Erinnerungsspuren und als in soziale Praktiken verwirklicht, ist sie in gewissem Sinne ihren Aktivitäten eher ‚inwendig' als ein – im Sinne Durkheims – außerhalb dieser Aktivitäten existierendes Phänomen. Struktur darf nicht mit Zwang gleichgesetzt werden: sie schränkt Handeln nicht nur ein, sondern ermöglicht es auch." (Giddens 1995, S. 77 f.).

6.3 Struktur als Umgebung

Eine Soziologie visueller Kommunikation kann Giddens jedoch nur soweit folgen, als sie wie dieser von einem *prinzipiellen* Praxisbezug von Strukturen ausgeht. Sie muss indessen die *Beziehungen* von Struktur und Akteurinnen bzw. Akteuren anders konzipieren – nämlich so, dass sie den *allgemeinen* Praxisbezug von Strukturen deutlich unterscheidet von den Beziehungen, die Praxis und Struktur im Rahmen *einzelner* Situationen eingehen. Obwohl Giddens feststellt, „daß die strukturellen Momente sozialer Systeme so weit in Raum und Zeit ausgreifen, daß sie sich der Kontrolle eines jeden individuellen Akteurs entziehen" (Giddens 1995, S. 77 f.), betont sein Strukturkonzept den Stellenwert des Akteurs über ein plausibles Maß hinaus. Verdeckt wird derart nämlich der Sachverhalt, dass die prinzipielle Notwendigkeit des Beteiligtseins von Individuen an der *Entwicklung* und *Reproduktion* sozialer Strukturen zu unterscheiden ist von den sozialen Bedeutungen und Relevanzen bereits *bestehender* Strukturen. Während einerseits gilt, dass soziale Strukturen nicht ohne Beteiligung von Akteurinnen bzw. Akteuren zustande kommen, gilt ebenso, dass sich situatives Handeln und Kommunizieren an bereits bestehenden Strukturen orientieren müssen. Soziale Strukturen werden in sozialen Situationen moduliert und weiterentwickelt (strukturiert), entziehen sich den Beteiligten aber auch, da diese über sie situativ keinesfalls in einem umfänglichen Sinne verfügen können.

Wie gesagt deutet Giddens diesen Sachverhalt an (siehe z. B. Giddens 1995. S. 77 f.), zieht aber hieraus nicht die angemessenen Schlussfolgerungen für sein Strukturkonzept. Strukturen sind eben nicht, wie Giddens meint, Akteuren und der Praxis *eher* „inwendig", sondern *eher* „äußerlich", wenngleich prozessual stets beides zugleich: inwendig, indem sie sich in Beteiligung von Akteuren vollziehen, und äußerlich, insofern Handlungen und Kommunikationen verschiedene Bedingungen berücksichtigen müssen, wenn Kommunikationen (z. B. visuelle Darstellungen) mehr sein wollen als bloß idiosynkratische Gebilde von Individuen.[11] Wenn Gestaltungen als *soziale* Medien mit Anschlusspotenzial fungieren sollen, müssen sie sich substanziell auf strukturelle Umgebungen einlassen – und zwar in der breiten Varianz von Themenstellungen, in der Strukturen im jeweiligen Kontext bedeutsam sind.

Die Annahme, dass Strukturen als situativ zu berücksichtigende Handlungs- und Kommunikationsorientierungen Individuen äußerlich sind, dass sie „Bedingungen der Einschränkung des Bereichs anschlussfähiger Operationen" (Luhmann) sind, impliziert dabei weder einen „Strukturdeterminismus" (vgl. Giddens 1988, S. 68)

---

[11]Zu einer detaillierteren Kritik an Giddens' Strukturierungs-Konzept vgl. Thompson (1989) und Stones (2005).

noch eine „Metaphysik der Strukturen" (Lüders/Reichertz 1986). Auch ein solches Konzept kann Individuen hohe Freiheitsgrade beimessen und – hierin Giddens zustimmend – diesen ein innovatives und manipulatives Vermögen im Umgang mit strukturellen Kontexten zugestehen.

Wie aber lässt sich der Prozess der Anpassung visueller Gestaltungen an strukturelle Umgebungen durch Menschen konzipieren? Die folgenden Überlegungen projizieren diese Frage auf den Begriff der Praxis.

6.4 Praxis als Umgebung

Ohne menschliches Zutun kann es keine Artefakte geben. Hecken werden geschnitten, Möbel entworfen, Bilder gemalt, Fotos gemacht, Computerspiele programmiert – der Mensch tritt allerorten als Designerin bzw. Designer des Künstlichen in Erscheinung. Aber nicht nur als Produzierender, auch als Rezipierender und Anschluss-Kommunizierender gehört der Mensch unausweichlich zu den Beziehungsgeflechten, in denen sich visuelle Kommunikation ereignet.[12]

Ohnehin ist Praxis stets immanenter Bestandteil visueller Kommunikation. Peirce' Semiotik thematisiert dies mit dem Begriff der Semiose, die Bildtheorie spricht von Akteurinnen bzw. Akteuren als integralen Momenten von Bildakten (Mitchell 1986, S. 30; Bredekamp 2010, S. 52 f.) und die Soziologie schließlich setzt Beobachtende als integrale Dimension von Kommunikation an (Luhmann 1988). Zu der sichtbaren Gestalthaftigkeit materieller Objekte muss sich also eine situativ verankerte Praxis sinnverstehenden Deutens durch Menschen gesellen, wenn sich visuelle Kommunikation ereignen soll. Das Sichereignen visueller Kommunikation setzt das Sichereignen von Praxis voraus.

Eine Soziologie visueller Kommunikation braucht dementsprechend einen weiten Praxisbegriff, der die verschiedensten Handlungen und Kommunikationen einzuschließen vermag.[13] Nur dann kann sie Praxis als ein Medium der Anpassung visueller Kommunikationen an variierende „äußere Umgebungen" konzipieren. Einen auf diesen Bedarf eingestellten Begriff bietet Luhmann in einem frühen Aufsatz „Die Praxis der Theorie" (1969), aus dem sich

---

[12]Selbst Rezipient*innen massenmedialer Formate sind „produktive Zuschauer" (Winter 1995).
[13]Zu spezifisch-eingeschränkten Praxisbegriffen in der Auseinandersetzung mit bestimmten Aspekten visueller Gestaltung vgl. z. B. Burri (2008b) und Schindler (2012).

6.4 Praxis als Umgebung

Schlussfolgerungen für die Bedeutung von Akteurinnen bzw. Akteuren für die Praxis ziehen lassen, die sich deutlich von den Perspektiven seiner „Theorie sozialer Systeme" (1984) unterscheiden. Praxis ist für Luhmann (1969) der Vorgang des Auswählens, Entscheidens oder In-Beziehung-Setzens als solcher. Entsprechend ist sie den verschiedensten sozialen Situationen und Kommunikationen verschiedenster Themenzusammenhänge unausweichlich immanent – und zwar als selektives Geschehen jeweils Beteiligter:

> Grundproblem aller Praxis – im täglichen Handeln wie bei der Arbeit an Theorien – ist aber das Problem der Komplexität: dass es mehr Möglichkeiten gibt, als Berücksichtigung finden können. Dieses Problem ist für Theoriebildung und für anderes Handeln letztlich dasselbe. Es verbindet die Situation des Theoretikers mit derjenigen dessen, der Theorien anwenden möchte oder sollte. Es muss daher auch die Basis einer Verständigung zwischen ihnen sein (Luhmann 1969, S. 132).

Praxis ist demnach eine Reduktion von Komplexität, die mit der Notwendigeit der Wahl von Gesichtspunkten durch Individuen einhergeht. Diese schränken entlang von Kriterien ihr Tun und Lassen in variierender, situationsbezogen je spezifischer Weise ein und eben hierin manifestiert sich Praxis. Daraus folgt unter anderem, dass sich auch wissenschaftliche Erkenntnisproduktion als Praxis vollzieht.[14]

Übersieht man das allgemeine Bezugsproblem von Praxis – Komplexität – gelangt man zu Theorien (von Praxis), die als „urteilsfreudig" (Luhmann 1969, S. 133) charakterisiert werden können, aber ihrem Gegenstand nicht gerecht werden. Denn das Wählen von Gesichtspunkten erfolgt im offenen Horizont sozialer Konstellationen, mit denen Akteurinnen bzw. Akteure konfrontiert sind. Soziologische Vorannahmen zum prozessualen Geschehen führen daher nicht zu einer adäquaten Theorie der Praxis visueller Kommunikation, sondern betonen allenfalls einige kontingente Dimensionen.

Von grundlegender Bedeutung für eine Praxeologie visueller Kommunikation ist demgegenüber der Sachverhalt, dass mit der Notwendigkeit der Komplexitätsreduktion die Faktizität der Wahl von Gesichtspunkten durch Individuen einhergeht – seien dies habituell oder durch Machtbalancen auf Feldern geprägte Gesichtspunkte im Sinne Bourdieus oder solche, die anderen sozialen Strukturen zugeordnet werden können. Dies gilt für die Konstitution visueller

---

[14]Luhmanns Überlegungen stimmen diesbezüglich mit epistemologischen und wissenschaftstheoretischen Praxistheorien überein (zu letzteren mit Literaturhinweisen Reckwitz 2003, S. 292).

Kommunikation ganz allgemein – denn der Unterscheidungszusammenhang von Information, Mitteilung und Verstehen setzt eine Selektivität von Beobachtenden im Umgang mit visuellen Formen in unterschiedlichsten Themenzusammenhängen voraus, und zwar bei der Praxis des Gestaltens ebenso wie bei der Rezeption dessen, was bereits als Gestalt vorliegt. Wenn John Searl betont, dass sich die Verknüpfung visueller Wahrnehmungen mit verstehenden Deutungen vor dem breiten Horizont sozialen Sinns ereignet – „all seeing is seeing as and all seeing is seeing that" (Searle 2015, S. 110) – betont er Praxis in eben diesem (weiten) Sinne, der den hier skizzierten theoretischen Erfordernissen entspricht.

Luhmanns Praxisbegriff ist also besonders geeignet, weil er zum einen die Faktizität der Selektivität des Handelns und Kommunizierens durch situativ lokalisierbare Akteurinnen bzw. Akteuren reflektiert und zum anderen von einer maximalen Variabilität von Gesichtspunkten ausgeht, die Handeln zu orientieren vermögen. Da Luhmann seine Überlegungen jedoch nicht in den breiteren Kontext praxistheoretischer Fragestellungen einordnet, soll eben dies im Folgenden kursorisch in Bezug auf einige wichtige Aspekte geschehen.

6.4.1 Praxis als Grundelement des Sozialen

Für die Sozialtheorie ist der Praxisbegriff von grundlegender Bedeutung, weil er eine Erklärung für die Frage anbietet, wie soziale Ordnungen über Raum und Zeit hinweg reproduziert werden können. Während Luhmann diese Frage mit der Faszinationskraft von Medium/Form-Unterscheidungen und anderen strukturellen Orientierungsleistungen erklärt (z. B. den sogenannten „symbolisch generalisierten Kommunikationsmedien"), findet die Praxeologie eine Antwort darin, dass „‚Handlungen' weniger als diskrete, punktuelle und individuelle Exemplare", sondern als „sozial geteilte und durch ein implizites, methodisches und interpretatives Wissen zusammengehaltene Praktik" vorkommen (Reckwitz 2003, S. 289). Vorausgesetzt ist dabei ein (u. a.) organisch verankertes Gedächtnis, das Vergangenes über den Mechanismus von Erinnern und Vergessen mit Gegenwärtigem verknüpft. Kollektivierte Praktiken im Sinne eines typisierten und sozial ‚verstehbaren' „Bündels von Aktivitäten" bilden in praxeologischer Perspektive eine „emergente Ebene des Sozialen" (Reckwitz 2003, S. 289), die an der Reproduktion von Strukturen beteiligt ist wie sie selbst strukturelle Sachverhalte generiert.

6.4.2 Situative Praxis der Struktur

Mikrosoziologische Perspektiven weisen zu Recht darauf hin, dass sich soziale Strukturen als typisierte Sinnordnungen in der Praxis nicht als solche darstellen oder reproduzieren lassen. Praxis als situatives Wählen von Gesichtspunkten tritt immer als eine singuläre Gestalt in Erscheinung, die Strukturen in bestimmter Weise ausprägt. Goffman verwendet diesbezüglich die Unterscheidung von „Rahmen" und „Rahmung". Während der Rahmen eine idealtypische Konstruktion dessen ist, was sich in einer Situation ereignet bzw. sich ereignen könnte, bezeichnet der Begriff der Rahmung das empirisch vorliegende Einzelfallgeschehen, das in der Praxis des Handelns und Kommunizierens den Rahmen in je spezifischer Weise zur Erscheinung bringt (vgl. Goffman 1977 [1974], S. 31 ff.).

Eine Soziologie, die darauf abzielt, visuelle Gestaltungen in den Beziehungen zu verschiedenen strukturellen Umgebungen zu untersuchen, muss den hier gemeinten Zusammenhang freilich über den Geltungsbereich spezifischer Sinnstrukturen wie Rahmen hinaus generalisieren. Zu diesem Zweck kann sie die traditionsreiche Erkenntnis, dass sich Schemata (Regeln) nicht schematisch anwenden lassen (vgl. Luhmann 1996, S. 193 f.), für die Relationen von Struktur und Praxis in Rechnung stellen. Sie geht dann davon aus, dass strukturelle Umgebungen wie räumliche Settings, ‚gepflegte Semantiken', ‚feeling rules' oder auch funktional spezifizierte Gesellschaftsbereiche wie die Kunst oder die Politik insofern vergleichbar sind, als sie je spezifische Einschränkungsbedingungen für Praxis implizieren, aber damit die Realisierungsformen sich faktisch ereignender Praxis nicht festlegen, sondern nur strukturieren. Neben und mit der Singularität raumzeitlicher Konstellationen bedingen die stets individualisierten Kognitionen und Wissensbestände, dass Strukturen in der Praxis als spezifische Modulationen in Erscheinung treten.

6.4.3 Implizität und Explizität

Geeignet ist der Luhmannsche Praxis-Begriff für eine Soziologie visueller Kommunikation auch deshalb, weil er sich neutral verhält zu der Frage, ob und inwieweit die jeweils gewählten Gesichtspunkte vorbewusst oder bewusst-reflexiv das Tun und Lassen von Menschen bedingen. Er vermag das von Bourdieu fokussierte inkorporierte, habituelle Können und Wissen ebenso zu umfassen wie etwa die von Hartmut Esser in den Mittelpunkt gestellten Handlungsorientierungen, zu denen neben und mit der Logik der Situation und der sozialen

Kontexte individuelle Intentionen oder normative Erwartungen unterschiedlicher Kollektive gehören.[15] Die Notwendigkeit der Integration unterschiedlicher (Selbst-)Reflexionsniveaus von Praxis ist im Blick auf die Mannigfaltigkeit der zu beschreibenden Artefakte und deren sozialen Beziehungen evident: Sowohl bei der Herstellung als auch in der Rezeption verschiedenster Gestaltungen kommt inkorporiertes ebenso wie reflexives, den Individuen selbst bewusstes, Wissen und Können zum Einsatz.

Letzteres ist umso wichtiger, als visuelle Gestaltungen in einem thematisch höchst variantenreichen Spektrum sinnverstehend in verschiedene soziale Kontexte eingeordnet werden. Die Identifizierung von Gestaltungen als u. a. Büroeinrichtung, Kunst, Werbung oder Spielgerät erfolgt in der Regel (auch) reflexiv und nimmt als reflexive Praxis maßgeblich Einfluss auf die Form und deren Interpretation. Trotz der legitimen Betonung der Bedeutung inkorporierten Wissens und dazugehörender Performanzen darf also nicht übersehen werden, dass Praxis eben auch bedeutet, Kommunikation entlang von Kognitionen bewusst sinnverstehend zu strukturellen Umgebungen in Beziehung zu setzen. Wenngleich Wissen als ein praktisches Können in der Tat missverstanden wäre, „wenn man es ausschließlich als ein System expliziter kognitiver Regeln begriffe" (Reckwitz 2003, S. 90), wäre es ebenso falsch, Reflexivität aus der Sphäre der Praxis auszuschließen. Im Blick auf die faktisch gegebene Komplexität dessen, was sich in „doings and sayings" (vgl. Schatzki 1996, S. 133 ff.) ereignet, müssen notwendigerweise die verschiedensten Kriterien, die Individuen ihrem Handeln zugrunde legen, als Praxis gefasst werden, und zwar gänzlich unabhängig davon, ob sie implizit, vorbewusst-habituell oder explizit und bewusst-reflexiv zum Einsatz kommen.

6.4.4 Individualität und Kollektivität

Luhmanns Konzept schweigt sich zu der Frage nach der Einbettung von Praxis in soziale Beziehungen aus. Diese Leerstelle ist umso diskussionsbedürftiger, als dass das von ihm gewählte Beispiel der Theoriebildung latent den Eindruck erweckt, Praxis basiere auf individuellem Entscheidungsverhalten. Diesen Eindruck gilt es im Blick auf die empirisch vorliegende Varianz von Praxisformen und deren Beziehungsgeflechte zu korrigieren. Die vom methodischen Individualismus in den Mittelpunkt gestellte rationale Wahl individueller

---

[15]Vgl. in Bezug auf die oben genannten Dimensionen die Kap. 8 („Logik der subjektiven Vernunft"), 11 („Kontext des Handelns") und 12 („Soziale Klassen") in Esser (1999).

6.4 Praxis als Umgebung

Akteurinnen und Akteure ist in jedem Fall nur eine Praxisdimension unter anderen. Fraglos sind individuelle Motivlagen und Interessen, individuelle Zwecke und Ziele wichtige Bedingungen des (visuellen) Kommunizierens. Ebenso deutlich ist aber eine darüber hinausgehende Sozialorientierung des Gestalteten.

Fragt man nach dem Grund der Orientierung von Praxis an überindividuellen Interessen, bietet der Begriff der „Figuration", den Norbert Elias in den Mittelpunkt seiner Sozialtheorie stellt, eine wichtige Erklärung (vgl. Elias 1983, S. 21). Beziehungen sind für Elias prinzipiell als wechselseitige Abhängigkeitsverhältnisse gedacht, als „Interdependenzbeziehungen", die sich in der Beteiligung Mehrerer zu Interdependenzgeflechten („Figurationen") verzweigen.[16] Dass sich Menschen als fleißige Erfüllungsgehilfen der Anpassung von visuellen Gestaltungen an soziale Umgebungen erweisen, liegt daher auf der Hand: Denn Artefakte sind stets in die Beziehungen zwischen Menschen verstrickt. Das Künstliche ist Prozessen sozialer Anpassung grundlegend also nicht nur ausgesetzt, weil Menschen mit Artefakten Spezifisches bezwecken, sondern weil Artefakte eingebunden sind in die Abhängigkeiten von Menschen zueinander.

Dies gilt für die verschiedensten materialen Grundlagen und Themen von Gestaltung: Eine korporale Darstellung ist kein Selbstzweck, sondern auf Publika bezogen; ein Möbel muss nicht nur Designer überzeugen, sondern auch diejenigen, die für dessen Besitz Geld ausgeben sollen; ein Film will nicht nur seinen Macherinnen, sondern auch denjenigen gefallen, die seiner Betrachtung Zeit widmen; ein Kunstwerk muss nicht nur von Künstlerinnen, sondern auch von Kuratoren, Galeristinnen und Käufern als Kunst verstanden werden, wenn es einen Platz im Museum, einer Galerie oder einer Sammlung finden soll usw. Und nicht wenige visuelle Unterhaltungs-Kommunikationen ereignen sich im Spannungsgefüge individueller und kollektiver Identität, in dem um Anerkennung, Zugehörigkeit und Distinktion gerungen wird (vgl. Abschn. 7.7).

Entsprechend schwinden die Freiheitsgrade der bloß individuell motivierten Gestaltung von Artefakten entlang individueller Präferenzen und Zielsetzungen in dem Maße, in dem die jeweils Beteiligten auf die Akzeptanz der Kommunikation durch andere angewiesen sind. Schon deshalb, aufgrund der notwendigen Orientierung des Menschen an seinesgleichen, greifen die Anforderungslagen der verschiedenen, ausdifferenzierten sozialen Wirklichkeiten von der Ebene der Interaktion bis hin zum Bereich gesellschaftlicher Funktionssysteme. Neben und mit den spezifischen ‚Spielregeln' historisch entwickelter Sinnstrukturen fungieren also

---

[16]Siehe Elias (2004b, insb. S. 11 f. und S. 139–145).

die Interdependenzverhältnisse zwischen Individuen als ‚Motor' der Anpassung von Artefakten an die sozialen Umgebungen der Gesellschaft. Figurationen sind so gesehen – vergleichbar mit Wissen (vgl. Abschn. 7.6) – eine Art Meta-Umgebung, eine omnipräsente Randbedingung der Gestaltung des Künstlichen, die quer steht zu den Selektionslogiken themenspezifischer Umgebungen, mit denen ich mich noch ausführlicher beschäftige (Kap. 7).

An Überzeugungskraft gewinnt das figurationstheoretische Argument umso mehr, wenn man bedenkt, dass mit den Abhängigkeitsverhältnissen oftmals asymmetrische Machtverhältnisse einhergehen, die die Machtunterlegenen in besonderem Maße dazu zwingen, sozial konstruierte Wirklichkeiten verstehend, handelnd und kommunizierend zu berücksichtigen, während die relativ Mächtigen und Herrschenden ihrerseits nicht gänzlich autonom, sondern ebenfalls auf das Wohlwollen anderer angewiesen sind. In Anbetracht dessen kann man – vor jeder historischen Auseinandersetzung mit verschiedenen Folgeerscheinungen von Figurationen wie etwa dem von Elias so genannten „Zivilisationsprozess" (1997 [1939]) – von einem allgemeinen Druck zur Orientierung am Sozialen sprechen. Oder, in Bezug auf Theorien rationaler Wahl formuliert: Die Berücksichtigung der Motive konkreter Anderer in verschiedenen strukturellen Umgebungen (Organisationen, Institutionen, gepflegten Semantiken, Funktionssysteme u. a.) ist für den Handelnden insofern rational, als er nur so die (Selbst-) Exklusion aus sozialen Beziehungen und Ordnungen verhindern und die Wahrscheinlichkeit seines Erfolgs steigern kann. Die figurationstheoretische Betonung von Interdependenzen passt zu einer Praxeologie, die die Verflechtungszusammenhänge von Praktiken betont und dementsprechend von „Konglomeraten von Praktiken" spricht (Reckwitz 2003, S. 295).

6.4.5 Sozialisation und Praxis

Die Antwort auf die wichtige Frage, wie Individuen ihr praktisches Wissen und Können erlangen, führt notwendigerweise zum Thema Sozialisation. Sozialisationstheoretische Problemstellungen, wie z. B. das Ineinandergreifen von Selbst- und Fremd-Sozialisation, die Differenzierung von Sozialisationsinstanzen oder die Relevanzabstufungen zwischen primärer und sekundärer Sozialisation, sind an dieser Stelle nicht von Belang. Hier ist zunächst entscheidend, dass ein Konzept, das die verschiedensten Ausprägungen visueller Kommunikationen erfassen will, überhaupt ein adäquates Verständnis der *Sozialisation* von Praxis benötigt.

6.4 Praxis als Umgebung

Praxeologische Konzepte, wie etwa dasjenige von Pierre Bourdieu, können diesem Anspruch nicht genügen, da sie den Begriff der Praxis auf *spezifische* Beziehungen zwischen *bestimmten* Lebensverhältnissen einerseits und bestimmten Persönlichkeitsstrukturen von Individuen andererseits verengen. Zwar legt Bourdieu seine *Theorie der Praxis* (1976) als eine „Praxeologie" im breiten Sinne einer „Erkenntnisweise" an, die auf die „dialektischen Beziehungen" zwischen den „objektiven Strukturen und den strukturierten Dispositionen" der Menschen abzielt, „die diese zu aktualisieren und reproduzieren trachten" (1976, S. 147). Auch die Definition des Habitus als ein „System verinnerlichter Strukturen, als Schemata der Wahrnehmung, des Denkens und Handelns" (ebd., S. 188) scheint den breiten Horizont von Sozialisationsbedingungen zu umfassen. Die einzelnen Studien zeigen jedoch sehr deutlich, dass Bourdieu die Subjektgenese und den dazugehörigen Habitus von den *klassenspezifischen* Lebensverhältnissen, d. h. den Ungleichverteilungen der „Kapitalsorten" (ökonomisches, kulturelles und soziales Kapital) und den damit in Verbindung stehenden Machtverhältnissen auf unterschiedlichen sozialen Feldern geprägt sieht und sich auf die Beschreibung hierzu gehörender Praxisformen beschränkt. Bezogen auf das Verständnis visueller Gestaltung wird das z. B. deutlich in seiner Studie über die Fotografie (Bourdieu u. a. 1983), die „*die* sozialen Gebrauchsweisen" der Fotografie erklären will, faktisch aber nur ein sehr schmales Segment von Nutzungsformen beschreibt, denen bereits im 19. Jahrhundert – also bereits sehr lange vor dem von ihm gewählten Untersuchungszeitraum – eine Vielzahl anderer sozialer Gebrauchsweisen zur Seite steht.[17]

Eine Soziologie visueller Kommunikation, die das Gestaltete in der Komplexität unterschiedlicher Sozialbezüge analysieren will, kommt hingegen nicht umhin, den Zusammenhang von Praxis und Sozialisation weit zu denken. Sie muss davon ausgehen, dass Menschen neben und mit ihrem milieuspezifischen Habitus qua Sozialisation ein praktisches Können und Wissen in Bezug auf die *verschiedensten* sozialen Konstruktionen erlangen und ihnen dieses Wissen und Können in der Praxis visueller Kommunikation implizit und/oder explizit zur Verfügung steht. Dass individuelle Sozialisationsprozesse stets verschiedenen Einschränkungsbedingungen unterliegen, es dementsprechend keine ‚Vollsozialisation' in die Gesellschaft geben kann, ist damit selbstverständlich nicht bestritten. Bestritten ist auch keineswegs, dass sich aufgrund unterschiedlicher Sozialisationskontexte das praktische Können und Wissen zwischen Individuen deutlich unterscheidet und die habituellen Prägungen im Sinne Bourdieus eine

---

[17] Vgl. hierzu Kautt (2008, S. 75–96).

durchaus bedeutende Rolle spielen. Aber nur dann, wenn man annimmt, dass das sozialisierte Wissen und Können durch die verschiedensten sozialen Sachverhalte bedingt ist und sich keineswegs auf die inkorporierte Praxis im Bourdieuschen Sinne beschränkt, wird verständlich, dass sich visuelle Kommunikation in der Komplexität von Sozialbezügen reproduziert, von der bereits einfache Artefakte künden.[18]

Zu betonen ist an dieser Stelle nicht zuletzt, dass Luhmanns Praxis-Begriff um die Komponente je individueller Sozialisation – im besagten weitesten Sinne – als *immanente* Dimension von Praxis zu ergänzen ist. Es sind stets konkrete individuelle Menschen aus Fleisch und Blut, die nach komplexitätsreduzierenden Gesichtspunkten Ausschau halten und entscheiden, welche Gesichtspunkte zum Tragen kommen oder nicht. Wenngleich Entscheidungen mehr oder weniger reflexiv, mehr oder weniger in Beziehungsgefügen gefällt werden, sind sie doch auch auf Individuen zurechenbar. Das gilt auch für die Praxis der Kommunikation, mithin den Zusammenhang der Selektionsprozesse Information, Mitteilung und Verstehen. Und es gilt weiterhin für die „Praxis der Theorie" (Luhmann 1969). Man stelle sich nur die Arbeit mit Zettelkästen vor. Diese Kästen – auch der von Luhmann erarbeitete – generieren Texte nicht von selbst. Luhmanns ausführliche Beschreibung des Zettelkastens als „Kommunikationspartner" (Luhmann 1981) lenkt von einem wichtigen Sachverhalt ab – nämlich davon, dass dem Zettelkasten nicht ein weiterer Zettelkasten, sondern ein Mensch als „Kommunikationspartner" zur Seite stehen muss, wenn sich Sinnhaftes ereignen soll. Nur in der Beteiligung stets *individuell* vorliegender Bewußtseine und nicht schon in der papierförmigen (oder elektronischen) Verweisungsstruktur des Zettelkastens in Kombination mit Bewußtsein im Allgemeinen, können Gesichtspunkte gewählt werden, nur dann bildet sich ein auf Sinn bezogenes „System des Geistes" (Bateson), in dem Informationen zirkulieren.

Und weil die kognitiven Fähigkeiten von (sozialisierten) Menschen Praxis sowohl offen halten (verschiedenste Gesichtspunkte können in Betracht gezogen werden) als auch handlungs- und kommunikationsbezogen schließen (Gesichtspunkte werden gewählt, Entscheidungen getroffen), kann Praxis als ein Prozess der Komplexitätsreduktion verstanden werden, in dem z. B. individuelle Interessen, visuelle Kommunikationen und soziale Umgebungen in Beziehung gesetzt werden.

---

[18]Die Erkenntnis, dass das in Sozialisationsprozessen erworbene (kulturspezifische) Weltverständnis auch sogenannte Schlüsselbilder (vgl. Ludes 2001) oder (visuelle) Stereotype (vgl. Lobinger 2008) bedingt, erfordert ebenfalls einen entsprechend weit eingestellten Praxis-Begriff.

Habitate visueller Kommunikation 7

Folgt man der Annahme, dass die Formen visueller Kommunikationen neben und mit akteursbezogener Praxis maßgeblich auf die Anforderungen sozialer Umgebungen zurückgehen, liegt die Relevanz der näheren Beschreibung struktureller ‚Lebensräume' des Gestalteten auf der Hand. Die Metapher des Lebensraums bzw. Habitats betont die skizzierte These, dass Artefakte, Organismen vergleichbar, auf Umwelteigenschaften eingestellt sind, wenngleich sich diese Beziehungen im Unterschied zu Lebewesen nicht durch Eigenaktivitäten, sondern vermittelt durch menschliches Zutun ergeben.

Zu klären ist im Folgenden zum einen, aus welchen Gründen bestimmte Umgebungen in besonderem Maße als formgebende Habitate des Gestalteten wirken. Entlang der Identifizierung soziologischer Argumente zeigt sich, dass und inwiefern soziale Strukturen sichtbare Erscheinungsformen häufig bedingen. So entsteht eine – freilich weiter zu entwickelnde – Typologie der Habitate, die methodologische wie methodische Fragestellungen informiert und für empirische Fallanalysen genutzt werden kann. Zum anderen und damit zusammenhängend dient die konzeptuelle Beschreibung von Strukturen der typisierenden Abgrenzung einzelner Umgebungen.

Dies geschieht im Wissen darum, dass strukturelle Kontexte, wie die im Folgenden thematisierten, lebenswirklich mannigfaltig verknüpft sind und mitnichten als abgegrenzte Umgebungen bestehen. Um nur einige von vielen Kombinationsmöglichkeiten herauszugreifen: Situative Rahmungen, Gender-Vorstellungen oder Materialitätssemantiken spielen mit Macht-Asymmetrien und kulturellen Unterschieden

© Springer Fachmedien Wiesbaden GmbH, ein Teil von Springer Nature 2019
Y. Kautt, *Soziologie Visueller Kommunikation*,
https://doi.org/10.1007/978-3-658-22235-2_7

zusammen.[1] Und eben diese Verknüpfungen können wiederum in kommunikativen Gattungen wie der Werbung, der Kunst oder der Unterhaltung zum Tragen kommen. Zugleich gilt aber auch, dass den skizzierten Habitaten eine Eigenwertigkeit zukommt, die sich nicht durch die Wechselbeziehungen zu anderen strukturellen Umgebungen, sondern durch eine Themenorientierung und einen spezifischen Problembezug ergibt. Um beim Beispiel zu bleiben: Rahmen sind grundlegend auf die Notwendigkeit eingestellt, Menschen ein Wissen bezüglich der Situationsdefinition zu vermitteln; Gender-Konstruktionen transformieren körperliche Differenzierungen zu sozialen Ordnungen; Materialitätssemantiken basieren auf körperlichen Wahrnehmungen von Stofflichkeiten und dazugehörigen Darstellungspotenzialen und -problemen; kommunikative Gattungen wie die Werbung, der Journalismus oder die Kunst bringen Strukturen wie die genannten (Gender, Rahmen, Materialitäten) mit jeweils unterschiedlichen Mitteilungsabsichten in eine für sie typische Form.

Richtet man den Blick auf empirisch vorliegende Fälle, stellen sich die objektbezogenen Umgebungen in singulären Zusammenstellungen dar: Indem Artefakte durch ihre je spezifischen Eigenschaften nur zu spezifischen Umgebungen und Aspekten derselben in Beziehung stehen, adressiert das Künstliche fallbezogen unterschiedliche Arrangements sozialer Umgebungen. Unter der ‚Umgebung eines Artefaktes' ist dementsprechend das jeweilige sozialökologische Gefüge von Dingen und sozialen Umgebungen zu verstehen.

7.1 Raumzeitliche Konstellation

Jede (!) Gestaltung, jede visuelle Kommunikation vollzieht sich in einer raumzeitlichen Konstellation. Indiz hierfür ist unter anderem, dass Gestaltungen das visuelle Wahrnehmungsfeld eines Beobachtenden nicht in einem umfassenden

---

[1]Sogar mediale Substrate visueller Kommunikation können von Formen institutionalisierter Macht bedingt sein: So wurde in der DDR das ressourcenschonende Gestaltungsprinzip der „endlosen Nutzung" verfolgt, zu dem u. a. „Superfestgläser" gehörten, die in den 1980er Jahren in Massenproduktion gingen. Da vergleichbare politische Vorgaben in der ‚freien Marktwirtschaft' bekanntlich weitgehend fehlen, verschwanden die Produkte nach der sogenannten Wende von 1989 vom Markt (vgl. Günter Höhne im Interview mit der Süddeutschen Zeitung 29.09.2015).

7.1 Raumzeitliche Konstellation

Sinne auf unbegrenzte Dauer einnehmen können. Sie werden zwangsläufig als örtlich und ggf. zeitlich begrenzt sichtbar und reflektierbar.[2] Daraus folgt, dass die Bedeutung einer Darstellung unter anderem *auf der Einheit der Unterscheidung zwischen der Darstellung und der sichtbaren Darstellungsumgebung* basiert. Eben dieser Sachverhalt kann von visuellen Kommunikationen in Anspruch genommen werden. Schon der Bilderrahmen lädt nicht nur dazu ein, die jeweilige Binnenstruktur einer Darstellung zu erschließen, er ist auch eine Aufforderung, das ‚Außerhalb' der Darstellung zu berücksichtigen und von dort aus hermeneutische Schlüsse zu ziehen. Auf jeden Fall provoziert der Bruch zwischen Darstellung und Umgebung die Frage nach dem Vorhandensein eines Zusammenhangs der beiden Seiten und ggf. die Frage nach dessen genauerer Bestimmung. Die dazugehörige Praxis bleibt oftmals latent, weil entsprechende Zuordnungen äußerst schnell und ohne größere kognitive Anstrengungen vorgenommen werden können. Zudem ist in nicht wenigen alltäglichen Fällen ein sinnhaftes Passungsverhältnis zu benachbarten Gestaltungen gegeben: Wer Zug fährt, wird das spezifische Design der Sitze kaum als bedeutend wahrnehmen, weil es sich mimetisch in den weiteren Gestaltungszusammenhang und dessen Funktion einfügt. Steht ein solcher Sitz aber in einem Wohnzimmer oder einem Büro, verhält sich die Zeichenhaftigkeit anders – sie kann dann z. B. die mit Zugfahren assoziierten Eigenschaften (Geschwindigkeit, Reiseerlebnisse u. a.) symbolisieren. Ein Automobil der „Premiumklasse" mag auf dem Parkplatz einer Wohngegend unterer Einkommensklassen neben kostengünstigen ‚Volkswagen' als offensives Statussymbol erscheinen, während es in einer Umgebung „feiner Leute" (z. B. Wohngegenden im Hochpreissegment) als gewöhnliches Fortbewegungsmittel oder gar als Ausdruck von Bescheidenheit und Understatement gewertet werden kann. Und es macht einen Unterschied,

---

[2]Eine der wenigen Ausnahmen hiervon ist die gewaltsame Inhaftierung von Personen: Gefängnisinsassen etwa können die Darstellungsgrenzen des Machthabers dauerhaft nicht überschreiten, sondern bestenfalls die Innenseite der Form durch einzelne Elemente (z. B. durch private Gegenstände in der Gefängniszelle) individualisieren. Wenn der chinesische Künstler Ai Weiwei einen Gefängnisraum als Kunstwerk rekonstruiert, in dem er selbst inhaftiert war (2013), handelt es sich daher um eine doppelte Re-Asymmetrisierung von Beobachtungsverhältnissen: Ai Weiwei macht nicht nur einen zuvor für andere nicht einsehbaren Raum sichtbar und lenkt so den Blick der Weltöffentlichkeit auf den Skandal seiner Festnahme. Das Zeigen der Zelle in einem Umraum (des Museums) macht zugleich deutlich, dass Ai Weiwei dem Setting entronnen ist und die Macht und die Kontrolle über das Arrangement der Sichtbarkeiten als Zusammenhang von Innen *und* Außen zurückerobert hat.

ob man das Foto eines hungernden Kindes in einem Museum, dem Büro einer Non-Profit-Organisation oder in einer Illustrierten zwischen Werbung und Modebeiträgen sieht. Was in dem einen Fall als sozialdokumentarische Fotografie mit gesellschaftskritischem Anspruch zu überzeugen vermag, kann im anderen Fall als zynische Schaulust erscheinen.

Beispiele wie diese deuten an, dass die Medien Raum und Zeit auch daher relevante Bedeutungs-Generatoren sind, weil in ihnen objektivierte Sinnhaftigkeiten immer schon platziert sind, sodass Menschen potenziell mannigfaltige Beziehungen zwischen den Objekten herzustellen vermögen. Kontroversen um architektonisch-städtebauliche Gestaltungsprozesse – vom Einfamilienhaus über das Denkmal bis hin zu den Debatten um den Wiederaufbau historischer Bauwerke – machen dies deutlich. Sie entzünden sich auch an der Frage, ob die jeweiligen Darstellungsvorschläge die ‚passenden' für den jeweiligen Ort und für die jeweilige Zeit sind, wobei sich das Kriterium der Passung auf raumzeitlich schon bestehende Formen bezieht – z. B. auf eine Landschaft, die als Bebauungsgebiet ausgewiesen werden soll oder auf einen städtischen Platz, der die Umgebung eines Denkmals bestimmt.

Der Hinweis auf die grundlegende Praxis des Relationierens von Darstellung und Darstellungsumgebung ist umso wichtiger, als in den Lebenswirklichkeiten des Alltags ein dichtes Gedränge von Gestaltungen, Darstellungen und Inszenierungen im jeweiligen Wahrnehmungsfeld gewöhnlich ist. Man kann von einer Mikro-Ökologie des Visuellen sprechen, die sich im Unterschied zur Sprache nicht auf feststehende Verknüpfungsregeln der Elemente, wohl aber auf nicht beliebige Bedeutungen einzelner Darstellungen stützen kann, die in raumzeitlichen Beziehungsgeflechten zu komplexeren Sinnformen emergieren. Raumzeitliche Konstellationen fungieren als Bedingung und Struktur fortlaufender *Kontextierungen,* wobei der Kontext das Gespinst derjenigen Beziehungsgefüge ist, die Beobachtende herstellen. Klaus Sachs-Hombach und Jörg Schirra stellen zum Begriff des Kontextes in diesem Sinne fest:

> Genau betrachtet kann es sich dabei nicht um einen einzelnen, quasi ausdehnungslosen (physikalischen) Zeitpunkt handeln, denn die Aufmerksamkeitsspanne der Wahrnehmung überdeckt stets mehr oder weniger ausgedehnte Zeitintervalle. Kontext kann man sich als zusammenhängende, mehr oder weniger ausgedehnte Raum-Zeit-Blasen um ein Wesen herum vorstellen: soweit die aktuelle Aufmerksamkeit jenes Lebewesens – sein ‚Merk-' und ‚Wirknetz' in den Worten Uexkülls – eben reicht (Sachs-Hombach/Schirra 2009, S. 416 f.).

7.2 Körper

Der Körper ist schon deshalb eine omnipräsente Umgebung visueller Kommunikation, weil jeder Mensch einen Körper hat, der Wahrnehmungen, Emotionen und Kognitionen ermöglicht und in spezifischer Weise strukturiert. Ohne die Beteiligung eines Körpers kann es keine visuelle Kommunikation geben. Das Zusammenwirken der organischen Strukturen des Sehsinns ist hierfür ein Beispiel: Es ermöglicht die Wahrnehmung eines bestimmten Lichtfarbenspektrums und prägt damit – wie andere leibliche Erfahrungen – maßgeblich unser Weltverständnis und Weltwissen.

Vom Körper als einer *sozialen* Umgebung visueller Kommunikation zu sprechen erfordert indessen soziologische Perspektiven. So ist der Körper als Sinnkörper von korporaler Materialität zu unterscheiden. Letztere prozessiert und entwickelt sich sozusagen autopoietisch und in gewisser Weise asozial. Sie unterläuft und fundiert zugleich sozialen Sinn und damit Kommunikation. Kein Zivilisierungsprozess hat und wird den Körper je ganz unterwerfen können; er bleibt eine Bedingung und Grenze des Sozialen, eine in dieser Hinsicht immer auch ‚ärgerliche Tatsache', eine Quelle von Unwillkürlichkeit, eine ‚sperrige' Realität. Bei allem, was die Kulturen und Epochen unterscheidet, Zeugung und Tod, Krankheit und Alter, Wachstum und Verfall, Rasse und Gestalt, Blutkreislauf, sexuelle Potenz oder Verdauung sind als Apriorität des Sinnkörpers höchstens marginal sozial tangierbar.[3]

Die Materialität des Körpers von seiner Sinnhaftigkeit zu unterscheiden, bedeutet natürlich nicht, die (In-)Korporalisierbarkeit von Sinn zu bestreiten. Als Sinnkörper ist der Körper einerseits Kognitionskörper, und zwar kognizierender und kognizierter Körper, und andererseits Performanzsubjekt. Auf der Interaktionsebene prozessiert und fungiert der Körper immer als Einheit dieser Differenz. Hier ist er permanent Subjekt und Objekt von Wahrnehmungen und Beobachtungen, die immer auch zu expressiven und kommunikativen Selbst- und Fremdkontrollen zwingen. Auf der Interaktionsebene verwandelt sich die Materialität des Körpers unmittelbar in Bedeutung und Information, und zwar je nach den Sinnstrukturen, die im jeweiligen (Selbst-)Kognitionsprozess wirksam werden. Prinzipiell unabhängig von dem, was man meint oder nicht meint, steuert

---

[3]Eine Übersicht zu theoretischen Perspektiven, empirisch-analytischen Gegenstandsbereichen und Methodologien und Methoden der Körpersoziologie geben die Beiträge in Gugutzer, Klein und Meuser (Hrsg. 2017).

oder nicht steuert, wird man als Körper für andere und sich selbst zum Gegenstand der Interpretation und Zuschreibung. Die „exzentrische Positionalität" (Plessner) des Menschen ist für diesen Zusammenhang konstitutiv: Zu ihr gehört die ‚Doppelexistenz' von „Leib-Sein" und „Körper-Haben" sowie ein reflexives Körper-Verhältnis, das sich auf physische Körper wie deren mediatisierte Kommunikation richtet: „Auch Plessner erkennt in der anthropologischen Disposition der exzentrischen Positionalität, des ‚Sich-von-sich-Unterscheidens' die grundsätzliche ‚Bildbedingtheit menschlichen Daseins'. Die Bildbedingtheit gestatte es dem Menschen – herausgehoben in der Rolle des Schauspielers, der eine ihm aufgetragene Figur verkörpert – zum Menschendarsteller zu werden, welcher immer schon auf einen ‚Bildentwurf' gerichtet handelt." (Raab 2008, S. 120).

Zu diesem Bildentwurf gehören Deutungsmuster, die aus dem Körper differenzielle Wirklichkeiten machen. Paul Watzlawicks u. a. berühmtes „Axiom", dass man „nicht nicht kommunizieren kann" (1990 [1969]), ist insofern zu modifizieren: Man kann der Interpretation wahrnehmender Anderer und dem ihr zugrunde liegenden (Spezial-)Sinn nicht entgehen. Dabei muss beachtet werden, dass der Prozess der Wahrnehmung selbst korporal gebunden ist. Wenn dieser sich auf einen lebendigen Mensch-Körper bezieht, bezieht er sich nie nur, aber immer auch auf einen Performanzkörper. Darunter kann der inkorporierte Sinn verstanden werden, der es ermöglicht, entsprechend sinnhaft wahrnehmenden Anderen durch Ausdruck etwas zu verstehen zu geben.

Unter modernen Bedingungen prozessiert der Körper natürlich nicht nur auf der Ebene direkter Interaktion. Er ist vielmehr auch und immer mehr *Thema* transinteraktioneller Kommunikationen, die ihn ‚analog' oder/und ‚digital' (z. B. schriftlich) nach den Regeln der ihnen jeweils zugrunde liegenden (Diskurs-)Ordnung ‚aufführen' – und zwar auch und gerade über visuelle Kommunikationen.

Der Performanzkörper trägt und produziert kodierte Zeichen, die auf Vorstellungen von der Seinsordnung verweisen. Auf der Interaktions- und Identitätsebene geht es um theorieanaloge Konstrukte, um Alltagstheorien, die Goffman (1977) „Kosmologien" nennt. Aus ihnen ergibt sich „ein Verstehen […] bezüglich der Gesamtheit der Kräfte und Wesen, die nach diesen Deutungsmustern in der Welt vorhanden sind" (Goffman 1977, S. 37). Die ihnen korrespondierenden (Sinn-)Verständnisse machen sich an der konkreten Materialität des Körpers fest, an den ‚kleinen Unterschieden' des Geschlechts, des Alters, der Rasse, der Gestalt, der Kraft, der Gesundheit usw. Sie werden im Rahmen der jeweiligen Kosmologie zu ‚sozialen Informationen' über die Wesenseigenschaften des

Individuums. Derartige Information ist „reflexiv und verkörpert; d. h. sie wird durch eben die Person, von der sie handelt, vermittelt, und sie wird vermittelt durch körperlichen Ausdruck in der unmittelbaren Gegenwart derer, die sie empfangen" (Goffman 1967, S. 58).

Wie im Falle der anderen Umgebungen kann es auch bezüglich des Körpers hier lediglich darum gehen, die prinzipielle Relevanz jenes strukturellen Kontextes zu verdeutlichen, um darauf aufmerksam zu machen, dass eben dieser empirisch-analytisch zu berücksichtigen ist, wenn die Soziologie eine umfängliche Aufklärung ihrer Gegenstände anstrebt. Mit eben dieser Zielrichtung fokussiere ich exemplarisch zwei – durchaus miteinander verknüpfte – Themenhorizonte, nämlich erstens die gestaltende Bezugnahme auf physische Begebenheiten und zweitens den Körper als sichtbaren, intersubjektiv verfügbaren ‚Träger' sozialer Zeichen.

7.2.1 Der Körper als Maßstab des Gestalteten

Physische Gegebenheiten sind unter verschiedenen Gesichtspunkten ein Bezugsrahmen sinnhafter (u. a. visueller) Gestaltung. Zum einen geht es um die (implizite oder explizite) Adressierung des Sachverhalts, dass die spezifischen körperlichen Wahrnehmungen des Menschen ein Fundament des Verstehens und Bewertens des Visuellen sind. Es macht einen Unterschied, ob Dinge glatt oder rau, bunt oder monochrom, hell oder dunkel sind – und eben diese Unterschiede können für die Gestaltung von Mitteilungen genutzt werden. Im Bereich des modischen Handelns ebenso wie beim Design von Hinweisschildern, Autos oder Möbeln ist z. B. bedeutsam, ob Artefakte chromatisch unauffällig oder mit Signalfarben gestaltet werden. Zum anderen fungiert der Körper als buchstäblicher Maßstab von Gestaltung, da die Größen menschlicher Körperpartien und deren Relationen notwendigerweise die Möglichkeiten der Nutzung gestalteter Objekte limitieren. Darüber hinaus sind es nicht nur Körpermaße, sondern auch das Spektrum seiner Beweglichkeit und seiner instrumentellen Handhabung, denen das Design verschiedenster Artefakte Rechnung tragen muss. Autos, Betten, Wohnräume, Toiletten, Bildschirme, Smartphones, Flugzeuge und vieles mehr: Die von Menschen genutzten Gegenstände beziehen sich in ihrer Form unverkennbar auf die Praktikabilität des menschlichen Körpers. Der designwissenschaftliche Begriff der „Ergonomie" indiziert diesen Fokus des Gestaltens, dessen Relevanz sich

u. a. im Scheitern an eben dieser Leitidee im alltäglichen Umgang mit Konsumprodukten erweist. Wichtig ist es dabei zu erkennen, dass die Maßstäblichkeit des biologischen Körpers im Reich der Gestaltung immer zugleich als *soziales* Konstruktionsprinzip wirksam wird – und eben deshalb für eine Soziologie visueller Kommunikation von Bedeutung ist. So kann Ergonomie bei der Herstellung überindividueller Güter (u. a. sämtliche Produkte des Massenkonsums) die Variabilität menschlicher Körper und deren Bewegungspotenziale nur bedingt berücksichtigen. Stattdessen muss sie generalisieren und typisieren, d. h. die soziale Frage beantworten, an welchen Nutzern sie sich wie und mit welchen Folgen orientiert. Auch Ergonomie ist ein Feld sozialer (Stereo-)Typisierung und Differenzierung, wie man z. B. an der Standardisierung von Produkten für Rechtshänder erkennen kann.

Aber auch, ja gerade dann, wenn der menschliche Körper vordergründig nicht als Maßstab dient, gibt der zweite Blick zu erkennen, dass das Physische des Körpers Anhaltspunkt sozialer Ordnung ist. So eint z. B. die Monumentalbauten frühester Hochkulturen mit der zeitgenössischen Herrschaftsarchitektur das Konzept, die ‚Größe' von Machthabenden (z. B. dem Staat) in der symbolisch forcierten Zurschaustellung der ‚Kleinheit' des Menschen vor Augen zu führen. Die biologische Form bildet also den Bezugsrahmen für zeichenhafte und symbolische Skalierungen der Gestaltungen verschiedensten Typs: Vergrößerungen ebenso wie Verkleinerungen und dazu gehörende Relationierungen sind ein wichtiges dramaturgisches Prinzip unserer gestalteten Umwelt.

Wenden wir uns aber nun der Frage zu, inwiefern der Körper eine wichtige und omnipräsente Umgebung visueller Kommunikation dadurch ist, dass er soziale Informationen zu vermitteln vermag und dementsprechend in der Gesellschaft ein breit differenziertes Repertoire von Körper-Zeichen und Körper-Semantiken besteht, die als solche (Semantiken) eine strukturelle Umgebung für einzelne Gestaltungen bilden.

7.2.2 Der Körper als Zeichenmedium

Als ‚Träger' von Zeichen ist der Körper zunächst auf der Ebene der lebensweltlichen Interaktion bedeutsam. Das Wissen, das auf dieser Ebene brauchbar und gebraucht wird, ist hauptsächlich implizit und organisiert in dieser Form Praxis und Bewusstsein. Es bildet auch eine sehr wichtige Rezeptionsbedingung und dramaturgische Ressource medial vermittelter Inszenierungen. Deren Produktion nutzt das korporale Zeichenrepertoire der lebensweltlichen Interaktionsordnung, um Vorstellungen darzustellen, verständlich und attraktiv zu machen. Einige wesentliche korporale Zeichentypen, die in Interaktionen wie in medialen Darstellungen

7.2 Körper

als Bezugsrahmen und Ressourcen der Inszenierung fungieren, seien im Folgenden im Anschluß an Willems/Kautt (2003, S. 33 ff.) angedeutet:

a) *Individualitätszeichen*
An diesem Zeichentyp hängt sich sozusagen die „persönliche Identität" (Goffman 1967) als soziale Erkennbarkeit des Individuums auf. Neben Aspekten des direkten Körperausdrucks sind alle körpervermittelten Aktivitäten, die einen (kontinuierlichen) Stil aufweisen, potenzielle Momente seiner „Basiskontinuität" (Goffman 1977, S. 316). Ein Beispiel dafür ist die Handschrift, ein anderes der persönliche Stil, eine Sportart auszuüben. Diese und andere Ausdrucksformen liegen auf einer eher impliziten Identitätsebene und sind insofern symptomatisch, als sie dem Körper entweder mehr oder weniger unabänderlich anhaften oder aus seinem habituellen Fungieren unwillkürlich hervorgehen.

b) *Deutungszeichen*
In der unmittelbaren Interaktion fungiert der Körper als Zentralorgan der ‚metakommunikativen' Verstehensanweisung. Er trägt und produziert in gewisser Weise systematische Deutungsinformation. Ohne diesen Informationstyp wären das Zustandekommen und der Erfolg interaktioneller Kommunikation unwahrscheinlich, denn die Bedeutung und die Konsequenz eines Verhaltens hängen davon ab, ob man es z. B. „als ernstgemeint, als sarkastisch, als Vermutung, als indirektes Zitat auffaßt, und in der persönlichen Kommunikation ergibt sich diese Deutungsinformation gewöhnlich aus außersprachlichen Hinweisen wie Tonfall oder Gesichtsausdruck" (Goffman 1981b, S. 17).[4] Diese Zeichen werden sowohl in der ‚kundgebenden' Handlung wie im Prozess der Verstehenskontrolle strukturierend wirksam – in face-to-face-Situationen ebenso wie in mediatisierten Kommunikationen (Bilder, Filme u. a.).[5]

c) *Ästhetische Prestigezeichen*
Der Körper wird als soziale Statusdimension eigener Art in einzelnen ‚Teilen' und in seiner Ganzheit (als Zeichenkonfiguration) bewertet und mehr oder weniger hoch ‚dotiert'. Man könnte von dem ‚attraktiven' Körper als einem Prestigekörper sprechen, der sich in seiner spezifischen Wertigkeit aus dem Verhältnis des

---

[4]Goffman spricht an dieser Stelle von „Ausdruckselementen" im Unterschied zu „semantischen Elementen".
[5]In der „ständigen Überprüfung der Vorstellung, die man sich von der Rolle des anderen macht" (Turner 1976, S. 118), sind die „Mikro-Ausdrücke" des Gesichtes am wichtigsten (vgl. Ekman 1989).

empirischen Körpers zu sozialen Normierungen und Idealisierungen ergibt. Die ästhetische Zeichenhaftigkeit des Körpers ist entsprechend Ziel von Investitionen.

d) *Normalitätszeichen und Stigmata*
Der Körper unterliegt auf zwei Ebenen Verständnissen von Normalität und Abweichung: Die physische Erscheinung wird aufgrund entsprechender (habitueller) Vorstellungen als normal oder anormal beurteilt. Bestimmte Abweichungen haben die Qualität von Zeichen, die als „Rahmenfallen" fungieren (Goffman 1977). Goffman beschreibt sie als Formen der Modulation:

> Nehmen wir als Ausgangspunkt z. B. körperliche und kulturelle Kommunikationshindernisse: Lispeln, Hasenscharte, Speichelfluß, Gesichts-Tics, Schielen, ‚niedere Sprache' und ähnliches. Ein Mangel auf diesem Gebiet wirkt sich auf der Ebene der Infrastruktur aus, er strukturiert alles um, indem jedes Wort und jeder Blick bei der unmittelbaren persönlichen Interaktion das Problem erneut entstehen läßt, gewissermaßen eine neue Sünde ausspeit. Der Atem eines solchen Verhaltens hat einen Geruch. Es ist das, was bei der Botschaft ‚Das ist Spiel' geschieht, nur daß jetzt derjenige, dessen Verhalten umdefiniert wird, die Transformation nicht gewollt hat (Goffman 1977, S. 528 f.).[6]

Allerdings besteht in puncto Körper keine fixierte Grenzziehung zwischen ‚Normalen' und Stigmatisierten. Goffman kommt zu dem allgemeinen Schluss, „daß ein Stigma nicht so sehr eine Reihe konkreter Individuen umfaßt, die in zwei Haufen, die Stigmatisierten und die Normalen, aufgeteilt werden können, als vielmehr einen durchgehenden sozialen Zwei-Rollen-Prozess, in dem jedes Individuum an beiden Rollen partizipiert, zumindest in einigen Zusammenhängen und in einigen Lebensphasen" (Goffman 1967, S. 169 f.). Abweichungen von „virtueler sozialer Identität" (Goffman 1967, S. 157), d. h. von gesollten und gewollten Identitätswerten, sind m. a. W. normal.

e) *Authentizitätszeichen*
Der (Zeichen-)Körper ist ein Medium nicht nur der Verstehensanweisung, sondern auch der interaktionellen Echtheitsprüfung. Deren ‚grammatisches' Prinzip ist der Eindruck der Unwillkürlichkeit: Je weniger ein Verhalten dem Willen

---

[6]Hinsichtlich der ‚Anormalität' des Körpers ist die Differenz von Visibilität und Invisibilität praktisch entscheidend (vgl. Goffman 1967, S. 64). Das Ob der Sichtbarkeit bzw. Verhüllbarkeit und der Grad der ‚Aufdringlichkeit' determinieren die Interaktions- und Identitätskonsequenzen des korporalen Stigmas, einschließlich entsprechender kosmologischer Attributionen, die auf einen bestimmten Verhaltenskodex festlegen (vgl. Goffman 1967, S. 133 ff.).

unterworfen zu sein scheint, desto mehr ist ‚man' geneigt, ihm Echtheit zu unterstellen und es als informatives Zeichen der Echtheit von Eindrücken in Betracht zu ziehen. Der Körper gilt in diesem Sinne als Schlüssel der Authentifizierung, als „eingebautes, unverfälschbares Anzeigeinstrument" (Goffman 1981b, S. 110), das verbal erhobene Geltungsansprüche gleichsam zu validieren erlaubt. Dieser Status des Körpers, insbesondere von Ausdrücken des Gesichtes, macht ihn natürlich auch zum strategisch einsetzbaren Glaubwürdigkeits-Generator für Geltungsansprüche.

f) *Identitätszeichen*
Für den sozialen Austausch in face-to-face-Interaktionen, in quasi-Interaktionen mediatisierter Kommunikation sowie im Rahmen parasozialer Interaktionen mit mediatisierten Darstellungen (Skulpturen, Bildern, Filmen, Computergrafiken u. a.) ist der Körper weiterhin von besonderer Bedeutung als ein Medium, das die (Nicht-)Zugehörigkeit zu verschiedenen kollektiven Identitäten anzeigt. Die Performanz des Körpers vermittelt zahlreiche Anhaltspunkte für die Zuordnung zu Gruppen etwa des Alters, des Geschlechts, der Klasse bzw. des Milieus, der Kultur (z. B. der Jugendsubkultur) oder der Szene. Abgesehen davon, dass sich auch diesbezüglich prinzipiell die Frage der Glaubwürdigkeit und Authentizität stellen lässt, manifestieren sich die Zeichen und Zeichenzusammenhänge im Spannungszusammenhang von vorgestellter idealtypischer kollektiver Identität einerseits und individuell vollzogener Gestaltung andererseits.

Diese knappe Darstellung zusammenfassend lässt sich hier notieren: Der Körper ist als physische Gegebenheit wie als Medium für Zeichen eine komplexe strukturelle Umgebung visueller Kommunikation. Die an ihn gebundenen Spielräume des Handelns sowie die (visuellen) Bedeutungsdimensionen und historisch entfalteten (Körper-)Semantiken sind ein wichtiger Bezugspunkt und eine wichtige Einschränkungsbedingung des Gestaltbaren. Die Relevanz dieser Umgebung zeigt sich dabei nicht nur im Körperbezug des Artifiziellen allgemein (z. B. der Ergonomie des Produktdesigns), sondern auch in mediatisierten Kommunikationen (Fotografien, Filme, computerisierte Medien), die den Körper in endlosen Variationen darstellen, inszenieren und stilisieren.

7.3 Materialität und Medialität

Dass jede visuelle Kommunikation ein mediales Substrat voraussetzt, wurde bereits thematisiert (vgl. Abschn. 4.1, 5.3). Ich will diesen Aspekt hier wieder aufgreifen, weil sich die Bedeutsamkeit des Materiellen nicht auf den Sachverhalt beschränkt, locker gekoppelte Elemente einer jeweiligen Stofflichkeit bereitzustellen. Materialitäten erscheinen in Darstellungen vielmehr als komplexe

Eigenschaftszusammenhänge. Dieser Sachverhalt ist besonders relevant, weil visuell formulierte Bedeutungen, etwa im Unterschied zu schriftlich verfassten, maßgeblich nicht aus arbiträr codierten, ‚digitalen' Zeichen, sondern aus subtileren Steuerungen von Wahrnehmungsunterschieden hervorgehen. Zu Übersichtszwecken lassen sich zwei, miteinander verknüpfte, Ebenen unterscheiden – nämlich der semantisch wirksame Körperbezug medialer Substrate einerseits und das (sichtbare) Spektrum ihrer jeweils möglichen Medium-Form-Kopplungen andererseits.

7.3.1 Materialität und Körper

Der gemeinte Zusammenhang von Materialität und Kommunikation tritt umso deutlicher hervor, wenn man, dem oben dargestellten Kommunikationsmodell der „Ökologie des Geistes" (Bateson) folgend, den Sachverhalt im Auge behält, dass Medium-Form-Relationen in komplexen Informationskreisläufen entstehen, zu denen u. a. die Wahrnehmungen des Körpers gehören. Eben dies ist eine wichtige Voraussetzung und strukturierende Bedingung der Ding-Bedeutsamkeit. Indem wir z. B. einen Stacheldraht buchstäblich ‚begriffen' haben, ordnen wir seiner Gestalt auch jenseits haptischer Wahrnehmungen bestimmte Eigenschaften zu, z. B. dann, wenn wir die Umzäunung einer Wiese oder eine bildliche Darstellung betrachten, die einen Stacheldraht zeigt. In der Sprache der Semiotik: Das ‚Funktionieren' des bildlichen Zeichens ‚Stacheldraht' im Sinne eines „Qualisings" ist an die Erfahrung eines Stacheldrahtes als ‚Echt-Objekt' gebunden. Nur in diesem Zusammenhang gewinnt die Aussage „ein ‚friedlicher' Stacheldraht widerspricht seiner Materialität" (König 2004, S. 64) an Plausibilität. Kulturell kodierte Zeichen bzw. Symbole wie z. B. die Inszenierungen der Dornenkrone auf dem Haupt von Jesus oder Draht-Zeichnungen auf politischen Protestplakaten speisen sich fraglos (auch) aus körperlichen Erfahrungen jenseits der Bildrezeption.

Dass sich der Zusammenhang von multisensorischer Wahrnehmung, Materialität und visuellem Sinn im Medium des Ästhetischen selbst reflektieren lässt, zeigen u. a. bestimmte Kunstwerke. Ein bekanntes Beispiel ist die Arbeit „Frühstück in Pelz" von Meret Oppenheim (1936). Sie verschränkt in der Gestalt des Kaffee-Geschirrs sehr unterschiedliche sinnliche Erfahrungen – das warm und weich wie struppig zugleich anmutende Tierfell kontrastiert mit der Assoziation keramischer Glattheit und Kühle, die wir mit der Grundform (Tasse) in Verbindung bringen. Wenn wir uns einen in Schafswolle gewirkten oder in Gummi gegossenen Stacheldraht vorstellen, kommen wir zu einem ähnlichen Ergebnis: Hier wie dort bringt die gleichsam paradoxe Kombination präsentierter und

7.3 Materialität und Medialität

imaginierter Stofflichkeiten bestimmte Normalerwartungen an Medium-Form-Kopplungen zutage, wie zugleich neue Deutungsmuster hervortreten. So reflektiert das „Frühstück in Pelz" die Artifizialisierung des Tieres wie die ‚Verlebendigung' des Artefakts gleichermaßen.

Man kann nun die Verschränkung von Materialität, leiblich-körperlichen Wahrnehmungen und visuellen Semantiken zu einem allgemeineren, das heißt auf verschiedene Gegenstandsbereiche und situative Kontexte anwendbaren, Konzept ausarbeiten. Eben dies unternimmt Gernot Böhme mit dem Begriff der „Atmosphäre" (2001). In phänomenologischer Ausrichtung zielt er auf den Sachverhalt, dass körperliche Wahrnehmungen und Erfahrungen im Umgang mit den verschiedensten Dingen und Wahrnehmbarkeiten unserer Umwelt mannigfaltig an Weltdeutungen beteiligt sind. Dabei ist die Verschränkung der Sinne, mithin die Multimodalität sensorischen Erlebens, für die Konstitution von Atmosphären von zentraler Bedeutung – und zwar auch und gerade dann, wenn Leib- und Körpererfahrungen solche Kommunikationen fundieren, die lediglich den Sehsinn ansprechen, wie es z. B. im Falle von Fotografien, Filmen oder Gemälden der Fall ist. Weil wir über leibliche und körperliche Erfahrungen verfügen, die uns z. B. ‚sagen', wie sich Holz, Metall, Beton oder Kunststoff anfühlen, so Böhme, kommt den Materialien ein „Stimmungswert" zu.[7] Und weil entsprechende Stimmungswerte in das Wahrnehmen und Interpretieren von Dingen und Dingzusammenhängen eingehen, kommt es zu einer Anverwandlung von Bedeutungen, die für zeichen- und symbolvermittelte Darstellungen genutzt werden können. Holz, Beton, Metall, Plastik und andere Materialien bedeuten uns daher auch in Form piktorialer Darstellungen Spezifisches: Holz vermittelt etwa im Rahmen bildlicher Kommunikationen eine ‚warme' Atmosphäre, demgegenüber Beton und Glas als vergleichsweise ‚kühl' erscheinen und mit eben solchen semantischen Implikationen z. B. für die Gestaltung von Settings in der Architektur, der Werbung oder Spielfilmen genutzt werden können.

Um die Komplexität der Verschränkung von Materialität, Körperwahrnehmung, Sozialität und Gestaltung exemplarisch zu verdeutlichen, wende ich mich im Folgenden etwas ausführlicher dem Sujet des Landschaftsbildes zu, das in der Amateur-Praxis ebenso populär ist wie in massenmedialen Gattungen (Werbung, Unterhaltung, Journalismus) oder auch der Kunst. Die Tradition des Sujets geht auf eine spezifische, historisch entwickelte Konstellation zurück. Neben und mit der zunehmenden Beherrschung, Einhegung und Distanzierung von Natur (z. B. im Rahmen des großstädtischen Lebens) ist die Konstitution neuer Subjektformen

---

[7] Vgl. hierzu ausführlich Böhme (1995).

entscheidend. Norbert Elias hat in seinem frühen Text „Vom Sehen in der Natur" (2002 [1921]) eine plausible Erklärung auf die Frage angeboten, wie es kommt, dass Menschen seit der Neuzeit beginnend Naturlandschaften ästhetisch genießen: Sie nehmen Landschaften als Bild wahr und sprechen deshalb vom Landschafts*bild*, so Elias, weil sie sich selbst als Subjekte der Natur entgegensetzen.[8]

Wir haben es mit einer historisch gewachsenen und gesellschaftlich bedingten Subjektgenese zu tun, die die Natur als das ‚Andere' zuallererst hervorbringt und damit als ästhetisches Erlebnis präpariert. Die sozial (kulturell, gesellschaftlich) bedingte Vorstellung von der Natur geht dem gemalten Landschaftsbild voraus, wobei die Entgegensetzung von ‚Objekt' (Natur) und ‚Subjekt' (Beobachtende) eine Entsprechung in der spezifischen Ästhetik der (zunächst in Europa entwickelten) Zentralperspektive findet, deren fixierte Beobachtungs-Position eben jene Entgegensetzung performiert und als Schema der Weltwahrnehmung einübt. Diese Überlegung passt zu der in der Kunst- und Bildwissenschaft formulierten These einer „Rationalisation of Sight" (Ivins 1938), die (die These) mit den wissenschaftlichen Entwicklungen zur Zeit der italienischen Renaissance das Entstehen einer neuen skopischen Ordnung der Zentralperspektive entstehen sieht: Die Zentralperspektive als „symbolische Form" (Panofsky (1980 [1927])) einer Gesellschaft, in der das menschliche Subjekt der Natur gegenübertritt.[9]

---

[8]Die interdependente Beziehung zwischen Subjektivität und Naturbild hatten bereits die Romantiker reflektiert, wobei der ästhetische Genuss des Natürlichen aus der Reflexion der subjektiven Beziehung zwischen Mensch und Natur als eine Art Spiegel des Geistigen hervorgeht. In den „Lehrlingen zu Sais" formuliert Novalis: „Drückt nicht die ganze Natur so gut, wie das Gesicht, und die Gebärden, den Puls und die Farben, den Zustand eines jeden der höheren Wesen aus, die wir Mensch nennen? Wird nicht der Fels ein eigentümliches Du, eben wenn ich ihn anrede? Und was bin ich anders, als der Strom, wenn ich wehmütig in seine Wellen hinabschaue und die Gedanken in seinem Gleiten verliere?" (1969, S. 118).

[9]Svetlana Alpers (1983) spezifiziert diese Diagnose im Hinweis darauf, dass die Malerei der südeuropäischen Renaissance nur vordergründig von der strengen Geometrie des Raumes und der naturalistischen Darstellungsweise geprägt ist. Albertis zentralperspektivische Konstruktionen seien nicht als spiegelähnliche ‚Fenster', sondern als „Bühnen" zu begreifen, auf denen die dargestellten Menschen als Protagonisten narrativer Ereignisse agierten. Die sachlich-kühle Orientierung an der natürlichen Wahrnehmung sei vielmehr die Leitidee bildlicher Darstellungen im nordeuropäischen Raum – hier herrsche eine Sehweise vor, die mit dem ‚objektiven' Blick durch das Mikroskop korrespondiere. Das „perspektivische Raster" der Renaissance, dessen Betonung von Rahmen und Beobachterstandpunkt, ist demnach trotz Ähnlichkeit vom „ptolemäischen" bzw. „kartographischen" Raster zu unterscheiden, welches das eigentlich modernistische ist.

7.3 Materialität und Medialität

Insofern dieses Wahrnehmungsschema sozial geteilt ist – mithin zum kollektiven Erfahrungsraum und zum kollektiven Gedächtnis der Gesellschaft gehört, verdeutlicht das Landschaftsbild zugleich, dass die Verschränkung von Materialitäten, körperlichen Erfahrungen und Sinnzuschreibungen nicht nur individuell vonstatten gehen, sondern sich als gemeinschaftliche Praxis ereignen.[10]

Wenn wir das Argument annehmen, dass das Natürliche durch eine Distanzierung zur Welt, durch Objektivierung (Bildwerdung) einerseits und Subjektivierung andererseits an ästhetischer Faszinationskraft gewinnt, haben wir allerdings soweit nur wenige Anhaltspunkte für die Beantwortung der Frage, warum uns die Natur als genießenswert und schön erscheint. Im Blick auf diese Frage scheint mir wiederum der Verknüpfungszusammenhang von multisensorischer (Materialitäts-)Erfahrung und Visualität bedeutsam zu sein. Die visuelle Kommunikation einer Landschaft vermittelt spezifische Stimmungswerte nur dann, wenn Betrachtende über leibbasierte Erfahrungen verfügen, die mit dem Signifikat, etwa eines Gemäldes oder einer Fotografie, in Beziehung stehen, die sich als solche von der Erfahrung anderer Atmosphären (bspw. des Großstadtlebens) unterscheiden.[11] Walter Benjamins Beschreibung der „Aura" kann u. a. als eine latente, von ihm selbst allerdings nicht reflektierte These zu diesem Zusammenhang von leiblicher Erfahrung und Bild verstanden werden. In dem Text „Kleine Geschichte der Photographie" (1931), der die Schrift „Das Kunstwerk im Zeitalter seiner technischen Reproduzierbarkeit" (1936) vorbereitet,

---

[10]Nadia Seremetakis spricht in diesem Zusammenhang von der reflexiven „Kommensalität" der Ding-Erfahrungen: „Commensality can be defined as the exchange of sensory memories and emotions, and of substances and objects incarnating remembrance and feeling. Historical consciousness and other forms of social knowledge are created and then replicated in time and space through commensal ethics and exchange. […] In this type of exchange, history, knowledge, feeling and the senses become embedded in the material culture and its components: specific artifacts, places and performances." (Seremetakis 1994, S. 225).

[11]Ein auf besagte Stimmungswerte eingestelltes Landschaftsbild wird keineswegs zufällig im neunzehnten Jahrhundert zu einem populären Sehnsuchtsort, also in einer Zeit, in der die Entstehung von Großstädten und die neuen, industrialisierten Arbeitsverhältnisse Naturerfahrungen für weite Teile der Bevölkerung aus dem Alltag zurückdrängen. Zum historischen Wandel der Natursemantik vgl. z. B. Luhmann (1995b). Darüber hinaus ist zu betonen, dass die Ästhetik des Landschaftsbilds neben den hier thematisierten Aspekten (Subjekt, Atmosphäre) freilich auch von gruppenspezifischen, historisch vorfindlichen Deutungsmustern geprägt ist (Klassen, Milieus, Subkulturen u. a.) – man denke nur an die Idealisierungen von lieblicher Natur und dem ‚einfachen' Landleben, die in Oberschichten schon vor der Industrialisierung beliebt sind.

heißt es: „Was ist eigentlich Aura? Ein sonderbares Gespinst aus Raum und Zeit: Einmalige Erscheinung einer Ferne, so nah sie sein mag. An einem Sommermittag ruhend einem Gebirgszug am Horizont oder einem Zweig folgen, der seinen Schatten auf den Betrachter wirft, bis der Augenblick oder die Stunde Teil an ihrer Erscheinung hat – das heißt, die Aura dieser Berge, dieses Zweiges atmen." (Benjamin 1977, S. 57)

Aura konstituiert sich demnach nicht allein durch spezifische Bild- bzw. Darstellungsformen und deren kontemplative Rezeption, sondern im weiteren Verknüpfungszusammenhang eines auch körperlich-geistigen Erlebens, das deutlich über die bloße Betrachtung eines Dingzusammenhangs hinausgeht. Deshalb sind zur Beschreibung von Aura emotions- und körperbezogene Vokabeln („ruhend", „folgen", „atmen") von Nöten – denn sie ermöglichen dem Leser die Imagination einer „auratischen" Situation in der Erinnerung eigenen Erlebens. So gesehen ist es sicherlich kein Zufall, dass Benjamin seinen Aura-Begriff nicht am Bild, sondern am komplexeren Naturerleben entwickelt. Denn diesbezüglich wird leicht(er) ersichtlich, dass der auratische Genuss des Piktorialen in ein beziehungsreiches Geflecht von Erfahrungen eingebunden ist.[12]

Indessen ist das Landschaftsbild nur ein Beispiel des allgemeinen Sachverhalts, dass visueller Kommunikation eine atmosphärische Dimension zukommt, die aus dem Verknüpfungszusammenhang von körperlichen Erfahrungen, Materialitäten und historisch entwickelten Sinnstrukturen hervorgeht. Wenn wir unsere Vorstellung weg von der Landschaft richten und stattdessen andere Umgebungen unserer alltäglichen Erfahrungswirklichkeit imaginieren, sehen wir schnell, dass dieses Beziehungsgefüge allgegenwärtig ist: Wohnumgebungen, Parkanlagen, öffentliche Einrichtungen, Kaufhäuser usw. – sie alle werden auch (!) im Blick auf Atmosphären gestaltet, die sie gleichsam ‚ausstrahlen'. Dies gilt nicht nur für dinghafte Arrangements. Auch die Bild-, Film- und Computerkulturen kommunizieren ihren jeweiligen Sinn unter anderem über Atmosphären, die auf außer-bildlichen Körper-Materialitäts-Erfahrungen aufruhen.[13]

---

[12]Eine Konsequenz dieses Gedankengangs besteht ironischerweise darin, dass Benjamins These der „Zertrümmerung der Aura" (1977 [1936]) durch die Fotografie einzuschränken ist, denn in eben diesen Beziehungsgefügen kann auch Fotografien eine Aura zukommen.
[13]Dass das Erleben von Atmosphären im Mittelpunkt des computer-game-designs stehen kann, betonen Huberts und Standke (Hrsg. 2014) im Hinweis auf aktuelle Software-Beispiele.

7.3.2 Materialität und das Spektrum von Medium-Form-Kopplungen

Materialitäten wirken neben und mit ihrer Verbindung zu körperlichen Wahrnehmungen und Erfahrungen sinnstiftend auf visuelle Wahrnehmungen ein, weil sie mit ihren jeweiligen Eigenschaften Formbildungsprozesse mit spezifischen Sichtbarkeiten ermöglichen. Es macht z. B. einen Unterschied, ob die Darstellung eines bestimmten Sujets als Zeichnung, Ölgemälde, Fotografie oder Computergrafik realisiert wird. Hans Beltings Beobachtung, dass sich Sujets zu Medien verhalten wie „Nomaden", die sich in einem Material beheimaten, um dann zu einem anderen Medium weiterzuziehen, ist dementsprechend zu verstehen: Sie ziehen weiter als andere und gleiche zugleich – selbst „Pathosformeln" (Warburg 2001) werden in verschiedenen medialen Substraten in einer Weise zum Ausdruck gebracht, die sich von anderen Trägermedien unterscheidet. Dass und inwiefern Materialien ein spezifisches, auf Sinn Einfluss nehmendes, Ausdrucksrepertoire definieren und dementsprechend in empirischen Analysen als strukturelle Umgebung visueller Kommunikation berücksichtigt werden müssen, soll im Folgenden in Bezug auf fünf Stofflichkeiten immerhin angedeutet werden.

a) *Beton*
Beton ist bekanntlich eines der wichtigsten Materialien architektonischer Gestaltung und entsprechend weltweit eine wesentliche Strukturbedingung ihrer (u. a. visuellen) Ästhetik. Trotz der Vergewöhnlichung der Betonisierung der Welt reicht deren Geschichte nicht weit zurück. Siegfried Giedion findet für die Neuartigkeit des Baustoffes 1928 noch Wörter, die das Staunen über das Formspezifische des materiellen Mediums zum Ausdruck bringen:

> Es ist nutzlos, über neue Architektur in Frankreich zu reden, ohne ihr Grundlage zu berühren: Eisenbeton. Er wird nicht als kompaktes Material aus der Natur gebrochen. Sein Sinn ist: künstliche Zusammensetzung. Seine Herkunft: Das Laboratorium. Aus dünnen Eisenstäben, Zement, Sand, Abfallsteinen, aus einem ‚Verbundkörper' können ungeheure Gebäudekomplexe sich plötzlich zu einem einzigen Stein auskristalisieren, Monolithe werden, die dem Angriff des Feuers und einem Höchstmaß an Belastung widerstehen können wie kein natürliches Material zuvor (Giedion 2000, S. 66 f.).

In heutiger Rückschau ist deutlich, dass Giedions Diagnose eines mit dem Material „wiedererwachten Raumgefühls" in der Architektur zu verschiedenen Formensprachen führte (und zu weiteren führen wird), die die gesteigerte Plastizität in Sachen Gestalt und Statik zu nutzen wissen. Dabei wirken

Materialität und Sozialität aufs engste zusammen und bedingen sich wechselseitig, da die Stofflichkeit die Spielräume der Kreativität limitiert, wie letztere unumgänglich von gesellschaftlichen Normen, Werten, Semantiken und generationalen Mentalitäten beeinflusst ist. Entsprechend lässt sich ein großes Spektrum von Darstellungsformen und Stilen beobachten, das (das Spektrum) vom ‚Funktionalismus' eines Mies van der Rohe über den sogenannten „Brutalismus" bis hin zu den dynamisch geschwungenen, filigranen bis schwerelos anmutenden Gebäuden etwa im Stile von Zaha Hadid reicht.

b) *Plastik*
Wie Beton avancierte Plastik in wenigen Dekaden zu einer der erfolgreichsten Stofflichkeiten des Designs. Und auch hier ist die gesteigerte Plastizität – mehr noch als bei Stahl oder Aluminium – ein wesentliches Charakteristikum.[14] Im Blick auf dieses Merkmal hat Roland Barthes in Plastik zu Recht ein Symbol der Moderne gesehen. Plastik sei „weniger eine Substanz, als vielmehr die Idee ihrer endlosen Umwandlung". Die Wandlungsfähigkeit sei „total" und jedes (Plastik-) Ding zeuge als geronnene Form von der Idee der Plastizität, wodurch sie etwas „Vages" und „Cremiges" kennzeichne (vgl. Barthes 1964, S. 79 f.). Man wird diese Einschätzung fraglos für die Gegenwartsgesellschaft übernehmen können, denn Plastikobjekte und Materialhybridisierungen mit Plastikanteilen sind in der (Welt-)Gesellschaft evidenterweise ebenso omnipräsent wie das Prinzip ihrer andauernden Metamorphose.

Ein Unterschied zu anderen Materialitäten liegt darin, dass das Resultat der chemischen Synthese qua körperlicher Wahrnehmung nicht mehr an natürliche Substanzen erinnert, während man z. B. Beton mit der sensorischen Erfahrung von Gestein in Verbindung bringen kann. Entsprechend symbolisiert Plastik auf der Ebene des Sinns eine artifizielle Synthese mit zahlreichen semantischen Implikationen. So ist Plastik nicht nur weniger stabil und ‚natürlich' wie Metalle oder geformte Steine, sondern auch im Unterschied zu diesen weniger individuell. Zwar kann es sichtbar altern, kaum aber eine organische Entwicklungsgeschichte zum Ausdruck bringen, die etwa für die Materialitäten wie Holz oder Leder bedeutsam sein kann. Es ist daher wohl kein Zufall, dass Plastik im Rahmen von Statussymbolisierungen eher von untergeordneter Bedeutung ist,

---

[14]Zu Stahl und Aluminium als neuerem Werkstoff mit Folgen für das Design und die Imaginationen des Modernen vgl. Sheller (2012) und Crang (2012).

7.3 Materialität und Medialität

ja nicht selten der Versuch unternommen wird, seine ‚Wesenhaftigkeit' zu verschleiern – z. B. durch die Imitationen bzw. mimetische Nachbildung anderer Materialien (Leder, Metall u. a.).

c) *Holz*
Indem die Materialität von Holz seit jeher an Wahrnehmungen des ‚Natürlichen' gebunden ist, haben wir es auch hier mit einem Komplex sachlicher Eigenschaften zu tun, die das mediale Substrat zum Bezugsrahmen sinnhafter Deutungen machen. Dies wird gerade unter Bedingungen erkennbar, in denen synthetische Materialien wie etwa Plastik und Beton unsere gestaltete Umwelt dominieren: Denn vor dem Hintergrund dieser Materialitäten steht Holz für ‚Natürlichkeit' und assoziierte Werte wie Wärme, Authentizität oder Lebendigkeit. Obwohl Holz in vielen Fällen selbst synthetisiert ist (z. B. Pressspan) oder als Oberflächen-Zeichen nur eine dünne Schicht auf anderen Materialien bildet (Holz-Furnier), sodass sich ein differenziertes und semantisch differenzierendes Spektrum von Echtholz und Holz-Imitaten bzw. Verbundstoffen ergibt, kann man Jean Baudrillards allgemeine Einschätzung durchaus teilen, „dass Holz kein ursprünglicher Naturstoff mehr ist, dicht und Wärme spendend, sondern ein einfaches kulturelles Zeichen eben dieser Wärme, und dass es als Zeichen, zusammen mit den übrigen anderen ‚edlen' Stoffen, in das System des modernen Interieurs eingesetzt wird. Es ist kein Holz-Stoff mehr, sondern Holz-Element, es hat einen Stimmung schaffenden Wert." (Baudrillard 1991, S. 51 f.)

Vergleichbar mit dem Fall des Eisenbetons ermöglichen verschiedene Verarbeitungstechniken und Verbundmaterialien dabei eine Plastizität dieses Zeichens z. B. in der Architektur oder dem Möbeldesign, die weit über die Darstellungspotenziale von Holz als einem lediglich handwerklich bearbeiteten Stoff hinausgehen. Neue Distinktionspotenziale für tatsächliche Handarbeit und den symbolischen Einsatz von Holz als unbearbeitetes ‚Naturmaterial' sind dabei eine Folge unter anderen.

d) *Technische Bildmedien*
Im breiten Spektrum piktorialer Darstellungsmedien greife ich exemplarisch bestimmte Aspekte technischer Bildmedien (Fotografie, Film, Video) heraus. Deren Materialitäten werden als Umgebungen visueller Kommunikation relevant, wobei zwischen Kommunikationsmedien und Verbreitungsmedien zu unterscheiden ist:

Als *Kommunikationsmedien* ermöglichen sie zum einen die Bildung indexikalischer Zeichenvehikel. Sie stehen – beginnend mit der Fotografie[15] – in einem kausalen Zusammenhang zu dem, was sich zu einer bestimmten Zeit an einem bestimmten Ort vor einer Kamera ereignet. Trotz der Transformationsprozesse des Materials und der Technik bilden Fotografien ‚Spuren' des Abgebildeten. Dass sich foto-analoge Eindrücke simulieren lassen (z. B. computertechnisch), ist damit selbstverständlich ebenso wenig bestritten wie die Tatsache, dass die visuelle Wahrnehmung des Menschen nicht die ‚wirkliche Wirklichkeit', sondern eine selektive ‚Karte' eines unsichtbar bleibenden Territoriums generiert.[16] Auch kann der ‚Naturalismus' der Fotografie fraglos für die Arbeit am Surrealen genutzt werden, ja hängt ein spezifischer ‚Surrealismus' mit einem spezifischen ‚Realismus' des Fotografischen zusammen (vgl. hierzu ausführlich Krauss 1985). Doch ändert all dies nichts an der Tatsache, dass Fotografien auch im post-fotografischen Zeitalter (vgl. Mitchell 1992; Wolf Hrsg. 2003) nach der Digitalisierung millionen-, ja mittlerweile milliardenfach in der alltäglichen sozialen Praxis als indexikalische Zeichen, als ‚abbildende' Spuren produziert und rezipiert werden.[17]

Zum anderen geben Fotografien bzw. Filme als Kommunikationsmedien die Selektivität der Beobachtenden zu erkennen. Auch technische Bilder sind in vielerlei Hinsicht konstruiert – z. B. bezüglich der Wahl des zeitlichen und räumlichen Ausschnitts, der Bestimmung von Perspektive, Tiefenschärfe, (Nicht-) Farbigkeit oder der inszenatorischen Manipulation des Fotografierten. Charakteristisch ist also ein Doppelcharakter der Fotografie, der sich in der vermeintlichen Realitätsreferenz (Indexikalität) einerseits und der Beobachtbarkeit und dem

---

[15]Die Rekonstruktion der Fotografiegeschichte ist sehr lange und stark auf die Technik- und Kunstgeschichte festgelegt. Wie Starl (vgl. 1983) feststellt, kommt erst mit Helmut Gernsheims „Geschichte der Photographie. Die ersten hundert Jahre" (1983 [1969]) eine kulturwissenschaftliche Dimension hinzu, wobei Studien zur sozialen Dimension der Fotografie rar bleiben. Auch in kultur- oder sozialwissenschaftlichen Mediengeschichtsschreibungen wird die Fotografie immer wieder ganz vergessen, oder sie nimmt nur einen marginalen Stellenwert ein. Den Kapiteln über den Buchdruck folgen häufig bruchlos solche über die „Elektronischen Medien" (vgl. z. B. Dröge/Kopper 1991, North 1995). Auch Luhmann lässt in seinen geschichtlich systematisierten Abhandlungen über die „Verbreitungs- und Erfolgsmedien" (1997) die elektronischen Medien direkt dem Buchdruck folgen. Zu einem detaillierten Überblick über die Theorien der Fotografie vgl. Stiegler (2006).

[16]Vgl. Abschn. 4.1; zum fotografischen ‚Realismus' auch Mitchell (2007).

[17]Auch das politische Geschehen wird weltweit Tag für Tag durch das Vorhandensein indexikalischer Zeichenvehikel beeinflusst. Ein Beispiel geben die Folgen, die einige Kommentierungen des Ministerpräsidenten von Sachsen im Zuge rechtsextremer Ausschreitungen in Chemnitz im September 2018 hatten. Seine Aussage „Es gab keinen Mob, es gab keine Hetzjagd" (SZ, 06.09.2018) stand in einem deutlichen Kontrast zu einem in social media verbreiteten Video. Dessen ‚Beweiskraft' ließ keine hermeneutische Umdeutung durch mächtige Akteure zu, ja führte das Anzweifeln der Authentizität dieser Bilder in einem Interview mit der

7.3 Materialität und Medialität

Wissen um ihre Konstruktivität andererseits, ergibt.[18] Die mannigfaltigen sozialen Folge-Effekte dieses Strukturmerkmals zeigen sich bereits im 19. Jahrhundert und begleiten die Fotografie bis in die Gegenwart. Von der individuellen Selbstdarstellung bis hin zu Gattungen wie Journalismus, Werbung oder Kunst ist der ‚double bind' von ‚Realismus' und Manipulation virulent, wenngleich mit variierenden Folgeeffekten.

Aber auch als *Verbreitungsmedien* provozieren die technischen Bildmedien – und zwar bis heute unter den Bedingungen ihrer Computerisierung (z. B. in verschiedenen Kontexten des Internet) – einen drastischen soziokulturellen Wandel, auf den sich dann wiederum das Design einstellt. Bezeichnet man im Anschluss an Luhmann mit dem Begriff Verbreitungsmedium das je spezifische Potenzial eines Kommunikationsmediums zu Herstellung sozialer Redundanz – also das Vermögen, Mitteilungen bei verschiedenen Individuen bekannt und für Anschlusskommunikationen verfügbar zu machen – ist offensichtlich, dass die Fotografie eine Zäsur in der Geschichte visueller Verbreitungsmedien bedeutet. Entscheidend ist der Aspekt der Reproduzierbarkeit. Nicht nur, dass die Vervielfältigungsmöglichkeiten des Mediums die räumlichen und zeitlichen Grenzen des Kommunizierbaren im Vergleich zu Körperperformanzen oder vorherigen Bildtechnologien (Holzschnitt, Radierung, Lithografie u. a.) erheblich ausdehnen: Als Verbreitungsmedien entfalten die technischen Bildmedien zugleich erstmals öffentliche Bild-Räume, die auf ‚naturalistischen' (indexikalischen) Zeichenvehikeln basieren. Erst mit der Fotografie und dem dazugehörigen Medienverbund (Druck, elektronische Medien) entstehen bildbasierte Öffentlichkeiten in Bezug auf unterschiedlichste Themen und ‚abbildende' Darstellungen der Gesellschaft in der Gesellschaft.

„BILD" durch den Präsidenten des Bundesamts für Verfassungsschutz (Hans-Georg Maaßen) zu dessen Entlassung. Dass sich der Einsatz indexikalischer Zeichen prinzipiell für Täuschungen und Manipulationen verschiedenster Art nutzen lässt, ist verständlich und immanenter Bestandteil schon der frühen Sozialgeschichte technischer Bildmedien, man denke etwa an inszenierte Fotografien im Krim-Krieg, die Augenzeugenschaft beglaubigen sollten.

[18]Bemerkenswert ist in diesem Zusammenhang, dass zu den sozialen Gebrauchsweisen der Fotografie von Anbeginn an die Reflexion auf ihren konstruktiven, manipulativen Charakter *neben und mit* ihrem Potenzial des ‚Abbildens' gehört. Eben dies zeigen die historischen Quellen zur Vergesellschaftung der Fotografie im 19. Jahrhundert deutlich (vgl. hierzu Kautt 2008, S. 36–58). Sozialwissenschaftliche Aufklärungsbemühungen gegen einen scheinbar gegebenen naiven Glauben an die ‚objektive' Darstellungsweise der Fotografie (vgl. z. B. Bourdieu u. a. 1983, S. 86) greifen daher zu kurz bzw. verkennen sie das sozial und kulturell wirkungsmächtige Folgeproblem technischer Bildmedien – das sich nämlich aus ihrem Doppelcharakter ergibt, indexikalische Spur und beobachterbezogene Konstruktion zugleich zu sein. Dass ein gleichsam naiver Glaube an die Objektivität fotografischer/ filmischer Darstellungen vorkommt, ist damit nicht bestritten – Beispiele hierfür finden sich selbst in der Wissenschaft. Zur dramaturgisch-inszenatorischen Reflexion dieses und anderer Probleme im ethnografischen Film vgl. Marcus (1994) und Weiner (1994).

Dass unter diesen Bedingungen soziale Gruppen und verschiedenste soziale Objekte neu als visuelle Identitäten formuliert, verhandelt, erinnert oder vergessen werden, ist dabei ein wesentlicher Aspekt unter anderen.[19] Sichtet man die Bilderberge des 19. Jahrhunderts unter quantitativen Gesichtspunkten, fällt zunächst die Dominanz der *Porträtfotografie* auf. In diesem Genre manifestieren sich keineswegs immer und durchgehend gruppen- bzw. klassenspezifische Distinktionspraktiken. Signifikant ist vielmehr, dass sich hier ein von Goffman für das 20. Jahrhundert diagnostizierte „Kult des Selbst" (Goffman 1981) Bahn bricht, der entlang von Massenformaten wie den „Cartes de Visites" beredt Zeugnis darüber ablegt, dass moderne Subjekte zunehmend zu Identitätsarbeitern werden, eben weil in der bürgerlichen, funktional differenzierten Gesellschaft Individuen nicht mehr reibungsfrei und umfassend in allen Belangen entlang ihrer familial geprägten Habitus und einer damit konvergierenden Gesellschaftsstruktur in der Gesellschaft platziert werden.[20] Ohnehin reflektieren schon die Zeitgenossen im 19. Jahrhundert die Fotografie als „Hilfstruppen der Demokratie" (de Laborde 1859, zit. n. Kemp 1980, S. 98), mithin als eine Technik, die für breite Bevölkerungsgruppen Partizipationschancen in unterschiedlichen Themenbereichen eröffnet. Und in der Tat zeigt die Ausdifferenzierung fotografischer Darstellungsformen, dass die symbolischen Ordnungen der Gesellschaft bald nicht mehr leicht auf einen einfachen (z. B. klassentheoretischen) Nenner zu bringen sind, sondern sich neue Subkulturen bilden.

Signifikant sind weiterhin Veränderungen im Bereich des ‚dokumentierenden' Zeigens. Schon früh zeigt sich etwa, dass die Darstellung des *Krieges* durch

---

[19]Vgl. hierzu ausführlicher Kautt (2015b).

[20]Für den Zusammenhang von „Identität und Moderne" vgl. ausführlich die Beiträge in Willems/Hahn (Hrsg. 1999); zu dem Zusammenhang von Medienwandel und bildbasierter Identitätsarbeit vgl. Kautt (2011). Hinsichtlich der Loslösung von Personendarstellungen aus gruppen- und klassenbezogenen Zusammenhängen ist der insbesondere in der Kultur- und Kunstgeschichte beschriebene Sachverhalt bemerkenswert, dass sich bereits zu Beginn der Neuzeit eine an der Darstellung von Individuen orientierte Bildkultur zu entwickeln beginnt. Schon im 16. Jahrhundert etabliert sich z. B. das als Geschenk funktionalisierte Freundschaftsporträt, womit ein Genre von Bildern gemeint ist, das eine Person oder mehrere Individuen als *solche* zeigt (vgl. Burke 1998, S. 156). Die Fotografie ist also keineswegs initiierender Generator der Entwicklung, sondern ein Medium, das auf den soziokulturellen Wandel eingestellt wird und diesen selbst mit seinen Darstellungsoptionen (Reproduzierbarkeit, ‚Realismus') forciert. Zu der Rekonstruktion fotografischer und filmischer Selbstdarstellungspraktiken unter den Bedingungen der computerisierten Medien sowie zu der Nutzung entsprechender Bildpraktiken als Generatoren von Freundschaft und Gemeinschaft, vgl. die Beiträge in Neumann-Braun/Autenrieth (Hrsg. 2011a und Hrsg. 2011b).

7.3 Materialität und Medialität

fotografische (indexikalische) Zeichen ganz andere soziale Gebrauchsweisen und Wirkungen zeitigt als die historisch vorgängige grafische oder malerische Bearbeitung des Sujets.[21] Auch die fotografische ‚Entdeckung' der Welt nimmt früh Fahrt auf. *Expeditionen* werden jetzt eigens initiiert, um Bilder von der Welt bzw. das bis dahin unsichtbar bleibende „Fremde" und „Exotische" breiten Publika zugänglich zu machen.[22] *Politikerinnen und Politiker* erscheinen seit den 1920er Jahren in Zeitungen und Illustrierten als Privatpersonen, wobei eben jene Bilder über Medienöffentlichkeiten folgenreich Einfluss auf das Image der Person nehmen.[23] Folgeeffekt des Mediums ist in gewisser Weise auch die *sozialdokumentarische Fotografie*,[24] die die Technik seit dem Ende des 19. Jahrhunderts für die Herstellung von Gegenmacht nutzt.[25] Auch im Feld der *Modefotografie* zeigt sich ein soziokultureller Wandel. Wie die Mode selbst arbeitet sie nicht nur neuen, spezifisch modernen, Spannungen zwischen Individuum und Gemeinschaft zu,[26] sondern sie schafft auch neue symbolisch-ästhetische Eigenwerte in einer komplexen Bilderwelt, die sich von klassen- und milieubezogenen Orientierungen löst und einer eigenen Dynamik folgt.[27]

---

[21]Frühe Beispiele hierfür sind die fotografischen ‚Dokumentationen' des Krim-Krieges (1853–1856) und des Nord-Südstaaten-Krieges in den USA (1861–1865), vgl. z. B. Kreimeier (2005) und für die Gegenwart Knieper/Müller (Hrsg. 2005).

[22]Dazu gehören Bilder, die (z. B. (post-)koloniale) Herrschaftsverhältnisse zum Ausdruck bringen oder an der (De-)Stabilisierung derselben beteiligt sind (vgl. Avermaete/Karakayali/von Osten Hrsg. 2010).

[23]Die hierfür nötige technische Entwicklung der Bildrasterung („Autotypie") datiert auf 1881.

[24]Die „Field Photography" von Jacob A. Riis und Lewis W. Hines, die ab 1880 das Leben der Ärmsten New Yorks dokumentierten, gilt als ein Anfangspunkt dieser Entwicklung (vgl. Freund 1976, S. 117). In dieser Tradition steht dann auch eine ambitionierte Form des Bildjournalismus, die eine für jeden verständliche Sozialethik entwickelt und einen ersten Höhepunkt mit Edward Steichens Wanderausstellung „Family of Man" 1955 erreicht (vgl. Neumann 1989, S. 72).

[25]Ein Empowerment marginalisierter Gruppen wird seit den 1990erJahren in den Visual Studies mit Methoden wie der Foto-(Selbst-)Dokumentation betrieben (vgl. Wang/Burris 1997; zu einem Überblick Harper 2012, S. 188 ff.).

[26]Zu dieser Diagnose an prominenter Stelle Simmel (1995 [1905]).

[27]Fotografen wie Cecil Beaton machen die Modefotografie spätestens in den 1940er Jahren zu einer eigenständigen Kunstform. Die bildbasierte Eigenwertigkeit von Images geht nun weit über die Bebilderung des Modischen vorausliegender Jahrhunderte in den Printmedien (Zeitung, Illustrierte, Buch) hinaus.

Folgenreich ist die Fotografie weiterhin für die *Kunst*. Im „Zeitalter ihrer technischen Reproduzierbarkeit" (Benjamin 1977 [1936]) kommt es nicht nur zu neuen Betrachtungsformen („Zertrümmerung der Aura"), sondern auch zu Dynamisierungsschüben, die durch das neue (fotografische) Kunst-Gedächtnis bedingt sind. Und schon für die Zeitgenossen im 19. Jahrhundert provoziert die Technik Fragen, die u. a. zu der Ansicht führen, dass sich die Kunst angesichts der Verfügbarkeit eines auf ‚Naturalismus' verpflichteten Darstellungsmediums umso besser auf höherwertigere Zielrichtungen denn das ‚Abbilden' konzentrieren könne.[28]

In *Wissenschaft* und *Medizin* dynamisieren bildgebende Verfahren (Fotografie, Röntgenstrahlen u. a.) das zur Verfügung stehende Wissen, mit Folgeeffekten dies- und jenseits der Wissenschaft. Bilder gehören jetzt ebenso verstärkt zu den epistemischen Objekten, die in der Wissenschaftspraxis (z. B. der Labore) an der Konstruktion von Erkenntnis beteiligt sind, als auch zu den Medien, die das Alltagswissen von der Welt beeinflussen, zumal Bilder jetzt im *Bildungssystem* verstärkt Verwendung finden. Im Bereich der *Unterhaltung* zeichnen sich neue Formen des *Stars* ab, die stärker als ihre Vorgänger auf Bildlichkeit basieren.[29] *Erotische Darstellungen* gehören zwar schon zu den Bildkulturen der Frühgeschichte unterschiedlicher Weltregionen, erlangen aber mit den ‚realistischen', indexikalischen Bildern der Fotografie einen neuen Charakter, dessen soziale Folgen bis in die aktuelle Gegenwart diskutiert werden, z. B. entlang der Frage nach einer „Pornografisierung von Gesellschaft" (Schuegraf/Tillmann 2012).[30] Die *Werbung* indessen entwickelt sich seit dem Ende des 19. Jahrhunderts im Zuge der Bedeutungssteigerung technischer Bilder zu einer auf die Herstellung von Images spezialisierten Instanz der Gesellschaft. Sie schafft mit ihren Images symbolische Eigenwerte und eine neue symbolische Ordnung zwischen Images, die sich nur noch bedingt als Reproduktion und Instrumentierung einer klassen- bzw. milieuspezifischen (Waren-)Ästhetik begreifen lässt.[31]

Schon diese knappen Überlegungen zeigen, dass die Materialität technischer Bildmedien eine wichtige strukturelle Umgebung visueller Kommunikation ist.

---

[28]Diese Ansicht formuliert etwa Baudelaire 1859 (1980) in einem medienkritischen Kommentar.

[29]Einen Vergleichsrahmen bietet z. B. der historisch vorgängige Theater-Star, dazu Hickethier (1997).

[30]Den Zusammenhang von Pornografie und Fotografie- und Filmgeschichte rekonstruiert z. B. Williams (1989).

[31]Vgl. dazu ausführlicher Kautt (2008).

7.3 Materialität und Medialität

Sie nimmt auf das Gestaltungshandeln ebenso wie auf die Rezeption des Gestalteten Einfluss und ist im Rahmen empirischer Fallstudien entsprechend als ein Habitat der Ökologie visueller Formen zu berücksichtigen.

e) Computer
Wenngleich die Realisierung eines operationsfähigen Computers Stofflichkeiten voraussetzt, liegt seine materialbezogene Bedeutung für visuelle Kommunikation nicht hierin, sondern in der Möglichkeit, auf der Basis von Hard- und Software-Strukturen,[32] der Ausnutzung von Elektrizität und algorithmischen Handlungsanweisungen auf *andere* Materialien Einfluss zu nehmen. Dazu gehört das Potenzial, althergebrachte Kommunikations- und Verbreitungsmedien (Oralität, Schrift, Buchdruck, Bild, Sound, Musik) in die Gestaltungspotenziale algorithmischer Handlungsansweisungen einzubinden.

So ist für die Erklärung der enormen Formenvariablilität der Typografie seit den 1980er Jahren zunächst der Computer als Struktur der Gestaltung zu nennen. Die Vorstellung eines neuen Rollenverständnisses, einer qua ‚Wesenhaftigkeit' kreativeren Generation von (Schrift-)Designern scheidet als Erklärung wohl aus. Bedeutsam ist vielmehr, dass in den 1980er Jahren die Universal-Turing-Maschine in Gestalt des Personal-Computers in die Hände der sogenannten Kreativen gelangt. Vergleichbares gilt für die Architektur: Neben ‚neuen' Materialitäten (Beton, Plastik u. a.) spielt die Computerisierung ihrer Designs und deren Berechnung (Statik u. a.) sowie die damit gewonnenen Gestaltungspotenziale eine wichtige Rolle. Dies macht sich in verschiedenen Anwendungsgebieten bemerkbar – vom sozialen Wohnungsbau bis hin zur „Signature Architecture", etwa im Format von Skyscrapern und anderen Großbauprojekten. Dabei ist kaum zu übersehen, dass die Computerisierung nicht nur Kreativitätspotenziale freisetzt, sondern über konkrete Softwareanwendungen Imaginationen einschränkt und (globale) Standardisierungen begünstigt.[33]

Die Computerisierung führt jedenfalls nicht nur zu einer neuen Gestaltungs-Plastizität einzelner Medien, sondern zugleich zu mannigfaltigen Integrationsformen – die multimodalen Darstellungen im Rahmen von Internet-Portalen geben hierfür ein Beispiel von vielen. Als Medium der Medienintegration fungiert der Computer darüber hinaus, weil mit ihm dreidimensionale

---

[32]Zur problematischen Differenzierung von Hardware und Software vgl. Kittler (1989).
[33]Vgl. dazu Gleiter (2008, insb. S. 43 ff.).

Objekte und deren Materialitäten synthetisiert, prozessual variiert und in ihrem Verhalten gesteuert werden können – vom 3-D-Druck über die Robotik bis hin zum „Internet der Dinge".[34]

Auch die Möglichkeit, Informationen in kurzen Zeitintervallen nicht nur zu übermitteln, sondern nach Maßgabe von Algorithmen zu verändern, ist eine entscheidende Zäsur im Bereich visueller Kommunikation. Unter diesen Bedingungen sind nicht mehr nur Menschen, sondern auch Maschinen in gewisser Weise interaktionsfähig – mit Rückwirkungseffekten für die Gestaltung, vom Interface-Design als Schnittstelle von Computer-Mensch-Interaktionen bis hin zu „Artificial Life" im Sinne des genetischen (Selbst-)Programmierens oder auch der algorithmischen Imitation organischen Lebens auf der Ebene seiner visuellen Gestalthaftigkeit.[35]

Von Relevanz ist unter den Bedingungen computerisierter Kommunikation weiterhin der Sachverhalt, dass die Vernetzung von Computern (Internet) weite Teile der Bevölkerung in die Produktions-, Distributions- und Rezeptionsmodi mediatisierter Öffentlichkeiten einbindet, wodurch eine neuartige Evolution visueller Semantiken in ganz verschiedenen Themenbereichen vorangetrieben wird. Und nicht zuletzt führt die Computerisierung der Gesellschaft zu einer stetigen und engmaschiger werdenden Verschränkung von raumzeitlich platzierten Menschen und Dingen einerseits und von computerisiertem Handeln und Kommunizieren andererseits. Die Omnipräsenz von Smartphones in den Lebenswirklichkeiten der Gegenwart ist nur ein Beispiel für die wechselseitige Durchdringung von Off- und Onlinewirklichkeiten, mit der eben jene Unterscheidung zunehmend obsolet wird.[36]

---

[34]Zu einer Übersicht vgl. Spenger (2015) und Qusay (2018).

[35]Zum Beispiel der Anpassung von Interface-Design an die Emotionen und Interessen von Nutzern vgl. Prendiger/Ishizuka (2011). Fraglos gewinnt mit dem Computer die von Ludwig Klages' „Phänomenologie des Lebendigen" (1950 [1913]) gestellte Frage, unter welchen Bedingungen uns etwas als lebendig erscheint, für das Design computerisierter (u. a. visueller) Kommunikation an Brisanz und Relevanz.

[36]Karin Knorr Cetina beschreibt dies mit dem Konzept der „synthetischen Situation" (2009). Dass der in den 1990er Jahren im Zuge spezifischer Technikanwendungen eingeführte Begriff der „Augmented Reality" (vgl. z. B. Azuma 1994; Fahle 2006) inzwischen an Popularität verloren hat, mag u. a. daran liegen, dass die ‚Anreicherung' situativer Ereignisse durch mediatisierte (computerisierte) Kommunikationen inzwischen gewöhnlich ist. Zu einer phänomenologischen Einordnung von Augmented Reality-Anwendungen vgl. Liberati (2018).

7.3 Materialität und Medialität

Die Bedeutung des Computers als Umgebung visueller Kommunikation kann an dieser Stelle nicht weiter erörtert werden. Festzuhalten ist jedoch, dass der Computer den Beziehungszusammenhang von „Materialität und Kommunikation" (Gumbrecht/Pfeiffer 1988) in einem denkbar weiten, nämlich nur durch die Grenzen des algorithmisch Darstellbaren eingeschränkten Spektrums, erfasst. Eingeschlossen hierin ist der besagte Zugriff auf Materialitäten über Sensoren und Effektoren, die Computer in gewisser Weise zu ‚mehr' und anderem machen als einer universal turing machine.[37] Wie substanziell die damit einhergehenden Umwälzungen im Bereich visueller Kommunikation sind und weiterhin sein werden, zeichnet sich bereits jetzt durch zahlreiche Phänomene ab. Die Expansion und Verdichtung eines qua Hyperlink-Struktur endlos verknüpften bzw. prozessual verknüpfbaren ‚Raums' visueller Gestalten (vgl. Schelske 2005) gehört hierzu ebenso wie Geo-Tagging, Verhaltens- und Körper-Tracking oder Big Data.[38]

Angesichts der Breite materieller Struktureigenschaften und ihrer sinnstiftenden Folgen ist evident, dass sich eine Soziologie visueller Kommunikation eben hierauf einstellen muss. Die auch nach dem „material turn" (vgl. Bennett 2010) häufig zu beobachtende Verengung des Medienbegriffs auf Kommunikationsmedien wie Schrift, Bildmedien oder elektronische Medien, kann der hier fokussierten Problemstellung weder theoretisch noch empirisch-analytisch gerecht werden. Nötig ist vielmehr ein Konzept, das die Breite medialer Substrate integriert und *im Zusammenhang* als Umgebung visueller Kommunikation auffasst.

---

[37]Dass und inwiefern computerisierte Medienökologien derzeit die Turingssche Computability erweitern, aber zugleich von dieser strukturell bedingt bleiben, verdeutlichen am Beispiel des Smartphone, sich wechselseitig ergänzend, Warnke (2018) und Hagen (2018).
[38]Zu einem Anwendungsbeispiel für Letzteres im Kontext fotografischer Selbstdarstellung siehe Manovich (2012). Zu einer Problematisierung von Big Data Diaz-Bone (2018) und Mützel, Saner, Unternährer (2018). Zu einer aktuellen Übersicht über Bild-Praktiken unter den Bedingungen computerisierter Kommunikation vgl. Gerling, Holschbach, Löffler (2018). Zum ‚digitalen Bild' weiterhin Mitchell (1992), Pias (2003), Freyermuth (2014) und Kohle (2017). Zu grundlegenden Fragen der computerisierten Indexierung und Archivierung von Bildern, die trotz beachtlicher Fortschritte in den letzten Jahren bei der algorithmischen Muster- und Typenbildung sowie der Verknüpfung adressierter Bilder durchaus offen sind, vgl. die Beiträge in Ernst, Heidenreich und Holl (Hrsg. 2003).

7.4 Emotionen

Es gehört zu den grundlegenden Eigenschaften des Menschen, Gefühle zu ‚haben'. Entsprechend reicht die Kommunikation von Gefühlen weit in die Kulturgeschichte des Menschen zurück. Schon Dokumente der griechischen Antike thematisieren Freude, Liebe, Hass, Gier, Angst, Demut, Neid, Ehrfurcht, Aggression, Zorn, Leid, Trauer, Stolz, Scham, Ehrgeiz, Wut, Eifersucht und andere Gefühle in Wort und Bild. Auch Theorien der Emotionalität sind früh entwickelt.[39] Bedenkt man, dass der Weltzugang des Menschen dabei nicht nur in seinen Beziehungen zu Mitmenschen, sondern auch in seinem Verhältnis zu Tieren und Dingen stets mitbestimmt ist, liegt auf der Hand, dass die soziale (kulturelle, gesellschaftliche) Durchformung des Emotionalen in den Analysen visueller Kommunikation zu berücksichtigen ist.

Inzwischen hat auch die Soziologie die Beziehungen von Emotionalität, Sozialität, Kultur und Gesellschaft so facettenreich perspektiviert, dass die Kanonisierung einer „Emotionssoziologie" angestrebt wird.[40] Gerade die am Handlungsbegriff ansetzenden Sozialtheorien räumen Emotionen neben und mit Rationalität und Normativität seit längerem einen höheren Stellenwert ein.[41] Dennoch werden die Beziehungen zwischen visueller Kommunikation und Emotionen in der Soziologie selten genauer in den Blick genommen. Das ist umso erstaunlicher, als die Kunst- und Kulturwissenschaft Emotionen längst als Bezugsrahmen des menschlichen Gestaltungswillens interpretieren – man denke nur an Aby Warburgs Dechiffrierung der Bildgeschichte entlang von „Pathosformeln" (2001).[42] Gleichwohl stellt die Soziologie der Emotionen probate Konzepte zur Verfügung, denen ich mich im Folgenden zuwende.

---

[39] Die aristotelische Rhetorik und deren Emotions-Management gehören bis heute zu den praktisch nutzbaren Konzepten (vgl. Jörke 2010). Für den südasiatischen Subkontinent weist Ute Frevert auf die „elaborierte Theorie der Gefühle und des Gefühlsausdrucks" der indischen Rasa-Lehre hin, „die die indische Dichtung, Musik und den Tanz bis in die Neuzeit hinein prägt." (Frevert 2010, S. 207)

[40] Vgl. exemplarisch Senge/Schützeichel (Hrsg. 2013).

[41] Vgl. exemplarisch Collins (1990), Flam (1999), Schnabel (2005) und Schützeichel (2010). Dass auch die Praxis der Wissenschaft und entsprechend ihre Ergebnisse (z. B. visuelle Texte) zu Emotionen in Beziehung stehen, zeigt z. B. White (2009).

[42] Zu einer instruktiven Problematisierung des Konzepts vgl. Knape (2008).

7.4.1 Emotionen als komplexes Syndrom

Wenngleich das Spektrum der Vorschläge zum Begriff der Emotion nicht so breit ist wie zu dem der Kultur, finden sich in systematischen Zusammenstellungen heterogene Termini mit unterschiedlichen Schnittmengen.[43] Auch hinsichtlich des Affektbegriffs besteht kaum Einigkeit. Weiten Auslegungen stehen Definitionen gegenüber, die in Affekten eine bestimmte Untermenge von Gefühlen sehen, nämlich solche, die an genauer bestimmbare Stimuli gebunden sind (vgl. Ciompi/Endert 2011, S. 17 f.). Ähnlich komplex stellt sich die Lage bei der Spezifikation und typologischen Ordnung von Emotionen dar. Klassifizierungen, die z. B. an der unterscheidbaren Dauer, Intensität, Reinheit, Zielorientierung und Valenz emotionaler Zustände ansetzen, kommen ebenso vor wie Konzepte, die im Blick auf die graduelle biologische Verankerung Primäremotionen von Sekundäremotionen unterscheiden.[44]

Für unseren Zusammenhang ist zunächst entscheidend, dass – entgegen alltagstheoretischer Annahmen – Emotionen mehr und anderes sind als das subjektive Erleben von Individuen. Mit Norbert Elias kann man „Emotionssyndrome" vielmehr als einen Gesamtzusammenhang von *somatischen* (physischen), *subjektiv-reflexiven* und *darstellungsgebundenen* Prozessen verstehen und das Wort „Gefühl" terminologisch für jene Fälle reservieren, in denen lediglich die subjektiven Empfindungen eines Individuums gemeint sind (vgl. Elias 1990, S. 349 u. 253).

a) *Die Dimension des Somatischen*
Emotionen sind auch Resultat evolutiver Entwicklungen, die zur biologischen Konstitution des Menschen gehören. Ihre Zweckmäßigkeit ergibt sich zum Teil über spezifische Umgebungsanforderungen: Schreck und Angst kann Fluchtverhalten vor Gefahren mobilisieren und steuern, Wut und Aggression mag in Situationen hilfreich sein, in denen Verteidigung gegenüber einem Aggressor von Nöten ist, Empathie und Liebe erhöhen die Chancen erfolgreicher Nachwuchsfürsorge usw. Emotionen weisen eine somatische Basis auf, die neben und mit situativen und

---

[43]Kleininna/Kleininna listen 1981 neunzig Definitionen auf (vgl. Ciompi/Endert 2011, S. 18).

[44]Stimmungen werden hingegen als Gefühlszustände beschrieben, die sich zeitlich weniger genau eingrenzen lassen und durch eine stärkere Diffusität der Valenzen und der Auslöser gekennzeichnet sind. Zu einer Übersicht über emotionstheoretische Klassifikationskonzepte vgl. Turner (2000, S. 66–84).

sozialen (gesellschaftlichen, kulturellen) Kontexten ihre Formen bedingt. Gerade die sogenannten Primäremotionen wie Interesse/Desinteresse, Angst, Wut, Freude und Trauer stehen zu neuronalen und hormonellen Strukturen in Beziehung, die sich im Laufe der letzten Jahrtausende – im Unterschied zur soziokulturellen Evolution der Artefakte – vermutlich kaum geändert haben.[45]

Die körperliche Basis des Emotionalen kann sich auf die Gestaltung und Bedeutung von visuellen Kommunikationen auswirken. Ein prägnantes wie bekanntes Beispiel ist das sogenannte Kindchenschema. Es ist nicht nur in sozialen Situationen zwischen Menschen als Schlüsselreiz (z. B. in der Eltern-Kind-Beziehung), sondern im Rahmen bildlicher Inszenierungen bedeutsam. Kleinkinder oder Jungtiere (Küken, Welpen, Kätzchen etc.) sind in verschiedenen Gesellschaftsbereichen vom privaten Fotoalbum über die massenmediale Unterhaltung bis hin zur Werbung Ausdrucksmuster von ‚Niedlichkeit', die als Sujets offenkundig gern ins Bild gesetzt werden. Aber auch sublimere Übersetzungen des Kindchenschemas sind im Design verschiedenster Artefakte durchaus häufig, so z. B. dann, wenn Konsumprodukte an kindliche Gesichter erinnern sollen (z. B. Autos).

Somatisch verankerte Verknüpfungen von visuellen Erscheinungsformen und Emotionen sind weiterhin im Kontext von Ekel- und Furchtgefühlen bekannt. Spinnen und Schlangen etwa scheinen kulturuniversal entsprechende Gefühle hervorzurufen[46] und vermögen als Bild-Motive jene Emotionen zu adressieren. Auch die zahllosen Ausnutzungen erotisch-sexueller Schlüsselreize in Kunst, Werbung, Unterhaltung und Pornografie oder Genres wie der Horror-Film, die verlässlich Angst und Schrecken provozieren, deuten auf die Relevanz der somatischen Ebene hin.[47]

b) *Die Dimension der Kognition*
Bei allen Unterschieden im Detail teilen neuere Emotionstheorien die Ansicht, dass Emotionen neben und mit körperlichen Vorgängen an *Kognitionen* gebunden

---

[45]Vgl. Tooby und Cosmides (2008). Die Hirnforschung geht von einer Eigenlogik gefühlsrelevanter Hirnfunktionen bzw. Hirnsysteme aus und spricht z. B. vom „Belohnungs-System", „Angst-Panik-System", „Interesse-Neugierde-System", „Wut-Aggressions-System" (Ciompi/Endert 2011, S. 34).

[46]Vgl. Öhman/Mineka (2001).

[47]Aus evolutionstheoretischer Sicht besteht eine Funktion von Mediendarstellungen und -narrativen darin, dass Individuen in gefahrlosen (‚virtuellen') Umgebungen für das eigene Leben lernen können (vgl. Schwender 2006).

7.4 Emotionen

sind. Emotionen bilden sich über die individuelle Verknüpfung körperlicher *und* kognitiver Prozesse in Relation zu Umweltereignissen.[48] Bestätigung findet diese Annahme u. a. darin, dass Subjekte situativ gebildete Gefühle spontan kategorisieren und benennen können.[49] Im Rahmen empirischer Untersuchungen zeigen u. a. die der „appraisal theory" zugeordneten Studien, wie Individuen auf der Basis von Situationseinschätzungen Gefühle bilden und strukturieren.[50]

Die Annahme des unausweichlichen Beteiligtseins von Kognitionen an emotionalen Prozessen plausibilisiert schon für sich selbst genommen die prinzipielle Durchdringung von Sozialität und Emotionalität. Noch deutlicher wird dieser Zusammenhang, wenn man sich die für Menschen charakteristische Notwendigkeit des *Lernens* vergegenwärtigt. Mit der ausgeprägten Lernfähigkeit der Spezies dominieren erlernte Verhaltensweisen gegenüber den ungelernten. Damit geht nicht nur ein Handlungsspielraum, sondern auch ein Zwang zum Lernen einher, der mit der Komplexität von Kultur und Gesellschaft zunimmt – ja der Mensch, so Elias, ist „in eine völlige Abhängigkeit zu gelernten Formen des Wissens geraten" (Elias 1990, S. 343). Die Entwicklung des Individuums verdeutlicht dies. So lernen Kinder im Laufe ihrer körperlich-geistigen Entwicklung von ihren Bezugspersonen in einem Liebes- und Lernverhältnis die Teilnahme an Kommunikation, wobei Emotionen notwendigerweise von Bedeutung sind. Damit kommt es unausweichlich zu einer emotionalen Selbstregulation bis hin zum erwachsenen Menschen, bei dem sich keine seiner Emotionen mehr „in einem vollständig ungelernten, genetisch fixierten Reaktionsmuster" äußert (Elias 1990, S. 206).[51] Auch wenn der Mensch mit ungelernten Emotionsperformanzen ausgestattet bleibt (z. B. Grundformen des Lächelns oder des Schmerzverhaltens), so ist das breite Spektrum seiner Emotionalität doch Resultat von Lernprozessen, die an seiner sinnhaften Umgebung orientiert sind.

Dieser Aspekt hat fundamentale Konsequenzen für den Körper als Darstellungsmedium emotionsbezogener visueller Kommunikation. So führt die Rede vom „Emotionsausdruck" in die Irre, weil sie suggeriert, dass die mit ihr

---

[48] Vgl. z. B. Ciompi/Endert (2011, S. 18).

[49] Vgl. mit Belegen Müller/Kappas (2011, S. 314).

[50] Zu diesem, auf die Arbeiten von Magda Arnold und Richard Lazarus zurückgehenden Konzept sowie zu der Darlegung empirischer Analysen, die dieses Modell stützen, vgl. z. B. Schachter (1964) und Scherer et al. (2006).

[51] Der hier gemeinte Sachverhalt ist dementsprechend grundlegender als die historisch spezifische Selbst- und Fremdregulation von Gefühlen, die Elias mit dem Begriff des „Zivilisationsprozesses" (1980 [1939]) fasst.

bezeichneten Sichtbarkeiten gänzlich in ihrer Beziehung zu einem subjektiven Empfinden zu erklären sind, derweil ihre Formen faktisch maßgeblich *sozialisiert* sind, etwa auf den erlernten Erwartungen anderer und einem darauf eingestellten Emotionsmanagement beruhen (vgl. Elias 1990, S. 352). Ohnehin kann der Körper kontrolliert und manipuliert werden, sodass sichtbares Verhalten keineswegs den subjektiven Gefühlen der jeweiligen ‚Träger' entsprechen muss.

Während Authentizitätsprüfungen im Interaktionsgeschehen durchaus bedeutsam sind, ist die Unterscheidung zwischen dem subjektiven Gefühl des darstellenden Individuums und dem manifesten Ausdrucksverhalten im Bereich piktorialer Inszenierungen weniger wichtig.[52] Wenn ein Unterhaltungsfilm oder ein Werbeplakat lachende, weinende oder erotisch-verzückte Menschen zeigt, fungieren Emotionalitäten als Sujets, für deren Realisierung die faktischen Gefühle der darstellenden Models unerheblich sind.

c) *Die Dimension der Darstellung*
Wie sich mit dem Gesagten schon andeutet, sind Emotionen neben und mit der somatischen und reflexiven Dimension durch eine Darstellungskomponente gekennzeichnet. Diese ist für die Soziologie besonders relevant, weil sie im Unterschied zu den Binnenzuständen des Individuums *intersubjektiv* beobachtbar ist und daher die genuin *soziale* Dimension des Emotionalen ist. Das fraglos wichtigste Darstellungsmedium von Emotionen ist der menschliche Körper, und zwar in doppelter Hinsicht: als sichtbare Physis in sozialen Situationen und als Vorlage bildlicher Darstellungen. Der menschliche Körper ist seit jeher ein bevorzugtes Sujet bildnerischen Schaffens, sodass man fast sagen könnte: Die Bildgeschichte des Menschen ist eine Geschichte der Bilder vom Menschen.[53]

Die Körperzentrierung visueller Emotions-Darstellungen ergibt sich schon aus dem Umstand, dass die *korporalen Ausdrucksmuster* von Emotionen diejenigen sind, die in sozialen wie medial vermittelten Situationen am unmittelbarsten und

---

[52]Hingegen ist dieser Zusammenhang unter dem *praktischen* Gesichtspunkt der systematischen Generierung *überzeugender* Darstellungen höchst relevant. Entsprechend reflektiert die Theorie des Theaters und der Schauspielkunst schon lange auf die Frage, ob, inwiefern und mit welchen Konsequenzen das innerliche Erleben von Gefühlen die Voraussetzung gelungener Emotionsdarstellungen ist. Zu einem Überblick siehe z. B. Risi/Roselt (Hrsg. 2009).
[53]Diesen Eindruck bestätigt Hans Beltings „Bild-Anthropologie" (2001). Dass auch die Bildgeschichte des Teufels als eine Anpassung an menschliche Selbstbilder mit zunehmend humanen Zügen rekonstruiert werden kann, zeigt Arasse (2012).

7.4 Emotionen

verlässlichsten als Ausdruck von Emotionen ‚gelesen' werden können. Sichtbar wird dies gerade an den sogenannten Basisemotionen. Schon Darwin (1872) hatte auf ein biologisch fundiertes und evolutiv entwickeltes Repertoire körperlicher Emotionsäußerungen hingewiesen. Wie neuere Studien zeigen, lassen sich für Primäremotionen Darstellungsformen identifizieren, die kulturübergreifend bestimmten Gefühlen (u. a. Freude, Angst, Traurigkeit) zugeordnet werden können.[54] Dabei sind die korporal zum Ausdruck gebrachten Gefühle zugleich die stärksten *Auslöser* für emotionale Reaktionen anderer, wobei das Gesicht der wichtigste Stimulus ist.[55] Zu beachten ist jedoch auch, dass es kein körperliches Ausdrucksverhalten gibt, das sich *neutral* zu der emotionalen Dimension der Kommunikation verhält. Auch Darstellungen, in denen menschliche Körper keine emotionale Regung zeigen, sind unter emotionalen Gesichtspunkten bedeutsam. Sie weisen z. B. auf Kontrolliertheit, Nüchternheit oder Sachorientierung hin und werden dementsprechend in medialen Inszenierungen eingesetzt (z. B. im Kontext der Werbung für Banken und Versicherungen).

Erst recht aber sind stärkere Gefühle wie Zorn, Trauer oder Freude visuelle Topoi der Kulturgeschichte des Menschen bis hin zu den (massen-)medialen Darstellungen der Gegenwart. Die Tatsache, dass die Triumph-Performance von Mario Balotelli in einem Halbfinalspiel der Fußball-Europameisterschaft 2012 wie kaum ein anderes im Jahr 2012 in das kollektive Gedächtnis Europas einging (und daher zu Recht Eingang in die medialen Jahresrückblicke verschiedener Medienformate fand), ist u. a. ein Indiz für die Relevanz und Durchsetzungskraft von „Pathosformeln" (Warburg 2001).[56]

Auch die in der Tradition mit dem Begriff des Erhabenen belegten Bildsemantiken, in denen das Schreckliche als pasteurisierte, da nur visuell-ästhetisch erfahrene Schrumpfform in Erscheinung tritt, wären als Beispiel für einen Komplex überhistorisch bedeutsamer Sujets zu erwähnen. Das exemplarisch hierfür von Lukrez entworfene Bild – Menschen, die vom Meeresstrand aus der existenziellen Gefahr der Besatzung eines in Seenot geratenen Schiffs ansichtig werden – ist hier nur ein Motiv unter anderen, das die Aktualität des Erhabenen demonstriert. Von der Bildberichterstattung tragischer Weltereignisse (Kriege, Natur-Katastrophen usw.) über das Zeigen panikerfüllter oder weinender Menschen bis hin zu den

---

[54] Für eine klassische Studie vgl. Ekman/Friesen (1969).
[55] Studien mit dem „International Affective Picture System" deuten dabei auf kulturunabhängige Auslöser wie die bereits erwähnten hin (vgl. Bradley/Lang 2007).
[56] Zu den Pathosformeln des Fußballs vgl. Bredekamp (2007, S. 169–185).

Kommunikationen des Horrorfilms: Eine große Palette von Bildern bedient, wenn schon nicht notwendigerweise, eine „Angstlust" (Balint 1972), so doch die Faszination der Betrachtung des Grauens aus sicherem Abstand.[57]

Neben Darstellungen, die sozial konventionalisierte Zeichen und Symbole des Emotionalen aufweisen, gibt es visuelle Kommunikationen, die *ohne* solche Zeichenbezüge emotionalisieren. Arvid Kappas und Margot Müller (2011) unterscheiden diesbezüglich „visual emotions" von „emotional visuals". Ein Beispiel sind Bilder von schrecklichen Ereignissen, deren Grauen sich nicht aus dem Gezeigten, sondern aus der Einheit der Unterscheidung von Darstellung einerseits und Kontext(bild)wissen von Betrachtenden andererseits ergibt. Folterkammern, Todeszellen oder die rauchumwölkten Twin-Towers in New York: Die starke Präsenz solcher Bilder in den Massenmedien verdankt sich einem agenda setting, das emotional gefärbte Erinnerungen zu nutzen weiß. Emotionalität kann also auch in einem verdeckten Sinne als Umgebung visuelle Kommunikationen strukturieren.

Die bisherigen Überlegungen zeigen: Emotionen gehören als komplexe „Syndrome" (Elias) zur Grundausstattung der Spezies Mensch und sind daher prinzipiell mit visuellen Kommunikationen verflochten. Im Folgenden wende ich mich etwas ausführlicher sozialen Zwecken und Zielen der Emotionalisierung sichtbarer Gestaltung zu.

7.4.2 Soziale Ordnung visueller Emotionsexpression

a) *Sozialorientierung und feeling rules*
Fragt man nach den sozialen Funktionen von Emotionen, bilden evolutionstheoretische Überlegungen einen Bezugspunkt unter anderen. Mit ihnen lässt sich die Entwicklung von Emotionen als Anpassungsprozess nicht nur an natürliche, sondern auch an soziale Umgebungen verstehen. Eine plausible These fokussiert Umweltbedingungen, die das *Leben in Gruppen* begünstigen. Indem emotionale

---

[57]Mit dieser Perspektive wird man bezweifeln dürfen, dass die Funktion der sozialdokumentarischen Fotografie von Lewis W. Hine bis Sebastião Salgado oder auch des (sozial-)dokumentarischen Films nur darin besteht, die Öffentlichkeit über Missstände aufmerksam zu machen (zur Geschichte des Genres vgl. z. B. Schmidt 2011). Ebenso wird man annehmen müssen, dass die Beimengung des Sozialdokumentarischen im Medienkontext von Lifestyle, Unterhaltung und Werbung einem emotional design im Sinne des Erhabenen dient – auch wenn dies nicht den Intentionen der Fotograf*innen (der Filmemacher*innen) entsprechen mag.

7.4 Emotionen

Bindungen zwischen den Individuen forciert und differenziert werden, so das Argument, kann die Solidarität in Gruppen gestärkt werden, ohne dass die einzelnen Individuen ihre Autonomie aufgeben müssen. Der soziale Selektionsdruck für die Entwicklung von Gefühlen ergibt sich demnach durch die Anforderungslagen des Zusammenlebens in Gruppen und der Organisation von Gruppen. Jonathan Turner zufolge leisten Emotionen z. B. „mobilization and channeling of emotional energy, interpersonal attunement, sanctioning, moral coding exchange of value, and decision making." (Turner 2000, S. 62).[58]

So ist es nicht erstaunlich, dass Emotionalität, Emotionsregeln und Emotionssemantiken auch in der Gegenwartsgesellschaft für die Kohäsion verschiedenster Gruppierungen sorgen. Die durch ihre Themenausrichtungen von anderen Formen der Vergemeinschaftung zu unterscheidenden *Szenen*[59] weisen z. B. oftmals spezifische Emotionskulturen auf. Man denke nur an die Ästhetik des Bösen, die im Rahmen der Horrorfilm-Szene kultiviert wird[60] oder an die Zurschaustellung machohafter Männlichkeit, die für den Hip-Hop ein wesentliches stilistisches Kennzeichen ist. In Anlehnung an Hans-Georg Soeffners Beschreibung des Punk zeigen z. B. Theresa Wobbe und Dirk Trüller, dass die Kollektivsymbolik der Skinhead-Szene eine „Ästhetik der Härte" entfaltet, die Aggression und Dominanzstreben demonstriert und eine Selbstcharismatisierung anstrebt, die Gefühle wie Scham und Furcht (vor Achtungsverlust) abwehren soll (1999, insb. S. 141 f.). Die kanonisierte und dauerhaft sichtbare Emblematik leistet den Autoren zufolge eine „affektive Stabilisierung" der Gruppe (ebd., S. 144).

Auch die Identifizierung *ethnischer* Gruppen kann über die Kommunikation von Emotionen erfolgen. So hat in den nordeuropäischen Ländern das Klischee von den heißblütigen, affektgeladenen ‚Südländern' eine lange Tradition.[61] Ein Indiz für die Persistenz entsprechender Alltagstheorien und ihrer Ausmalung im Rahmen visueller Kommunikationen sind massenmediale Formate der Unterhaltung und der Werbung, in denen ausgeprägte Emotionalitäten oftmals mit bestimmten Phänotypen in Szene gesetzt werden.[62]

---

[58]Wie Turner selbst feststellt, handelt es sich mangels empirisch-analytischer Überprüfbarkeit um eine These, die nur argumentativ bekräftigt, nicht aber ‚bewiesen' werden kann (Turner 2000, S. 154 f.).
[59]Zu diesem Szene-Begriff vgl. Hitzler/Niederbacher (2010).
[60]Vgl. z. B. Vogelgesang (1991).
[61]Vgl. Frevert (2010).
[62]Zu einigen Beispielen vgl. Willems/Kautt (2003, S. 416–419).

Einen weiteren Zusammenhang von Gruppenbildung und Emotionskultur finden wir im Bereich der *Jugendsubkulturen* vor. Hier ist z. B. nicht zu übersehen, dass „Coolness" als ästhetischer Leitwert fungiert. Im Unterschied zur alltagssprachlichen Bedeutung des Wortes im Sinne einer allgemeinen Positivqualifizierung des Bezeichneten deklariert die Ästhetik des Coolen u. a. in Entsprechung des ursprünglichen Wortsinns eine spezifische emotionale Haltung zur Welt. Die deutliche Zurücknahme von Farbigkeit (Schwarz, Grau) und die Präferenz für ‚kühle' Materialien (Metall) soll Affektkontrolle, Abgeklärtheit, Sachlichkeit und Autonomie zum Ausdruck bringen – mithin Identitätseigenschaften, an denen es Jugendlichen angeblich besonders mangelt. So ist es nicht erstaunlich, dass Coolness in den an Jugendliche adressierten visuellen Kommunikationen der „Kulturindustrie" einer der wichtigsten, wenn nicht *der* wichtigste Identitätswert ist.

Eine der Ordnungsfunktion von Gruppen vergleichbare Perspektive entwickelt Arlie Hochschild mit ihrem Konzept der „feeling rules". Unter diesen versteht Hochschild Verhaltensregeln, die sich auf das beziehen, was Individuen in spezifischen Situationen und Kontexten fühlen bzw. nicht fühlen sollen. Hierbei gibt es Spielräume. Feeling rules bestimmen einen *Bereich* von (Gefühls-)Verhalten, der situationsbezogen als (noch) akzeptabel gilt, sodass regelkonform Handelnde nicht mit negativen Gefühlen rechnen müssen. Eine feeling rule „delineates a zone within which one has permission to be free of worry, guilt, or shame with regard to the situated feeling." (Hochschild 1979, S. 565). Die Regeln selbst, so Hochschild, wirken nicht sprachlich formalisiert, sondern als implizit gewusste Sinnbestände, die in der sozialen Praxis und über Sozialisationsprozesse vermittelt werden. Auf die Existenz dieser Regeln weisen indessen alltägliche Sprechweisen hin, die es in den verschiedenen Sprach- und Kulturräumen gibt und die unverkennbar soziokulturellen Wandlungsprozessen unterliegen. Exemplarische Varianten, die Hochschild für den angloamerikanischen Sprachraum auflistet, sind z. B.: „we have (not) the right to be angry", „we should feel more grateful", „we don't have the right to be jealous" (ebd. 1979, S. 564).

Diese und vergleichbare Formulierungen zur graduellen (Nicht-)Passung einer Emotion sind Hochschild zufolge „rule reminders", die die Existenz einer sozialen Ordnung von Gefühlen aufrufen und mehr oder weniger stark an deren Geltung appellieren. Zu dieser Ordnung gehören wertende Aussagen zur Situations- bzw. Kontextangepasstheit sowie positive und negative Sanktionen, die (auch) sprachlich vollzogen werden können. Dabei enthalten die feeling rules diverse Spezifikationen, die die Formen des sozial Gewünschten genauer bestimmen. Zu den Rechten und Pflichten der „emotion work" gehört es dabei,

7.4 Emotionen

Gefühle in einer angemessenen Dauer, Richtung und Intensität zu ‚haben' bzw. zu zeigen.[63]

Hochschild folgt dabei der Annahme, dass die soziale Ordnung der Emotionen und Emotionsausdrücke ein emotionales envolvement bei den Beteiligten verlangt. Erforderlich sei ein emotionsspezifisches ‚In-die-Situation-Kommen' im Sinne eines Gefühle generierenden „deep acting".[64]

Für Hochschild wie für Turner besteht die Funktion von Emotionen demnach darin, Beziehungen zwischen Menschen zu strukturieren und zu regulieren. Wie Turner bemerkt, leisten Emotionsdarstellungen hierfür wichtige Beiträge, schon bevor Sprache entwickelt ist. Visuelle Wahrnehmungen steuern nicht nur Interaktionen, sondern sie sind auch eine entscheidende Vorbedingung für Sprache und rationales Denken: „And during early hominid evolution, the brain was further rewired to control and use emotional cues in a visually based language system, supplemented by auditory signals." (Turner 2000, S. 25) Insbesondere das Gesicht fungiert als „Signaltafel" (Elias 1990) nicht nur der Darstellung individueller Gefühlslagen, sondern auch der Beziehungsqualität zwischen Menschen. Ob Freund, ob Feind – die wechselseitige Taxierung des Gegenübers erfolgt maßgeblich im Medium des Visuellen.[65]

Wer allerdings glaubt, menschliche Gefühle und deren Darstellung seien für sich selbst genommen das entscheidende Medium der emotionalen Situationsdefinition, läuft Gefahr, die Bedeutung materialer Umgebungen erheblich zu unterschätzen. Vielmehr wirken die visuellen Formen lebloser Artefakte in mannigfaltiger Weise auf die parasozialen Beziehungen zwischen Menschen und Objekten ein. Schon die Herstellung von Aufmerksamkeit für Dinge gehört in diesen Bereich. In vielen Kontexten, man denke nur an die Konsumgüter des täglichen Gebrauchs von der Kaffeemaschine bis zum Auto, ist das Design u. a.

---

[63]Hochschilds Begriff der feeling rules bezieht sich nicht nur auf die Regeln des emotional Erwünschten, sondern auch auf die davon ggf. abweichenden Einschätzungen von Situationen und dazugehörigen Gefühlen. So könne man aus Erfahrungen die Regel ableiten, dass es sich bei Partys um langweilige Ereignisse handle, während einem die Regel des ‚Spaß-Habens' auf solchen Veranstaltungen bekannt sei (vgl. Hochschild 1974, S. 564).

[64]Die Notwendigkeit des inneren Fühlens werde von Goffmans Beschreibungen eines bloß oberflächlichen „impression managements" übersehen, kritisiert Hochschild.

[65]Besonders effektiv ist das Gesicht als Kommunikationsmedium deshalb, weil die Mimik weniger als das Sprechen auf Lernen angewiesen ist (vgl. Elias ebd., S. 353). Zu einer umfangreichen Darstellung der „facialen Gesellschaft" im Blick auf die Rekonstruktion unterschiedlicher Kommunikationsmedien (z. B. Fotografie, Film) vgl. Löffler (2004).

darauf eingestellt, dass wir uns diesen Objekten zuwenden und gerne mit ihnen in Kontakt treten – oder umgekehrt: uns von ihnen abwenden oder gar fürchten. Farbgestaltung ist dabei ein Mittel unter anderen. Sie kann auf dem Signalcharakter von Farben ebenso wie auf sozial (kulturell/gesellschaftlich) konstruierten Bedeutungszuschreibungen aufruhen. Buntheit etwa erfreut sich in verschiedenen Kontexten nicht nur zu Zwecken der Aufmerksamkeitsaktivierung, sondern auch der Kommunikation von Befindlichkeiten wie Fröhlichkeit und Ausgelassenheit einer großen Beliebtheit. Auch zeichenhafte Analogien zum menschlichen oder zum tierischen Körper werden häufig genutzt, um eine emotionale Beziehung zu Objekten herzustellen – bis hin zur mimetischen Nachbildung von Lebewesen.

Darüber hinaus können komplexe Arrangements von Objekten als „behavior setting" (Barker 1960) wirken, mithin Erwartungen an die Gefühle und Handlungen der in und mit ihnen Agierenden formulieren.[66] Eine besondere Leistung visueller Kommunikationen wird man darin sehen können, dass ihre (emotions-)normative Kraft nur bedingt auf Sprache angewiesen ist. Die Beteiligten werden vielmehr in eine Situation eingebunden, die qua formstabiler Materialität Emotions-, Handlungs- und Kommunikationsansprüche auf der Basis physisch vorhandener Fakten artikuliert.

Wir wissen etwa sofort, wie wir uns im Ambiente einer Bar oder eines Cafés zu fühlen haben: entspannt, sinnes- und genussorientiert und – in Sachen Interaktion – je nach Interieur, mehr oder weniger auf vertrauliche Kommunikation eingestellt. Unabhängig davon, ob unser Gefühlserleben den Erwartungen der Situationsgestaltung folgen will oder nicht, ob uns ein „deep acting" (Hochschild) gelingt oder wir nur oberflächlich die gewünschten Gefühle zum Ausdruck bringen, verstehen wir die situative Emotionsregel der Raumgestaltung als solche.

Ähnlich verhält es sich mit der Gestaltung von Arbeitsumgebungen, z. B. dem Design von „Chefzimmern". Die Erscheinungsformen werden hier in Anspruch genommen, um bei Besuchern bestimmte Gefühle zu provozieren, etwa solche der Anerkennung, des Respekts, der Minderwertigkeit oder der Unterlegenheit.[67] Auch das Design universitärer Hörsäle formuliert Erwartungen an die Emotionsarbeit.

---

[66]Dass die Barker-Schule dazu tendiert, Verhalten allzu stark über Behaviour Settings zurückzuführen „und die Analyse von Sozialstruktur in Settinganalyse auflösen zu wollen", notiert zurecht Saup (1983, S. 144). Entsprechend ist analytisch in Fallanalysen die spezifische Relevanz von Settings zu prüfen – z. B. im Beziehungsgefüge weiterer Strukturen (der Macht, der Identitäts- und Emotions-Semantiken u. a.).
[67]Zur Gestaltung von Chefzimmern vgl. ausführlich Lachmayer (2011).

7.4 Emotionen

Vergleichbar zu Versammlungsräumen von Organisationen jenseits des Bildungssystems (Kliniken, Verwaltungen, Behörden u. a.) ist deren Zeichenhaftigkeit auf eine ‚Sachlichkeit' eingestellt, für die die Zurückdrängung emotionalen Erlebens Voraussetzung ist.

b) *Achtungskommunikation und Interaktionsordnung*
Neben und mit der Einpassung des individuellen Verhaltens in variierende Kontexte sind Emotionalitäten für die Strukturierung von Achtungskommunikation von großer Bedeutung.[68] Eben jenen Aspekt hebt Erving Goffmans Beschreibung der Interaktionsordnung besonders hervor. Für ihn ist die Annahme eines „heiligen Selbst" als Dreh- und Angelpunkt des sozialen Austauschs entscheidend: Weil Individuen geachtet werden wollen, sei der Kampf um Achtung, um ein positives Image, wenn schon nicht das Ziel, so doch eine wichtige, ja die strukturbildende *Bedingung* von Interaktion.[69] Indem sich im Ausdrucksverhalten Akzeptanz, Anerkennung und Stolz ebenso zeigen kann wie Geringschätzung oder Scham(losigkeit), übernehmen Gefühle und deren Darstellungen eine unverzichtbare Ordnungs- und Orientierungsfunktion für die alltägliche Kommunikation unter Anwesenden.[70]

Diese Perspektive lässt sich fraglos auf *medial* vermittelte Kommunikationen übertragen – auch hier spielen Emotionsdarstellungen als Indikatoren vorhandener (Miss-)Achtung von und zwischen Individuen und Gruppen eine Hauptrolle. Das gilt nicht nur für die Vielzahl bildlicher (filmischer) Ereignisse, die Interaktionen zwischen Menschen zeigen. Es gilt auch insofern, als Individuen vor der Kamera um Achtung vor Rezipierenden bemüht sind und ihre Selbstdarstellungen entsprechend einstellen, ja man zweifellos von einem „Kult des Selbst" (Goffman 1981) sprechen kann, der sich bereits in den Fotografien des 19. Jahrhunderts Bahn bricht.

Visuelle Kommunikationen sind diesen Überlegungen zufolge mannigfaltig mit Emotionen verflochten. Wie in anderen Zusammenhängen sind die Beziehungsgefüge zwischen visuellen Artefakten und strukturellen Umgebungen hochgradig interdependent: Designprozesse folgen nicht nur den emotionalen Bedarfslagen des Menschen, sondern wirken zugleich auf diese ein.

---

[68]Hochschilds Konzept der feeling rules erklärt demgegenüber eher die Verhaltensanpassung von Individuen an thematisch variierende Situationen.
[69]Dazu ausführlich Goffman (1986).
[70]Vgl. Willems (1997, S. 112–127); zu einem Überblick über die Literatur im Themenzusammenhang Interaktion und Emotion vgl. von Scheve (2010).

Darstellungen lassen sich also auch diesbezüglich als Resultate von Anpassungsprozessen an soziale Umgebungen verstehen, etwa als Adaptionen an „feeling rules", Interaktionsrituale oder historisch entwickelte Emotionssemantiken wie z. B. diejenigen der Liebe.

7.4.3 Exkurs: Emotionen und soziokultureller Wandel

Die bisherigen Überlegungen haben den Eindruck erweckt, dass sich die Gestaltung von Emotionsdarstellungen in mikrosozialen Beziehungsgefügen entwickelt – etwa zu Zwecken der Situationsdefinition, der Herstellung von Gender-Identitäten, der Ordnung der Interaktion oder der (Re-)Produktion von Gemeinschaft. Die gewonnenen Perspektiven müssen nochmals erweitert werden. Nicht nur, dass die hier getrennt behandelten Bereiche in der sozialen Wirklichkeit mannigfaltig miteinander verschränkt in Erscheinung treten und die Analyse entsprechend komplex eingestellt werden muss.

Ergänzend ist zudem auf die interdependente Beziehung von mikro- und makrosozialen Prozessen hinzuweisen. Emotionen und ihre Darstellungen sind von der historisch vorfindlichen Gesellschaft bedingt und wirken über Zeichen- und Symbolzusammenhänge auf diese zurück. Das gilt u. a. für die hier verhandelten Themen. So sind interaktionelle Emotionsexpressionen und deren mediendramaturgische Aufbereitung fraglos u. a. ein Resultat von Individualisierungsprozessen und einer „Dynamisierung des Selbst" (Willems 1999, S. 94), die sich mit Prozessen wie demjenigen der funktionalen Differenzierung in Verbindung bringen lassen. Auch der jugendkulturelle Stil des Coolen kann im Rückbezug auf die gesamtgesellschaftliche Konstellation analysiert werden (vgl. Abschn. 7.4.2).

Die gemeinte Dimension soll abschließend anhand einiger bekannter soziologischer Argumentationslinien verdeutlicht werden. Als beispielgebender Bezugspunkt dient mir dabei vor allem die Werbung, weil sie in der großen Breite ihrer Bildsemantiken zu allen referierten soziologischen Zeitdiagnosen exemplarische Fälle bereithält.

a) *Zivilisierung und Informalisierung*
Eine Theorie, die einen längerfristigen soziokulturellen Wandel von Emotionssyndromen annimmt, ist die Eliassche Theorie vom „Zivilisationsprozess" (1997

7.4 Emotionen

[1939]).[71] Mit diesem Prozess ist u. a. eine zunehmende emotionale Selbstkontrolle der Gesellschaftsmitglieder und – damit zusammenhängend – das Vorrücken von Scham- und Peinlichkeitsschwellen gemeint. Unter welchen Bedingungen aber kommt es zu einer zunehmenden Selbstkontrolle der Individuen und zu einer engeren Auslegung beschämender und peinlicher Anlässe? Im Blick auf die europäische Entwicklung der Neuzeit, für die Elias die These vom Zivilisationsprozess entfaltet, sieht er in der Zunahme, Verdichtung, Dynamisierung und zunehmenden Intransparenz der Abhängigkeitsbeziehungen zwischen Individuen den entscheidenden Motor der Entwicklung. Ein Modell hierfür ist nach Elias die höfische Gesellschaft (Elias 1969): Weil der Höfling in ein komplexes Geflecht interdependenter Beziehungen eingebunden ist – Elias nennt diese Gefüge „Figurationen" – steht er nicht nur fortwährend unter potenzieller Beobachtung, sondern kann auch die Folgen seines Verhaltens und Handelns in den Beziehungsverhältnissen nur bedingt einschätzen. Um die Gunst der Mächtigen nicht zu verlieren, tendiert er unter diesen Bedingungen zu einer Verhaltenskontrolle, zu einer Selbstzivilisierung, die in die tieferen Schichten der Persönlichkeit eingeht. Die Beachtung der Etikette, der anerkannten Formen von Höflichkeit und des guten Benehmens, sind Elemente eines ausgedehnten Prozesses der Zurückdrängung von Affekten und der Entwicklung von Verhaltensregulierungen. Indem mit den Modernisierungsentwicklungen der Gesellschaft Interdependenzketten zwischen Menschen zunehmen, so Elias, komme es zu einem gesellschaftsweiten und auf Dauer gestellten Zivilisationsprozess.[72]

---

[71]Dass und inwiefern sich Elias´ Konzept im Hinweis auf kulturelle und ethnische Unterschiede oder auch hinsichtlich historisch unterschiedlicher Verlaufsformen der „multiple modernities" (Eisenstadt 2000) mit guten Gründen kritisieren lässt (vgl. zu einer Übersicht z. B. Paul 2011), ist für die folgenden Überlegungen weniger entscheidend als der Sachverhalt, dass sich (noch) in der Gegenwarts(welt)gesellschaft unverkennbar Zivilisierungstendenzen ausmachen lassen.

[72]Die Computerisierung der Gesellschaft im Sinne eines allgemeinen Wichtigerwerdens technischer wie (technisch basierter) sozialer Netzwerke (Internet) verleiht dieser These eine neue Aktualität. Dazu passt, dass nicht wenige Gesellschaftsdiagnosen derzeit die Konzepte Identität, Netzwerk und Kontrolle fokussieren und verknüpfen (vgl. z. B. White 1992, Castells 2009). Man denke auch an den Sachverhalt, dass sogenannte künstliche Intelligenz zunehmend genutzt wird, um Menschen durch vermeintlich rationalere und weniger durch Emotionen ‚fehlgeleitete' technische Aktanten abzulösen (z. B. im Bereich der Medizin oder des Militärs). Vielleicht kann man hierin die (vorläufige) Endstufe des Zivilisationsprozess erkennen: Der Mensch versteht und beschreibt sich selbst als nicht in wünschenswertem Maße zivilisierbar und überlässt – u. a. der Idee der (Selbst-)Kontrolle verpflichtet – den Maschinen die Kontrolle.

Die Pointe für unseren Zusammenhang besteht nun darin, dass das Geschehen der Zivilisierung bzw. Selbstzivilisierung von Anbeginn an aufs Engste mit der Gestaltung der materiellen, sichtbaren Umgebung des Menschen verknüpft ist. Von den einfachsten Gebrauchsgegenständen des Alltags über die Bildsemantiken feudaler Herrschaftsmalerei bis hin zur massenmedialen Unterhaltung und der Werbung lassen sich Symptome des Zivilisationsprozesses identifizieren. Wie bereits erwähnt (2.1), hat etwa die Entwicklung von Essbesteck und Geschirr mit Zivilisierung zu tun, insofern eben jene Dinge sowohl den unvermittelten Zugriff auf das Essen mit den Händen (Gabel) als auch den Körperkontakt der Beteiligten zueinander distanzieren. Auch die Zurückdrängung der Tiergestalt von der Tafel erklärt sich durch den Zivilisierungszusammenhang: Während das Präsentieren ganzer Tiere im Rahmen feudaler Schaugerichte noch ein Medium der Demonstration von Macht und Status ist,[73] ist die zivilisierte(re) Esskultur dies- und jenseits höfischer Zeremonien sorgsam darauf bedacht, die körper- und gewaltbezogenen Erscheinungsformen toter Tiere „hinter die Kulissen" (Elias 1997, S. 163) zu verlagern.[74]

Ein weiteres Beispiel aus dem Alltag ist die neuzeitliche Entwicklung der Wohnraumarchitektur. Deren Differenzierung ist in den letzten Jahrhunderten u. a. von der Idee getragen, affektive und ‚unreine' Körpervorgänge in spezifische Örtlichkeiten zu verlagern, an denen sie den Wahrnehmungen anderer entzogen sind: Die Entwicklung und räumliche Separierung von Toilette, Bad und Schlafzimmer gehören zu diesem Zivilisationsprozess: Bauliche Maßnahmen, die dafür sorgen, dass sich Körperprozesse der Ausscheidung, der Reinigung und der Sexualität diskret ereignen können.[75] Im Sport hingegen zeigen sich Zivilisierungstendenzen entlang des Zurückdrängens der Dimensionen des Kampfes von der Entwicklung spezifischer Regelwerke bis hin zur Gestaltung

---

[73]Dazu Gugler (2000).

[74]Diese Logik des Zeigens und Verbergens ist in den medialen Inszenierungen der Koch- und Esskulturen der Gegenwartsgesellschaft im Themenbezug Fleisch sehr relevant. Dazu, sowie zu gegenläufigen Tendenzen im Kontext televisueller Koch-Shows, siehe Kautt (2010 und 2019).

[75]Vgl. hierzu Elias (1969) und Selle (2002). Dass moderne Bäder zu halböffentlichen ‚Bühnen' mit Wohnraumcharakter entwickelt werden, widerspricht dem Zivilisationsprozess kaum – eher wird man hierin eine allgemeine Aufwertung des gestalteten Privatbereichs für vermögendere Individuen sehen können, der (der Privatbereich) sich zudem für „demonstrativen Konsum" (Veblen 1997, d. h. für die Beeindruckung anderer, nutzen lässt.

7.4 Emotionen

von Sportplätzen – mit Rückwirkungseffekten nicht nur für die visuelle Dimension des Sports.[76]

Ohnehin ist der Körper ein zentraler Schauplatz der (Selbst-)Zivilisierung. Man vergegenwärtige sich die omnipräsenten Bilder der Werbung. Der in der Reklame als schön stilisierte Körper ist ein Körper, der von ‚unreinen' und unkontrollierten Körperlichkeiten wie Schmutz, (Haut-)Unreinheiten, gelben Zähnen oder Haaren an der ‚falschen' Stelle befreit ist.[77] Gezeigt wird – trotz allen Ausnahmen und Wandlungen – meist ein gleichsam denaturalisierter Perfektkörper, der auf Selbstzivilisierung und Selbstkontrolle verweist und diese einfordert. Das Ideal der Reinheit wird häufig dramaturgisch hervorgehoben, z. B. indem kristallklares Wasser den nicht nur attraktiven, sondern auch ‚porentief' reinen, Körper umspült. Auf der potenziell stark ‚bewegenden' Gefühlsebene von Körperdarstellungen operiert die Werbung sowohl mit unterschwelligen Furchtappellen als auch mit Versprechungen und Verheißungen. Dabei ist offensichtlich, dass die Stilisierung des Erstrebenswerten zugleich eine Stigmatisierung des unzivilisierten Körpers bedeutet – entsprechende Merkmale gelten als unnatürliche Mängel oder Defekte. Dass und inwiefern der zivilisierte Körper als ein Zeichen der ‚intakten' Persönlichkeit und auch als eine Voraussetzung der (Intim-)Beziehung mit anderen erscheint, macht insbesondere das Feld der Erotik-Inszenierungen deutlich. Während die Reklame in anderen Themenbereichen durchaus ‚gewöhnliche' Menschen in Szene setzt, kommen im Rahmen der Darstellungen nackter Menschen und erotischer Interaktion lediglich Models mit ‚perfekten' und perfekt zivilisierten Körpern zum Einsatz.

Die genannten Beispiele verweisen auf Phänomene, die in unserer visuellen Kultur alles andere als marginal sind: Die Präsentation von Fleisch in Metzgereien oder im Supermarkt folgt ebenso wie die dazugehörigen Bildsemantiken (Verkaufsprospekte, Kochbücher, TV-Shows u. a.) fast ausnahmslos einem Gestaltungsprinzip, dass die Barbarei der Tierhaltung und -tötung hinter die Kulissen verlagert. Zivilisiertes Wohnen begegnet uns nicht nur in jedem Haushalt, sondern ist auch in den bildlichen Darstellungen und Inszenierungen von

---

[76] Vgl. zur Zurückdrängung von Gewalt im Sport Elias (2003) und mit dem Blick auf aktuelle Entwicklungen im Fußball Naglo (2014, S. 258).

[77] Dass man auf den reinen Körper mit verschiedenen Absichten Schmutz-Dekorationen aufbringen kann, spricht nicht gegen, sondern für diese Diagnose – denn es geht dann um das dramaturgische Spiel mit (Un-)Zivilisiertheit. Zur Analyse des zivilisierten Körpers im (Bilder-)Rahmen der Werbung siehe ausführlich Willems/Kautt (2003, S. 36 ff., S. 318–322 und S. 411 f.).

Architektur allgegenwärtig. Und nicht zuletzt ist der zivilisierte Körper nicht nur in den Lebenswirklichkeiten des Alltags, sondern auch in den Bildwelten omnipräsent. Kurz: Das Zivilisierte ist immanenter Bestandteil unserer materiellen Umgebung und geht als natürlich erscheinende Ordnung in die verschiedensten Darstellungsformen ein.

Ob, einer These Cas Wouters (1979) folgend, die längst zu beobachtenden Prozesse der Informalisierung – vom Relevanzverlust der Etikette bis hin zur Vergewöhnlichung der Pornografie[78] – als raum-zeitlich begrenzte Entzivilisierungen zu verstehen sind, die als Kompensationsmechanismen zum Fortbestehen des Zivilisationsprozesses beitragen, sei hier dahingestellt. Im Blick auf die erwähnten Bereiche visueller Kommunikation scheint in jedem Fall zu gelten, dass bestimmte zivilisatorische Standards soziokulturell evolutiv reproduziert werden, sodass die Zivilisationstheorie als ein Analyseinstrument unter anderen aufgerufen ist, wenn es um die Untersuchung der Beziehungen von visuellen Kommunikationen und Emotionen geht.[79]

b) *Individualisierung: Das Beispiel der Liebe*
Wie Elias interessiert sich auch Luhmann für den Zusammenhang von Gesellschaft und Emotionen im Rahmen langfristiger Entwicklungen. Im Unterschied zu Elias thematisiert Luhmann Emotionen aber nicht als Verflechtungszusammenhang somatischer, kognitiver und darstellungsbezogener Prozesse. Im Mittelpunkt steht bei Luhmann vielmehr die *Kommunikation* über Gefühle, womit weniger körpergebundene, sondern medial vermittelte Darstellungen gemeint sind. Empirischer Gegenstand sind dabei Liebesromane, die, beginnend mit dem auslaufenden Mittelalter, Vorstellungen und Leitbilder von Liebe begründen (1984). Wie in anderen Zusammenhängen fragt Luhmann auch im Falle der Liebe nach einem Bezugsproblem, auf das das soziale Phänomen (hier: die Liebessemantik) eingestellt ist. Er identifiziert dieses Problem in Prozessen der Individualisierung, die

---

[78]Vgl. hierzu die Beiträge in Schuegraf und Tillmann (Hrsg. 2012) und mit Blick auf die Werbung Kautt (2012).
[79]Zivilisationstheoretisch lässt sich z. B. das Ideal des ‚feinen', emotionskontrollierten Benehmens deuten, das in vielen massenmedialen Narrationen (Unterhaltung, Werbung) auch und gerade über visuelle Kommunikationen als Kompetenz ‚vorbildhafter' und erfolgreicher Figuren zum Ausdruck gebracht wird. Wichtiges Merkmal ist überdies die virtuose Einpassung des Verhaltens moderner Subjekte in wechselnde Situationskontexte über die Beherrschung variierender „feeling rules" (Hochschild 1979). Auch diesbezüglich spielen visuelle Kommunikationen, in lebenswirklichen Situationen wie in verschiedenen Medieninszenierungen, eine grundlegende Rolle.

7.4 Emotionen

ihrerseits durch Prozesse der funktionalen Differenzierung und durch Medienentwicklungen angestoßen werden: Mit dem Entstehen und Auseinanderdriften von Funktionssystemen (z. B. Wissenschaft, Kunst und Bildung) und insbesondere mit der Ausdifferenzierung von Wissensbeständen durch die Möglichkeiten des Buchdrucks, so Luhmann, individualisieren sich Menschen zwangsläufig in einem bislang ungekannten Ausmaß. Weil aber jedes Individuum nunmehr als hochindividualisiertes Subjekt von mindestens einem anderen als eben solches umfänglich akzeptiert und angenommen werden wolle, so Luhmann weiter, bedürfe es der Liebe als einer „themenorientierten Spezialsprache" im Sinne eines kulturellen Modells. Als „symbolisch generalisiertes Kommunikationsmedium" liefert die Liebe, als Kommunikation über Liebe, Handlungs- und Erlebens-Muster mit Orientierungswert, sodass die Wahrscheinlichkeit gesteigert werden kann, dass zwei moderne Subjekte im Medium der Liebe zusammenfinden.[80]

Während Luhmann die Entwicklung der Liebessemantik notwendigerweise anhand des Romans nachzeichnet, ist unter den gegenwärtigen Medienbedingungen insbesondere an den Film zu denken. Er fungiert umso müheloser als funktionales Äquivalent zum Roman, weil er als multimodales Medium die gleichsam introspektiven Möglichkeiten der Sprache mit der Gestaltung visueller Kommunikationen kombinierbar macht. Zwar ist auch die Kommunikationstechnik Schrift seit jeher mit Bildlichkeit kombinierbar und steht in ihrem praktischen Vollzug schon immer mit Mündlichkeit, Bildlichkeit und Imagination in Verbindung.[81] Doch kann der Film nicht nur die psychische Tiefendimension des Liebens und dazugehörige Sinnstrukturen (Gedanken, Vorstellungen usw.) thematisieren, sondern von Moment zu Moment ein komplexes Arrangement gestalteter Sichtbarkeiten (Körper, Dinge, Settings usw.) zum Liebesthema in Beziehung setzen. Detaillierter noch als der Roman mit seinen auf Imagination angewiesenen Formulierungen malen die Bilder visuell aus, wie es aussieht, wenn man liebt, nicht mehr oder noch nicht liebt und mit welchen visuellen Signalisierungen entsprechende Zustände einhergehen.[82]

Auch die verglichen mit dem Film stark abgeflachten Zeichen- und Symbolwelten der Werbung reproduzieren fortwährend eine symbolisch generalisierte

---

[80]Zur theoretisch verdichteten Darstellung des Arguments vgl. Luhmann (1984, insb. S. 23 ff.).
[81]Für das Mittelalter zeigt das z. B. detailliert Wenzel (2008).
[82]Andererseits können mit Schrift Formen der Bedeutungsvertiefung erreicht werden, die für visuelle Kommunikation (und z. T. für gesprochene Sprache) unerreichbar bleiben (vgl. Abschn. 5.1).

Liebessemantik mit Orientierungswerten.[83] Der Mensch ist auch hier die zentrale Zeichen- und Symbolressource. Der Körper und der wechselseitige Körperbezug fungiert nicht nur als Matrize der Darstellung äußerlicher erotischer Attraktivität, sondern auch als Medium psychischer Zustandsbeschreibungen. Am Körper muss also mehr sichtbar werden als oberflächliche Körperlichkeit.[84] Auch Orte und Örtlichkeiten gehören zur visuellen Liebes-Semantik. Eine Klasse signifikanter Räume hat folkloristischen Charakter. Städte wie Venedig, Rom oder Paris (bzw. deren architektonische Ikonen) und Landschaften wie die Toskana oder die Karibik fungieren z. B. als Sinnbilder romantischer Liebe oder erotischer Sensation.[85]

Trotz aller Differenzierungen und Unübersichtlichkeiten in der Gegenwartsgesellschaft lassen sich auch noch in den aktuellen Medienkulturen Eigenschaften identifizieren, die Luhmann zufolge für die moderne Liebessemantik zentral sind: Die Stilisierung der Zweierbeziehung als eine sich gegen die Gesellschaft abschottende „Privatwelt" (Luhmann 1984, S. 25), in der die Liebenden nur für sich selbst zu existieren scheinen sowie die Dramatisierung des Leitwerts Leidenschaft (Passion), der nach wie vor in zahllosen Bildvariationen in Erscheinung tritt.

c) *Leistungsgesellschaft: Das Beispiel des Neides*
Auch die Emotion des Neides steht mit gesellschaftsstrukturellen und soziokulturellen Entwicklungen in Beziehung. Selbstverständlich gibt es seit jeher Gründe, auf andere neidisch zu sein. Die Endlichkeit des Daseins und der alternde Körper sind anthropologische Konstanten, die nicht erst in der Gegenwartsgesellschaft Neidgefühle zu motivieren vermögen, die ihrerseits in Bildkommunikationen thematisiert werden. Bemerkenswerterweise ist der Körper

---

[83]Dass die Symbol- und Imagewelten der Werbung in den Lebenswirklichkeiten ankommen, wird wiederum an Romanen deutlich. So flicht bereits Irmgard Keun in ihrem Werk „Das kunstseidene Mädchen" (1932) Markennamen ein, um die Bildwelten der Werbung bei der Lektüre assoziierbar zu machen.

[84]Vor allem der (junge) Frauenkörper wird in der Werbung in den verschiedensten Zusammenhängen als ein liebes- und erotiksymbolisches Ausdrucksmedium modelliert. Das Frauengesicht ist dabei von größter Bedeutung: Mehr oder weniger geöffnete Münder, geschlossene Augen, herausgestreckte Zungen oder verklärte Blicke sollen erotische Involviertheit, Verzücktheit oder Ekstase darstellen (vgl. dazu ausführlich Willems/Kautt 2003, S. 392–397).

[85]Dass und mit welchen Inszenierungsmustern die Werbung maßgeblich am öffentlichen Liebes-Diskurs Anteil hat zeigen Willems/Kautt (2003, S. 389–421) und Illousz (2003, S. 27–73).

aktuell dennoch ein auffällig häufiges Thema. Neben und mit Wandlungen, die zu einer Aufwertung von Jugendlichkeit im 20. Jahrhundert führen (vgl. Tenbruck 1965), ist diesbezüglich an die Auflösung traditionaler Semantiken und sozialer Verankerungen zu denken. Vor allem der Verlust der religiösen Sinngebung spielt in diesem Zusammenhang sicher eine zentrale Rolle (vgl. Hahn 1974). Danach bleibt eigentlich nur diesseitige Transzendenz bzw. Selbstverwirklichung und mit dem verschärften Bewusstsein knapper Lebenszeit das eigene Leben und der eigene Körper, von dem gewünscht werden muss, er möge für immer jung bleiben. In der jüngeren Vergangenheit hat sich dieser Wunsch und der Jugendlichkeitskomplex überhaupt in Verbindung mit den Oberflächen betonenden visuellen Diskursen der technischen Bildmedien offenbar noch verstärkt und sowohl sozial als auch lebensperspektivisch generalisiert. Nicht zuletzt wirken sich die technischen Machbarkeitsversprechen in Sachen körperlicher Selbstgestaltung (von der Kosmetik über ästhetische Chirurgie bis hin zum Neuro-Enhancement) auf die korporalen Neidkulturen aus. Indem die kommerziellen Angebote der Selbstgestaltung die Idee des ‚natürlich' gegebenen, unabänderlichen Körpers unterminieren, forcieren sie den Vergleich mit anderen und deren Selbstoptimierungsarbeiten.

Der Körperkult ist jedoch nur *ein* Symptom der sozialen (kulturellen, gesellschaftlichen) Einflussnahme auf die Emotion des Neides. Weil Individuen in einer funktional differenzierten, ‚offenen' und demokratischen Gesellschaft zumindest potenziell weniger über familiale Herkunft, denn über ihr eigenes Zutun sozial platziert werden, sodass auch soziale Auf- und Abstiege verstärkt als Resultate individuellen Handelns erscheinen, intensivieren sich Konkurrenzbedingungen und die Anlässe des Vergleichs zwischen Individuen. Soziale Ungleichheiten werden vielfach nicht mehr als gottgegebenes Schicksal interpretiert. Sie werden auch nicht über angeborene Schichtzugehörigkeit gerechtfertigt. Vielmehr fungiert nunmehr *Leistung* als Legitimationshintergrund von Erfolg bzw. Misserfolg.[86] Dabei forciert das Leistungsprinzip nicht nur den sozialen Vergleich, der die Basis von Neid bildet.[87] Das Leistungsprinzip wird grundlegend zum Neidgenerator: Denn im Blick auf konkrete Fälle wird schnell ersichtlich, dass auch unter den Bedingungen einer offenen Gesellschaft die erheblichen Ungleichverteilungen knapper Ressourcen nicht notwendigerweise über individuelle Leistungsunterschiede zu erklären und d. h. zu rechtfertigen sind. Problematisch wird zudem der

---

[86]Hierzu ausführlich Neckel (2014).
[87]Vgl. hierzu Haubl (2009, S. 123–129).

Leistungsbegriff selbst, denn die Gesichtspunkte seiner Bemessung sind in der modernen Gesellschaft weniger denn je zu überschauen oder gar in eine allgemein akzeptierte Ordnung zu bringen.

Diese gesellschaftliche Konstellation wird von den visuellen Kommunikationen vielfältig bedient. Insbesondere im Kontext der massenmedialen Unterhaltung und der Werbung ist offensichtlich, dass die Erscheinungsformen häufig an das „neidvolle Vergleichen" (Veblen 1997 [1899]) angepasst sind und dieses ihrerseits in Form bringen und verstärken. Veblen versteht unter diesem Vergleichstyp einen, „der den relativen moralischen oder ästhetischen Wert dieser Person misst und so den relativen Grad von Selbstzufriedenheit beurteilt und festlegt, den sich jedermann legitimerweise zuschreiben und von anderen erwarten darf" (1997, S. 50).[88] Denselben nutzen und inspirieren verschiedenste Medienformate mindestens in zweierlei Hinsicht: Zum einen führen sie Statuspositionen mit unterschiedlich hohem Prestige vor, wodurch sie es Rezipientinnen ermöglichen und nahe legen, sich im Vergleich selbst zu verorten und Positionswechsel (nach ‚oben' und ‚unten') zu imaginieren. Vor diesem Hintergrund können visuelle Kommunikationen im weitgehenden Verzicht auf Sprache darüber informieren, welche Anstrengungen unternommen werden müssen, um eine spezifische soziale Position bzw. ‚Dotierung' er- oder behalten zu können.

Neben den zahllosen Lifestyle-Inszenierungen der Unterhaltungsindustrie bietet die Werbung mit vermeintlichen Statussymbolen und materiellen Hilfsmitteln der Statusgenerierung Lösungen an, die Diskrepanzerfahrungen Rezipierender im Selbstvergleich mit den Ideal-Ichs verringern sollen. Zum anderen werden hier wie dort neidvolle (oder auch stolze) Vergleiche in die Bildwelten hineinkopiert und zum Bestandteil diverser Geschichten gemacht. Dramatisiert wird eine reflektierte Funktion des Konsums, eine Welt der Sichtbarkeit, der ‚Äußerlichkeit' und der gegenseitigen Beobachtung, eine Art Panoptikum In ihm werden sowohl die Menschen (ihre Körper, Kleider usw.) als auch die sie umgebenden und mit ihnen in Verbindung gebrachten Gegenstände und Handlungen in ein generelles und helles Licht der Beobachtung durch Andere oder potenzielle Andere gerückt. Die Werbung vermittelt und forciert so den Eindruck, dass sich Individuen unter allen Umständen ausstellen und darstellen, und d. h., dass sie sich in allen ihren sozial informativen Elementen kontrollieren und zu kontrollieren haben.

---

[88]Dem „spezialisierten Güterkonsum" unterstellte Veblen in erster Linie die Funktion, die „finanzielle Macht" desjenigen zu demonstrieren, der über die entsprechenden Produkte verfügt (1997, S. 79 f.).

7.4 Emotionen

d) *Erlebnisgesellschaft: Das Beispiel Spaß*

Die von Gerhard Schulze theoretisch umrissene und in Bezug auf umfangreiche Daten zur deutschen Bevölkerung beschriebene „Erlebnisgesellschaft" (1992) wird man wohl weniger als eine Erklärung soziokulturellen Wandels, denn als eine spezifische Zeitdiagnose zur Situation von Deutschland und solchen Weltregionen verstehen dürfen, in denen sich zu demokratisch-befriedeten Verhältnissen des Politischen der Wohlstand breiter Bevölkerungsgruppen gesellt. Hier rückt für den Einzelnen eine „Erlebnisorientierung" in den Mittelpunkt, die dem Projekt des „schönen Lebens" (Schulze) unterstellt ist. Die Spezifik eben dieser gesellschaftlichen Situation in ihren Beziehungen zum Emotionalen tritt im kontrastiven Vergleich hervor. So schildern Luc Ciombi und Elke Endert für den Irak das Entstehen einer „kollektiven Affektlogik", die mit der „Erlebnisgesellschaft" recht wenig zu tun haben dürfte. Dort habe sich „unter der Wirkung von gehäuften Attentaten in den letzten Jahren eine kollektive Logik der Angst und Wut entwickelt" (Ciombi/Endert 2011, S. 27). Dass die Offerten der Kulturindustrie in nicht wenigen Weltregionen demgegenüber auf eine „kollektive Affektlogik" der Erlebnisorientierung eingestellt sind, ist nur schwer zu übersehen. Neben den erwähnten Wohlstandsbedingungen wird man die „Institutionalisierung des Lebenslaufs" (Kohli 1985) und ein erhöhtes Verfügen über freie Zeit zu den Voraussetzungen dieser Orientierung zählen dürfen. Unter diesen Bedingungen lassen sich das erlebnisorientierte Konsumhandeln und die dazugehörigen „alltagsästhetischen Schemata" (Schulze) als Modi der Herstellung individueller und kollektiver Identität rekonstruieren und zu verschiedenen (Erlebnis-)Milieus aggregieren.[89]

Eine soziologische Analyse visueller Kommunikation wird demnach neben und mit Theorien wie denen der funktionalen Differenzierung oder der Figurationssoziologie von Gesellschaftsdiagnosen wie derjenigen der Erlebnisgesellschaft profitieren, wenn sie die Frage genauer in den Blick nehmen will, ob, inwiefern und inwieweit die visuelle Thematisierung von Emotionen auf die Eigenwertigkeit von (Spaß-)Erleben eingestellt ist.

---

[89]Das zeigt u. a. die Entwicklung der deutschen Nachkriegszeit. Während etwa Mediengattungen wie die Werbung bis in die 1950er-Jahre bevorzugt den Alltag des Familien- und Berufslebens thematisieren, rückt in den Dekaden danach die Inszenierung außeralltäglicher und emotionsgenerierender Ereignisse stärker in den Mittelpunkt (vgl. z. B. Bau 1995). Neben ‚Spaß-Haben' bleibt die Auseinandersetzung mit Traurigkeit (wie auch mit anderen Emotionen) in den visuellen Kommunikationen der Gegenwartsgesellschaft durchaus ein Thema. Am Beispiel der Rezeption trauriger Filme vgl. z. B. Dohle (2011).

7.5 Macht

Versteht man unter Macht jedwede Beeinflussung des Handelns, Fühlens, Denkens und Kommunizierens, können die verschiedensten sozialen Prozesse als Machtphänomene beschrieben werden. So lässt sich von der „Macht der Schönheit",[90] der „Macht der Geschlechter",[91] der „Macht der Liebe und der Erotik",[92] der „Macht der Gefühle",[93] der „Macht der Bilder",[94] der „Macht des Populären",[95] der „Macht der Werbung",[96] der „Macht der Masse",[97] der „Macht der Öffentlichkeit"[98] und von der „Macht der Medien"[99] sprechen.

Nun grenzt sich ein Machtbegriff, der alle Formen der Beeinflussung einschließt, kaum von anderen sozialen Prozessen ab und stellt sich damit selbst infrage. Im Blick auf diesen Sachverhalt kann man die „Macht der Verhältnisse"

---

[90]Vgl. Gutwald/Zons (2007). Diese ‚Macht' scheint z. T. auf tief liegenden, evolutionär bedingten Schemata von Wahrnehmungen und Kognitionen aufzuruhen. Folgt man psychologischen Studien, entsprechen z. B. die Präferenzen von Kleinkindern unter einem Jahr für bestimmte Gesichtsformen den Attraktivitätsbeurteilungen von Erwachsenen (vgl. Langlois et al. 1987; vgl. auch Menninghaus 2007).
In gewisser Weise kann man sagen, dass selbst die christliche Kirche der ‚Macht' der Schönheit unterliegt. Während in urkirchlichen Schriften, in denen auf die Hässlichkeit der Körpererscheinung Jesu wiederholt hingewiesen wurde, um zu betonen, dass Christi eben gerade nicht als Imperator und byzantinischer Herrschergott aufgetreten sei (vgl. Zons 2007, S. 23), ist kaum zu übersehen, dass sich die christliche (Auftrags-)Malerei seit der Neuzeit Jesus (fast) nie als einen hässlichen Menschen vorstellen konnte. Ganz im Gegenteil lässt sich ohne Übertreibung sagen, dass die Superiorität Jesu in zahlreichen Gemälden in seinem betonten ‚Gutaussehen' zum Ausdruck gebracht wird, das auffällig mit dem jeweiligen Aussehen der anderen gezeigten Personen kontrastiert.

[91]Neben dem ‚Diktat' geschlechtsspezifischer Erwartungen, die fraglos an alle Menschen ungeachtet individueller Interessen, sexueller Orientierungen und genderbezogener Daseinslagen herangetragen werden, sind Macht und Gender vielfach verknüpft, sodass z. B. von der „männlichen Herrschaft" (Bourdieu 2005) oder der „Diktatur der Heterosexualität" (Kraß Hrsg. 2003) gesprochen wird.

[92]Dazu Hakim (2011).

[93]Siehe Reuser u. a. (Hrsg. 2006).

[94]Vgl. Frey (1999), Hofmann (2005), Alexander/Bartmánski/Giesen (Hrsg. 2012).

[95]Vgl. z. B. Borsó/Liermann/Merziger (Hrsg. 2010).

[96]Siehe exemplarisch Ciarlo (2011).

[97]Zu einem Überblick über entsprechende Theorien vgl. Lappenküper u. a. (Hrsg. 2003).

[98]Dazu Führer/Hickethier/Schildt (2001).

[99]Vgl. Dörner (2001), Meyer (2001), Pörksen und Krischke (Hrsg. 2013).

(vgl. Luhmann 1988b) von der Macht im engeren Sinne unterscheiden. Die Spezifität der Macht sieht Luhmann durch das Problem gegeben, dass „das Handeln Alters in einer Entscheidung über das Handeln Egos besteht, deren Befolgung verlangt wird: in einem Befehl, einer Weisung, eventuell in einer Suggestion, die durch mögliche Sanktionen gedeckt ist. [...] Die Grenze der Macht liegt also dort, wo Ego beginnt, die Vermeidungsalternative zu bevorzugen, und selbst die Macht in Anspruch nimmt, Alter zum Verzicht oder zur Verhängung von Sanktionen zu zwingen." (Luhmann 1997, S. 355 f.)

Dem Bezugsproblem des Bestimmens über Handlungen von Akteurinnen und Akteuren entsprechend sieht Luhmann die *Funktion* der Macht darin, die „Übertragung von Selektionsleistungen" wirkungsvoll zu ermöglichen: „Sie stellt mögliche Wirkungsketten sicher unabhängig vom Willen des machtunterworfenen Handelnden – ob er will oder nicht. Die Kausalität der Macht besteht in der Neutralisierung des Willens, nicht unbedingt in der Brechung des Willens des Unterworfenen." (Luhmann 1975, S. 11 f.)

Luhmanns Überlegungen spezifizieren also den Problembezug der Macht im Unterschied zu anderen sozialen Prozessen. Sie sind indessen in ihrer Fokussierung auf stärker formalisierte Machtformen und deren ‚rationales' Bezugsproblem, dass nämlich Handlungen in komplexeren Beziehungsgefügen wie Organisationen verlässlich delegierbar sein müssen, nur bedingt geeignet, die allgemeinen Eigenschaften der Macht als Umgebung visueller Kommunikation zu formulieren. Eine solche Perspektive bietet indessen das anthropologisch fundierte Machtkonzept von Heinrich Popitz.

7.5.1 Anthropologische Grundformen der Macht

Popitz zufolge ist Macht zwar nicht überall und immer, sie *kann* aber überall im Spiel sein, wo Menschen sich begegnen.[100] Die Universalität und (potenzielle) Omnipräsenz von Machtphänomenen ergibt sich nicht aus essenziellen Eigenschaften der Macht selbst. Sie fußt vielmehr auf einem menschlichen Handlungs(un)vermögen, das als anthropologische Konstante aufzufassen ist. Neben der Fähigkeit, andere übermächtigen zu können – Popitz spricht von der „Macht als Können" bzw. der „Könnensmacht" – führt insbesondere die prinzipiell gegebene Verletzbarkeit des Menschen („Verletzungsoffenheit", „Macht als

---

[100]Zu dem hier referierten Konzept ausführlicher Popitz (1992).

Erleiden") zur Machtbezogenheit des Sozialen. In vergleichbarer Weise spricht Elias von der „Verwundbarkeit" und der „Unsicherheit" des Menschen, die sich aus den interdependenten Beziehungen zu anderen Menschen ergibt (vgl. 1983, S. 21 f.). Verletzungsoffen ist der Mensch nicht nur als Körper, sondern auch als soziales Wesen, das als solches umfänglich zerstört werden kann.[101]

Hinsichtlich der Machtquelle Mensch veranschlagt Popitz „vier anthropologisch nicht weiter reduzierbare Bedingungen" von Macht, der vier typisierbare Machtformen entsprechen – nämlich die „Aktionsmacht", die „instrumentelle Macht", die „autoritative Macht" und die „datensetzende Macht". Mit diesen Machtformen unterscheidet Popitz zugleich vier verschiedene „Durchsetzungsformen" von Macht. Die Aktionsmacht ist als „Verletzungsmacht" auf den Körper bezogen, gründet also auf der physischen Verletzbarkeit, die alle Menschen – also auch die mächtigsten – kennzeichnet. Unter der „instrumentellen Macht" versteht Popitz eine verhaltenssteuernde Macht. Sie basiert auf dem Sachverhalt, dass Menschen Ängste, Hoffnungen und eine Zukunft antizipierende Fantasie haben (können) und entsprechend von anderen durch Geben und Nehmen, durch Drohen (Erpressen und Strafen) sowie durch Versprechungen potenziell steuerbar sind. Die „autoritative Macht" weiterhin ist eine Macht, die mit willentlicher Folgebereitschaft rechnen kann. Sie geht auf die Orientierungs- und „Maßstabsbedürftigkeit" des Menschen zurück und ereignet sich als zweifacher Anerkennungsprozess: Indem die Autorität den Machtunterworfenen anerkennt, schafft sie für diesen ein Selbstwertgefühl, das die Anerkennung des Mächtigen ermöglicht. Die Eltern-Kind-Beziehung ist für diese „innere Macht" der Prototyp. Als vierten Typus klassifiziert Popitz die „datensetzende Macht". Diesbezüglich sind die Zugriffsmöglichkeiten des Menschen auf die leblose Natur entscheidend. Indem Gestalter und Entwerfer Daten setzen („Datensetzer"), entscheiden sie über die Lebensräume derer, die als „Datenbetroffene" in ihnen leben (müssen). Popitz hierzu:

> Im Verändern der Objektwelt setzen wir ‚Daten', denen andere Menschen ausgesetzt sind. Wir üben eine Art materialisierter Macht aus, eine *datensetzende Macht,* in der die Wirkung des Machthabers über die Machtbetroffenen durch Objekte vermittelt ist. Diese Wirkung kann ungewollt sein, zufällig, nicht voraussehbar oder planvoll

---

[101] Folgt man Agambens Beschreibung des „Homo Sacer" (2002 [1995]) im Anschluss an Foucault, entwickelt sich mit modernen Machtformen wie dem Nationalstaat eine „Bio-Politik", die die Verletzlichkeit des Körpers bzw. das „bloße Leben" als Fundament der bürgerlichen Existenz ansieht und den Souverän zur Entscheidungs-Instanz über selbiges Leben macht – bis hin zur Herstellung einer „conditio inhumana", z. B. im deutschen Faschismus (vgl. Agamben 2002, S. 151 f. und 175 ff.).

7.5 Macht

und gezielt. Das kann hier offen bleiben. In jedem Fall fällt dem Menschen als Veränderer der Objektwelt ein Potential sozialer Macht zu. Daß Menschen Macht über andere Menschen haben, beruht auf der anthropologisch konstitutiven Fähigkeit und Notwendigkeit, die Welt handelnd anders zu machen (1992, S. 167 f.).

Eine Theorie visueller Kommunikation kann aus diesen anthropologischen Argumenten folgern, dass Macht eine strukturelle Umgebung visueller Kommunikationen ist, die in vielen Zusammenhängen auf Darstellungsprozesse einwirkt. Indem visuelle Gestaltungen als Medien des Sozialen fungieren, sind sie eingesponnen in die Prozesse der Herstellung, Verteidigung und Zerschlagung von Macht, die in den verschiedensten Kontexten in Erscheinung treten. Zugleich kann Popitz´ Klassifizierung von Machtformen für die (Re-)Konstruktion unterschiedlicher Machtbezugnahmen des visuell Gestalteten genutzt werden.

Sichtbare Darstellungen sind dabei keineswegs nur als Manifestationen „datensetzender Macht", sondern auch als Anpassungen an andere Machtformen zu verstehen. Ein Beispiel für die Nutzung von *Aktionsmacht* gibt die öffentlich vollzogene Zerstörung der Porträts von Machthabern, die ein feststehender (Bild-)Topos massenmedialer Berichterstattung ist. Die Zerstörung des Bild-Leibs – z. B. durch Verbrennung – bringt den Willen zur Zerstörung des Porträtierten zum Ausdruck und erinnert an dessen physische „Verletzungsoffenheit" (Popitz). Von *instrumenteller Macht* lässt sich indes sprechen, wenn Design gezielt die Ängste anderer ausnutzt. Kompromittierende Bilder etwa gehören hierzu – sie finden sich im Medienhandeln von Jugendlichen ebenso bei professionellen Verbrechern bzw. Verbrecherinnen oder im Rahmen totalitärer politischer Systeme. So wurden in China zwischen 2006 und 2012 im Fernsehen Interviews mit zum Tode Verurteilten vor deren Hinrichtung verbreitet.[102] Der ‚Naturalismus' der technischen Bildmedien wird hier genutzt, um in der Bevölkerung Ängste zu schüren und Verhaltensanpassungen wahrscheinlicher zu machen. *Autoritäre Macht* hingegen nimmt Gestaltung zur Strukturierung von Anerkennung in hierarchischen Beziehungsgefügen in Anspruch. Dies gilt z. B. für den schon erwähnten Fall des „Chefzimmers". Dasselbe fordert symbolisch die Akzeptanz asymmetrischer Machtbeziehungen, d. h. Über- und Unterordnung ein. *Datensetzende Macht* schließlich wird in dem Maße zur Bestimmungsgröße visueller Kommunikation, als Andere zur Wahrnehmung derselben gezwungen werden. Die in der (Welt-)Gesellschaft omnipräsenten Massenmedien und die

---

[102] Vgl. Spiegel-Online vom 12.03.2012 (http://www.spiegel.de/panorama/justiz/tv-show-mit-todeskandidaten-in-china-letzte-worte-a-820745.html).

ungleich verteilten Zugriffschancen auf diese geben hierfür ein prägnantes Beispiel. Auch Architektur und Stadtplanung sind ein Medium datensetzender Macht par excellence, schon deshalb, weil Stein, Stahl und Beton weniger flüchtig sind als die Bilderströme der Medien.[103]

Dabei wird man annehmen können, dass die Macht, die Popitz „datensetzende Macht" nennt, weniger auf der Gestaltungsmächtigkeit im Sinne eines Vermögens des Entwerfens, sondern vielmehr auf den Eigentumsverhältnissen gründet, die für das Datensetzen Voraussetzung sind.[104] So gesehen sind weniger die Architektinnen und Designer die Datensetzer der Gesellschaft, sondern diejenigen, die mit ihrem Geld Grundflächen kaufen, Designprozesse in Auftrag geben, sichtbare (Bau-)Projekte realisieren, oder Zeit und Raum in Verbreitungsmedien (Radio, TV, Internet u. a.) dominieren. Die Möglichkeit datensetzender Alternativhandlungen – mithin die Machtpotenziale – ergeben sich nicht zuletzt aus den finanziellen und eigentumsbezogenen Spielräumen und den dazugehörigen Möglichkeiten des Auswählens und Entscheidens über Objekte. Pierre Bourdieus Hinweis auf die besondere Relevanz des ökonomischen Kapitals überzeugt jedenfalls im Blick auf das Machtpotenzial des Datensetzens. Aber auch Luhmann nimmt an, dass über Kapital unterhalb bestimmter normativer „Sperren gegen eine direkte Konvertibilität von Geld und Macht" nicht nur Prozesse der Inklusion und Exklusion, sondern auch der Unterwerfung und Verfügungsgewalt bis hin zur „autonomen Macht" gebildet werden (Luhmann 1975, S. 103 f.).

Sehr häufig sind visuelle Kommunikationen auf verschiedene Machtformen zugleich eingestellt. Dies ließe sich an den eben genannten Beispielen zeigen, kann jedoch an komplexeren Inszenierungen umso besser verdeutlicht werden. Hierzu gehört die traditionsreiche Inszenierung superiorer Führer in totalitären Systemen. Da ist zunächst die Ausnutzung des Prinzips der relativen Größe.

---

[103] Architektur kann geradezu als verhaltensbestimmendes „behaviour setting" (vgl. Barker 1960) gestaltet werden – man denke nur an Le Corbusiers' Konzept, Einbaumöbel (z. B. Sitzgelegenheiten) unverrückbar in Wohnungen buchstäblich einzubetonieren.

[104] Zur historischen Entwicklung von Eigentum und Geld siehe grundlegend Luhmann (1991a). Wie Luhmann annimmt, ist die Entstehung der Sozialform Eigentum und später dann des Geldes als Lösung von Legitimitätsfragen und sozialen Konfliktlagen zu verstehen, die sich im sichtbaren Zugriff Weniger auf (knappe) Ressourcen ergeben. Insbesondere das abstrakte Tauschmedium Geld scheint sich offenkundig für die Legitimation unterschiedlicher Zugriffsrechte noch in der (Spät-)Moderne bestens zu eignen: Wenn der Preis einer Ware bezahlt werden kann, bleibt die Frage nach dem legitimen Erwerb des Zahlungsmittels unterdrückt, wie man an der Praxis alltäglich sich ereignender Zahlungsvorgänge erkennen kann.

7.5 Macht

Monumentale Darstellungen (Skulpturen, Gemälde, Plakate u. a.) bringen – im deutlichen Kontrast zur Kleinheit situativ anwesender Menschen – die Hervorgehobenheit und ‚Größe' der Person zum Ausdruck. Während mit der Größe der Gesichtsdarstellung zugleich die Individualität der Mächtigen betont wird, bilden die anwesenden Individuen eine gleichsam gesichtslose Masse, die als solche zum Ornament gerinnt.[105] Obwohl fraglich ist, inwiefern hier *autoritative Macht* im Spiel ist, zu der per definitionem besagte Doppelbindung gehört (das Anerkennen der Autorität und das Anerkanntwerden von dieser), zielt die Zeichenhaftigkeit selbst fraglos auf den Eindruck von Souveränität, Eindeutigkeit und Selbstevidenz – mithin auf Eigenschaften, die für Popitz zum „Autoritäts-Bild"[106] gehören (1992, S. 119 ff.).

Doch ist die autoritäre Machtform nur eine, die hier gestaltbildend wirkt. Zugleich manifestiert sich *datensetzende Macht*. Sie zeigt sich in der gestalterischen Kontrolle des öffentlichen Raumes. Auch *Aktionsmacht* ist bedeutsam, z. B. indem das Zeigen militärischen Geräts ein physisches Zerstörungspotenzial in Erinnerung ruft. Und nicht zuletzt machen sich unter den Bedingungen des totalitären Staates (Bild-)Manipulationen und (Bild-)Zensuren als Durchsetzungsformen *instrumenteller Macht* bemerkbar. So zeigte etwa die „Süddeutsche Zeitung" (28.12.2011) zur Beerdigung von Kim-Jong-il in der Gegenüberstellung von Reportagebildern, dass in der nordkoreanischen Berichterstattung Personen auf den Bildern entfernt worden waren, die als Mitglieder der Geheimpolizei hätten identifiziert werden können.[107]

7.5.2 Macht und Figuration, Institutionalisierung und Legitimation von Macht

Als handlungsgebundene Praxis ist Macht veränderlich, dynamisch und (zukunfts-)offen. Schon Weber trägt dem prozessualen Charakter der Macht Rechnung, indem er von Macht als „*Chance*" spricht, „innerhalb einer sozialen Beziehung den eignen Willen auch gegen Widerstreben durchzusetzen, gleichviel

---

[105] Zu dem entindividualisierten Körper der Massen siehe Krakauer (1977, S. 51 ff.).

[106] Zu den Voraussetzungen hierfür stellt Popitz fest: „Öffentliche Autoritäten entstehen, wenn viele Menschen die Distanz zu öffentlich sich darstellenden Akteuren überbrücken und diesen eigentümlich interaktionslosen Selbstbezug zustande bringen." (Popitz 1992, S. 126)

[107] Vgl. dazu die „Süddeutsche Zeitung" vom 28.12.2011.

worauf diese Chance beruht." (1922, S. 28) Man kann auch sagen: Macht ereignet sich als fortwährender *Kampf* um Macht, wobei sich der Prozess der Kampfes, wiederum Weber folgend, als „Bewerbung um Verfügungsgewalt über Chancen" (ebd., S. 20) verstehen lässt, z. B. über solche der Macht.[108]

Eine sozialtheoretische Perspektive, die Macht als Prozess erfasst und die skizzierten anthropologischen Perspektiven in sich aufzunehmen vermag, ist die Figurationssoziologie von Norbert Elias. Dessen Annahme des unausweichlichen Eingebundenseins des Menschen in Beziehungs- und d. h. Interdependenzgeflechte mit seinesgleichen impliziert die Wahrscheinlichkeit des Sicherereignens von Machtasymmetrien. Da Motive, Wünsche und Interessen figurativ verknüpfter Individuen keineswegs identisch sein müssen und zudem allgemein begehrte Ressourcen oftmals knapp sind, liegt der Versuch von Einzelnen oder Gruppen nahe, ihre Interessen gegen andere durchzusetzen.[109] Die strategische Handlungsmächtigkeit von Akteurinnen und Akteuren trägt hierzu bei; sie macht die Dimension der sichtbaren Gestaltung – vom je eigenen Körper in sozialen Situationen bis hin zum Design des urbanen Raumes – zu einem potenziellen Machtmedium in „Machtfigurationen" (Sofsky/Paris 1994, S. 13 f.). Man kann sagen: Neben und mit der „Verletzungsoffenheit" und „Könnensmacht" des Menschen sind Interdependenzen zwischen Menschen ein struktureller Sachverhalt des Sozialen, der als solcher notwendigerweise eine Umgebung visueller Kommunikationen darstellt.

Dabei interessiert sich die Figurationssoziologie für Machtbalancierungen in den verschiedensten Zusammenhängen, schließt aber auch solche im Kontext hierarchisch organisierter Rollenstrukturen oder institutionalisierter Machtformen ein.[110] Sie ist dementsprechend auch anschlussfähig an Bourdieus Theorie der Felder und

---

[108]In einem sehr allgemeinen – die verschiedenen historischen Gesellschaftsformen übergreifenden – Sinne sieht auch Elias im Kampf einen grundlegenden sozialen Prozess: „Gruppen im Aufstieg suchen ihre Lage zu verbessern im Kampf mit anderen, die ihnen den Aufstieg verwehren; bereits aufgestiegene versuchen das, was sie haben, gegen den Ansturm der neuen Gruppen zu behaupten; wieder andere steigen ab." (Elias 1983, S. 27)

[109]Freilich variieren die Grade der Handlungsmächtigkeit erheblich und können – man denke nur an die Insassen „totaler Institutionen" (Goffman 1973) wie Psychiatrien oder Gefängnisse – in Konstellationen weitestgehender Entmachtung münden. Doch selbst in diesen Kontexten bleiben Machtchancen bestehen, u. a. in Bezug auf andere Insassen.

[110]So setzen sich in professionalisierten Handlungsfeldern, wie der Werbung, bestimmte Entwürfe u. a. durch, weil bestimmten Akteurinnen und Akteuren mehr Macht zukommt als anderen (vgl. Schmidt/Spieß 1994). Dabei können nicht nur die Gestaltungen selbst, sondern auch deren Interpretationen mit Machtasymmetrien variieren – so z. B. dann, wenn sich im Deutungskonflikt eines Röntgenbildes die Lesart des Chefarztes gegen die Perspektive untergeordneter Ärzte durchsetzt (zu diesem Beispiel Burri 2008a, S. 253).

7.5 Macht

Milieus, verengt den Blick aber nicht wie diese auf Machtbalancierungen, die aus einer klassenbezogenen Dialektik von Lebensumständen und Persönlichkeitsstruktur (Habitus) andererseits hervorgehen. Prozesssoziologisch geht es ihr vielmehr darum, die verschiedensten Formen der Arbeit an der Macht in Formen der Praxis zu rekonstruieren, z. B. entlang des Schemas „Etablierte und Außenseiter" (Elias/ Scotson 1990). Dieser Ansatz kommt mit Popitz darin überein, Macht als variantenreiche, gleichsam strukturell offen bleibende, wie stetige Arbeit an der Macht zu verstehen – bis hin zu ihrer Institutionalisierung:

> ‚Institutionalisierte Macht' – das verweist auf einen Prozeß, den Prozeß der Institutionalisierung. In diesem Prozeß prägen sich, in einer ersten Annäherung umschrieben, drei Tendenzen aus. Erstens eine zunehmende *Entpersonalisierung* des Machtverhältnisses. Macht steht und fällt nicht mehr mit dieser einen Person, die augenblicklich das Sagen hat. Sie verbindet sich sukzessive mit bestimmten Funktionen und Stellungen, die einen überpersonalen Charakter haben. Zweitens eine zunehmende *Formalisierung*. Machtausübung orientiert sich immer stärker an Regeln, Verfahrensweisen, Ritualen. (…) Ein drittes Kennzeichen der fortschreitenden Institutionalisierung von Macht ist die zunehmende *Integrierung* des Machtverhältnisses in eine übergreifende Ordnung. Macht verzahnt sich mit ‚bestehenden Verhältnissen'. Sie bindet sich ein und wird eingebunden in ein soziales Gefüge, das sie stützt und das durch sie gestützt wird (Popitz 1992, S. 233 f.).

Prozesse der Entpersonalisierung, Formalisierung und Integrierung begründen Popitz zufolge unterschiedliche Organisationsformen der Macht. Aus der „sporadischen Macht", die auf einzelne Situationen und Aktionen beschränkt ist, wird eine „normierende Macht", die das Verhalten des Machtunterworfenen situationsübergreifend regelt. Fortschreitende Institutionalisierung kann die Funktionen normierender Macht in überpersonalen Machtstellungen verdichten („positionelle Macht") und den Beginn von Herrschaftsformen darstellen, in denen die Übertragbarkeit von Machtpositionen vorgesehen und geregelt ist. Visuelle Kommunikationen spielen dabei seit jeher eine tragende Rolle.[111]

Dass in allen Fällen entscheidend ist, inwiefern und inwieweit Macht von den Machtunterworfenen akzeptiert wird, betonte bereits Max Weber. Insofern Macht Gehorsam findet, so Weber, sei von Herrschaft zu sprechen: „Herrschaft soll heißen die Chance, für einen Befehl bestimmten Inhalts bei angebbaren Personen

---

[111]Zum Beispiel der griechischen Antike vgl. Hölscher (2003). Für den Zusammenhang von Politik und (visueller) Performanz in der Gegenwartsgesellschaft vgl. z. B. Dörner (2001), Sarcinelli/Tenscher (Hrsg. 2003) und Hebel/Wagner (Hrsg. 2011).

Gehorsam zu finden" (Weber 1922, S. 28). In Anlehnung an seine Idealtypen der allgemeinen Handlungsorientierung unterscheidet er dabei vier reine Motivlagen des Gehorchens: zweckrationale, wertrationale, traditionale und affektuelle. Diesen Motivlagen entsprechen Formen der Legitimation, wobei Weber rationale, traditionale und charismatische Herrschaft als die „drei reinen Typen legitimer Herrschaft" beschreibt (vgl. Weber 1922, S. 124 ff.).

Wie sich unterschiedliche Macht- und Herrschaftsformen entwickeln, wie es zu ihrer Institutionalisierung kommt und an welche Mechanismen der Legitimierung sie im Einzelnen gebunden sind, soll hier nicht weiter thematisiert werden. Entscheidend ist die Annahme, dass mit ihrer Strukturierung spezifische Darstellungsformen korrespondieren, Institutionalisierungsgrade der Macht mithin als Spezifikationen der Umgebung visueller Darstellungen wirksam werden und entsprechend analysiert werden können. Eine Drohgebärde in Interaktionskontexten etwa ist in ihren Machtbezügen deutlich zu unterscheiden von symbolischen Codes, die Patriarchen, Königinnen oder Nationalstaaten vergegenwärtigen, wie z. B. Familien-Embleme, Siegel oder Staatswappen, die ihrerseits von Inszenierungen charismatischer Herrschaft zu unterscheiden sind.[112] Hier wie dort aber vergegenständlichen und spezifizieren visuelle Gestaltungen Machtansprüche und steigern damit die Wahrscheinlichkeit der Durchsetzung von Macht – Herfried Münkler spricht von der „reifikationssublimierenden Fiktionalisierung der Macht" durch Darstellungen (Münkler 1995, S. 225).

7.5.3 Anpassungsformen visueller Kommunikation

a) *Sichtbar-Machen*
Für die Herstellung von Macht ist zunächst entscheidend, ob potenziell machtwirksame Darstellungen überhaupt sichtbar gemacht werden können oder nicht.[113] Wo die hierfür nötigen Machtmittel fehlen, entfällt die Möglichkeit visueller Machtakkumulation – und zwar nicht nur auf der Seite der Herstellung und Stabilisierung von Macht, sondern auch auf der Seite der Zerschlagung von Macht, denn auch diese kann über visuelle Kommunikation mobilisiert werden.

Machtabhängig, machtbedingend und machtrelevant ist weiterhin das spezifische Potenzial, Sichtbarkeiten einem Publikum zugänglich zu machen. Dies ist in verschiedensten Themenzusammenhängen bedeutsam – u. a. im Kontext

---

[112]Zur Inszenierung von Charisma am Beispiel Barack Obama vgl. Kautt (2015a).
[113]Vgl. z. B. Hofmann (1999), Holert (Hrsg. 2000), Kröncke (2007) und Schaffer (2008).

7.5 Macht

medialer Selbst- und Fremddarstellungen kultureller bzw. ethnischer Identitäten, die Machtpotenziale implizieren.[114] In der Gegenwartsgesellschaft spielen die Massenmedien als Generatoren und Gatekeeper von Öffentlichkeit unverkennbar eine große Rolle, wenngleich die Computerisierung der Gesellschaft, insbesondere durch die dezentralisierten Partizipationschancen des Internets, zu einem drastischen Strukturwandel führt, der u. a. die Machtchancen von Individuen und Gruppen jenseits professionalisierter Handlungsfelder der ‚alten' Massenmedien steigert. Wenn aber Machthaber und Machtunterworfene Sichtbarkeit für ihre Zwecke zu nutzen vermögen – und eben dies ist unter diesen Bedingungen mehr denn je der Fall – wird zugleich ein weiteres Kennzeichen des Machtinstrumentes ‚Sichtbarkeit' deutlich: Mächtig sind vor allem die, die nicht nur das für sie Nützliche zu visualisieren vermögen, sondern zugleich das Verhältnis von Sichtbarkeit und Unsichtbarkeit zu steuern beherrschen. Gerade für die politisch-instrumentelle Macht ist die gezielte Nutzung von „Invisibilitätsoptionen" und „Visibilitätsreserven" entscheidend (Münkler 1995, S. 215 f.). Ja die „Handhabbarkeit der Macht", so Münkler, könne „als Resultat ihrer Verbergbarkeit" begriffen werden (ebd., S. 223).[115]

Zum machtbezogenen Umgang mit (In-)Visibilitätsoptionen gehört nicht zuletzt der u. a. von Michel Foucault beschriebene Panoptismus, dem ich mich im abschließenden Exkurs dieses Kapitels zuwende. Hier ist jedenfalls festzuhalten, dass Visualität nicht nur zur Machtressource wird, indem machtdemonstrative Eindrücke generiert, sondern auch macht*destabilisierende* Eindrücke vermieden werden. Macht ist also auf ein strategisches Management von Zeigen und Verhüllen angewiesen, wie u. a. Goffmans dramaturgischer Ansatz verdeutlicht. Die dazugehörigen Begriffe wie Kulisse, Fassade, Ensemble, Bühne und Hinterbühne zeigen ja, dass schon im everyday life strategische Akteurinnen bzw. Akteure aktiv sind, deren Informationsmanagement maßgeblich auf einer Kontrolle von (Un-)Sichtbarkeiten all jener Materialitäten dies- und jenseits des Körpers basiert,

---

[114]Am Beispiel konfliktiv verhandelter Repräsentationsordnungen der australischen Aborigines zeigt dies Ginsburg (2002).

[115]Entsprechend professionalisiert ist auf einem hohen Institutionalisierungsniveau von Macht die Arbeit gegen die „Visibilitätsreserven" anderer Mächte – z. B. durch staatlich organisierte Spionage gegen andere Staaten (vgl. Münkler 1995, S. 227). Dazu gehört nicht zuletzt ein Management diskreditierender Bilder, die in öffentlichen (Bild-)Mediendiskursen wirksam werden und auch die internationalen politischen Beziehungen beeinflussen. Für das Beispiel der Folter-Bilder aus Abu Ghraib z. B. Hansen (2015).

die (die Sichtbarkeiten) mit ihren Identitäten verknüpft werden, und die zugleich Indikator und Faktor sozialer Beziehungen und der Machtbalancen innerhalb derselben sind. Denn die Resultate der „face-work", das zugewiesene Image, entscheiden u. a. über die Machtchancen in verschiedenen Figurations-Kontexten.[116]
Hinsichtlich des Managements von (Un-)Sichtbarkeiten gibt es dabei eine tiefe strukturelle Verwandtschaft zwischen den Mikroprozessen der Macht im Alltagshandeln und den institutionalisierten Mächten bis hin zu den politischen Regimen von Staaten, seien dies totalitäre oder demokratische. Im Einzelfall können unterschiedliche (In-)Visibilitätsstrategien in ein und derselben Darstellungssituation zusammenspielen. Ein Beispiel bieten Angeklagte, die sich im Gerichtssaal mit dem Verbergen des Gesichtes den Fotografen entziehen. Sie bauen im Rahmen der ihnen zur Verfügung stehenden Mittel (z. B. Kapuzenpullover, Hände, Aktenordner) eine Gegenmacht auf, die es ggf. ermöglicht, ihre Interessen (die Nichtwahrnehmbarkeit des Gesichts, die Verhinderung der Herstellung und Verbreitung bildlicher Darstellungen davon) gegen die Interessen anderer durchzusetzen. Die institutionalisierte Macht (hier: der Staat und seine exekutiven Organe) hingegen schafft Rahmenbedingungen, in denen sich die betroffenen Personen nicht gänzlich dem öffentlichen Gezeigtwerden entziehen können. Ja mehr noch: Mächte können Bühnen erzeugen, auf denen die Vorführung von Angeklagten besonders dramatisiert wird. Der traditionelle „Perp-Walk" (perpetrator: Straftäter) in den USA ist ein solcher Fall. Er sieht die Zurschaustellung Verdächtiger in Handschellen als Medienereignis systematisch vor und bedient damit die Sensationslust verschiedener Publika, wie er die Macht der Politik und ihrer ausführenden Organe im buchstäblichen Zugriff auf die Person vor Augen führt.

b) *Kontextierung und Relationierung*
Die verschiedensten Artefakte können weiterhin durch situationsbezogene Kontextierungen zu Machtressourcen werden. Ein Beispiel gibt die Vereidigung Joschka Fischers zum Hessischen Innenminister 1983. Die historisch singuläre Bedeutung der Inauguration ergibt sich maßgeblich durch ein modisches Detail der Garderobe Fischers – nämlich durch das Tragen von Turnschuhen. Das modische Handeln

---

[116]Auch wenn der Begriff der Macht in Goffmans Arbeiten kaum vorkommt, zeigen seine Studien, dass und inwiefern Darstellungen und deren graduelle Akzeptanz durch Publika als basales ‚Kapital' aller Individuen anzusehen ist (vgl. z. B. Goffman 1969 u. 1986). Nicht zuletzt betont Goffman in seinen Analysen zum „Stigma" (1967) die (Nicht-)Visibilität diskreditierender Eigenschaften als Quelle der Herstellung sozialer Identität und als Basis strategischer Image- und d. h. Machtarbeit.

7.5 Macht

war das entscheidende ‚Statement', weil es als visuelle Kommunikation integrales (Rahmungs-)Element der Zeremonie sein konnte, obwohl diese protokollarisch keine individuelle Kommentierung oder gar Selbstthematisierung gestattet.[117] Insofern die Turnschuhe nicht dem Dress-Code der Zeremonie entsprechen, werden sie unvermeidlich als Symbol für Nonkonformismus in eben jenem Moment gelesen, in dem eigentlich die Anerkennung, ja die Unterwerfung des zu Inaugurierenden unter das Allgemeine, Regelhafte und Geordnete (des Gesetzes) verlangt und weithin für die Öffentlichkeit sichtbar gemacht werden soll. In dieser symbolischen Spannung stabilisiert der Regelbruch die Image-Identität der Person Joschka Fischers. Demonstrativ zur Schau gestellt werden sollte die Botschaft: ‚Ich bleibe meinen Prinzipien treu und übe das neue, machtvolle Amt dementsprechend aus'.

Die Herstellung einer kontinuierenden Image-Identität im Spannungsfeld des politischen (Herkunfts-)Anspruchs Fischers einerseits (außerparlamentarische Opposition) und dem faktischen Handeln andererseits (Amtsübernahme) im Umgang mit Symbolen fungiert hier als ein Machtinstrument sui generis. Denn bekanntlich gründet das Machtpotenzial von Politikern demokratischer Staaten auf dem Willen der Bürger, Politiker in Ämter zu wählen. Der Turnschuh wird hier zum Machtinstrument, denn er fungiert als Zeichen einer kulturellen Selbstverortung Fischers, in der Hoffnung bei Gleichgesinnten Sympathiewerte steuern zu können.

Turnschuhe sind zudem semantische Texte, die für sich selbst genommen primär anderes als Unangepasstheit symbolisieren – nämlich auf Sport und Sportlichkeit verweisen. Indem die Werbung und der Lebensstil junger Turnschuhträgerinnen Flexibilität, Dynamik und Jugendlichkeit auf den Gegenstand projizieren, birgt das Artefakt in sich das Potenzial eines Image-Vehikels.[118] Fischers modisches Handeln bei der Vereidigung ist demnach keine Petitesse, keine oberflächliche (Nicht-)Irritation der Etikette. Es macht vielmehr die elementare Bedeutung visueller Kommunikation für die prozessuale Herstellung und Stabilisierung von Macht sichtbar und verdeutlicht, dass gerade der Umgang mit Zeichen und Symbolen zu der „überlegenen Organisationsfähigkeit der Privilegierten" (Popitz 1992) gehört. Das Beispiel zeigt: Die *verschiedensten* Bereiche visueller Kommunikation können zu Machtmitteln und Machtressourcen werden,

---

[117]Zur allgemeinen Funktion politischer Inaugurationszeremonien im Spannungsverhältnis zur Individualität von AmtsträgerInnen vgl. am Fall Barack Obama ausführlich Kautt (2015a).
[118]Die medienwirksam inszenierten Marathon-Läufe von Joschka Fischer trugen ihrerseits zum Image seiner (Ausdauer-)Sportlichkeit bei.

wenn sie in machtrelevanten Situationen entsprechend kontextiert, kombiniert und zueinander in Beziehung gesetzt werden.[119]

c) *Relative Größe*
Wie bereits angedeutet ist die ‚Größe' ein elementares Prinzip der Demonstration von Machtansprüchen. Schon die exzeptionellen Monumentalbauten früher Hochkulturen (z. B. der Ägypter, der Griechen, Mayas und Azteken) kann man nicht nur als Huldigung der Größe von Gottheiten bzw. göttlicher Ordnungen, sondern zugleich als Repräsentation der Macht ihrer Erbauer(innen) interpretieren, zumal diese ‚Daten', wie auch die großen Sakralbauten der monotheistischen Weltreligionen, im Rahmen stratifizierter Gesellschaften erschaffen wurden, in denen Machteliten im Zugriff auf die Ressourcen der Machtunterworfenen eben jene Groß-Architektur realisierten.[120]

Zwei Darstellungstechniken lassen sich bei der Ausnutzung von ‚Größe' für symbolische Hierarchisierung unterscheiden. Die absolute Größe von Dingen dient im Horizont vergleichbarer Gegenstände als Maßstab „datensetzender Macht": Ein Haus ist größer als andere Häuser, ein Auto größer als andere Autos usw. Wenngleich zur Logik der „feinen Unterschiede" die Option gehört, mit dem Verzicht des Demonstrierens von Größe Größe zu zeigen, also Bescheidenheit und Zurückhaltung als „kulturelles Kapital" (Bourdieu) zu aktivieren, ist

---

[119]Wie sich eine image- und d. h. machtdienliche Amalgamierung populärkultureller Sinnbestände an einem spezifischen Fall (dem „Hindenburg-Mythos") vollzieht, zeigt von der Goltz (2009).

[120]In der Verschränkung verschiedener Darstellungsfunktionen kann die Stabilisierung politischer Macht verdeckt bleiben. Das gilt z. B. für ägyptische Monumentalbauten, die – Jan Assmann zufolge – primär als Manifestationen eines geltenden Geschichtsbewusstseins und einer zeitbestimmenden Kosmologie zu verstehen sind: „Der Tempel […] versteht sich nach ägyptischer Auffassung als die irdische Realisierung eines himmlischen Buches, und zwar: als Bauwerk, das einen göttlichen Grundplan verwirklicht, als Dekorationsprogramm, das eine ganze Bibliothek in Stein wiedergibt, als Ritual, das den göttlichen Vorschriften folgt und als gebaute Erinnerung, d. h. Visualisierung eines Geschichtsbewusstseins, das die Gegenwart mit der mythischen Urzeit der Ursprünge verbindet." (Assmann 2002, S. 185) Obwohl Assmann hier wie an anderen Stellen (vgl. z. B. ebd. S. 177 f.) die kosmologische Funktion der Ästhetik besonders betont und die Machtfunktion gänzlich ausspart, führt er andernorts aus, dass der „monumentale Diskurs", zu dem u. a. die Tempel als visuelle Ausprägungen gehören, auf einer Schriftkultur basiert, die ihrerseits eine *Machttechnik*, ja ein „Dispositiv der Macht" (Foucault) darstellt (vgl. ebd., S. 268). Im Ganzen betrachtet ist der monumentale Diskurs daher ein „Medium, in dem der Staat zugleich sich selbst und eine ewige Ordnung sichtbar macht." (Ebd., S. 170)

die relative Größe von Dingen primär aufgrund der ungleichen Verteilung von Ressourcen ein tief liegender symbolischer Mechanismus, der Besitztümer mit Achtungszuteilungen verknüpft:[121] Auch nach der Entfaltung des ästhetischen Feinheitsideals gehobener Milieus im 20. Jahrhundert gilt im Zweifel nicht „weniger ist mehr", sondern „mehr ist mehr" – z. B. im Sinne eines mehr an ‚kultivierten' Objekten.

Der andere symbolische Mechanismus zeigt sich in bildlichen Übersetzungen. Das Prinzip der relativen Größe wird dann zu einem *Sujet* der Kommunikation. In Bezug auf diese Praxis spricht Goffman (1981) von der „relativen Größe" als einer Darstellungstechnik der Werbung. Wie Goffman feststellt, überhöht z. B. die Werbung die natürlichen Größenunterschiede der Geschlechter durch verschiedene Inszenierungsformen, sodass sie als eine soziale Hierarchie erscheinen. Solche symbolischen Über- und Unterordnungen entlang räumlicher Arrangements findet man in ganz verschiedenen Personen- und Dingkonstellationen. Fotografien und Filme, in denen kolonialistische Herrscher sich Menschen, Tiere oder Gegenstände räumlich unterordnen, um selbst als überlegen und besser zu erscheinen, sind hierfür ein drastisches Beispiel.

Am Darstellungsprinzip der relativen Größe setzen nicht nur symbolische Dramatisierungen von (Größen-)Asymmetrien an, sondern auch solche Inszenierungen, die, eben jenes Dramatisierungsmuster voraussetzend, Größen*gleichheit* als Symbol von ‚Gleichheit' in einem tiefer liegenden Sinn ausdeuten. Ein Beispiel hierfür gibt ein Plakatentwurf der Schweizer Gesellschaft für Minderheiten, der die Gleichwertigkeit verschiedener Religionen über ein Bildmotiv zum Ausdruck bringt, das den Türmen unterschiedlicher Sakralbauten eine identische Größe zuweist.[122]

d) *Gewalt*

Das Zeigen physischer Gewalt kann verschiedenen Zwecken und Zielen dienen. Auffällig häufig ist die ‚Kultivierung' von Gewalthandlungen im Unterhaltungsbereich, man denke etwa an Kriminal- und Horrorfilme oder Computerspiele.[123] Gewalt-Demonstrationen können jedoch auch einen direkten Bezug zur Macht unterhalten.

---

[121] Vgl. Goffman (1986); Luhmann (1997, S. 397 f.).

[122] Zur Diskursivierung dieser und anderer Motive im Zuge der Schweizer Minarettverbot-Initiative vgl. Langenohl (2013).

[123] Gewaltdarstellungen sind hier systematisch auf eine Affektlogik eingestellt, die man mit Begriffen wie „Angstlust" (Balint 1972) oder dem Erhabenen in Verbindung bringen kann (s. o.).

Dies gilt auf der Ebene sporadischer, situativer Macht ebenso wie für systematisch geplante Aktivitäten institutionalisierter Mächte. Dabei kommt Darstellungen sowohl in der Täter- als auch in der Opferperspektive ein Machtpotenzial zu. Auf der Täter(innen)seite wird die Stärke des Mächtigen unter Beweis gestellt. Schon das Zeigen bewaffneter Soldaten bzw. Soldatinnen jenseits kämpferischer Handlungen – ein gängiger Bildtopos der Massenmedien – erfüllt u. a. diesen Zweck. Auch wenn Gewalt nicht selbst gezeigt oder gar glorifiziert wird, weisen die Zeichen auf die potenzielle Könnens-Macht hin. Noch mehr gilt dies für „Aktionsmacht". Typisch sind in der modernen, ‚zivilisiert(er)en' Gesellschaft Darstellungen, die die Opferperspektive indifferent und d. h. auf Distanz halten oder eine Legitimations- und Glorifizierungsbasis für gezeigtes Gewalthandeln herstellen, indem sie dasselbe als Mittel für gute Zwecke rahmen – z. B. durch die Reflexion auf Gewalt im Dienste der Beseitigung illegitimer Herrschaft. Das Abschießen von Raketen, die Misshandlung von Körpern (z. B. im Rahmen von Demonstrationen), die Panzerfahrt durch das Schlachtgelände – alle diese Sichtbarkeiten verdeutlichen das ‚Vermögen' der Gewaltausübung sowie den Willen der Handelnden, jene Mittel einzusetzen. Der Verausgabung von Macht durch Gewalt zu einem Zeitpunkt, in dem die Drohpotenziale der Macht nicht (mehr) ausreichen, stehen dabei Machtgewinne gegenüber, die sich aus der Aktionsmacht als Drohung für Zukünftiges ergeben.

Auf der Seite der Opfer vermögen die Bilder von Gewalt die „Macht als Erleiden" (Popitz) vor Augen zu führen und damit die Legitimität von Macht infrage zu stellen. Sie sind dann Machtmittel von Machtunterworfenen bzw. von deren Fürsprechern. Ein Beispiel sind soziale Bewegungen, die die zerstörerische, schmerzvolle und erniedrigende Seite der Macht über die Geschädigten vorführen. Der sogenannte „Arabische Frühling" ist hierfür nur ein Beispiel unter anderen in der jüngeren Vergangenheit: Die mit Handykameras dokumentierten Gewalthandlungen und deren Verbreitung in den Massenmedien und dem Internet fungierten als Instrument der Herstellung von Gegenmacht, insoweit die Aufständischen mit ihren Dokumentationen die (Welt-)Öffentlichkeiten gegen die gewalttätigen Regime mobilisieren konnten.[124]

Eine ähnliche Ermächtigungsstrategie ist die Inszenierung nackter Körper. Nacktheit ist zum einen ein Aufmerksamkeitsgenerator par excellence und steigert

---

[124]Vgl. Dastgeer/Gade, P. J. (2016). Zum Beispiel der „visual politics" im Israel-Palestina-Konflikt vgl. Abu Hatoum (2017). Dass die computerisierten Medien auch einem sozialwissenschaftlich initiierten Empowerment benachteiligter Bevölkerungsgruppen neue Machtpotenziale in der Nutzung technischer Bilder bieten, liegt auf der Hand (vgl. z. B. Wright/Darko/Standen, Patel 2010).

die Wahrscheinlichkeit von Medienpräsenz, die in der Gegenwartsgesellschaft eine zentrale Voraussetzung der Herstellung von Macht und Gegenmacht ist. Zum anderen und zugleich vermag das Zeigen des nackten Körpers eine bestimmte symbolische Funktion zu übernehmen – nämlich die Vergegenwärtigung der „Verletzungsoffenheit" (Popitz) des Menschen. Die Dramatisierung verletzlicher Körper lässt die jeweils kritisierte Macht (potenziell) als roh und gewalttätig erscheinen, zumal der entblößte Körper, den keine Kleidung vor Kälte, Blicken und instrumentellen Eingriffen schützt, in einem scharfen Kontrast zu den Repräsentanten der Macht steht, die den Demonstrierenden in ‚zivilisierten' Anzügen und Kostümen oder schützenden und bewaffneten Uniformen gegenüberstehen (z. B. Polizei und Militär). Der nackte, empfindliche Körper des Menschen kann zudem auch als symbolischer Stellvertreter für die Kritik an der Gewalt anderer Lebewesen zum Einsatz kommen. So machen etwa Vertreter der Animal Rights Bewegung auf die Gewalt an Tieren aufmerksam, indem sie ihre nackten Leiber auf öffentlichen Großstadtplätzen in enge Gitterkäfige zwängen.

e) *Ikonoklasmus*
Die gesteigerte Hinwendung und Verehrung des Bildlichen – Idolatrie – und das Bestreben, Bildliches zu zerstören – Ikonoklasmus – können unter Machtgesichtspunkten als zwei Seiten ein und derselben Medaille aufgefasst werden. Schon die alttestamentarische Geschichte vom goldenen Kalb macht dies deutlich, indem sie die Anbetung des sichtbaren (Kult-)Objektes mit dem göttlichen Bilderverbot kontrastiert und dabei die Umgangsweise mit dem (Nicht-)Sichtbaren als eine Frage der Anerkennung von unterschiedlichen Mächten in ambivalenter Weise thematisiert. Denn das Gebot „Du sollst dir kein Bildnis machen" kann sich nicht gänzlich vom Bildlichen lösen – auch die Vorstellung des Nicht-Bildlichen wird von ‚inneren' Bildern begleitet. Erst recht aber sind ikonoklastische Handlungen selbst visuell, indem sie das Zerstören von Bildern als sichtbaren Prozess vollziehen, ja denselben nicht selten besonders bildreich und Aufmerksamkeit erregend inszenieren, z. B. durch Bildverbrennungen. Ikonoklasmus und Idolatrie hängen hier schon deshalb unverbrüchlich zusammen, weil die Zerstörung von Sichtbarkeiten mit der Platzschaffung für andere (z. B. konkurrierende) Sichtbarkeiten einhergeht, die die Leerstelle einzunehmen vermögen.

Die Spezifik ikonoklastischer Praktiken im Unterschied zu den zuvor genannten Macht-Gestaltungen liegt darin, sich gegen anerkannte Zeichen und Symbole der Macht zu richten. Nicht selten ist die Aberkennung von Anerkennung und die damit einhergehende Machtkritik primäres Ziel. Die Formen sind vielgestaltig.[125] Schon ein Farbbeutel, an die Fassade einer Bank oder einer staatlichen Behörde geworfen, ist ein bilderstürmender Angriff: Die Beschmutzung der architektonischen Gestalt stellt die Legitimität der Macht derjenigen infrage, die sich mit der jeweiligen Fassade schmücken. Dass bei entsprechenden Praktiken Rot eine beliebte Farbe ist, liegt wohl nicht nur an deren Signal-, sondern auch an ihrem Symbolcharakter. Als Symbol für Blut gelesen deutet der Farbangriff den Gegenstand um, auf dem er sich platziert. Die Darstellung zerstört das bestehende Bildsymbol (die ‚saubere' Bank, die ‚gerechte' Behörde usw.) und ersetzt es durch die Faktizität einer (symbolisch) befleckten Identität.

Eine andere Praxis, die in der Gegenwartsgesellschaft zu einem Sujet der Massenmedien geworden ist, ist die Zerstörung der Symbolwelt politischer Machthaberinnen bzw. Machthaber. Eine Variante hiervon zeigt sich in den erwähnten Bildzerstörungen Machtunterworfener. Von einem dezidierten, (selbst-)reflexiven Ikonoklasmus ist indessen zu sprechen, wenn institutionalisierte Mächte die Zeichen- und Symbolwelten anderer institutionalisierter Mächte dekonstruieren. Beispiele hierfür geben Nationalstaaten, die während oder nach kriegerischen Handlungen solche Bildlichkeiten (Bauwerke, Denkmäler, Bilder usw.) zerstören, die den Gegner repräsentieren. Aber auch im Anschluss an friedliche Regimewechsel gehört die buchstäbliche Demontage der Ikonologie überwundener Macht zum politischen Programm. So definierte sich Deutschland nach 1989 nicht zuletzt im Rahmen ikonoklastischer Kommunikationen neu: Die sozialistische Bildsprache und dazugehörige Ikonen wie Marx und Lenin, die in der DDR im öffentlichen Raum umso präsenter waren, als die öffentliche Sphäre kaum durch kommerzielle oder subkulturelle Bebilderung kolonisiert worden war, wurden vernichtet oder zumindest der öffentlichen Wahrnehmung weitgehend entzogen. Vergleichbares ereignete sich nach dem Irak-Krieg (2003). Der Abriss einer monumentalen Saddam-Hussein-Statue wurde für die Menschen vor Ort sowie für die massenmediale Berichterstattung und die damit erreichte Weltöffentlichkeit geradezu zeremoniell als ikonoklastische Machtdemonstration, als

---

[125]Zur Tradition der Bilderstürme, die gerade auch in der Geschichte der Religionen bzw. deren Institutionen verankert ist, vgl. Warnke (Hrsg. 1988).

7.5 Macht

Machtwechsel und Beginn einer neuen Ära des Politischen, stilisiert: Der Dramatisierung des bildwirksamen Abrisses der Statue folgte unmittelbar das Hissen der US-amerikanischen Nationalflagge.[126]

Eine besondere Variante des Ikonoklasmus liegt in dem Bemühen vor, die Unüberschaubarkeit größerer Bildermassen strategisch zu nutzen. Dies ist unter den Bedingungen der weltweit vernetzten, computerisierten Bildmedien und der mit ihnen gegebenen Möglichkeit, Ereignisse aus verschiedenen Perspektiven ‚live' global zu kommunizieren, umso wichtiger, als Machthaber allerorten und zu jeder Zeit mit Gegenbildern zu ihrer eigenen Darstellung rechnen müssen.[127] Eine ikonoklastische Machtpraxis setzt daher ihrerseits auf die Vermassung von Bildern – bspw. im Rahmen der Kriegsberichterstattung. Indem Publika mit unterschiedlichen Sichtweisen, mit einem „information overload" konfrontiert werden, lassen sich interessengesteuerte Nachrichten von tendenziell reineren ‚Dokumentationen' nicht mehr unterscheiden.[128] Doch nicht nur die Grenzen zwischen Berichten, Propaganda, Einflussnahme und Manipulation werden damit undurchsichtiger; auch die Relevanz des Einzelbildes bzw. des einzelnen Films nimmt im multiperspektivischen Bildpanorama tendenziell ab. Diesbezüglich kann man auch von der machtstrategischen Nutzung eines modernen, illustrierten Bildersturms sprechen, der sich in den kaleidoskopischen Bilderströmen der ‚neuen Medien' (beginnend mit der Fotografie) ereignet.[129]

---

[126]Vgl. hierzu ausführlich Paul (2005). Der politische Ikonoklasmus ist in demokratischen Staaten freilich eingebettet in öffentliche Diskurse, in denen wiederum Machtverhältnisse wirksam werden – man denke nur an die Debatten zur Frage, ob und inwiefern der „Palast der Republik" als kulturelles Erbe der DDR zu bewahren sei oder nicht. Zu Beispielen der Konfliktgeschichte des Denkmals vgl. die Beiträge in Speitkamp (Hrsg. 1997).

[127]Zu den Folgen (bild-)medienbedingter Beschleunigung im Bereich des Militärs vgl. Virilio (1989).

[128]Zu dieser Strategie moderner Kriegsführung siehe Beuthner/Weichert (2005).

[129]Von einem allgemeinen Bedeutungsverlust des Bildes vor dem Hintergrund der Vermassung von Bildern spricht z. B. Boehm (1995). Auch der von Latour und Weibel diagnostizierte „Iconoclash", im Sinne einer zunehmenden Ambiguität und Opazität öffentlich diskursivierter Bilder, gründet maßgeblich auf deren Vermassung unter den aktuellen Medienbedingungen (vgl. Latour und Weibel Hrsg. 2002, S. 33 ff.). Von einem subtilen Ikonoklasmus jenseits der Bildzerstörung kann man weiterhin insofern sprechen, als machtbezogene Regime des Sehens, Blickens und Angeblickt-Werdens Voraussetzungen dafür schaffen, was in einer Gesellschaft (un-)sichtbar ist (vgl. Guerlin 2015, S. 22 ff.).

7.5.4 Exkurs: Soziokultureller Wandel und Macht

a) *Panoptismus und Zivilisierung*
Foucault hat in mehreren Studien gezeigt, wie sich für den europäischen Raum ein Transformationsprozess von einer monozentrischen, souveränen Macht hin zu einer „Disziplinarmacht" beschreiben lässt. Unter letzterer versteht Foucault ein polyzentrisches Machtgeflecht, eine komplexe Struktur von Instrumenten der Kontrolle, die nicht zuletzt zu einer Selbstdisziplinierung der Individuen führt. Einen Anfangspunkt dieser Entwicklung bilden für Foucault überschaubare(re) Formen institutionalisierter Macht und institutionalisierter Kontrolle, für die die machtstrategische Ausnutzung von Sichtbarkeit zentral ist. In seiner Studie „Überwachen und Strafen" (1976) schenkt Foucault der Rekonstruktion der von Jeremy Bentham entfalteten Idee des Panopticons[130] sowie der praktischen Umsetzung derselben in Formen materialisierter Architektur besondere Beachtung. Das Panopticon ist hier noch ein selbst sichtbares Arrangement, das spezifische Beobachtungsverhältnisse konstituiert und fixiert, wobei Benthams Modell des panoptisch gestalteten Gefängnisbaus gleichsam den Idealtypus des Konzeptes darstellt: Indem die Zellen der Insassen kreisförmig um einen mittig positionierten Kontrollturm einsehbar arrangiert sind, derweil umgekehrt die faktische Besetzung des Kontrollturms durch einen Aufseher für die Insassen intransparent bleibt, müssen letztere mit einer fortwährenden Beobachtung durch die Machtinstanz rechnen. Foucault nun sieht im Panopticon weniger den Prototyp einer Ermächtigungsform, die von eben diesem architektonischen Modell aus Karriere macht, sondern eine „architektonische Metapher für einen historisch spezifischen Typ von Macht" (Wunderlich 1999, S. 344).[131] Gleichwohl handelt es sich um eine materielle Basis, die den Panoptismus stets begleitet und strukturiert – die Bodycam an der Polizeiuniform gehört hierzu ebenso wie die Video-Überwachung im öffentlichen Raum oder die Zulassung des „Videobeweises" im Fußball.

---

[130]Eine Zusammenstellung von Benthams Texten zum Panopticon bietet Bozovic (1995).

[131]Untersuchungen, die sich mit (visuellen) Überwachungstechnologien befassen und seit einiger Zeit unter dem Begriff „surveillance studies" zusammengefasst werden (vgl. z. B. Ball et al. 2014, Zurawski 2014), beziehen sich zumeist auf Benthams Panopticon als eine auf verschiedene Beobachtungstechniken anwendbare Metapher sowie auf Foucaults Analysen zur Macht. Zu Studien in diesem Bereich vgl. exemplarisch Norris/Moran/Armstrong (Hrsg. 1998), Sassen (2000), Lyon (2001) und Hempel/Metelmann (Hrsg. 2005). Zum Einsatz von Bodycams Timan (2016); zur Problematisierung der Einbezugnahme von Videodaten in der Rechtsprechung an einem Fallbeispiel Watson (2018).

7.5 Macht

In jedem Fall (re-)produziert die panoptische Disziplinarmacht Beobachtungsverhältnisse, in denen sich die Machtunterworfenen jederzeit von Machthabenden beobachtet wähnen, sodass es zu einer zunehmenden Selbstdisziplinierung und Selbstkontrolle der Subjekte kommt. Dabei impliziert schon das Modell des Panopticons mehr und anderes als eine einfache Machtasymmetrie zwischen Insassen bzw. Insassinnen und Aufseherinnen bzw. Aufsehern, nämlich ein Geflecht der Kontrolle: Der Aufseher ist nicht nur superiores Subjekt der Kontrolle der Insassen, sondern unterliegt der Überwachung durch einen Inspektor, der seinerseits kontrolliert wird usw. Die (relative) Unsichtbarkeit der (z. B. räumlichen und zeitlichen) Grenzen der Kontrolle konstituiert Foucault zufolge eine „Mikrophysik" der Macht, die im Unterschied zur „Makrophysik" der absolutistischen Macht auf subtile Überwachung und dadurch forcierte Selbstüberwachung setzt.[132]

Der von Elias diagnostizierte „Zivilisationsprozess" folgt – wie oben angedeutet – einem vergleichbaren soziokulturellen Wandel (vgl. Abschn. 7.4.3).[133] Für Elias sind Prozesse der (europäischen) Modernisierung maßgeblich durch die zunehmende Undurchschaubarkeit, Differenzierung und Verzweigung von Interdependenzgeflechten zwischen Individuen gekennzeichnet. Eingebunden in die Beobachtungsverhältnisse und Interdependenzgeflechte am Hofe, trainiert der Höfling sein Verhalten, um die Gunst der Machthaber nicht zu verlieren. Und eben weil Selbstkontrollen internalisiert werden und in die Persönlichkeitsstruktur eingehen, kann sich die Macht selbst zunehmend invisibilisieren, da sie die Selbstanpassung der Machtunterworfenen voraussetzen kann. Entsprechend geht mit der Zivilisierung der Subjekte eine Zivilisierung institutionalisierter Macht einher. Während z. B. in frühen Feudalgesellschaften die sichtbare Ausübung von Gewalt durch die Herrschenden bis hin zur Tötung von Menschen weniger legitimationsbedürftig, sondern eine Demonstration des Machtvermögens war, die als solche Macht zuallererst rechtfertigte (vgl. Münkler 1995, S. 224 ff.), wird Gewalt später zunehmend hinter die Kulissen verlagert. Die Bildzensur in den gegenwärtigen Kriegen („embedded journalism") und Euphemismen wie „Operation", „smart Bombs" oder „Kollateralschaden" geben hierfür Beispiele.

---

[132]Vgl. dazu ausführlich Foucault (1976, insb. S. 251–292).

[133]Dass und inwiefern die Gemeinsamkeiten und Komplementaritäten der Werke von Foucault und Elias für eine figurationstheoretisch fundierte „Synthetische Soziologie" erschlossen werden können, zeigt Willems (2012, insb. S. 440–479).

b) *Macht und technische Bildmedien*
Neben und mit dem soziokulturellen Wandel in Richtung Panoptismus und Zivilisierung kommt den technischen Bildmedien eine besondere Rolle für die Entstehung rhizomatischer Machtgeflechte zu. Schon im 19. Jahrhundert wird die Durchdringung verschiedenster sozialer Kontexte durch das Beobachtungs-, Aufzeichnungs- und Archivierungsmedium Fotografie reflektiert und z. T. kritisch kommentiert. Eine Lithografie von Théodore Maurisset mit dem Titel „La Daguerreotypomanie" illustriert bereits im Jahr 1840 aufs Trefflichste jenen medieninduzierten Panoptismus, der bis in die Gegenwartsgesellschaft hineinwirkt (vgl. Abb. 7.1).

Gezeigt wird eine Welt komplexer Beobachtungsverhältnisse, in der die machtbezogenen Ausnutzungen der Fotografie weniger leicht identifiziert, lokalisiert und spezifischen Instanzen zugeordnet werden können. In der dichten

Abb. 7.1 „La Daguerreotypomanie". Théodore Maurisset, La Daguerreotypomanie (Daguerreotypomania), December 1839, Lithografie 26 × 35.7 cm (10 1/4 × 14 1/16 in.), J. Paul Getty Museum (Los Angeles)

7.5 Macht

Verflechtung des fotografischen Registrierens verschiedenster Ereignisse verliert man den Überblick darüber, wer wann zu welchen Zwecken und mit welchen (Spät-)Folgen welche Situationen fotografisch fixiert. Dabei liegt die systematische Beobachtung von Menschen und ‚Schauplätzen' keineswegs nur in den Händen institutionalisierter Mächte.[134] Panoptisch wirksam sind vielmehr schon hier die alltagskulturellen sozialen Gebrauchsweisen technischer Bildmedien.

Erst recht aber werden unter Bedingungen der computerisierten Medien (digitale Foto- und Videografie, Smartphones, Internet u. a.) die Handlungen und Erscheinungsformen von Individuen und Gruppen für andere auch jenseits sozialer Situationen verfügbar. Von der Videokontrolle (scheinbar) privater und öffentlicher Räume bis hin zum „tracking" expandiert eine computerisierte Disziplinarmacht des Visuellen.[135]

Eine neue panoptische Qualität erreichen die digitalen Medien weiterhin durch die Möglichkeit der maschinellen Verknüpfung von Daten. Die Ausnutzung von Mustererkennung ist hier nur ein Beispiel von vielen. Während einfache Systeme etwa die Zutrittsbedingungen zu Territorien regulieren, vermögen fortgeschrittene „Sicherheitssysteme" wie das seit 2009 mit EU-Mitteln finanzierte Projekt „Intelligent Information System Supporting Observation, Searching and Detection for Security of Citizens in Urban Environment" (INDECT) die (Erscheinungs-)Daten ‚auffälliger' Personen mit Bild-Datenbanken (z. B. von Straftätern) zu vergleichen und im Verdachtsfall von Drohnen verfolgen zu lassen, die ihren Weg ihrerseits über das Körperbild des Verdächtigen (seine Bewegungen im Raum) ermitteln. Auch Technologien wie das maßgeblich von dem Computerhersteller IBM entwickelte, seit 2010 in Rio de Janeiro installierte, System „Smarter Cities" stehen für eine komplexe Verknüpfungsstruktur u. a. visueller Daten und Techniken (Video-Kameras, GPS-Geräte, Verkehrsüberwachungs- oder Wetterprognosesysteme), und sind in diesem Fall der Kontrolle institutionalisierter Macht unterstellt.[136]

---

[134]Schon im 19. Jahrhundert wird die Fotografie für die Zwecke von Machtinstitutionen erschlossen – z. B. in der Herstellung polizeilicher (Bild-)Archive von Straftätern, vgl. Edwards (2003) und Sekula (2003).

[135]Zu einer empirischen Studie, die die Folgeeffekte der Einführung von Videokontrollsystemen in der BRD an einem regionalen Fallbeispiel untersucht, siehe Bornewasser (2005).

[136]Dazu gehört die Lenkung von Menschenmassen ebenso wie die Ausarbeitung und Durchsetzung von Evakuierungsplänen bei Unwettern (vgl. New York Times, 12.03.2012).

Die aktuelle Situation, in der sich Milliarden von Menschen vernetzen und im Rahmen der von ihnen im Datenraum hinterlassenen (visuellen) Spuren potenziell füreinander sichtbar werden, kann man als vorerst letzte Steigerungsstufe der anonymisierten, panoptischen Disziplinarmacht verstehen. Gerade social media und deren Verknüpfung mit anderen ‚neuen Medien' (Smartphones etc.) dürften als panoptische Kontrollsysteme wirken. Indem das ‚Netzwerk' von Freunden und Bekannten die Bedeutung von (Un-)Sichtbarkeiten verschiedener Inhalte (z. B. der Selbst- und Fremddarstellung von Personen) forciert, werden die Gestaltungsmöglichkeiten zu einem integralen Moment von Machtfigurationen, von Selbst- und Fremdkontrolle. In jedem Fall führt die Omnipräsenz von bildgebenden Verfahren zu einer Generalisierung der Anwendbarkeit von sichtbaren Oberflächen für Prozesse der Herstellung von Hierarchien in den verschiedensten sozialen Prozessen. Auch wenn man Martin Jays Diagnose teilt, dass es kein spezifisches „skopisches Regime" (Jay 1988) der Moderne gibt, so kann man doch feststellen, dass die technischen Bildmedien zu einer Expansion und Durchdringung rhizomatischer Machtgeflechte in den verschiedensten sozialen Kontexten auf der Basis visueller Kommunikationen beitragen.[137]

Wie schon die bisherigen Überlegungen nahelegen, ergibt sich das Wichtigerwerden von Kämpfen um visuelle Kommunikationen im Allgemeinen, und um identitätsbezogene Images im Speziellen, aus der Relevanzsteigerung von Bildern, die von der Entwicklung technischer Bildmedien provoziert wird. In Bezug auf die hieraus erwachsenden Konfliktlagen ist in der jüngeren Vergangenheit viel von Kämpfen um Aufmerksamkeit gesprochen worden.[138] Die Omnipräsenz von Bildern – man denke nur an die globale Allgegenwart der Werbung in den verschiedensten Lebenswirklichkeiten – führt zu einer drastischen Verknappung von Aufmerksamkeit, die ihrerseits Kämpfe um dieses knappe Gut auf den verschiedensten ‚Märkten' (der Politik, der Wirtschaft, der (Sub-)Kulturen u. a.) in Gang setzt.

In der Betonung der Ressource Aufmerksamkeit wird allerdings leicht übersehen, dass sich substanzielle Problemlagen der Bildkommunikation erst dann ergeben, wenn der Kampf um Aufmerksamkeit gewonnen ist: Dann erst nämlich stellt sich die Frage, wozu und mit welchen Anschlussfolgen die gewonnene Aufmerksamkeit genutzt werden soll. Die möglichen Antworten auf diese Fragen

---

[137]Zu dem Versuch einer historischen Bestimmung skopischer Regime vgl. Metz (1977, S. 85 f.), und Jay (1992). Zur Kritik der Identifizierbarkeit „skopischer Ordnungen" vgl. Alpers (1996).

[138]Dazu exemplarisch Franck (1998).

sind vielgestaltig. Sie bewegen sich im Rahmen des journalistischen Berichtens ebenso wie im Bereich der Unterhaltungskommunikation oder der didaktischen (Bild-)Erklärung. Hier wie dort ist unter den (Medien-)Bedingungen verknappter Aufmerksamkeit eine Tendenz zur Vereinfachung und (Stereo-)Typisierung des Bildlichen zu beobachten, die Uwe Pörksen als „Visiotypie" bezeichnet (vgl. Pörksen (1997, 24 ff.).

Wichtig ist in vielen Fällen visueller Kommunikation, die den Kampf um Aufmerksamkeit gewonnen hat, die Image-Dimension. Denn in den meisten Fällen geht es – zumindest auch – um die Kommunikation sozialer Objekte (Dinge, Personen, Produkte, Organisationen, Unternehmen u. a.), die in den jeweiligen Bilder-Rahmen mit bestimmten Eigenschaften identifiziert werden. Neben und mit dem Kampf um Aufmerksamkeit ereignet sich also ein Kampf um Images auf einer sehr grundlegenden Ebene, weil mit der visuellen Identifizierung und Qualifizierung notwendigerweise Identitätsaspekte gebildet werden, deren Akzeptanz vor dem jeweiligen Publikum zur Disposition steht. Der Kampf um Images findet unter modernen Bildmedienbedingungen in den verschiedensten Gesellschaftsbereichen statt und inkludiert alle Mitglieder der Gesellschaft sowohl in der ‚Rolle' der Produzierenden als auch in der der Rezipierenden. Mit der Computerisierung der Bildmedien und der Vernetzung von computerisierten Medien, insbesondere durch das Internet, kommt es dabei nochmals zu einem enormen Dynamisierungsschub in Sachen ‚Kampf um Image'.[139] Dessen Ende ist nicht abzusehen, u. a. weil die strukturelle Offenheit des Computers (auch) im Feld der visuellen Kommunikation immer neue Anwendungsmöglichkeiten und damit neue Machtchancen hervorbringt.

7.6 Wissen

Die epistemologische Frage nach der Bedingung der Möglichkeit von Wissen kann hier unberücksichtigt bleiben. Wohl aber muss eine Soziologie des Visuellen explizieren, was sie unter Wissen versteht und dementsprechend, inwiefern Wissen eine spezifische soziale Umgebung darstellt, an die Gestaltungen mehr oder weniger angepasst sein können.

Einen Ausgangspunkt bietet die Redewendung „Man sieht nur, was man weiß". Sie macht nicht nur erkenntlich, dass Wissen als zentrale Einschränkungsbedingung

---

[139]Zu der Entfaltung eines Kampf um Images unter den Bedingungen der technischen Bildmedien vgl. ausführlicher Kautt (2015b).

des deutenden Sehens für Individuen fungiert. Sie indiziert zugleich, dass das Wissen über die Wissensbezogenheit des Sehens zu den gängigen Alltagstheorien gehört – sie also selbst intersubjektiv geteiltes, sozial verfügbares Wissen ist. Dabei schließt der Geltungsbereich des Satzes die hier verhandelten strukturellen Umgebungen des Gestalteten ein. Fehlt es an Wissen um die Bedeutungen von Emotionssemantiken, kollektiven Identitätskonstruktionen oder Symbolen der Macht, können sich sinnhafte Beziehungen zwischen sichtbaren Zeichen und sozialen Umgebungen nicht ereignen. Wissen ist so gesehen eine Art Meta-Umgebung, die die verschiedenen Themenbereiche visueller Kommunikation transzendiert.[140]

Indessen ist individuelles (subjektives) und soziales (gesellschaftliches) Wissen genauer zu unterscheiden. In einer Formulierung Thomas Luckmanns meint der subjektive Wissensvorrat „die Gesamtheit der aufgrund subjektiver Relevanzstrukturen sedimentierten subjektiven Erfahrungen, die zum Teil unmittelbar gemacht, zum Teil auch vermittelt wurden. Viele Elemente des subjektiven Wissensvorrats sind versprachlicht, sie entstammen also den Taxonomien und Kategorien des gesellschaftlichen Wissensvorrats. Die Struktur des subjektiven Wissensvorrats ist durch die Vorgänge des (teilweise institutionalisierten) subjektiven Wissenserwerbs bestimmt." (Luckmann 1992, S. 178 f.)

7.6.1 Wissen und Lebenswelt

Wenngleich Wissen stets an Subjekte rückgebunden ist, die über ein spezifisches Wissen verfügen, das sich von allen anderen Individuen unterscheidet, deutet Luckmanns Bemerkung bereits an, dass sich individuelles Wissen weniger in den Bewusstseinsstrukturen eines transzendentalen Egos, sondern in intersubjektiven Erfahrungswirklichkeiten konstituiert. Das Zusammenwirken von individuellem und gesellschaftlichem Wissen in den „Strukturen der Lebenswelt" (vgl. Schütz/Luckmann 1979) ist dementsprechend ein zentraler Fokus der (phänomenologisch orientierten) Wissenssoziologie. Für sie vollzieht sich die Bildung des subjektiven Wissensvorrates vor dem Hintergrund einer immer schon bestehenden soziokulturellen Ordnung, sodass „der subjektive Wissensvorrat nur zum Teil aus ‚eigenständigen' Erfahrungs- und Auslegungsresultaten

---

[140]Schon der Vollzug von Zeichen setzt Wissen voraus, denn nur mit Wissen kann Bezeichnendes und Bezeichnetes in Beziehung gesetzt und als solche Binnendifferenzierung (Signifikant/Signifikat) von allem anderen unterschieden werden.

7.6 Wissen

besteht, während er zum bedeutenderen Teil aus Elementen des gesellschaftlichen Wissensvorrats abgeleitet ist" (Schütz/Luckmann 1979, S. 314).

Die Typisierung der prozessualen Wissensgenese, die Peter Berger und Thomas Luckmann in ihrem Werk „Die gesellschaftliche Konstruktion der Wirklichkeit" (1969) vornehmen, bringt die Verschränkung von individuellem und gesellschaftlichem Wissen über die Begriffe „Externalisierung", „Objektivierung" und „Internalisierung" auf den Punkt. Indem sich Menschen handelnd und kommunizierend mitteilen, veräußern sie ‚innere' Zustände, z. B. Kognitionen, Emotionen, Motive und Interessen („Externalisierung"). Externalisierte Mitteilungen werden in sich wiederholenden Interaktionen mit anderen (deren Handeln und Kommunizieren) musterförmig generalisiert, z. B. durch sprachliche Benennung („Objektivierung"), um dann als intersubjektiv bestehende Objektivationen in die subjektiven Erfahrungen von Individuen eingehen zu können („Internalisierung").[141]

Diesem Verständnis folgend ist Wissen nicht ein Set bestimmter ‚Inhalte', sondern ein Prozess der Auseinandersetzung mit Informationen in der Verschränkung von Individuum und Lebenswelt. Neben und mit dem prozessualen Verständnis von Wissen liegt eine wichtige Pointe für die Frage nach Wissen als formbedingender Umgebung visueller Kommunikation in dem Sachverhalt, dass objektiviertes Wissen, einmal hervorgebracht, als Grundlage weiterer Handlungen und Kommunikationen vorausgesetzt werden kann. Und eben weil objektiviertes Wissen Handeln und Kommunizieren situationsübergreifend zu orientieren vermag, sprechen Berger und Luckmann von Wissen als „Institution", das im Prozessen der Institutionalisierung hervorgebracht wird (1969, S. 49 ff.). Dabei wird in der latenten oder expliziten Zugrundelegung von (objektiviertem) Wissen in Kommunikationsprozessen die genuin *soziale* Gebrauchsweise von Wissen deutlich. Wissen tritt, in einer Formulierung Niklas Luhmanns, als „Erwartungsstruktur" an das „kognitive Erleben" in Erscheinung (Luhmann 1992, S. 145 f.).[142]

Nun drängt sich neben und mit der Unterscheidung von individuellem und gesellschaftlichem Wissen die Frage nach der typologischen Ordnung thematisch

---

[141]Vgl. hierzu ausführlicher Berger/Luckmann (1969). Zur Objektivierung des Wissens über Zeichenbildung vgl. auch Schütz (1994, S. 331–342).

[142]Auf eben jene Dimension schränkt Luhmann den Wissensbegriff ein, wenn er feststellt, dass sich Wissen notwendigerweise von bloß individuellen Erfahrungsbezügen emanzipiert: „Wo Handeln interferiert, muß man wissen, wer handelt und welche Interessen und Motive er einbringt. […] Das Wissen selbst hat seine Geltung dagegen in einer anonym konstituierten Welt. Es kann als Wissen nur überzeugen, wenn man es für prinzipiell gleichgültig hält, wer es erkennt (was im praktischen Leben natürlich nicht ausschließt, Wissensvorsprünge oder Irrtümer bzw. Unkenntnisse auszunutzen)." (Luhmann 1992, S. 143)

differenzierter Wissensformen auf. Hierzu sind im Kontext der Wissenssoziologie verschiedene Konzepte entwickelt worden.[143] Im Anschluss an Alfred Schütz kann z. B. zwischen *Grundelementen des Wissens, Routinewissen* und *explizitem Wissen* unterschieden werden. Mit den Grundelementen des Wissens sind dabei basale, sich früh in der je individuellen Welterfahrung entwickelnde, Wissensdimensionen gemeint, wie z. B. Vorstellungen von der Begrenztheit der Situation. Routinewissen bezeichnet einen Horizont von Fertigkeiten, der sich durch wiederholende Handlungen im Alltag bildet und in Bezug auf verschiedene Anforderungslagen als Gebrauchs- und Rezeptwissen zur Verfügung steht.[144] Explizites Wissen schließlich fasst diejenige Sphäre, die den Individuen als Wissen reflexiv bewusst ist, das gewusste Wissen.[145]

Hinsichtlich des *gesellschaftlichen* Wissens kann weiterhin zu Schematisierungszwecken zwischen *Allgemein-* und *Sonderwissen* unterschieden werden: Während ersteres die von vielen Menschen geteilten Wissensbestände bezeichnet, bezieht sich letzteres auf die weniger zugänglichen Wissensformen. Geben für das Allgemeinwissen Vorstellungen von physikalischen Kausalbeziehungen ein Beispiel (z. B. fällt der Apfel aufgrund einer sogenannten Schwerkraft zu Boden), bietet das Wissen in Szenen, Subkulturen oder professionellen Handlungsfeldern, wie der Wissenschaft, ein Beispiel für Sonderwissen.[146]

---

[143]Zu einem Überblick vgl. Knoblauch (2014).

[144]Für eine ausführliche Darstellung der genannten Wissensformen in obiger Reihenfolge vgl. Schütz (1994, S. 133–136; S. 139–145; S. 331–342 [1974]).

[145]Schütz schlägt vor, dasselbe entlang der Kategorien Vertrautheit, Bestimmtheit und Glaubwürdigkeit zu dimensionieren, vgl. Schütz (1994, S. 174–203).

[146]Hierzu Luhmann in einer stark vereinfachenden Gegenüberstellung von ‚Objektwissen' und ‚Wissenschaftswissen': „Ein Objektwissen ist schon Wissen. Man weiß, wo man ist, wenn man in Bielefeld ist. Auch gibt es vorwissenschaftliche Begriffe, die im wesentlichen Objektklassifikationen leisten, zum Beispiel ‚Frauen' (im Unterschied zu Männern') oder ‚Gärten' (im Unterschied zu nicht eingezäunten und weniger intensiv oder gar nicht bearbeiteten Flächen). Um Wissenschaft handelt es sich erst, wenn Begriffsbildung eingesetzt wird, um feststellen zu können, ob bestimmte Aussagen wahr (und nicht unwahr) sind, wenn also der Code des Wissenschaftssystems die Wahl der Unterscheidung dirigiert, mit denen die Welt beobachtet wird. Selbstverständlich wird dadurch das Objektwissen in vorbegrifflicher Form nicht entbehrlich. Wie sollte man sonst den Weg ins Labor finden oder auch nur ein Buch in der Bibliothek. Aber erst durch ihre elaborierte Begrifflichkeit unterscheidet Wissenschaft sich von normalen, sozusagen touristischen Wissenserwerben." (Luhmann 1992, S. 124 f.) Die Konditionierungen der Kommunikation, die Luhmann im Bereich des vorwissenschaftlichen Wissens im Blick hat, sind etwa Rollen, Professionalisierung, Organisation (vgl. Luhmann 1992, S. 133).

7.6 Wissen

Für das hier vertretene Modell visueller Kommunikation in Relation zu strukturellen Kontexten (Umgebungen) des Artifiziellen kann man soweit zusammenfassend sagen: Indem mediale Substrate, Macht, Emotions- und Identitätssemantiken, Kultur-Vergleiche oder kommunikative Gattungen als soziale Tatbestände in der Gesellschaft verfügbar sind, gehören sie zu den Strukturen der Lebenswelt, die das „Objektwissen" bedingen, über das Menschen verfügen können und müssen, wenn sie an denjenigen Kommunikationen teilnehmen wollen, die die Kenntnis eben jener ‚Objekte' voraussetzen.

Dabei ist die Beteiligung verschiedener Wissensformen an ein und demselben situativen Ereignis bzw. an der Kommunikation einzelner Artefakte durchaus gewöhnlich. Die Fotografien von den Terroranschlägen vom 11. September 2001 in New York – die hier nicht gezeigt werden müssen, weil ihre Kenntnis vorausgesetzt werden kann – können dies illustrieren: Schon das leibliche und körperliche Erfahrungswissen fundiert das Verstehen der Bilder: Wir spüren (und wissen) z. B., wie sich Rauch- und Staubwolken in den Atmungsorganen anfühlen. Unser Körperwissen orientiert weiterhin die Interpretation großer Fallhöhen und über das je eigene körperliche Erleben und die Beobachtung des Verhaltens anderer kennen wir die Gefühle des Entsetzens, der Angst und der Traurigkeit, sodass wir die emotionale Expressivität der gezeigten Menschen ohne weiteres zu verstehen in der Lage sind. Auch die von Schütz sogenannten Grundelemente des Wissens bilden einen wissensbezogenen Deutungsrahmen für das Gezeigte. Wir gehen etwa davon aus, dass die Bilder ein spezifisches, zeitlich und örtlich begrenztes Ereignis, mithin spezifische Situationen von endlicher Dauer vor Augen führen.

Zum deutungswirksamen Routinewissen hingegen könnte man dasjenige Wissen zählen, das auf dem Umgang mit den Massenmedien als Überbringer von ‚Nachrichten' basiert: Journalistische Formate im Rahmen der Printmedien, des Fernsehens und des Internets werden von (medien-)sozialisierten Gesellschaftsmitgliedern mühelos als Kommunikationen mit dem Anspruch des Dokumentierens von Weltsachverhalten identifiziert – im Unterschied etwa zu Bildern der Werbung oder der Unterhaltung. Ein Wissen um mediale Gattungen gehört also in der Gegenwartsgesellschaft zu den elementaren Wissensbeständen. Und schließlich gibt es vielfältige Formen des Spezialwissens bis hin zum professionellen Sonderwissen, die die Deutung und Gestaltung des Bildkomplexes 9/11 bedingen. Die symbolische Ausdeutung der Gebäuderuinen durch Fotografinnen und andere Gestalter der massenmedialen Berichterstattung in den Tagen nach dem Anschlag gibt hierfür ein Beispiel: Indem einige Darstellungen die Gebäudetrümmer inszenatorisch in die Nähe gotischer Sakralbauten rücken, legen sie bestimmten Gruppen mit einem entsprechenden Symbolwissen eine spezifische Lesart der

Bilder nahe, die als solche Eingang in wissenschaftliche Auseinandersetzungen findet.[147] Die Beteiligung von Wissen transzendiert also verschiedenste Themenbereiche und beschränkt sich bei weitem nicht auf das reflexive, ‚gewusste Wissen' von Individuen. Angesichts dieser grundlegenden Bedeutung des Wissens kommt wissenssoziologischen Perspektiven eine besondere Relevanz zu. Sie richten den Blick z. B. auf das, „was in einer Gesellschaft als ‚Wissen' gilt" (Schnettler 2007, S. 193) und damit auf die Prozesse der Objektivierung subjektiver Sinnentäußerungen und der Institutionalisierung und Legitimierung visuellen Sinns (Schnettler 2007, S. 193).[148] Sie zeigen, dass und inwiefern soziale Praktiken „Sehgemeinschaften" (Raab 2008) ausbilden, für die spezifische Wissensformationen als Deutungsfolien des Gestalteten fungieren; oder sie eruieren die Frage, welche Wissenstypen das situative Handlungs- und Kommunikationsgeschehen leiten und wie Menschen diese multimodal-performativ (d. h. u. a. visuell) zum Ausdruck bringen, z. B. im Rahmen von Powerpoint-Präsentationen (vgl. Knoblauch 2013).

7.6.2 Wissen als Rahmen

Dennoch muss die Bedeutung von Wissen im Rahmen eines sozialökologischen Modells relativiert werden. Denn die formgebenden Anforderungslagen sozialer Strukturen leiten sich nicht oder nur sehr bedingt aus dem Wissen um selbige ab. Die Strukturen der Macht sind hierfür nur ein Beispiel.[149] Andere Beispiele sind Emotions- und Identitäts-Semantiken, Kultur, generationsbezogene Mentalitäten oder Funktionssysteme: Sie alle gehen – wie hier im Zugriff auf soziologische Konzepte gezeigt – mit je eigenen sozialen Bezugsproblemen einher, die als solche Folgeeffekte für das zeitigen, was sich im jeweiligen Themen- bzw. Problembereich als sichtbare Gestaltung realisieren kann. Indem sich visuelle Kommunikation an diese Umgebungen anpasst, passt sie sich an diese Konstruktionen und nicht an das Wissen über diese an, wenngleich das Verstehen des Designs im jeweiligen Zusammenhang freilich auf Wissen angewiesen ist.

---

[147]Vgl. Behr (2005).
[148]Zu einem Überblick über die Hauptlinien der Wissenssoziologie vgl. Knoblauch (2014).
[149]Dass und inwiefern das Primat der Wissenskategorie unter machttheoretischen Perspektiven zu relativieren ist, zeigt Iványi (1999).

7.6 Wissen

Umso mehr kommt es hier darauf an, im Anschluss an die wissenssoziologische Tradition den weiten Problem- und Themenzusammenhang von Wissen auf ein spezifisches Problem von Wissen einzuschränken. Hierfür dient mir ein Strang der Wissenssoziologie, der Wissen zur prinzipiellen Interpretationsbedürftigkeit situativer Ereignisse in Beziehung setzt. Ausgangspunkt ist die Annahme, dass Menschen im Fluss veränderlicher Ereignisse und Wirklichkeiten stets mit der Frage konfrontiert ist „Was geht hier eigentlich vor?". Deren alltagspraktische Bewältigung, so die These, erfolgt im Zugriff auf ein sozialisiertes und enkulturalisiertes Wissen zum (sozial konstruierten) sinnhaften Aufbau der Welt.

Ein Konzept, das dazugehörige Wissensformen in eine grundlegende und daher auch empirisch-analytisch sehr brauchbare Ordnung bringt, ist Erving Goffmans „Rahmen-Analyse" (1977).[150] Die Interpretation situativer Ereignisse, so Goffman, erfolgt im Zugriff auf sozial konstruierte Rahmen, die eben hierfür grundlegende Orientierungswerte bereitstellen. Er unterscheidet dabei vier Rahmentypen: Primäre Rahmen, Moduln, Täuschungen und Theaterrahmen.

Primäre Rahmen nennt Goffman die elementaren Strukturen des untransformierten Sinnhintergrunds, der als Grundlage von Sinntransformationen fungiert. Die Attribuierung „untransformiert" verweist dabei keineswegs auf eine Sphäre außerhalb sozialer Konstruktivität. Auch „primäre Rahmen" verdanken sich sozialen (historisch spezifizierbaren) Konstruktionen. Gemeint sind vielmehr basale Wissensorientierungen, die zum grundlegendsten Weltverständnis gehören, das als solches in der sozialen Praxis des Handelns und Kommunizierens nicht hinterfragt wird, sondern als gegeben hingenommen wird und dementsprechend als gleichsam natürliche Ordnung erscheint. Zu diesem Rahmentyp gehört etwa die in der Gegenwartsgesellschaft weithin übliche Einteilung der Welt in die Sphäre der natürlich-physikalischen Phänomene einerseits und der menschlich-sozialen Sphäre andererseits: Während die Natur als ungerichteter Prozess interpretiert wird, der bestimmten Naturgesetzen unterliegt – Goffman spricht von „natürlichen Rahmen" – werden Menschen gemeinhin in einen „sozialen Rahmen" gestellt, für den die Vorstellung willentlich orientierter Individuen entscheidend ist. Wenngleich wir es auf beiden Seiten mit sozialen Konstruktionen

---

[150]Zur Abgrenzung der Rahmentheorie von der Schützschen Wissenssoziologie vgl. Goffman (1977, S. 13 ff.). Zu einer Einordnung in das Gesamtwerk Goffmans sowie zu einer Herausarbeitung von Komplementaritäten und Anschlussmöglichkeiten des Rahmen-Konzeptes zu Begriffen wie Deutungsmuster, Skript oder kommunikative Gattung vgl. Willems (1997).

zu tun haben, bilden die unhinterfragten „primären Rahmen" die „Kosmologie" der Gesellschaft.

Eine *Transformation eines primären Rahmens* – und damit eine erste Ebene der Steigerung von Sinnkomplexität – liegt z. B. vor, wenn ein Kampfverhalten in ein Spiel verwandelt wird oder auch wenn ein Geschehen in irgendeiner Weise medial verarbeitet wird (etwa im Rahmen einer Werbung, einer ‚dokumentierenden' Berichterstattung oder einem Spielfilm). Einen Rahmen, der in diesem Sinne anweist, ‚sekundär' zu verstehen, nennt Goffman *Modul* (key). Ein Modul ist also ein Schema, durch das „eine Tätigkeit, die bereits in einem primären Rahmen sinnvoll ist, in etwas transformiert wird, das dieser Tätigkeit nachgebildet ist, von den Beteiligten aber als etwas ganz anderes gesehen wird" (ebd., 55 f.).

Hiervon ausgehend kann man sagen, dass ein Großteil visueller Kommunikationen, insbesondere im Bereich *bildlich* vermittelten Sinns, der Sphäre der *Moduln* zuzuordnen ist[151]: Wir wissen, dass gemalte, fotografierte oder gefilmte Szenerien die bildgebenden sozialen Wirklichkeiten auch dann transformieren (modulieren), wenn sie in ‚dokumentierender' Absicht ein ‚Spiegel' des Abgebildeten sein wollen. Entsprechend kämen wir niemals auf die Idee, die Bilder des Ereignisses mit dem Ereignis selbst zu verwechseln. Dies gilt selbst für multimodale ‚Virtual Realities' computergestützter Technologien, die etwa den Seh- und Tastsinn gleichermaßen einbinden – denn auch sie werden als temporäre Differenzerfahrungen gerahmt, die sich transformierend auf zuvor Bekanntes beziehen.[152]

Täuschungen sind demgegenüber Formen der *einseitigen* Sinntransformation, denen „das bewußte Bemühen eines oder mehrerer Menschen (zugrunde liegt, Y. K.), das Handeln so zu lenken, daß einer oder mehrere andere zu einer falschen Vorstellung von dem gebracht werden, was vor sich geht. (…) Es scheint also, daß ein Stück Handlung zweierlei in die Welt setzen kann, daß es als Muster dienen kann, von dem zwei Arten von Ableitungen hergestellt werden: eine Modulation oder eine Täuschung" (ebd., 98). Beide Arten der Transformation primärer

---

[151]Goffman spricht auch vom „Bilder-Rahmen" als eigenem Rahmentyp (vgl. Goffman 1981, S. 45 ff.). Zu einer Reflexion auf die Praxis des Bilder-Rahmens in der ethnografischen Forschung vgl. Heng (2017, S. 78 ff.).

[152]Dies gilt zumindest so lange, wie primäre Weltwahrnehmungen und Weltorientierungen ohne körperlich implementierte Medien entwickelt werden. Gedankenexperimentell kann durchaus eine soziale Wirklichkeit vorgestellt werden, in der technologisch gestützte Wahrnehmungen primären Rahmen immanent sind. Bereits realisierte Cyborg-Entwicklungen weisen in diese Richtung.

7.6 Wissen

Rahmen können dann ihrerseits wieder transformiert werden, z. B. lässt sich eine Modulation vortäuschen. Eine besondere Rolle spielen für den Zusammenhang visueller Kommunikation die von Goffman als Modulklasse behandelten *„dramatischen ‚Drehbücher'*, die den *„Theater-Rahmen"* fundieren. Hierzu gehören etwa alle dargestellten Stücke persönlicher Erlebnisse, die einem Publikum als Ersatzerlebnisse angeboten werden, insbesondere die kommerziellen Routineerzeugnisse in Fernsehen, Rundfunk, Zeitungen, Zeitschriften, Büchern und auf der eigentlichen Bühne" (Goffman 1977, 65 f.). Diese Erzeugnisse, die im Zeitalter des Computers um eine lange Liste medialer Inszenierungsformen und Gattungen zu ergänzen wäre, liefern virtuelle Wirklichkeitsversionen des Alltagslebens, „ein Drehbuch über drehbuchlos ablaufende soziale Vorgänge, weswegen sie viele sehr deutliche Hinweise auf die Struktur dieses Bereichs enthalten" (ebd., 66). Die Rahmenklasse der Theaterrahmen unterscheidet Goffman als „Aufführungen" mit bestimmten „Transkriptionsmethoden [...], um ein Stück wirklicher Vorgänge außerhalb der Bühne in ein Stück Bühnenwelt zu transformieren" (Goffman 1977, S. 158 f.). Für Goffman stehen dramaturgisch vorbereitete Aufführungen, wie solche des Bühnentheaters, des Romans oder des Hörspiels, notwendigerweise zu vorgängigen Sinnkonstruktionen verschiedenster Lebenswirklichkeiten in Beziehung, während sie zugleich kenntlich machen, dass ihnen selbst ein anderer Wirklichkeitsstatus zukommt, eben der einer „Aufführung".

Sinntransformationen wie Moduln und Aufführungen und deren steigerbare Weitertransformation beschreibt Goffman als *„Schichtung"* oder „Komplexität" von Rahmen. Dabei handelt es sich bei bildlichen bzw. filmischen visuellen Kommunikationen oftmals um vielschichtige Inszenierungen bzw. Szenen, die an ein Publikum adressiert sind und von einem Publikum ‚dekodiert' werden. Dass das ‚normale' Publikum höchst sinnkomplexen, rahmenverschachtelten Aufführungen anhand entsprechender „Rahmungs-Hinweise" folgen kann, hält Goffman für eine „große Lektion, und sie sagt uns etwas über eine wichtige menschliche Fähigkeit, die in Bezug auf wirkliche wie auch fiktive Ereignisse zum Tragen kommt" (ebd., 208). Ein illustratives Beispiel für diese Fähigkeit hat Goffman von dem Filmkritiker Béla Balász übernommen:

> Asta Nielsen (eine deutsche Schauspielerin) spielte einmal eine Frau, die man dazu gedrungen hatte, einen reichen jungen Mann zu verführen. Der Mann, der sie dazu zwingt, beobachtet sie, hinter einem Vorhang versteckt, und wartet auf das Ergebnis. Im Bewußtsein dieser Kontrolle täuscht Asta Nielsen Verliebtheit vor. Sie tut es überzeugend, ihr Antlitz spiegelt die ganze mimische Skala der Liebe. (...) Wir aber sehen, daß es nur gespielt ist, unecht – nur eine Maske. Im Verlauf der Szene nun verliebt sich Asta Nielsen wirklich in den jungen Mann. Ihr Mienenspiel ändert

sich kaum, hatte es doch auch bisher Liebe gezeigt – und das vollkommen! Was sonst könnte es also jetzt, da sie wahrhaft liebt, zeigen? Es ist nur um jenen kaum faßbaren und dennoch gleich erkennbaren Schimmer anders, der bewirkt, daß jetzt der Ausdruck echten, tiefen Gefühls wird, was vorher Vorstellung war. Der Mann hinter dem Vorhang darf in ihrer Miene nicht lesen, daß es kein Spiel mehr ist, was sie treibt. Sie tut also wieder, als lüge sie. Auf ihrem Antlitz erscheint eine neue, eine nunmehr dreistimmige Variation. Denn ihr Mienenspiel täuschte erst Liebe vor und zeigte sie dann aufrichtig. Letzteres aber darf es nicht. Also zeigt ihr Gesicht wieder falsche, vorgespiegelte Verliebtheit. *Sie lügt uns vor, daß sie lügt.* Und das alles sehen wir deutlich auf Asta Nielsens Gesicht. Sie hat zwei mimische Masken übereinandergelegt! Ein unsichtbares Antlitz wird nun auf ihrem Gesicht sichtbar (ähnlich wie gesagte Worte oft durch Assoziation das Unsagbare hervorrufen). Das sichtbare Mienenspiel assoziiert das unsichtbare ‚das nur derjenige versteht, dem es gilt.'

Doch natürlich stammt die ganze Szene aus einem Film, und die Menschen, die ihn spielen, haben weder die Absicht noch die Erwartung, das Publikum in ein Mißverständnis hineinzumanövrieren; Fräulein Nielsen verhält sich so, daß dem Publikum völlig klar wird, daß sie das Vorlügen einer Lüge spielt, und irgendwie bekommen die Zuschauer genügend Hinweise, um die Schichten ohne weiteres ablösen zu können (Ebd., S. 208 f.).

Die Rahmen-Analyse ist also eine Untersuchung des (meta-)kommunikativen Zeichenzusammenhangs, der auf einen mehr oder weniger vielschichtigen Sinnzusammenhang verweist. Die verschiedensten Artefakte – seien dies solche der Architektur, der Landschaftsgestaltung, des Produktdesigns, der Kunst, der Werbung oder der Unterhaltung, werden auch innerhalb von Rahmen definiert und müssen als Rahmen differenziert werden, die mehr oder weniger verbindlich besagen, „welchen Status das Ganze eigentlich in der äußeren Welt hat" (ebd., S. 96). Rahmen sind kollektiv gewusste Bestimmungen dessen, was im Medium ‚eigentlich vorgeht', wie tief die innere Sinnschichtung der jeweiligen Gestaltung auch sei. Es handelt sich um einen Wissenstyp, der Verstehen grundlegend anweist und Erwartungen konfiguriert. Jeder Rahmen offeriert eine „ganze Grammatik von Erwartungen" (ebd., S. 339), die Bedeutungen, Erfahrungen und Verhaltensweisen organisieren. Zur ‚Gesellschaftsfähigkeit' jedermanns gehört eine entsprechende Kenntnis und Urteilsfähigkeit.

Dabei ist es wichtig zu verstehen, dass es für Rahmen als ideelle Konstrukte keine genaue, situationsbezogene empirische Entsprechung geben kann. Goffmans bereits oben erwähntem Begriff der „Rahmung" kommt daher eine große Bedeutung zu. Er bringt zum Ausdruck, dass Rahmen als situationstranszendierende Schemata in der empirischen Praxis des Kommunizierens und Handelns nur als je singuläre Modulationen in Erscheinung treten können. Wie für jede soziale Praxis gilt auch für visuelle Kommunikation, dass Schemata auf allen Ebenen ihres Vollzugs (der Produktion, der gestalteten Materialität, der Rezeption) nicht schematisch angewendet werden können.

Die Soziologie visueller Kommunikation kann also danach fragen, inwiefern Rahmen als Formen des Wissens auf die konkrete Gestaltung von Artefakten Einfluss nehmen. Die Beobachtung richtet sich dann z. B. auf die spezifischen Hinweise in der Materialität der Kommunikation, die als Rahmungen den je Beteiligten zu verstehen geben, wie die jeweiligen Artefakte zu interpretieren sind. Oder sie geht der prinzipiellen Rahmungs- und d. h. Rahmen-Ambiguität nach, die gerade auch im Feld visueller Kommunikation zu konstatieren ist.[153]

In jedem Fall geht es mit Rahmen und Rahmungen um eine Perspektive, die (Rahmen-)Wissen als eine spezifische Umgebung versteht, an die visuelle Kommunikationen angepasst werden, um den generellen Wirklichkeitsstatus und die innere Logik des jeweiligen kommunikativen ‚Haushaltsbereichs' genauer zu bestimmen.

Wissen steht in diesem (Rahmen-)Sinn zu allen anderen sozialen Umgebungen in Beziehung. Denn für Artefakte muss in der Praxis prinzipiell geklärt werden, in welchen Rahmen bzw. Rahmungskomplexitäten Zeichen, Darstellungen, Stile, Performances oder kommunikative Gattungen kommuniziert werden. Die Frage, ob eine (visuelle) Kommunikation als kosmologisches Ereignis (untransformierter Sinn, „primärer Rahmen"), als Modulation vorausgesetzter Sinnformen („Modul"), als Täuschung oder als Spiel bzw. „Aufführung" erscheint kann an die thematisch verschiedensten Kommunikationen adressiert werden – d. h. z. B. an die visuellen Kommunikationen der Macht ebenso wie an solche der Emotion. Auch die hier unterschiedenen Umgebungen treten also in mannigfaltigen Rahmen- und d. h. Wissens-Konfigurationen in Erscheinung, die sich rahmenanalytisch rekonstruieren lassen.

7.7 Kollektive Identitäten

a) *Zur Unvermeidbarkeit von Identität*
Identitäts-Konstruktionen sind, einmal entwickelt, eine wichtige, ja geradezu unvermeidbare Umgebung visueller Gestaltung. Dafür spricht schon die Konstitution des Menschen. Individuen unterscheiden sich reflexiv von ihrer Umwelt

---

[153] Zum generellen Problem der Einordnung von Ereignissen in Rahmen (Mehrdeutigkeiten, Rahmen-Irrtümer u. a. vgl. Goffman 1977, S. 331 ff.).

und kommen nicht umhin, sich selbst als einzigartig wahrzunehmen. Das Erleben eines begrenzten Leibes und die Sichtbarkeit der Singularität des je eigenen Körpers ist für die „Unteilbarkeit", die der Begriff des Individuums bezeichnet (lat.: das Unteilbare), eine fraglos wichtige Bedingung.[154] Sie bringt strukturell eine Bifurkation von Mensch und Umwelt mit sich, die die Frage nach dem Selbst ebenso aufwirft wie die Frage nach der Beziehung zu allem anderen und zu den anderen Menschen.[155]

Erst recht zeigt sich dies, wenn identitätsbezogene Identifizierungen auf dem Niveau visueller oder sprachlicher Darstellungen verstetigt werden. Denn materialisierte (und d. h. stabilisierte) Zeichen forcieren die Frage, ob und inwiefern sie zu bereits vorhandenen Entitäten und den dazugehörigen Artikulationsformen in Beziehung stehen und in eben dieser Beziehung ihre Identität gewinnen. Oswald Schwemmer spricht in diesem Zusammenhang von einer „grundlegenden Dialektik zwischen Selbstsein und Andersheit. Denn auf der einen Seite entwickelt sich in der individuellen Artikulation das je Eigene des Sagens oder Tuns. Auf der anderen Seite gewinnt ein jeder dieses sein Eigenes nur in dem Formenreich des schon Gesagten und Getanen. Damit steht das Selbstsein im Eigenen des selbst Gesagten und Getanen in einer unaufhebbaren Differenz zu dem Eigenen des von Anderen Gesagten oder Getanen und gewinnt in diesem Differenz-Stand seine Identität." (Schwemmer 2013, S. 124).

Am Netz der Kommunikation teilzunehmen heißt demnach auch, an Differenz- und d. h. Identitäts-Schematisierungs-Prozessen teilzunehmen. Das gilt umso mehr, als Zeichen-Gebrauch zugleich die Möglichkeit einschließt, die mit ihm kondensierenden Entitäten selbst zum Thema zu machen. Wie Thomas Macho in Bezug auf verschiedene einfache Darstellungsformen der Frühgeschichte verdeutlicht, können „rekursive Techniken symbolischer Arbeit" – von Körperzeichen (Handabdruck der Höhlenmalerei), Stempel und Wappen über Totenmasken und

---

[154]Dies gilt auch für eineiige Zwillinge und Klone, die bislang (noch) nicht zum „Menschenpark" (Sloterdijk) gehören – denn die performative Phänomenalität von Lebewesen (erst recht komplexerer wie solchen des Menschen) ist mehr und anderes als ein Resultat genetisch bedingter Informationen, u. a. deshalb, weil sich situatives, empirisch vorliegendes Verhalten aus variierenden, je spezifisch vorliegenden Umgebungsbeziehungen ergibt.

[155]Eben dies beschreibt u. a. Merleau-Ponty als wichtigen Ausgangspunkt der Entwicklung des Selbst (1986, S. 17–34). Zu einem Überblick über philosophische und literarisch-künstlerische Positionen zur Sichtbarkeit des Individuums für sich selbst und andere z. B. Müller (2017).

7.7 Kollektive Identitäten

Porträts bis hin zu digitalen Signaturen „als ‚Selbsttechniken' (im Sinne Foucaults) – genauer gesagt als ‚Identitätstechniken' […] – beschrieben und praktiziert werden. Sie erzeugen in gewisser Hinsicht erst die Subjekte, die sich später als Voraussetzungen oder Schauplätze ihrer Operation begreifen." (Macho 2013, S. 116).

Man sieht schon in Bezug auf diese wenigen Überlegungen: Der Mensch ist zur Herstellung individueller und kollektiver Identitäten verdammt. Ein soziales Leben ‚außerhalb' der Teilnahme an diversen Identitäts-Schablonisierungen ist schlechterdings möglich. Das schließt nicht aus, dass es Konstellationen geben kann, in denen Menschen auf Identitäts-Konstruktionen verzichten können, müssen, wollen oder sollen. Man denke etwa an Meditations-Praktiken, die eine ‚Ich-Losigkeit' und die Dekonstruktion von Identitäts-Bindungen geradezu anstreben. Doch sind dies außergewöhnliche Zustände, für die besondere Vorkehrungen getroffen werden müssen, um im Sozialen eine scheinbar außersoziale Zone einrichten zu können. Für gewöhnlich ist Kommunikation auf identitäre ‚Adressen' angewiesen, auf Dinge, Personen und Zusammenhänge, die man sprachlich oder durch visuelle Darstellungen bezeichnen kann, u. a. um Anschlusskommunikation wahrscheinlicher werden zu lassen. Obwohl sich ‚Identität' (wie Kommunikation) in wissenschaftlicher Perspektive ökologisieren lässt in dem Sinne, dass man Entitäten als komplexe wie stets kontingente und zeitlich variierende Prozesse dekonstruiert, ist die Aufrechterhaltung der Fiktion identifizierbarer Objekte und etwa auch individueller ‚Identitäten' sowohl psychisch als auch für den sozialen Austausch unerlässlich.[156]

Dabei gibt es freilich sozial (kulturell, gesellschaftlich) sehr unterschiedlich konditionierte Beziehungsgefüge zwischen sichtbaren Äußerlichkeiten und (individueller oder kollektiver) Identität. So vertreten z. B. Daniel Miller und Jolynna Sinanan (2017, S. 153 ff.) die (durchaus strittige) These dass die Kosmologie der Bevölkerung Trinidads stark von Persönlichkeitskonzepten getragen ist, die die sichtbare Performanz des Körpers und seiner Fassaden und Kulissen (Mode, Posen u. a.) als vollumfängliche Identitätsfolien gelten lassen, demgegenüber andere Gruppen Identität tendenziell eher in der unsichtbaren Tiefe des Individuums lokalisieren – mit Folgen für die Inszenierungsformen des Selbst und die darauf bezogenen Interpretationen.

b) *Sichtbares Eigentum als Identitätsgenerator*
Es ist insofern nicht erstaunlich, dass unsere gestaltete Umwelt mannigfaltige Identitäts-Referenzen bereithält. Ein einfaches Beispiel ist Kleidung. Ihre

---

[156]In Bezug auf identitätsbildende ästhetische Erfahrungen vgl. Alheit/Brandt (2006).

Zeichen-Fassade wird als Ausdruck desjenigen interpretiert, dessen Körper sie umhüllt. Wenngleich die Grade variieren können, mit denen man das modische Handeln von Personen als gezielte Selbstdarstellung deutet – z. B. eingedenk der hierfür nötigen Ressourcen (Interesse, Geld, Geschmack u. a.), sind vestimäre Oberflächen nolens volens ein ‚Identitätsaufhänger' alltäglicher Interaktion – „Kleider machen Leute". Doch sind auch die weiter vom Körper entfernten Objekte sehr häufig Ausgangspunkt analoger Identifizierungen. Entscheidend für diesen Mechanismus ist vermutlich das universal verbreitete und historisch sehr weit zurückreichende Konzept, Dinge unserer Umwelt als „Eigentum" aufzufassen und dementsprechend Besitzerinnen bzw. Besitzern zuzuordnen.[157] Ja wir können bei (fast) allem, was unser Auge erblickt, die Frage nach den Besitzverhältnissen stellen und werden, wenn uns die Ahnung nicht genügt, auf Nachfrage eine genaue Antwort erhalten. Selbstverständlich sind die Besitzenden keineswegs immer Privatpersonen. Unternehmen, Organisationen, Institutionen wie die Kirche, Kommunen oder auch der Staat: Sie alle besitzen Dinge, Gebäude, Felder, Wälder und vieles mehr. Der Hinweis auf die Sozialform des Eigentums ist für eine Soziologie visueller Kommunikation von größter Wichtigkeit, denn hierin liegt ein zentraler Verknüpfungsmechanismus von Gestaltung und Identität, sei es die individuelle Identität einer Person oder die Identität eines Kollektivs. Der sozialpsychologische Begriff des „extended self" (Belk 1988) gilt in gewisser Weise nicht nur für individuelle Selbstdarstellungen, sondern für Design im Allgemeinen, insofern die Reflexion auf identitäre Aspekte des Gestalteten mit dem Wissen um Besitzverhältnisse verknüpft wird.

c) *Individuelle und kollektive Identität*

Die Singularität des Einzelnen begründet ein grundlegendes Spannungsverhältnis von Individuum und Gemeinschaft. Georg Simmel hat eben jenen Sachverhalt nicht nur in den Mittelpunkt seiner Sozialtheorie gestellt, sondern in Bezug auf relevante Objektbereiche der Alltagsästhetik wie etwa der Mode gezeigt, dass und

---

[157]Dass und inwiefern Eigentum und später dann Geld als „symbolisch generalisiertes Kommunikationsmedium" entwickelt werden, um soziale Konflikte im Kampf um knappe Ressourcen zu regulieren, zeigt ausführlich Luhmann (1991a). Dass beides, Eigentum und Geld, bis in die aktuelle Gegenwart als Medium der Verschleierung der Ungerechtigkeit der Ressourcenverteilung und d. h. als Reflexionsstopp der Legitimität von Verteilung funktioniert, ist sehr erstaunlich und verweist auf ein komplexes Zusammenspiel von Macht, Recht, Geld, Ästhetik (Performanz) und prozessualer Stratifikation.

7.7 Kollektive Identitäten

inwiefern das Gestaltete einem gleichsam doppelten Identitätsanspruch Rechnung tragen muss. Die und der Einzelne will anders und gleich zugleich sein, will sich als singuläres Individuum ebenso zu erkennen geben wie als Zugehöriger einer Gruppe bzw. einer Gemeinschaft. Bei aller historischen Variabilität des Spannungsverhältnisses von Individuum und Gemeinschaft, die gleich noch ausführlicher zu thematisieren sein wird, liegt eben hierin ein universales Ordnungsproblem des Sozialen, dem mit sozialen Regulierungen begegnet werden muss. Mary Douglas, die nach allgemeinen, überhistorischen Strukturen verschiedener Kulturen fragt, fasst in dieser Perspektive Gruppen als unvermeidliche Umgebungen für Individuen auf: „The group itself is defined in terms of the claims it makes over its constituent members, the boundary it draws around them, the rights it confers on them to use its name and other protections, and the levies and constraints it applies. Group is one obvious environmental setting, but we seem unable to conceive of the individual's environment if it is not a group of some kind" (Douglas, 1978, S. 8).

Das Spannungsverhältnis von Individuum und Gemeinschaft, von individueller und kollektiver Identität durchzieht dabei die verschiedensten Lebensbereiche und führt zu komplexen „Identitätsbalancierungen", um es mit einem Begriff von Lothar Krappmann zu sagen: „Jedes Individuum entwirft seine Identität, indem es auf Erwartungen der anderen, der Menschen in engeren und weiteren Bezugskreisen, antwortet. Diese Bezugskreise müssen den Identitätsentwurf akzeptieren, in dem aufgebaute Identifikationen und Bedürfnisse des Heranwachsenden mit den Mustern der Lebensführung, die in einer Gesellschaft angeboten werden, zusammengefügt werden." (Krappmann 1997, S. 67)

Zu den „Mustern der Lebensführung" können dabei ganz verschiedene Einschränkungsbedingungen (Strukturen) individueller Identität gehören. Neben und mit den normativen Erwartungen des „generalisierten Anderen" (Mead) z. B. auch die Konstruktionen kollektiver Identitäten wie etwa des Geschlechts, der Schicht oder auch einer Kultur. Wenn ich mich im Folgenden den eben genannten zuwende, klammere ich die Frage aus, inwiefern und inwieweit diese Strukturen mit einem sozial kontrollierenden „Kollektivbewußtsein" (Durkheim) einhergehen.[158] Entscheidend ist auch nicht, inwiefern die Anrufung gruppenbezogener

---

[158] „Die Solidarität, die aus Ähnlichkeiten entsteht, erreicht ihr Maximum, wenn das Kollektivbewußtsein unserer Bewußtsein genau deckt und in allen Punkten übereinstimmt: aber in diesem Augenblick ist unsere Individualität gleich Null." (Durkheim 1992, S. 181 f. [1893]).

Ästhetiken faktisch zu Wertbindungen an eine Gemeinschaft bzw. Kultur („commitment" bei Parsons) oder zu Formen der Vergemeinschaftungen führen, die Weber zufolge vorliegen, „wenn und soweit die Einstellung des sozialen Handelns [...] auf subjektiv *gefühlter* (affektueller oder traditionaler) *Zusammengehörigkeit* der Beteiligten beruht."[159] (Weber 1922, S. 21)

Umso wichtiger ist jedoch der Hinweis darauf, dass die Herstellung von Zugehörigkeit zu einer Gruppe und die damit einhergehenden Kognitionen, Wissensbestände und Gefühlslagen den Problemhorizont von kollektiver Identität als einer Umgebung von Gestaltung ausmachen. Design muss Formen, Anreize und stilistische Invarianzen auf der Ebene des Sichtbaren herstellen, die entsprechende Selbst- und Fremd-Identifizierungen ermöglichen. Ob es sich um die Identifizierung eines Sportvereins, eines Geschlechts, eines Nationalstaates oder eines Schicht-Milieus handelt – kollektive Identitäten implizieren als strukturelle Kontexte von Design die Aufgabe, ‚Identität' als visuelle Semantik zu entfalten und zu stabilisieren.[160]

Mit Identität ist hier also weder personale Identität noch Ich-Identität, sondern *soziale Identität* gemeint. Diese kann z. B. mit Goffmans dramaturgischem Ansatz gefasst werden als Resultat von Zuschreibungsprozessen, die entlang von sozialen Kategorien, d. h. entlang situationstranszendenter Sinntatsachen erfolgen (vgl. Goffman 1974, S. 255 ff.). Eben dies leistet unter anderem Gestaltung, in dem sie über Darstellungsformen, Motive, Symbole und Sujets charakterisierende Eigenschaftsbündel an Objekte und Objektzusammenhänge bindet und für Prozesse der Identifizierung, der Selbst- und Fremdbeschreibung zur Verfügung stellt. Identitäten kondensieren in rekursiven Prozessen, die „keine bloßen Wiederholungen desselben (sind), sondern Wiederholungen von Unterscheidungen, die

---

[159]Im Unterschied zur „Vergesellschaftung", die für Weber gerade nicht mit identitären Zugehörigkeiten verknüpft ist: „‚Vergesellschaftung' soll eine soziale Beziehung heißen, wenn und soweit die Einstellung des sozialen Handelns auf rational (wert- oder zweckrational) motiviertem Interessen*ausgleich* oder auf ebenso motivierter Interessen*verbindung* beruht." (Ebd.)

[160]Und damit Potentiale der Identifikation schaffen, deren graduelles Gegebensein Jan Assman in den Begriff der kollektiven Identität einschließt: „Unter einer kollektiven oder Wir-Identität verstehen wir das Bild, das eine Gruppe von sich aufbaut und mit dem sich deren Mitglieder identifizieren. Kollektive Identität ist eine Frage der Identifikation seitens der beteiligten Individuen. Es gibt sie nicht ‚an sich', sondern immer nur in dem Maße, wie sich bestimmte Individuen zu ihr bekennen. Sie ist so stark oder so schwach, wie sie im Bewußtsein der Gruppenmitglieder lebendig ist und deren Denken und Handeln zu motivieren vermag." (Assmann 2002, S. 132).

7.7 Kollektive Identitäten

unter jeweils anderen Umständen dennoch als dieselben gelten." (Baecker 2013, S. 258) Die Biografieforschung gibt schöne Beispiele für diesen Vorgang. Sie zeigt, dass und inwiefern sich Subjekte narrativ als Entitäten entwerfen – trotz und mit der faktischen Entwicklungsdynamik des Selbst im Laufe eines Lebens. Vergleichbares geschieht bei der Konstruktion verschiedenster kollektiver Identitäten, wie z. B. Gender, Landsmannschaftlichkeit, Nationalität, Ethnizität, Alter oder der Identität einer Organisation oder eines Unternehmens. Sie alle können im sozialen Austausch nur als Identitäten ‚funktionieren', wenn es gelingt, bestimmte (z. B. stereotype) Unterscheidungen durch Redundanzen im allgemeinen Wissensbestand verfügbar zu halten, wobei visuelle Kommunikationen eine nicht unwesentliche Rollen spielen.[161]

d) *Soziale Differenzierung und moderne Identitäten*
Nun ist die Arbeit an individueller und kollektiver Identität in den letzten Jahrhunderten wichtiger geworden – mit gravierenden Folgen für die visuelle Kommunikation, die dieser Entwicklung Rechnung tragen muss. Hinsichtlich der Relevanzsteigerung von ‚Identität' gibt es in den Sozialwissenschaften bei aller Heterogenität der verschiedenen Argumentationslinien einen weitgehenden Konsens in Bezug auf ein grundlegendes Erklärungsmuster. Dieses reflektiert Prozesse der Rationalisierung, funktionalen Differenzierung, Medialisierung und Enttraditionalisierung als Entstehungsbedingungen von Prozessen der Individualisierung (vgl. Luhmann 1986). Während in stratifizierten Gesellschaften familiale Herkunft die verschiedenen Daseinssphären für die Subjekte stark reguliert, ist die Gestaltwerdung sozialer Identität und biografischer Entwicklung nun erheblich weniger stark (vor-)strukturiert. So kommt es notwendigerweise zu einer „Dynamisierung des Selbst" (vgl. Willems 1999, S. 94 f.), zu einer auf Dauer gestellten Selbstsorge moderner Subjekte in Sachen ‚Identität'. Letztere muss in der „Multioptionsgesellschaft" (Gross 1995) verstärkt in Eigenregie ‚gemanagt' werden – Begriffe wie „Bastelexistenz" (Hitzler/Honer 1994), „unternehmerisches Selbst" (Bröckling 2007) oder „Kreativsubjekt" (Reckwitz 2011) passen zu dieser Perspektive.

Doch auch die Zugehörigkeit zu Gruppen muss unter diesen Bedingungen verstärkt in Eigenregie organisiert werden – zum Beispiel in Bezugnahme auf

---

[161] Dass und inwiefern z. B. NGOs in der Entwicklungshilfe ein bildbasiertes Identitäts-Management betreiben zeigt Orgad (2013). Zu mediatisierten Selbst- und Fremdbiografisierungen im Rahmen von Bildern vgl. die Beiträge in Heinze/Hornung (Hrsg. 2013), Schwalbe (2009) und Breckner (2013).

Images,[162] Stars,[163] Szenen,[164] Sehgemeinschaften,[165] Subkulturen[166] und andere Identitätsformationen, die neben und mit der (Re-)Produktion sozialer Schichtung neue kollektive Identitäten entstehen lassen. Auch die von Richard Sennett identifizierte „Tyrannei der Intimität" (Sennett 1977) gehört in diesen Zusammenhang. Neben und mit Prozessen sozialer Entbettung, so Sennett, führt die Anonymisierung von Kommunikationsverhältnissen, z. B. im Zuge der Entstehung von Großstädten, zu der Verhaltenstendenz, öffentliche Kommunikationsräume zu individualisieren und intimisieren – wobei Sennett zufolge eine modernitätstypische Suche nach dem Selbst (Narzissmus) als wesentliche Triebfeder fungiert. Mit Gehlen kann man in diesem Zusammenhang auch einen *epochalen*, nämlich modernen, „Subjektivismus" (1957, 57 ff.) am Werk sehen, in dem und mit dem sich Geltungs-, Prestige- und Aufstiegsbedürfnisse sozial entbunden, entfesselt und generalisiert haben.

So gesehen ist es verständlich, dass es seit längerem und durch aktuelle Entwicklungen (Computerisierung) nochmals forciert zu einer drastischen Differenzierung von Kulturen der Selbstinszenierung und Selbstbiografisierung[167] kommt, wie zugleich ‚Identität' zu einer erfolgreichen Offerte der „Kulturindustrie" wird. Denn auch letztere passt sich in ihren mannigfaltigen Designs an die prekären Identitätsverhältnisse moderner Subjekte an: Vom traditionsreichen Roman über die Werbung bis hin zu digitalen Unterhaltungsformaten besteht ein breit differenzierter Markt von Sinnangeboten für die Arbeit an individueller und kollektiver Identität.

7.7.1 Gender

Einen möglichen Ausgangspunkt für die Beschreibung von Gender als Umgebung visueller Kommunikation bietet Erving Goffmans unstrittiger Befund, dass das materielle Geschlecht, analog der Materialität des korporalen Stigmas, die „Grundlage eines zentralen Codes" ist, demgemäß „soziale Interaktionen und

---

[162] Vgl. Kautt (2008).
[163] Faulstich/ Korte (Hrsg. 1997).
[164] Hitzler/Pfadenhauer (2006).
[165] Raab (2008, S. 306–316).
[166] Hebdige (1979), Klein/Friedrich (2003).
[167] Vgl. z. B. Burkhart (2006), Misoch (2007), Kautt (2011b), Eckel/Ruchatz/Wirth (Hrsg. 2018), Reichert (2018).

7.7 Kollektive Identitäten

soziale Strukturen aufgebaut sind; ein Code, der auch die Vorstellungen der Einzelnen von ihrer grundlegenden menschlichen Natur entscheidend prägt" (Goffman 1994, S. 104). Auf der Basis unterschiedlicher Sozialisationsprozesse „lagert sich eine geschlechtsklassenspezifische Weise der äußeren Erscheinung, des Handelns und Fühlens subjektiv über das biologische Muster […]. Jede Gesellschaft bildet auf diese Weise Geschlechtsklassen aus, wenn auch jede auf ihre eigene Weise" (Goffman 1994, S. 109).

In diese Denkrichtung belegt eine umfangreiche sozialwissenschaftliche (u. a. ethnologische) Literatur, dass und inwiefern Gender ein basaler kosmologischer Code von universaler, kultur- und zeitgeschichtlich übergreifender Bedeutung ist. Als solcher zeigt er sich nicht zuletzt in der historischen und kulturabhängigen Variabilität der Auffassung von der ‚Natur' des Körpers, denn auch in diese sind zahlreiche Gender-Konstruktionen eingeschrieben.[168] Wie u. a. die Queer-Studies zu Recht betonen, bildet die global gängige ‚Klassenbildung' geschlechtsspezifischer Unterschiede entlang der Binarisierung von Frau und Mann ebenso wenig das Spektrum von Gender ab, wie darauf bezogene Eigenschaftsbeschreibungen von ‚Männlichkeit' oder ‚Weiblichkeit'.[169] Ohnehin greift der strukturelle Zwang des sozial konstruierten Geschlechts über die Normativität etwa heterosexueller (hegemonialer) Deutungsmuster hinaus: So ist es auch für transidentitäre oder intersexuelle Individuen schlechterdings möglich, sich zur Wirklichkeit sozial etablierter Unterscheidungen ‚neutral' zu verhalten, d. h. in einer Weise, die nicht selbst mit Unterscheidungen im Themenhorizont Gender und d. h. mit (Gender-)Identitäten operiert. Dass das deutsche Bundesverfassungsgericht aktuell auf die Klage einer intersexuellen Person hin vom Gesetzgeber die Einführung eines dritten Geschlechts in das Geburtsregister einfordert, ist hierfür ein Indiz unter anderen.[170]

---

[168] Vgl. hierzu exemplarisch Butler (1991 [1990]; Laqueur 1992 [1990]).

[169] Entsprechend unzureichend ist die – auch in vorliegender Arbeit verwendete – Binarisierung der Sprache, mit Folgen u. a. für die Methodologien und Methoden der Sozialwissenschaften (vgl. Compton/Meadow/Schilt Hrsg. 2018); zu einer Übersicht über (visuelle) queer identity politics siehe Hieber/Villa (Hrsg. 2007).

[170] In den Leitsätzen zum Beschluss des Ersten Senats vom 10. Oktober 2017 (1 BvR 2019/2016) ist formuliert: „Personen, die sich dauerhaft weder dem männlichen noch dem weiblichen Geschlecht zuordnen lassen, werden in beiden Grundrechten verletzt, wenn das Personenstandsrecht dazu zwingt, das Geschlecht zu registrieren, aber keinen anderen positiven Geschlechtseintrag als weiblich oder männlich zulässt." Die hierin angesprochenen Grundrechte sind das Persönlichkeitsrecht (Art. 2 Abs. 1 i. V. m. Art. 1 Abs. 1 GG) sowie Art. 3 Abs. 3 Satz 1 GG. Letzterer „schützt auch Menschen, die sich dauerhaft weder dem männlichen noch dem weiblichen Geschlecht zuordnen lassen, vor Diskriminierungen wegen ihres Geschlechts." (Ebd.).

Mit Begriffen wie den vorgeschlagenen „inter" oder „divers" wird zwar das Spektrum von Selbst- und Fremdbeschreibungen über den binären Code (Frau/Mann) erweitert – ein bezeichnetes Geschlecht bleibt aber auch hier zentrales Identifizierungsmerkmal individueller Identität. Das Offenhalten der Kategorie im biografischen Verlauf scheint ebenso schwer vorstellbar und praktisch erreichbar zu sein wie eine entsprechende ‚Leerstelle' im Personalausweis.

Bedenkt man also, dass Menschen unausweichlich in das ‚Spiel' der Geschlechter eingebunden sind, wird leicht verständlich, dass die visuellen Gestaltungen unserer materiellen Umgebungen sehr häufig und sehr varianten- und facettenreich auf Gender Bezug nehmen. Indem Designs die (Geschlechter-)Codes sozialer Ordnungen performieren, werden sie zu einem komplexen Medium menschlicher Selbst- und Fremd-Darstellung ebenso wie zu einer Dimension der (Gender-)Beziehung zwischen Menschen und Dingen.

Zur Veranschaulichung der Relevanz von Gender als Umgebung visueller Kommunikation wende ich mich einer in der Gegenwartsgesellschaft dominanten Variante zu, die Goffman in zahlreichen Studien prägnant herausarbeitet (z. B. 1981; 1994). Wenngleich seine Analysen aus den 1950er bis 1980er Jahren längst nicht mehr zu den neuesten im Feld der Geschlechter-Forschung gehören und in den Sozial- und Kulturwissenschaften in den letzten Dekaden eine beachtliche Anzahl von Publikationen erschienen ist,[171] gehören seine Studien fraglos nach wie vor zu den präzisesten Beschreibungen wichtiger sozialer Konstruktionen von Geschlecht auf der Ebene visueller Performativität. Das gilt vor allem dann, wenn man sich vergegenwärtigt, dass es Goffman nicht um die Beschreibung *der* Ordnung der Geschlechter der Gesellschaft ging, sondern um eine typisierende Herausarbeitung zentraler Elemente einer heterosexuell orientierten Mittelschicht der ›westlichen‹ Welt bzw. der Gesellschaft, die ihm in Europa und Nordamerika vor Augen stand.

Für Goffman folgt diese „Kosmologie" der „Geschlechtsklassen" einem zeremoniellen „Idiom" (Goffman 1981, S. 84), dessen Ritualisierungen sich an einer spezifischen Leitidee orientieren, nämlich dem (Deutungs-)Muster der Eltern/Kind-Beziehung, dem „Eltern-Kind-Komplex in seiner Mittelschicht-Idealversion" (Goffman 1981, S. 20). Dabei erscheint die männliche Seite in der ‚Rolle' der Eltern und die weibliche in der der Kinder (vgl. Goffman 1981, S. 18–28). Eben dieses zeremonielle Idiom, so Goffman weiter, leite auch bildliche Gender-Darstellungen wie diejenigen der Werbung, wenngleich in spezifischer Weise: Da Werbung in

---

[171] Zu den Differenzierungen gehört u. a. die Reflexion auf die Gestaltung der materiellen Umwelt als „Gender Design" (Brandes 2017).

7.7 Kollektive Identitäten

kürzester (Rezeptions-)Zeit das Verstehen ihrer Darstellungen sicherstellen müsse, neige sie zur symbolischen Komprimierung. Im Begriff der „Hyperritualisierung" fasst Goffman eben jenes dramaturgische Grundprinzip – die Werbung stilisiert (typisiert, vereinfacht, pointiert) die lebenswirkliche rituelle Ordnung der Geschlechter und ist so gesehen eine Konstruktion zweiter Ordnung (vgl. Goffman 1981a).

Eine wichtige Pointe des Modells für die visuelle Kommunikation im Allgemeinen liegt in der Annahme, dass situativ hergestellte Wirklichkeiten, also die Interaktion von Menschen aus Fleisch und Blut, als grundlegender Ausgangspunkt und Bezugsrahmen fungieren. Damit ist keineswegs gesagt, dass Darstellungen keine formalästhetische, mediale, auktoriale oder gattungsbezogene Eigenwertigkeit zugestanden würde. Unverkennbar unterscheiden sich die Gender-Performanzen der Kunst deutlich von denen der massenmedialen Unterhaltung oder der Werbung. Wohl aber ist hier wie dort der sinnhafte Aufbau der Welt immer schon vorgängig und daher eine formgebende ‚Variable'.

Für den (auch) in Gender-Zusammenhängen fraglos wichtigen Darstellungstypus zweidimensionaler Bilder (und Filme) hat Goffman das rituelle „Idiom" genauer beschrieben, das sich mühelos noch in der Gegenwartsgesellschaft nicht nur massenhaft an öffentlichen (Schau-)Plätzen, sondern auch an der Bilderflut medialer Gattungen, vom Dokumentar- und Unterhaltungsfilm bis hin zu den Selbstdarstellungsformen in social media beobachten lässt.

Zu diesem visuellen Vokabular gehören unter anderem symbolische Ausnutzungen von Größenasymmetrien von Mann und Frau, die Betonung des instrumentellen Zugriffs auf Objekte als Zeichen von ‚Männlichkeit' bzw. verschiedene Formen der Selbstberührung des Körpers als Zeichen von ‚Weiblichkeit' oder eine normative Ordnung des Blickens (Anblicken, ausweichende Blicke u. a.). Auch spezifische „Emotionsregeln", die bestimmen, von wem „was und wie in welchen Situationen gefühlt und was zum Ausdruck gebracht werden soll" (Gerhards 1988, S. 171), tragen zum dramaturgischen Muster von Gender-Performanzen bei.[172]

---

[172]Die Geschichte der Emotionskulturen der Geschlechter reicht weit zurück. Literarische und visuelle Darstellungen etwa der griechischen Antike ordnen Männern eher Gefühle wie Furchtlosigkeit, Ehrgefühl oder Einsatzbereitschaft zu, demgegenüber Frauen mit Scham assoziiert werden. Frevert zufolge hat die alte Alltagstheorie, dass Männer ihre Gefühle nicht zeigen sollen, in den tradierten Gefühlssemantiken nur insofern ein Modell, als die kulturellen Codes die Idee reproduzieren, dass sich Männer im Unterschied zu Frauen nicht von Gefühlen *überwältigen* lassen sollen (vgl. Frevert 2010).

Doch wie angedeutet, zeigt sich die Gestaltungskraft von Gender nicht nur in der Performativität von Körpern, sondern auch im Design verschiedenster Objekte. Ablesbar ist dies naheliegenderweise besonders in Dingen, die den menschlichen Körper buchstäblich berühren (Kleidung, Schmuck, Uhren, Brillen). Obwohl aus sachlich-funktionalen Gründen hier kein ‚Gendern' erforderlich ist, scheint die Verbindung zu Individuen eine Geschlechts-Identifizierung einzufordern. Gerade Kleider sind wichtige Ausdrucksmedien. Ebenso wie Frisuren, Körperbemalungen und Schmuck stellen sie neben und mit den Möglichkeiten des bloßen Körperausdrucks symbolische Ressourcen dar. Im Rahmen des von Goffman beschriebenen rituellen Idioms zeigt sich z. B. eine ‚Kleiderordnung', die weibliche Identität forciert über Körperwerte herstellt, indem sie neben und mit ihrem Variantenreichtum die Entblößung von Körperteilen (z. B. Beinen, Dekolleté) vorsieht. Während Frauenmode in erster Linie Weiblichkeit im Sinne von Verspieltheit, Emotionalität und erotisch-korporaler Attraktivität zum Ausdruck bringt, verweist die vergleichsweise schlichte Männermode auf Sach-, Erfolgs- und Zweckorientierung.[173]

Doch auch die körper-distanzierte Umwelt kann in mannigfaltiger Weise mit Gender-Attributen symbolisch aufgeladen werden.[174] Ein einfaches Beispiel ist die Gestaltung von Kinderzimmern, für die der Markt zahlreiche Produkte bereithält, die „parallel organisiert" (Goffman) sind: von der Bettwäsche über das Spielzeug bis hin zur Tapete – kein Element, das die in diesem Umfeld lebenden Subjekte nicht bereits früh an die Gender-Kosmologie und die dazugehörigen Zeichenhaftigkeiten heranführt.

Etwas sublimer sind Allegorisierungen der Natur als Bild von ‚Weiblichkeit' und ‚Männlichkeit'. In Unterhaltung, Kunst oder Werbung kommt bei diesem Sujet wiederholt eine alltagstheoretische Geschlechteranthropologie im Dienste der Beschreibung des unterschiedlichen Naturells der Geschlechter zum Einsatz. So stehen zerklüftete Canyons, (Eis-)Wüsten, Ozeane, reißende Wildbäche, Urwälder und andere riskante oder anforderungsreiche Landschaften ‚natürlich' für die Natur des Mannes bzw. für eine Männlichkeit, die das Abenteuer sucht und findet. Die Charakterisierung des Weiblichen ereignet sich indessen eher über sanft und harmlos anmutende Landschaften, die den weiblichen Körper vor keine

---

[173]Dass die Gender-Verhältnisse in der Gegenwartsgesellschaft auch in Sachen Mode unübersichtlicher sind denn je und auch der Markt die verschiedensten Milieus, Subkulturen und Geschmackspräferenzen bedient, ist damit freilich nicht bestritten. Ein kurzer Blick in Kleidergeschäfte verschiedener Kontinente zeigt indessen sehr schnell, dass die angedeutete Tendenz universal verbreitet ist.

[174]Zu einer ausführlicheren Darstellung der hier angedeuteten Inszenierungsmuster vgl. Willems/Kautt (2003, S. 322 ff.).

7.7 Kollektive Identitäten

größeren Herausforderungen stellen. Idyllische Szenerien wie Frühlingswiesen, Gärten oder Sandstrände, die als Sinnbilder von Zartheit, Weichheit, Schönheit und Genussorientierung zu lesen sind, werden dann als ihr natürlicher Lebensraum ins Bild gesetzt.

Aber auch jenseits der Natur-Sujets besteht ein auffälliges Gestaltungsprinzip globalisierter Medienkonsumkulturen in der Entfaltung eines auf Form-Analogien beruhenden Zeichengeflechts, in dem sich die Körper der Geschlechter und die materielle Umwelt wechselseitig charakterisieren. Ein Beispiel geben Werbungen, in denen bestimmte ästhetische Ähnlichkeiten von Produkt- und Menschkörper inszenatorisch konstruiert bzw. hervorgehoben werden. Wenn ein Parfumflakon oder ein „Lady-Shaver" weibliche Linien nachahmt (und umgekehrt) oder wenn sanfte Pastelltöne die Zartheit weiblicher Eleganz vor Augen führen, handelt es sich um solche symbolische Beziehungs-Spiele. Stärker generalisierend kann man also sagen, dass die verschiedensten Materialien nach Maßgabe ritueller Geschlechtercodes verwendet werden können und damit deren Reichweite und Repräsentabilität jenseits des Körpers erhöhen und spezifizieren.

Nochmals zu betonen ist abschließend, dass Gender-Kosmologien, ebenso wie die anderen der hier skizzierten Umgebungen, einem Wandel unterworfen sind und es dementsprechend empirischen Analysen überlassen bleibt, die jeweils geltenden Konstruktionen fallbezogen genauer zu ergründen. So zeigt sich in historisch-vergleichender Perspektive, dass das hier exemplarisch erwähnte Idiom der Gender-Mainstream-Kultur zwar eine längere Tradition hat, keineswegs aber als allgemeine Beschreibungsfolie dienen kann.[175]

Plausibilität gewinnt die These der Tradierung in Bezug auf Studien, die der sozialen Konstruktion von Geschlecht bei aller zeitlichen und räumlichen (regionalen) Variabilität eine lange Persistenz in einem patriarchalischen Gefüge attestieren, von dem auch Goffmans Ritualtheorie ausgeht. So sieht Judith Butlers bahnbrechende Arbeit „Gender Trouble" (1991 [1990]) ebenso wie Pierre Bourdieus Beschreibung der „Männlichen Herrschaft" (2005 [1998]) in Asymmetrien der Über- und Unterordnung einen wesentlichen Grundzug der sozialen (kulturellen, gesellschaftlichen) Ordnung des Geschlechts (vgl. auch Dinges Hrsg. 2005), wobei gerade Butler – hierin mit Goffman übereinstimmend – die

---

[175]Zu einer differenzierten Studie des Beziehungsgeflechts von Imaginationen und visuellen Kommunikationen von ‚Männlichkeit' vgl. Kosmala (2013). Hier werden nicht nur Vorstellungskomplexe jenseits des oben genannten rituellen Idioms, sondern auch die Verschränkungen von Gender und anderen sozialen Konstruktionen (Ethnizität, Klasse, Lifestyle u. a.) erörtert.

Performativität verschiedenster Kommunikationsmodi als zentralen Generator der Gender-Kosmologie veranschlagt. Zudem attestieren dezidiert historisch angelegte Studien (zumindest für Europa und Nord-Amerika) eine weit zurückreichende semantische Attribuierung der Geschlechter, die man heute alltagssprachlich einem „traditionellen Rollenverständnis" zuordnen würde, womit u. a. ein „hegemonic type of masculinity" impliziert ist (Connell 1995, S. 189).

Zugleich zeigt die historische Perspektive aber auch, dass sich die Kontrastierung von Mann und Frau im Sinne einer essenzialistischen Katalogisierung von Eigenschaften, die Goffmans Idiom entsprechen, erst im letzten Drittel des 18. Jahrhundert ereignet, wie z. B. Karin Hausen am Begriff des „Geschlechtercharakters" zeigt (vgl. Hausen 1976, S. 366 ff.). Die angedeutete Gender-Ordnung ist so gesehen jünger als Alltagstheorien suggerieren und wird zudem in ihrer Entstehung flankiert von der Entwicklung verschiedener Gender-Subkulturen.[176] Im Lichte dieses Sachverhalts ist Andreas Reckwitz zuzustimmen, der in der Fixierung wissenschaftlicher Gender-Erzählungen auf den Dualismus (Frauen/Männer) eine fehlende Sensibilität für die Frage moniert, „in welchem Maße sich in verschiedenen Phasen der Moderne im Rahmen von Universalisierungsstrategien sowohl positive Emotionalisierung wie Strategien einer Entemotionalisierung *geschlechtsindifferent* auf das moderne Subjekt richten und damit hier an bestimmten Punkten tatsächlich ein degendering von Affekten und Subjektpositionen zu beobachten ist." (Reckwitz 2010, S. 60 f.).

Ein aufschlussreiches Beispiel für diesen Zusammenhang bietet die Kunst des Rokoko (etwa 1730–1780): In den Gemälden von François Boucher und Jean Honoré Fragonard, beide prominente Vertreter der Epoche, sind die Geschlechter-Rollen geradezu umgekehrt wie in Goffmans Modell besetzt. Männer werden hier häufig, z. B. im Sujet der „Schäfer-Idylle", als kindliche und ‚feminisierte' Wesen dargestellt, die sich subordinierend an den größeren Körper der Frau anschmiegen, den Blick ausweichend-träumend in die Ferne schweifen lassen und zudem schmuckvolle, verspielte und freizügige Kleidung tragen. Den Hintergrund für diese visuelle Semantik bildet die Entwicklungsgeschichte eines affektregulierten Subjektes, das am Vorabend des Aufstiegs der bürgerlichen Gesellschaft den Mann als (noch) problematische Sozialfigur identifiziert. Und weil den Männern Nachholbedarf in Sachen (Selbst-)Zivilisierung attestiert wird, entwirft das Bildprogramm der Kunst einen zeitgemäßen Idealtypus von ‚Männlichkeit', dessen besagte Formen weniger als Zeichen von ‚Feminisierung' im Sinne der Angleichung an die Frau, sondern als Zeichen von Zivilisierung

---

[176]Exemplarisch für das London des 18. Jahrhunderts Connell (1995, S. 188).

zu lesen sind.[177] Sujets wie diejenigen des Rokoko regen also dazu an, die Verabsolutierung soziologischer Gender-Konzepte (z. B. dasjenige Goffmans) kritisch zu hinterfragen. Indessen kommt es hier auf die Diagnose von Gender als basalem Code sozialer Wirklichkeit an, aus der sich das Erfordernis ableitet, Gender in das Umgebungs-Konzept einer Soziologie visueller Kommunikation aufzunehmen.

7.7.2 Schichtung und Status

a) *Schichtung als universales Ordnungsprinzip des Sozialen*
Hier kann es nicht um die Frage gehen, inwiefern sich die Bevölkerung einer bestimmten Region (z. B. Deutschlands) entlang von Merkmalen wie der sozioökonomischen Lage (Einkommen, Bildungsabschluss, Berufsstatus) und des (z. B. professionsbezogenen) Prestiges zu einem Schichten-Modell aggregieren lässt. Entscheidend für die Beschreibung von Schicht und Status als Umgebung visueller Kommunikation ist hier vielmehr die Frage, mit welchen Argumenten man von Stratifikation als einem grundlegenden, universalen Prozess sozial konstruierter Wirklichkeit ausgehen kann, der visuelle Performativitäten ebenso bedingt, wie diese auf die (Re-)Produktion von Schichtung einwirken. Und weiterhin, ob sich einige allgemeine Struktureigenschaften beschreiben lassen, mit denen Schichtung das visuelle Design von Artefakten bedingt.

Zu diesem Zweck bietet es sich an, zunächst die oben diskutierten machttheoretischen Überlegungen (7.5) wieder aufzugreifen: In der Verletzungsoffenheit von Individuen („Macht als Erleiden") einerseits und der Möglichkeit ihrer Übermächtigung („Könnensmacht") liegt nämlich zugleich das Potenzial der Verbündung von Menschen zur Durchsetzung von Interessen gegen andere. Dass Menschen in Gefügen leben, in denen einzelne Gruppen über mehr Macht und Zugriffschancen auf Ressourcen (Raum, Nahrung, Geld u. a.) verfügen als andere, ist im Lichte dieser Perspektive durchaus wahrscheinlich. Heinrich Popitz illustriert die Konstitution relativ mächtiger Gruppen, indem er die Herausbildung institutionalisierter Machtformen auf der Mikro-Ebene in Bezug auf knappe Güter, wie etwa Liegestühle auf einem Kreuzfahrtschiff, beschreibt: Die Durchsetzung egoistischer Motive ist dann erfolgreich, wenn die Organisationsfähigkeit Einzelner für die Konstitution von Gemeinschaften genutzt wird, die sich untereinander solidarisch verhalten und ihre Interessen gemeinsam gegen Andere verfolgen. So ist es möglich, dass Individuen als selbst drastisch Machtunterworfene, wie z. B.

---
[177]Vgl. hierzu ausführlich Kautt (2017a).

die Insassen totaler Institutionen (z. B. Gefängnisse), eine ‚Klassen-Gesellschaft' ausbilden, in der statushöhere Gruppen andere dominieren. Aber auch emotionssoziologische Überlegungen erhellen die Frage nach der (Re-)Produktion von Stratifikation. So kommt Arlie Hochschild neben den allgemeinen, soziale Ordnung stiftendenden „feeling rules" auch auf gruppenbezogene Emotionskulturen zu sprechen. Ja Gefühle sind für Hochschild die „bottom side" von Ideologien, die man im Deutschen wohl besser mit dem Wort „Weltanschauung" fasst.[178] In diesem Wortsinn fundieren nach Hochschild Emotionen die Gesamtheit von realitätsbeschreibenden und situationsdefinierenden „framing rules" (Hochschild 1979, S. 566 f.). Indem der Verflechtungszusammenhang von Emotionen und Weltanschauung auf der individuellen Ebene notwendigerweise in Sozialisationsprozessen strukturiert und geformt wird, gehört er zu jenem Bereich der sozial vermittelten Persönlichkeitsstruktur, den Bourdieu Habitus nennt. Weil Sozialisation trotz aller Selbstsozialisation Orientierung an signifikanten Anderen bedeutet, machen sich bei der Habitusentwicklung unvermeidlicherweise die Weltanschauungen derer bemerkbar, die für den bzw. die Einzelne(n) als Bezugsgruppe fungieren. Vergleichbar zu Bourdieu spricht Hochschild von einer klassenbezogenen „commoditization of feeling", die nicht nur die Formen des Emotionsmanagements bestimmt, sondern auch für die Ausbildung und Aufrechterhaltung von Gemeinschaften von zentraler Bedeutung ist. (1979, S. 569 f.).[179] Letzteres gilt umso mehr, als neben feeling rules auch „display rules" (Ekman/Friesen 1969) bestehen.

---

[178] Im Unterschied zum Begriff der Ideologie bringt der Begriff der Weltanschauung die prinzipielle Beobachtungsabhängigkeit sozialer Wirklichkeitskonstruktionen (z. B. von (Alltags-)Theorien) zum Ausdruck. Demgegenüber kann man Ideologien, Karl Mannheim folgend, „jene seinstranszendenten Vorstellungen" nennen, „die de facto niemals zur Verwirklichung des von ihnen vorgestellten Gehaltes gelangen" – wie etwa „die christliche Menschenliebe in einer [...] auf Leibeigenschaft fundierten Gesellschaft" (Mannheim 1978 [1929], S. 171).

[179] Im Unterschied zu Bourdieu sieht Hochschild (ebd.) die Differenzierungen des Emotionsmanagements stärker durch die Erfordernisse verschiedener Arbeitsmärkte ausgeprägt, die die Einübung unterschiedlicher feeling rules erfordern und in diesem Sinne als Sozialisationsinstanzen des Emotionalen wirken (vgl. ebd., S. 570). Andererseits geht Hochschild (wie Bourdieu) davon aus, dass Klassenstrukturen stark über die Emotionskontrolle der Eltern den Kindern gegenüber reproduziert werden. Während die Mittelschicht in der Erziehung auf die Reflexion von (un-)angemessenen Gefühlslagen setze (u. a. mit der Reflexion auf die ‚Authentizität' von Gefühlen und ihrer Darstellung), gehe es in der „working class" eher um die direkte Durchsetzung von Normen über Konsequenzen (z. B. Strafen; vgl. ebd.).

Während die Frage hier offen bleiben kann, ob und inwiefern Stratifikation ein funktional notwendiges ‚Medium' der Organisation von Gesellschaft darstellt,[180] ist an dieser Stelle der Hinweis wichtig, dass alle, über segmentäre Formen (Familie, Clan) hinaus differenzierten, Gesellschaften dieses Ordnungsprinzip ebenso kennen wie hierauf eingestellte visuelle Kommunikationen. Schon in frühen Hochkulturen sind Oberschichten entwickelt, die nicht nur Einfluss auf die Verteilung von Ressourcen, sondern auch auf die Gestaltung der materiellen Umgebung und ihrer Zeichen-Sphären nehmen. Noch in der europäischen Feudalkultur z. B. fungiert das Welt- und Gesellschaftsbild der Aristokratie als wesentliche Grundlage der Bildprogramme, etwa im Kontext der Kunst.

b) *Status-Symbolik, „neidvolles Vergleichen" und konsumtiver Panoptismus*[181]
Allgemein kann festgestellt werden, dass auf Stratifikation abhebendes Design einen komplexeren Verweisungszusammenhang von Zeichen voraussetzt. Je kleiner der Ausschnitt der zur Verfügung stehenden Zeichen, desto schwerer fällt eine zuverlässige Identifizierung in puncto Klasse: „Symbols of class status do not typically refer to a specific source of status but rather to something based upon a configuration of sources. So it is that when we meet an individual who manipulates symbols in what appears to be a fraudulent way – displaying the signs yet possessing only a doubtful claim to what they signify – we often cannot justify our attitude by reference to his specific shortcomings" (Goffman 1951, S. 296). Gerade in Bild-Kontexten (der Malerei, der Fotografie, des Films) bilden sich jedoch mühelos detailreiche Gesamtszenen, innerhalb derer sich klassensymbolische Bedeutungen konkretisieren. Ein Statussymbol steht hier selten für sich allein, sondern in der Regel in Beziehung zu für vergleichbar gehaltene Objekte, die gleichsam deskriptiv zusammenspielen.

Wie andere strukturelle Kontexte der Gestaltung (der Kulturen, der Macht, der „feeling rules" u. a.) setzen Hierarchisierungen ein praktisches Wissen voraus, hier u. a. einen praktischen Sinn für den Umgang mit der Unterscheidung statussignifikant versus statusinsignifikant. Dabei lässt sich Status nur im Rahmen einer hierarchischen Ordnung bestimmen, innerhalb derer die ‚höheren' Positionen (im Verhältnis und Vergleich zu den ‚niederen') zunehmend knapp werden. (Relative) Knappheit ist insofern eine konstitutive Voraussetzung von Status. Und ebenso ist Knappheit eine Voraussetzung der Funktion von Status*symbolen*: „Sie können Distinktion nur solange liefern, wie sie knapp bleiben" (Hahn 1987,

---

[180]Vgl. hierzu Parsons (1940).
[181]Zu einer ausführlicheren Darstellung dieses Zusammenhangs im Kontext der Werbung vgl. Willems/Kautt (2003, S. 477 ff.).

S. 130). Besonders bestimmte (teure) Kleidung, Wohnungen und Häuser, Autos und Motorräder, Schmuck und Uhren, exklusive Hobbys, Dienstpersonal (Chauffeure), Flugzeuge (Hubschrauber), Fernreisen oder Yachten (Segelboote) fungieren unter dieser Voraussetzung als eindeutige Statussymbole der gegenwärtigen Welt-Medien-Konsum-Gesellschaft. Diese Objekte stellen, im Gegensatz etwa zu Hochhauswohnungen, Waschpulver oder Hundefutter, statussymbolisch mehr oder weniger hoch signifikante (Identifizierungs-)Schlüssel sozialer Distinktion dar.

Freilich ist mit diesem Hinweis auf Knappheiten keineswegs gesagt, dass die Akkumulation knapper Güter und der damit zur Schau gestellte Reichtum für sich selbst genommen hohes Prestige generiert. Bourdieu zufolge gewährt ökonomisches Kapital vielmehr nur unter der Voraussetzung sozialen Abstand, „daß es sich in Kulturkapital übersetzt, in Bildung, Titel und einen distinktiven Geschmack, der die Vorrangstellung begüteter Klassen erst tatsächlich herstellen soll. Bourdieu sieht hier – und stimmt darin ganz mit Max Weber überein – ein ständisches Prinzip im sozialen Raum am Werk, das er nicht als ein bloß historisches Phänomen begreift, sondern als eines, das systematisch auch moderne Statusordnungen begleitet" (Neckel 2001, S. 248).

Die neuerdings „stealth wealth" oder „inconspicuous consumption" genannten Phänomene sind dementsprechend keineswegs neu, sondern stehen in einer langen Tradition, Besser-Sein über Performanzen der Dezenz, der Feinheit und der Kultiviertheit zu artikulieren. Gleichwohl sind auch diese Formen mit einem Wissen darum verknüpft, was die am ‚Einfachen' orientierten Lebensstile faktisch kosten. Gerade Immobilien und ihre komplexe, an das räumliche Umfeld gebundene Ästhetik, ist ein verlässlicher Status-Indikator, eben weil es sich um Güter von größerer und dauerhafter finanzieller Veräußerung handelt, die im Unterschied zu Konsumprodukten wie Mode, Autos oder technische Geräte, für statussymbolische Täuschungsmanöver kaum infrage kommen.

Für das ‚Funktionieren' der Status-Symbolik spielt die Motivierung und Ausnutzung eines „neidvollen Vergleichens" durch Formen der Gestaltung eine unverzichtbare Rolle. Schon Thorstein Veblen hat dieses Vergleichen als Basis und Zweck des „demonstrativen Konsums" (1997 [1899]) beschrieben und meint damit einen Vergleich zwischen Personen, „der den relativen moralischen oder ästhetischen Wert dieser Person mißt und so den relativen Grad von Selbstzufriedenheit beurteilt und festlegt, den sich jedermann legitimerweise zuschreiben und von anderen erwarten darf" (1997, S. 50). Diesen Vergleichstyp nutzen visuelle Kommunikationen, z. B. im Kontext von Unterhaltung und Werbung, in zweierlei Hinsicht: Zum einen führen sie Statuspositionen mit

7.7 Kollektive Identitäten

unterschiedlich hohem Prestige vor, wodurch sie es Zuschauenden ermöglichen und nahe legen, sich im Vergleich selbst zu verorten und Positionswechsel (nach ‚oben' und ‚unten') zu imaginieren. Vor diesem Hintergrund ‚informieren' beworbene Produkte über die konsumtiven Anstrengungen, die unternommen werden müssen, um eine spezifische soziale Position bzw. ‚Dotierung' er- oder behalten zu können. Zum anderen kopieren sie den neidvollen (oder auch stolzen) Vergleich in ihre eigene Bild-Welt hinein und machen ihn zum Bestandteil diverser Geschichten.

Dabei ist kaum zu übersehen, dass sich der von Veblen hauptsächlich auf die Demonstration von Reichtum bezogene Begriff des „demonstrativen Konsums" (vgl. 1997, S. 179 ff.) in Bezug auf die Gegenwartsgesellschaft erheblich ausweiten lässt. Gestaltung verleiht bestimmten Akten und Objekten des Konsums eine universale und innerhalb einer Matrix von Images, Lifestyles und Klassen differenzierte Identitätsrelevanz mit sozialen Distinktionsimplikationen. Im Konsum beschreibt man sich gleichsam selbst und ist man als Gegenstand von Fremdbeobachtungen zugleich gezwungen und motiviert, Kontrolle über die Bedeutungen des Konsums auszuüben, indem man ihn selektiv organisiert und herausstellt.[182] Insbesondere die Werbung und andere Bereiche professionalisierter Gestaltung (vom Verpackungs-, Möbel- und Automobildesign bis hin zu Architektur und Gartengestaltung) dramatisieren eine stratifizierte Ästhetik des Eigentums, indem sie eine Welt der Sichtbarkeit, der ‚Äußerlichkeit' und der gegenseitigen Beobachtung inszenieren, eine Art Panoptikum. In ihm werden sowohl die Menschen (ihre Körper, Kleider usw.) als auch die sie umgebenden und mit ihnen in Verbindung gebrachten Gegenstände und Handlungen (Fortbewegungsmittel, Wohnräume, Sportartikel u. a.) in ein generelles und helles Licht der Beobachtung durch andere gerückt.

Potenziell jede ‚produktive' oder ‚produktiv' zu beeinflussende Dinglichkeit wird durch die Varietät des Designs zu einer Frage nicht nur der individuellen Identität und Anerkennung, sondern zu einer der Zugehörigkeit zu Gruppen, die in sich selbst und untereinander einen hierarchisch strukturierten sozialen Raum mit verschiedenen Modi der Zuteilung von Anerkennung und Prestige bilden. Die Positivwerte des Stratifikations-Designs geben dabei jeweils deutlich genug zu verstehen, worin die Rückseite ihrer glänzend erscheinenden Medaille besteht: Es sind mit Ermangelungen und Mängeln Gefühle der Scham, der Peinlichkeit, der

---

[182]Zur Differenzierung aktueller Spielarten der Konsum-Präsentation im audiovisuellen Bilder-Rahmen von social media vgl. Bieling (2018).

(Selbst-)Verachtung, der Angst. Diese Gefühle nehmen Gattungen wie die Werbung nicht nur in Kauf, sondern streben sie ebenso an wie jene Emotionen, die mit ihrer ‚positiven' Statuswelt assoziiert sind und *die sie* mit dieser Welt assoziiert: Selbstachtung, Selbstsicherheit, Stolz, Souveränität, Autonomie, Glück. Stratifikation ist diesen Überlegungen zufolge also nicht nur ein Prinzip der Ungleichverteilung materieller Ressourcen. Stratifizierend wirken vielmehr auch Anerkennungslogiken, die Max Weber mit dem Begriff des „Standes" in Verbindung bringt, den er vom Begriff der „Klasse" absetzt:

> *Stände* sind, im Gegensatz zu Klassen, normalerweise Gemeinschaften, wenn auch oft solche von amorpher Art. Im Gegensatz zur rein ökonomisch bestimmten ‚Klassenlage' wollen wir als ‚ständische Lage' bezeichnen jede typische Komponente des Lebensschicksals von Menschen, welche durch eine spezifische, positive oder negative, soziale Einschätzung der *‚Ehre'* bedingt ist, die sich an irgend eine gemeinsame Eigenschaft vieler knüpft. Diese Ehre kann […], aber […] muss nicht notwendig an eine ‚Klassenlage' anknüpfen, sie steht normalerweise vielmehr mit den Prätentionen des nackten Besitzes als solchem in schroffem Widerspruch. Auch Besitzende und Besitzlose können dem gleichen Stand angehören und tun dies häufig und mit sehr fühlbaren Konsequenzen, so prekär diese ‚Gleichheit' der sozialen Einschätzung auf die Dauer auch werden mag (Weber 1922, S. 635).

Wenngleich sich in der Gegenwartsgesellschaft weit weniger als zu Webers Zeiten noch Gruppierungen identifizieren lassen, denen man eine „ständische Ehre" und eine homogene „ständische Lebensführung" wird zuteilen können, ist doch nicht zu übersehen, dass auf soziale Hierarchisierung abhebende visuelle Kommunikationen mit der relativen Zuteilung von Anerkennung operieren, wobei das Dotierungs-Prinzip keineswegs einer Ordnung von Klassenlagen folgen muss. Ob als Image-Kommunikation, Lifestyle oder traditionelle ‚Klassengesellschaft' entworfen: Stratifizierendes Design passt sich an das Erfordernis an, soziales Besser- oder Schlechter-Sein als Wertgefüge sichtbar zu machen, ist aber als Stratifikations-Design keineswegs durch ein übergeordnetes Modell integriert.

c) *Der relative Bedeutungsverlust von Stratifikation als Ordnungsrahmen visueller Kommunikation*
Wie alle Umgebungen visueller Kommunikation unterliegen Prozesse der Stratifikation einem stetigen Wandel. In der Gegenwartsgesellschaft kommt es – nur scheinbar paradox – gerade deshalb zu forcierten Status- und Klassenkämpfen in der Sphäre des Symbolischen, weil Schichtung nicht mehr als primärer Gliederungstypus der Gesellschaft fungiert. Erkennbar ist dies u. a. daran, dass Schichtzugehörigkeit nicht mehr alle Daseinssphären des Individuums strikt reguliert. So wird die Möglichkeit der Teilhabe an den Funktionssystemen der

7.7 Kollektive Identitäten

Gesellschaft, etwa dem Bildungssystem, der Medizin oder der Wirtschaft, nicht mehr primär – oder gar rechtlich verankert – über familiale (Schicht-)Herkunft entschieden, auch wenn Klassenstrukturen in einer Gesellschaft, die als „Multioptionsgesellschaft", „Wissensgesellschaft" oder „funktional differenzierte Gesellschaft" beschrieben wird, fraglos fortgeführt werden.

Ein prägnantes Beispiel für den sozialstrukturellen Wandel im Feld des Ästhetischen gibt der Bereich der Mode.[183] Als ein in allen Situationen mitgeführtes Requisit der ‚Selbstdarstellung' ist Kleidung ein omnipräsentes Medium der Status-Symbolisierung. In einer stratifizierten Gesellschaft, in der der Stand und d. h. die familiale Herkunft alle Daseinsbereiche verbindlich strukturiert, regeln strikte Kleiderordnungen das Erscheinungsbild des Einzelnen. Im Zuge der angedeuteten Entwicklungen lockern sich schichtspezifische Geschmacks-Ordnungen und früh schon eignen sich untere Schichten die jeweilige Mode der Oberschichten an.[184] In der Mitte des 19. Jahrhunderts hat sich dann ein schnell reagierendes „Kopiersystem" etabliert, das die Mode der Oberschicht für Mitglieder unterer Schichten massenhaft verfügbar macht und aktualisiert. Mode ist spätestens seitdem ein Prozess, an dem *alle* Mitglieder der Gesellschaft teilnehmen können (bzw. müssen), und d. h. auch: Das System der Mode löst sich sehr früh zumindest partiell von der Funktion schichtbezogener Statussymbolisierung. In der Gegenwart ist dementsprechend nur noch eingeschränkt so etwas wie eine Kleiderordnung der Schichten zu beobachten – deutlich wird eher die Funktion von Kleidung als individuelles „Ichfinish" (Matthiesen 1988) und Ausdruck bestimmter Lifestyles und Images, für die z. B. Markennamen stehen.[185]

Norbert Elias hat bereits in seinem Text „Kitschstil und Kitschzeitalter" (2004 [1935]) aus Entwicklungen wie diesen allgemeine Schlussfolgerungen für den Bereich der Gestaltung und des Geschmacks gezogen. Die Pointe seines Textes ergibt sich weniger in der Auseinandersetzung mit dem Begriff des Kitsches. Sie besteht vielmehr in der Diagnose des Bedeutungsverlusts des Prinzips

---

[183] Vgl. grundlegend zur Mode als Kommunikationsmedium Bohn (2000).

[184] Schon Simmel, der der Kleidermode bereits im auslaufenden Mittelalter Individualisierungstendenzen bescheinigt, sieht im Wechselspiel von Nachahmung und Absetzbewegungen der Nachgeahmten ein Grundprinzip modischen Wandels (Simmel 1995 [1905], S. 11 ff.).

[185] Zu dem soziokulturellen Wandel gehört auch, dass die ‚moderne' Kleidermode die Funktion erfüllen muss, Individuen in die diversen Situationen des Alltags einzupassen (Würtz/Eckert 1998, S. 181). Auch dies ist ein Indiz für den relativen Bedeutungsschwund von Schichtung als Ordnungsrahmen des Ästhetischen.

der Gesellschaftsschichtung als demjenigen Prinzip, das bis in das 19. Jahrhundert hinein Geschmacksfragen ordnet. Da es nunmehr keine Klasse, keine von allen anerkannte „gute Gesellschaft" und keine persönlichen Repräsentanten von Klasse mehr gibt, die in Sachen Geschmack verbindlich als Vorbild fungieren, so Elias, herrsche jetzt „Formunsicherheit" bzw. „Geschmacksunsicherheit" (Elias 2004, S. 6). Zu denselben Schlussfolgerungen kommt Luhmann (allerdings ohne Bezug auf Elias), wenn er der Werbung die Funktion der Herstellung von „Selektionssicherheit" in Sachen Geschmack bescheinigt, die umso wichtiger sei, als „der alte, im 18. Jahrhundert noch vorausgesetzte Zusammenhang von Schichtung und Geschmack heute aufgelöst ist und bei raschem Aufstieg und unregulierter Heiratspraxis gerade in den Oberschichten ein Nachrüstungsbedarf besteht." (Luhmann 1996, S. 89).

Der Wandel von der stratifizierten Gesellschaft hin zur funktional differenzierten Gesellschaft oder auch einer „nächsten Gesellschaft" (Baecker 2007) wird von verschiedenen, miteinander zusammenhängenden Triebkräften bedingt – vier davon seien im Folgenden genannt:

1.: Neben und mit Prozessen funktionaler Differenzierung sind z. B. ökonomische und technologische Entwicklungen von Bedeutung. So führt die industrielle Massenproduktion zu einer gewissen Entdifferenzierung von Schichten, z. B. über eine Verknappung von Produkt- und Qualitätsknappheiten, die eine Demokratisierung des Konsums und eine (Massen-)„Konsumkultur" einleiten. Im Zuge von Entwicklungen, die für Menschen unterschiedlichster Gruppen Produkte vergleichbarer Qualität dauerhaft verfügbar machen, werden Potenziale symbolischer Ungleichheiten verknappt.[186]

2.: Weiterhin unterläuft die zunehmende Anonymisierung moderner Lebenswirklichkeiten, zu der urbane Lebensräume ebenso beitragen wie Kommunikations- und Verbreitungsmedien, einfache Kopplungen von Schicht und visueller Performanz. Schon Veblen konstatierte: „Mit zunehmender sozialer Differenzierung wird es nötig, eine größere menschliche Umwelt zu berücksichtigen. (…) Hier rücken die Kommunikationsmittel und die Mobilität der Bevölkerung den Einzelnen ins Blickfeld vieler Menschen, die über sein Ansehen gar nicht anders urteilen können als gemäß den Gütern (und vielleicht der Erziehung), die er vorzeigen kann" (1997, S. 94). Strukturelle Anonymisierungen stimulieren und forcieren also Orientierungen an sozial informativen ‚Oberflächen', die sich gleichsam über die Fremdheiten legen: Das „Ansehen" der Person ergibt sich nicht über die Kenntnis faktischer Identitätsaspekte, sondern als Resultat

---

[186]Zur (europäischen) Konsumgeschichte vgl. ausführlich Siegrist u. a. (Hrsg. 1997).

7.7 Kollektive Identitäten

der Bewertung (visueller) Performanzen in flüchtigen Begegnungen oder unter mediatisierten Bedingungen z. B. computerisierter Kommunikation (Print, TV, Internet u. a.).[187]

3.: Auch die technischen Bildmedien tragen massiv zu einer Entkopplung von Gestaltung und Schichtung bei, wie u. a. die Fotografiegeschichte des 19. Jahrhunderts zeigt. Sowohl die finanziellen als auch die (gestaltungs-)technischen Beteiligungsvoraussetzungen werden unter den neuen Medienbedingungen niederschwelliger und ermöglichen die Teilhabe vieler an den unterschiedlichsten visuellen Kulturen.[188] Leon de Laborde hat schon 1859 von der Fotografie als den „Kampfmitteln der Demokratie" gesprochen.[189]

Wenngleich fraglich ist, inwiefern und inwieweit die Hoffnungen, die in dieser Formulierung anklingen, in den *politischen* (Macht-)Verhältnissen Wirklichkeit werden, ist nicht zu übersehen, dass die Partizipationschancen sowohl auf der Seite der Produktion als auch auf der der Rezeption in unterschiedlichsten Kontexten genutzt werden, sodass die Kräfteverhältnisse sozialer Gruppierungen in Sachen Bild stetig neu austariert werden müssen. Schon in der Frühgeschichte der Fotografie zeigt sich z. B. deutlich, dass eine zuvor für Oberschichten und gehobenes Bürgertum reservierte Repräsentationskultur in untere und unterste Schichten und Milieus diffundiert, womit sich neue Bildkulturen gruppenbezogener Selbstdarstellungen ausdifferenzieren. Aber auch für die ‚dokumentierenden' Seh- und Bilder-Ordnungen jenseits von Selbstdarstellungen, ja für das öffentlich (medial) kommunizierte ‚Weltbild' überhaupt, hat die Zugänglichkeit des Mediums radikale Konsequenzen. Denn die Möglichkeit der Herstellung von Bildern von der Welt und ihre massenhafte Verbreitung machen verschiedenen Interessenvertretern die Bildtechnik und ihre Publizität potenziell verfügbar. Entsprechend kann die visuelle Behandlung konflikthafter Themen nur

---

[187]Noch einmal Veblen (1997, S. 95): „In der modernen Gesellschaft begegnen wir [..] einer Unzahl von Personen, die nichts von unserem privaten Dasein wissen – in der Kirche, im Theater, im Ballsaal, in Hotels, Parks, Läden usw. Um diese flüchtigen Beschauer gebührend zu beeindrucken, und um unsere Selbstsicherheit unter ihren kritischen Blicken nicht zu verlieren, muß uns unsere finanzielle Stärke auf der Stirn geschrieben stehen, und zwar in Lettern, die auch der flüchtigste Passant entziffern kann".

[188]Das setzt freilich politische Systeme voraus, die den Zugang zu Bildmedien nicht strikt unterbinden – der Hinweis auf medienbedingte „Demokratisierungsprozesse" ist also nicht mit einer technikdeterministischen Argumentation zu verwechseln.

[189]De Laborde in Wiegand (Hrsg. 1981). Bekanntlich hat dann später Walter Benjamin aus selbigen Gründen das Medium trotz der von ihm konstatierten „Zertrümmerung der Aura" begrüßt (1977 [1936]).

noch schwerlich von einzelnen Gruppen oder Eliten dirigiert werden. Sowohl die Kriegsfotografie als auch die sozialdokumentarische Fotografie formieren sich bereits im 19. Jahrhundert und bringen Bilder an das Licht der Öffentlichkeit, die bestimmte Gruppen der Gesellschaft gerne im Unsichtbaren belassen hätten.[190] Mit den elektronischen und digitalen Technologien wird die Inklusion von Individuen in die Produktion nochmals erheblich gesteigert – bei gleichzeitiger Beschleunigung der Bilderzeugung und -rezeption bis hin zur fortlaufenden Echtzeitkommunikation über beliebige Distanzen hinweg.[191]

4.: Eine Neuregulierung der Zugänglichkeit visueller Kommunikation und damit eine Neuordnung ihrer Schichtungs-Funktionen und -Bedeutungen ergeben sich weiterhin durch den Sachverhalt, dass technische Bilder seit ihrer Einführung auf *Märkten* gehandelt werden. Design muss sich fortan nicht nur unter anonymisierten Kommunikationsverhältnissen, sondern zugleich unter *Konkurrenzbedingungen* behaupten, in denen die Publika entscheidende ‚Autoritäten' darstellen. Die Produktion muss sich notwendigerweise an den Interessen derer ausrichten, die die Gestaltungen abnehmen und dadurch (wie indirekt auch immer) die Hersteller finanzieren. Im 19. Jahrhundert zeigt sich daher eine Differenzierung symbolischer Ordnungen, die einer neuartigen Dynamik von Angebot und Nachfrage unterliegen, zu der neue Organisationsformen (etwa Bildagenturen) gehören.[192] Und indem nun dem Publikum in weiten Teilen der visuellen (kommerziellen) Kultur eine indirekte Regiedominanz zukommt, befeuern die Marktverhältnisse den Kampf um das Design als stetigen Kampf um die Gunst von Publika.

d) *Lebensstile und Images als neue Status-Ordnung*
Die bisherigen Überlegungen machen ersichtlich, dass Stratifikation nicht mehr in eine „repräsentative Kultur" mündet, in der die Formensprache und das Weltbild der Oberschicht für das große Ganze der Gesellschaft steht. Vielmehr kommt es in ganz unterschiedlichen Gesellschaftsbereichen (des Konsums, der Unterhaltung, der Werbung u. a.) zu Kulturen der „Stellvertretung", die sich an unterschiedliche Publika mit unterschiedlichen Ästhetiken, Leitwerten und

---

[190]Zu einem Überblick über die Kriegsfotografie und ihren Wandel vgl. z. B. Chouliaraki (2013).

[191]Zu aktuellen Amateur-Praktiken im Umgang mit unterschiedlichen Filmformaten (Video-, Handyfilm u. a.) vgl. z. B. Holfelder und Schönberger (Hrsg. 2017).

[192]Zu diesem Beziehungsgeflecht am Beispiel des Bildjournalismus siehe Wilke (2008).

7.7 Kollektive Identitäten

Geschmackvorstellungen richten.[193] Die Soziologie sozialer Ungleichheit betont vor diesem Hintergrund die zunehmende Bedeutung von *Lebensstilen* als Formen der Regulierung von Zugehörigkeit und Distinktion, wenngleich die Autonomie der Lebensstile unterschiedlich eingeschätzt wird.[194]

Unter diesen Bedingungen ist es unerlässlich, dass Einrichtungen wie das professionelle Design, massenmediale Unterhaltungsformate, das „Star-System" des Films (Hickethier 1997) oder die moderne, mit Image-Kommunikationen operierende Werbung (Kautt 2008) Orientierung im Feld des Ästhetischen vermitteln. Bedenkt man weiterhin, dass Individuen in den hochkomplexen Verhältnissen der Gegenwart nur noch bedingt über die Sozialisationsinstanz Familie in die Gesellschaft enkulturalisiert werden können, kommt ein weiteres Argument für die Notwendigkeit der ‚Geschmacks-Bildung' durch eine „Kulturindustrie" (Adorno) hinzu.

Die Debatten um ästhetische Avantgarden am Anfang des 20. Jahrhunderts sind ein frühes Symptom für die neue Stratifikations-Funktion der (u. a. visuellen) Gestaltung. Der sogenannte „Werkbundstreit", die Kontroversen um das Ornament oder auch die Konflikte um die „Neue Typografie" verdeutlichen, dass Ästhetik und Design in einer ‚offenen', funktional differenzierten und pluralistischen Gesellschaft zu einem Kampfplatz innerhalb der Gesellschaft werden. Gestritten wird keineswegs nur um Fragen des „Geschmacks" im Sinne eines oberflächlichen Lifestyles. Gestaltung ist nunmehr – und gegenwärtig mehr denn je – ein Feld, auf dem um Identität und Teilhabe, um Selbst- und Fremdbeschreibungen, um Zugehörigkeit und Anerkennung gerungen wird.

Dabei basieren die Status-Hierarchien, die in den mit ‚Geschmack' befassten Kultur-Industrien kondensieren, keineswegs immer auf tradierten Schichten-Modellen. Die Hierarchie von ‚oben' und ‚unten' kann höchst verschiedenen Konzepten folgen, die die Zuteilung von Anerkennung an unterschiedlichen Werten ausrichten. Die Image-Kommunikationen der Werbung geben hierfür ein Beispiel. Coolness, Non-Konformismus und Unangepasstheit können ebenso als

---

[193]Zum Wandel einer „repäsentativen Kultur" hin zu einer „Kultur der Stellvertretung" vgl. Weiß (1998, S. 121–151).

[194]Die Positionen reichen hier von der (an Weber anschließenden) Annahme, dass Lebensstile gleichsam als Ausdrücke von Schichten oder Klassen zu verstehen sind (Bourdieu 1982; Vester 1993), bis hin zur Konzeption von Lebensstilen als weitgehend schichtunabhängigen Sozialstrukturen (Schulze 1992; Müller-Schneider 2000). Zu einer ‚mittleren' Position vgl. z. B. Müller 1992; Hradil 1996; Spellerberg 2002. Auch Diagnosen wie Wohlfahrts- (Berger/Hradil 1990), Wohlstands- (Bolte 1990) und Überflussgesellschaft (Galbraith 1958) beschreiben seit langem eine ‚entexklusivierte' Gesellschaft.

ästhetische Leitwerte fungieren wie Modernität, Jugendlichkeit oder ‚natürliche' Menschlichkeit. Auch erotische Attraktivität, Gender-Konstruktionen oder spezifische Vorstellungen von Tradition sind potentielle Bezugsrahmen. Die Image-Konstruktionen des Designs transzendieren dabei – schon aus strategischen Gründen der Inklusion breiter „Zielgruppen" – häufig spezifische Sozialmilieus und entfalten Mikro-Semantiken, die als solche mit anderen kombiniert werden können – z. B. im konsumtiven Handeln, das die Synthese verschiedener Images ermöglicht.

Als über Redundanzen stabilisierte Semantiken operieren Images oftmals mit universal verständlichen Qualitäts-Attributen und d. h. mit universal verständlichen Hierarchisierungen von ‚oben' und ‚unten'. Die strukturell äußerst flexiblen Gratifikationszuteilungen der Image-Kommunikationen passen dabei nicht nur bestens zu den diffusen Inklusions-/Exklusionsmechanismen der modernen Gesellschaft, die in den verschiedensten Lagen, Schichten, Milieus und Lebensstilgruppierungen vorkommen, aber eben kaum mehr anhand einheitlicher Muster zu beschreiben sind.[195] Sie etablieren zudem im Rahmen einer hochgradig globalisierten Welt-Medien-Konsum-Gesellschaft eine ‚Weltsprache' sozialer Hierarchisierung, die interkulturelle Unterschiede (des Wissens, der Normen und Werte) unterläuft bzw. eine leicht verständliche und daher leicht enkulturalisierbare Symbolwelt einführt.[196] Global bekannte Images für Konzerne wie Mercedes, BMW, McDonalds, Sony, Apple, Samsung oder Coca-Cola geben hierfür Beispiele. Sie bilden, wie andere Bereiche visueller Kommunikation, die sich zu Zwecken der Adressierung globaler Publika standardisieren, trotz regionaler Variationen eine Metakultur der Gegenwartsgesellschaft.[197]

Dabei stellt sich das neue Distinktions-Design auf die „Knappheitsknappheiten" (Hahn 1987) in Sachen Exklusivität ein, die aus den oben genannten Entwicklungen hervorgehen. Zu den am häufigsten gebrauchten Strategien gehört ein schlichtes ‚So-tun-als-ob'. So wird das leicht Zugängliche, Finanzierbare

---

[195]Vgl. Bude (2008, S. 246 f. und 258 ff.).

[196]Zu zahlreichen Beispielen der Globalisierung von Bilderströmen, zu denen Hybridisierungen und (Neu-)Differenzierungen ebenso gehören wie global icons (der Kunst, der Werbung, des Kinos, der Bildpolitik u. a.) vgl. z. B. Haustein (2008) und die Beiträge in Baleva, Reichle und Schulz (Hrsg. 2012).

[197]Zu einer Darstellung globalisierter Meta-Kulturen im Bereich der Inszenierung von Food (Kochen, Essen, Ernährung) vgl. Kautt (2019). Zur Standardisierung globaler Bildkulturen und Seh-Ordnungen im Zusammenhang mit Reiseführern vgl. (Müller 2012).

7.7 Kollektive Identitäten

und massenhaft Vorhandene z. B. in der Werbung oftmals in einer (Knappheits-) Welt des überdurchschnittlich Erfolgreichen, Guten, Schönen, Gebildeten, Einzigartigen usw. präsentiert – in der Hoffnung, dass die suggestive Umkehrung des eigentlich Offensichtlichen die Paradoxie einer massenhaften Exklusivität verdeckt. Auch bei sachlich und preislich ähnlichen Produkten geht es häufig um Distinktionssimulationen, die auf der Basis ästhetisch-geschmacklicher und (bild-)narrativer Konstruktionen mit sozialen Geltungsbedürfnissen spielen. In diesem Rahmen kommt es nicht mehr darauf an, dass man ein Handy, einen Kühlschrank oder ein Auto hat, sondern darauf, *welches* Handy, *welchen* Kühlschrank oder *welches* Auto man mit den jeweils dazu gehörenden Image-Dotierungen sein eigen nennt.

e) *Schichten-Design*
Neben neuen Modi der Stratifikation (Lebensstile, Images) lässt sich die Fortführung von solchen Performanzmustern beobachten, die eine Ästhetik von Gruppen im Sinne eindeutig(er) identifizierbarer Schichten bzw. Klassen adressieren. Dabei ist das gleichzeitige Bestehen verschiedener Status-Ordnungen und Hierarchisierungen keineswegs ein Widerspruch, sondern ein erneuter Hinweis auf die Komplexität der Gesellschaft und ihrer Artefakte, die sich auf verschiedene Umgebungen – hier: auf verschiedene Stratifikations- und Anerkennungslogiken – *zugleich* einstellen.

Fragt man danach, wie es möglich ist, dass in der funktional differenzierten und ‚offenen' Welt-Medien-Netzwerk-Konsum-Gesellschaft Schichten bzw. Klassen nach wie vor eine tragende Rolle der Reproduktion von Sozialstrukturen spielen, gibt das Werk von Pierre Bourdieu eine überzeugende Antwort. Die oben (vgl. Abschn. 6.4) in der Auseinandersetzung mit dem Begriff der Praxis erwähnte „Dialektik" zwischen den äußeren Lebensumständen einerseits und dem „Habitus" von Individuen als einem „System verinnerlichter Strukturen, als Schemata der Wahrnehmung, des Denkens und Handelns" (Bourdieu 1976, S. 188) andererseits, ist Dreh- und Angelpunkt dieser Perspektive. Indem Individuen in den Lebenswirklichkeiten eines schichtspezifischen Milieus aufwachsen, so das theoretische Argument und der empirische Befund, ist ihre Persönlichkeit maßgeblich durch milieuspezifische Weltanschauungen, Normen und Werte geformt. Diese weit reichende habituelle Prägung der Persönlichkeit verbindet ähnlich sozialisierte Menschen nicht nur in besonderem Maße, sondern steigert zugleich die Wahrscheinlichkeit, dass die jeweiligen Individuen ihre Biografiegestaltung an den Vorstellungen ihres Herkunftsmilieus ausrichten – von der Ausbildung und der Wahl von Freundinnen, Partnern und Berufen bis hin zum ‚Geschmack' in verschiedensten Handlungsfeldern, z. B. des Wohnens, Essens, der Mediennutzung uvm. Während die äußeren Lebensumstände die Persönlichkeit formen, tendiert letztere also dazu, die Umstände selbst wiederum zu reproduzieren. So erklärt sich die Stabilität sozialer Hierarchien und die (Geschmacks-)Dominanz bestimmter Trägergruppen, wie derzeit die Wirkungsmächtigkeit einer „neuen Mittelklasse" (Reckwitz 2017, S. 308 ff.).[198]

Nun differenziert Bourdieu die klassenspezifischen Lebensverhältnisse bekanntlich entlang der Ungleichverteilungen verschiedener Ressourcen, wobei er „ökonomisches", „soziales" und „kulturelles Kapital" unterscheidet. Diese Kapitalsorten bezeichnen nicht nur äußere Lebensumstände, sondern zugleich Ressourcen, die von Individuen im Rahmen der besagten Sozialisations-Dialektik inkorporiert und im alltäglichen Leben performiert werden, z. B. über Sprechweisen (Soziolekte), modisches Handeln, Freunde, Kulturgüter oder spezifische Wissensformen. Wenngleich die Kapitalarten komplex zusammenspielen und in gewissem Umfang konvertierbar sind (mit Geld kann z. B. soziales Kapital akkumuliert werden wie umgekehrt), kommt dem ökonomischen Kapital eine hervorgehobene Rolle zu, da es den Zugang zu anderen Ressourcen in besonderem Maße einschränkt und z. B. in wenig begüterten Milieus zu einem „Notwendigkeitsgeschmack" (Bourdieu 1982) beiträgt, der Investitionen etwa in kulturelles Kapital unwahrscheinlich werden lässt und derart die Klassen-Reproduktions-Dialektik begünstigt.

In jedem Fall sorgen die u. a. durch Prozesse der Stratifikation reproduzierten sozialen Ungleichheiten für eine fortwährende Knappheit bei nicht wenigen Gesellschaftsmitgliedern über die ‚natürliche' Knappheit von Gütern hinaus – trotz der oben beschriebenen Entexklusivierungen etwa in der Sphäre des Konsums. Preise sind dabei als ein irreduzibles Merkmal käuflicher Produkte diesbezüglich informativ und eine persistierende Basis von Status-Logiken. Sie sind ein im Alltagsbewusstsein verankertes Knappheitsmaß und ein Knappheitsgenerator, der Inklusion und Exklusion unmissverständlich reguliert. Ohnehin bleibt die an Kapitalsorten orientierte Schichtungslogik ein Generator von Stratifikation, weil der allgemeine Anstieg des Wohlstandsniveaus, den die

---

[198]Zur Reflexion der Persistenz „feiner Unterschiede" im Inszenierungs-Format des Hochzeitsfotos in diachroner Perspektive vgl. Pape, Rössel und Solga (2008).

7.7 Kollektive Identitäten

Soziologie mit Begriffen wie „nivellierte Mittelstandsgesellschaft" (Schelsky 1957) oder „Fahrstuhleffekt" (Beck 1986) beschrieben hat, Ungleichheiten nicht aufhebt, sondern lediglich verschiebt, z. B. hin zu feiner werdenden „feinen Unterschieden" (Bourdieu 1982).[199]

Nicht nur die absolute, sondern auch die *relative* Ungleichverteilung von Ressourcen ist also ein verlässlicher Generator von Stratifikations-Design: Da die verschiedenen Status-Ressourcen (auch für die Begüterten) steigerungsfähig bleiben, kennen Hierarchisierungen im sozialen Raum keine Grenze und bleiben stets dynamisch.[200] Doch nicht nur die Klassen-Dialektik, auch mediale und gattungsspezifische Anforderungslagen begünstigen eine Präferenz der (visuellen) Gestaltung, soziales Besser- und Schlechter-Sein im Anschluss an tradierte Schichten-Modelle zu thematisieren.[201] Denn im Feld der massenmedialen Unterhaltung und noch mehr in der Werbung unterliegt Design stets dem Erfordernis, Status-Valorisierungen unter Stratifikation Knappheitsbedingungen der Aufmerksamkeit maximal inklusiv zu kommunizieren. Mit höchst generalisierten Klischees – etwa feudalkultureller Oberschichten, Jet-Set-Milieus oder einer exklusiven Welt der Prominenten und der Stars, kann sozial distinktive Knappheit (hoher Status) jedenfalls sozial inklusiver und kommunikationstechnisch effizienter (schneller, einfacher, eindeutiger) zum Ausdruck gebracht werden als mit Inszenierungen der flüchtigeren und insgesamt diversifizierteren Images und Lifestyles.

Daneben und mindestens ebenso bedeutsam sind Schematisierungen einer idealisierten Mittelschicht. Sie ist, ebenso wie die Oberschicht-Mythologie, ein fester Bestandteil global verbreiteter Mediennarrative. Auch zu diesem Schicht-Typus

---

[199] Auch wird man sagen können, dass die faktische Operationsweise von „Funktionssystemen" keineswegs nur von „Leitunterscheidungen" und dazugehörigen Kriterienkatalogen bestimmt wird (Luhmann), sondern diese zugleich als „Felder" (Bourdieu) beschrieben werden können, die durch die Ressourcen- und Anerkennungs-Kämpfe interdependenter Individuen und – damit zusammenhängend – von Klassenverhältnissen bestimmt werden. In umgekehrter Blickrichtung kann man feststellen, dass sich mit Bourdieus Klassentheorie die historische Ausdifferenzierung der Systeme und ihre relative Eigenlogik nicht rekonstruieren lässt.

[200] So ist verständlich, dass die vertikale Dimension in der Lebensstilforschung nach wie vor bedeutsam ist. Gerhard Kleining spricht von der „versteckten vertikalen Dimension der Lebensstilmodelle" (Kleining 1995a, S. 121).

[201] Ein Hinweis darauf ist u. a. der häufige Gebrauch des Klassenbegriffs – z. B. in Werbetexten („Eine Klasse für sich").

gehört ein komplexes Geflecht von Artefakten, das den ‚gehobenen' Standard einer Mittelschicht-Idealversion symbolisch zum Ausdruck bringt (Wohnungen, Fortbewegungsmittel, Freizeitartikel, Kleidung u. a.). Die Darstellung von Unterschichten kommt dagegen tendenziell im Kontext der Thematisierung von Problemen vor, deren Ausmalung zugleich die Wertorientierungen und die Prestigezuteilungen eines stratifizierten und stratifizierenden Gesellschaftsmodells zu erkennen gibt.[202]

Wie bereits erwähnt, entwirft Stratifikations-Design gerade im Kontext der Inszenierung „feiner Leute" eine Ästhetik, die mehr bedeuten soll als ein Hinweis auf finanzielles Vermögen. Die ‚Veredelung' von Objekten über ihre Sachfunktionen hinaus ist unter diesem (Status-)Gesichtspunkt bivalent. Zum einen wird mit und an ihr das „Prinzip der Verschwendung" (Veblen) wirksam: Die schöne Form des Designs (z. B. eines Stuhls, einer Kaffeemaschine, eines Automobils) ist etwas, das man sich über die Funktion eines Objekts hinaus leistet und leisten können muss. Zum anderen und zugleich wird mit ‚kultivierten' Produkten gerade *nicht* ihr Geldwert (und die Fähigkeit, Geld zu ver(sch)wenden), sondern eine kulturelle Bedeutung und Kompetenz demonstriert, die der Besitzer als Eigenschaft seines Selbst zur Schau stellen kann. Durch die konsumierende Partizipation an dem Sinn-Universum gestalteter ‚Kultur' zeigt man so etwas wie Identität – so zumindest eine Idee stratifizierenden Designs.

Die häufigen Inszenierungen ‚feiner Leute' in Werbung und Unterhaltung geben auch hierfür besonders deutliche Beispiele. Je nach Oberschicht-Milieu kann kulturelles Kapital durch das Vorführen entsprechender Requisiten symbolisiert werden. Besonders beliebt sind ‚Meisterwerke' der Kunst (vor allem:

---

[202]Milieus mit niederem sozioökonomischem Status werden nicht nur vom Design der Konsumgüter, sondern auch von massenmedialen Gattungen (Dokumentation, Unterhaltung, Werbung) angesprochen und thematisiert. Dies geschieht durchaus auch im Rahmen von Darstellungen, die die Hauptpersonen und deren Lebensstil achten und mit einem gewissen Prestige ausstatten. Vom „New Hollywood" der 1960er bis hin zu aktuellen (z. B. US-amerikanischen) Serien gibt es ein breites Angebot der Inszenierungen von ‚echten' Menschen unterer Milieus, die u. a. als Sympathieträger(innen) fungieren (z. B. als „Helden des Alltags"). Dennoch ist nicht zu übersehen, dass Entwürfe eines guten, geglückten Lebens, die als eben solche in Erscheinung treten sollen, häufig mit idealisierten Mittel- und Oberschicht-Images umgesetzt werden, ein traditionelles Schichten-Status-Modell also als Maßstab fungiert.

7.7 Kollektive Identitäten

der Malerei und der Plastik) sowie der Architektur und des Designs, aber auch der klassischen Musik (Oper) und des klassischen Tanzes (Ballett) – also kulturelle Bestände, die historische Selektionsprozesse durchlaufen haben und daher als gesicherte und konsensfähige Hochkultur gelten können. Charakteristisch ist eine Distanznahme zur Mode und deren verspielten (Übergangs-)Formen. Der ‚dezente' (dunkelfarbige) Anzug des Herrn und das ‚klassische' (Abend-)Kleid der Frau sind formstabile Requisiten, deren ‚Güte' in ihrer souveränen Reduziertheit und Konzentration auf die Tradition zum Ausdruck kommen soll. Noch exklusiver, da Kultiviertheit nicht nur als Image zitierend, sondern als ästhetische Praxis an sich selbst vollziehend, realisiert sich kulturelles Kapital im Rahmen einer experimentierfreudigen, kunstähnlichen Formensprache – zu finden etwa in bestimmten Mode- und Lifestyle-Magazinen. In gewisser Weise kann man auch das als solches erkennbare Spiel mit statusniederen Zeichen als kunst-analoges kulturelles Kapital verbuchen. Das in der Jugendkultur bürgerlicher Mittelschichten und z. T. auch in Kreativ-Hipster-Milieus verbreitete Tragen von Jogginghosen und/oder Hoodies ist ein solcher Fall: Es stellt das modische Emblem zeitgenössischer Prekariat-Milieus in einen anderen, neuen Zusammenhang, sodass die jeweiligen Performer im reflexiven-modulierenden Umgang mit Gruppen-Codes eine kulturelle ‚Überlegenheit' zur Schau stellen können.[203]

Von eigener Bedeutung ist in Sachen kulturelles Kapital weiterhin der Eindruck habitueller ‚Wohlanständigkeit'. Er wird im Zuge von Modernisierungsprozessen generell wichtiger – mit Implikationen für die dramaturgische Selbstausstattung und Selbstkontrolle. Unter den generalisierten Fremdheitsbedingungen der modernen Gesellschaft trägt man Sorge für das basale Vertrauen in Handlungspartner, indem man sich entsprechend präsentiert (vgl. Goffman 1986). Die Statusdimensionen sind dabei spezifisch image-relevant, und zwar im Sinne der Gleichung: die feineren Leute sind auch die besseren Leute, d. h. diejenigen, von denen am wenigsten Gefahr im Sinne von ‚Unzivilisiertheit' droht.

---

[203]Zu einer (u. a. milieu-)differenzierten Darstellung der Sozialfigur des „Prolls" im aktuellen Berlin vgl. Ege (2013). Man kann vermuten, dass der dritte Stand unter den Bedingungen der Feudalkultur ebenso wenig Sympathien für die ästhetische Idealisierung und Mimesis des einfachen Landlebens durch Adelige (vgl. das Sujet der „Schäferidylle") hatte wie manch(e) zeitgenössische(r) Beobachter(in) für die Diffusion des Prekariat-Outfits: „‚Privilegierte Kids sollen aufhören, die Arbeiterklasse zu fetischisieren', fordert der britische Publizist Dan Dawn Foster. Reiche sollen sich bitteschön wie Reiche kleiden." (Kia Vahland in *Süddeutsche Zeitung*, 24/25. 02.2018)

Im Zusammenhang mit der Entstehung neuer Fremdheitsbedingungen im Rahmen kommunikationstechnologischer Entwicklungen nimmt diese Relevanz von Vertrauen noch zu bzw. entsteht ein Bedarf an neuen (theatralischen) Formen der Vertrauensbildung.

Diese Überlegungen zusammenfassend kann man sagen: Soziale Hierarchisierungen sind eine wichtige Umgebung visueller Kommunikation, wenngleich es sehr verschiedene Modelle der Zuteilung und Relationierung von Besser-Sein und Schlechter-Sein, von „oben" und „unten" gibt. Neben und mit den Mikro-Strukturen von Images ist eine idealisierte Mittel- und Oberschicht-Mythologie als strategische Formulierungs- und Projektionsfläche auch und gerade bei dynamischer und weitreichender gesamtkultureller Diversifikation und Wandlung häufig zu beobachten. Die Analyse visueller Kommunikation ist in jedem Fall dazu aufgerufen, die Zeichenhaftigkeit der jeweils vorliegenden Fälle auf verschiedene Status-Ordnungen zu befragen und nicht etwa auf ein Klassenlagen-Modell zu verengen.

7.7.3 Kultur

Kultur fungiert auf den ersten Blick als probate Klammer für eine große Bandbreite von Gegenständen und Fragestellungen im Kontext der Auseinandersetzung mit dem Visuellen. Das gilt zumindest dann, wenn man einer weiten Begriffsverwendung folgt, die in Kultur das Insgesamt sinnhaften Handelns und Kommunizierens und der hierin sedimentierten Formen (Symbole, Brauchtum, Institutionen u. a.) auffasst. Populäre Formeln wie „Visuelle Kultur" bzw. „Visual Culture" folgen, nicht selten unausgesprochen, derartig weiten Kultur-Konzepten. Ihr Vorzug besteht darin, alles ein-, kaum aber etwas auszuschließen, was für die Sozial- und Kulturwissenschaften von Interesse ist.

Jedoch verdeckt die Rede von „visuellen Kulturen" eher das Problem, als dass sie zu dessen Aufklärung beiträgt. Denn die Etikettierung visueller Gestaltungen als „Kultur" umgeht eine wichtige Frage, die die Soziologie zuallererst zu klären hätte, nämlich, inwiefern das Kulturelle im Unterschied zu anderen sozialen Umgebungen das Sichtbare bedingt. Die Verwendung des Kulturbegriffs als Synonym des Sozialen auf allen Ebenen hebt also nicht nur den Begriff der Kultur selbst auf – denn er ist dann nicht mehr unterscheidbar –, sondern sie blockiert zudem die Frage nach Kultur als spezifischer Umgebung mit spezifischen Anforderungslagen an visuelle Kommunikationen.

7.7 Kollektive Identitäten

Nun gibt es zahlreiche Bemühungen dies- und jenseits der Kultursoziologie, den Begriff der Kultur genauer zu bestimmen, ohne dass dies zu einem konsensuell abgesicherten Kulturbegriff in der Soziologie geführt hätte. Die hier vertretene Perspektive legt ein Konzept nahe, das eine Abgrenzbarkeit zu den anderen strukturellen Kontexten ermöglicht und zugleich dem Sachverhalt Rechnung trägt, dass Kultur in der Gesellschaft zum Thema wird.[204] Ich möchte zu diesem Zweck vier Ansätze miteinander verknüpfen – nämlich erstens die Perspektive auf Kultur als Tauschmedium der Vergemeinschaftung von Gruppen, zweitens Kultur als Form des Vergleichens, drittens Kultur als Gedächtnis und viertens die Vorstellung von Kultur als eine Sphäre der Bewältigung lebensrelevanter Knappheiten.

a) *Kultur als „way of life"*
Am bekanntesten ist vermutlich ein Verständnis von Kultur als ein von Individuen geteilter „whole way of life" (Williams 1986, S. 209 f. [1981]). Der Begriff schließt alltägliche Praktiken ebenso ein wie Semantiken nationaler Kulturen oder Kultur im Sinne von Zivilisiertheit. Kultur vergemeinschaftet hier wie dort entlang geteilter Werte und Glaubensvorstellungen, die Mary Douglas (1978) mit dem Begriff „cultural bias" fasst und den Mustern sozialer Beziehungen gegenüberstellt. Kultur als „way of life" ist ihr zufolge ein Gefüge aus cultural bias (Werte, kosmologische Glaubensvorstellungen) einerseits und „patterns of interpersonal relations" andererseits. Ausgearbeitet wird diese Kulturtheorie über eine „group and grid analysis", die danach fragt, wie und mit welcher Stärke Gruppen Individuen verhaltensorientierend zu binden vermögen („group") und inwiefern Gruppenorientierungen mit Mustern bzw. Regeln sozialer Kontrolle („grid") zusammenspielen, wobei zu diesen Regeln Rollen ebenso gehören wie etwa institutionalisierte Formen der Macht.[205] Hinsichtlich der Bindungskräfte des Kulturellen wird man nicht zuletzt Justin Stagls Diagnose der „Sprachabhängigkeit von Kultur" bedenken müssen, die u. a. für die Sozial- bzw. Kultur-Figur des Nationalstaats von großer Bedeutung ist (vgl. Stagl 1996, S. 225 f.).

---

[204]So spricht man auch alltagssprachlich gelegentlich von „Gefühlskultur" oder den „Kulturen" der Geschlechter, der Klassen und Milieus oder von „Wissens-Kulturen".

[205]„The term grid suggests the cross-hatch of rules to which individuals are subject in course of their interaction. As a dimension, it shows a progressive change in the mode of control. At the strong end, there are visible rules about space and time related to social roles; at the other end, near zero, the formal classifications fade, and finally vanish. At the strong end of grid, individuals do not, as such freely transact with one another. An explicit set of institutionalized classifications keep them apart and regulate their interactions, restricting their options" (Douglas, 1978, S. 8).

Douglas' Schema schließt verschiedene Kulturen und historische Phasen ein und bietet sich für eine Soziologie visueller Kommunikation zudem an, weil es die Stellung des Individuums im Gefüge von group und grid mitreflektiert und damit auch dem Einzelfall visueller Gestaltung und seiner akteursbezogenen Praxis einen Platz einräumt. Kulturen („whole way of life") lassen sich Douglas zufolge danach typisieren, wie sie das Individuum in das Geflecht von group und grid einbinden und welche Individualisierungschancen dem Subjekt überlassen bleiben. Kultur ist also nicht nur ein kollektiver „way of life", sondern ein eben solcher unter Einschluss individuell *abweichender* Handlungs- und Kommunikationsformen.

Wichtig ist für dieses Konzept die Wertorientierung des kulturellen Geschehens (cultural bias) im Sinne einer sozialen Ordnung, in der das Geschätzte und Erstrebenswerte dem weniger Erstrebenswerten gegenübergestellt wird, wobei die positiv bewerteten Dimensionen als Identitätsaufhänger fungieren – nicht zuletzt in der Distanznahme zum negativ Bewerteten. Die Einteilung des Positiven und Negativen ist als Verknüpfungs- und Integrationsmechanismus verschiedener Ordnungsebenen gedacht – von der Interaktion im öffentlichen Raum über den Aufbau von Institutionen (z. B. Familie) bis hin zur semantischen Bearbeitung existenzieller Fragen (z. B. Herkunft und Tod). Die von Douglas ausführlich behandelte Separierung von ‚rein' und ‚unrein' ist hierfür ein deutliches Beispiel.[206] Aber auch Unterscheidungen wie schön/hässlich, die Handhabung von Vorder- und Hinterbühnen oder die Relationen von Zeigen und Verbergen bieten sehr aufschlussreiche Hinweise auf das Fungieren einer „cultural bias".

Hier wie dort fungiert Kultur in jedem Fall als eine Vergemeinschaftungsform, die im Rahmen von Modernisierungsprozessen wie solchen der funktionalen Differenzierung nicht verzichtbar wird. Wenngleich Kultur-Identifizierungen in der reflexiven Moderne durchaus widersprüchlich, ironisch-gebrochen oder als reflexive Projektionen in Erscheinung treten, ist die Persistenz von Kultur-Schematisierungen und -Kollektivierungen ebenso wenig zu übersehen wie deutlich wird,

---

[206]Die Reflexion auf die ‚Kulturalisierung' des Todes bildet ein angemessenes Thema für das Schlusskapitel ihrer Studie „Reinheit und Gefährdung" (1988 [1966]) – ist doch der Tod ein unaufhebbarer Widerstand gegen soziale Ordnungen, der sich weniger leicht in ein Gefüge bringen lässt wie Objekte, die als Schmutz und Müll dem Reinen gegenübergestellt werden können.

dass das „Systemvertrauen" (Luhmann 1989) „gerade nicht der integrative Kitt ist, der die Vielheit der ausdifferenzierten Systeme der Gesellschaft zusammenhält" (Hüttermann 1999, S. 240).
Dass und inwiefern sich kulturelle Wertorientierungen mit vergemeinschaftendem Charakter (cultural bias) über (visuelle) Ästhetik realisieren, zeigen u. a. die seit dem 20. Jahrhundert entstehenden Subkulturen. Sie artikulieren sich keineswegs nur, aber auch, über einen Verweisungszusammenhang sichtbarer Zeichen und Stilelemente, die einen kosmologischen Kontext erzeugen, in dem Menschen die Welt als sinnvoll erfahren können. Bedeutsam ist dabei eine Darstellungssymbolik, die so organisiert ist, dass jeder Teil in einer organischen Beziehung zum anderen steht. Dieses Prinzip, das der Ethnologe Claude Lévi-Strauss mit dem Begriff „Homologie" beschreibt, wird mit guten Gründen von Paul Willis für das Studium ‚westlicher' Subkulturen adaptiert, denn auch hier erweisen sich Homologien als wichtige Symptome und Kohäsionskräfte sozialer Gruppen (vgl. Willis 2014, S. 249 ff. [1978]).

b) *Kultur als Vergleich*
Unter Bedingungen der Gegenwartsgesellschaft muss eine weitere Kultur-Form berücksichtigt werden. Gemeint sind die Beobachtungsverhältnisse der globalisierten Moderne, die das Vergleichen von Kulturen nicht nur sachlich unvermeidbar machen, sondern auch zeitlich dynamisieren. Im Zuge von (Trans-) Migrationsbewegungen, ausgedehnten Handelsbeziehungen, Verkehrstechniken und mediatisierten Kommunikationen, die eine zunehmende Kenntnis vom „Fremden" mit sich bringen, etabliert sich Kultur seit dem 18. Jahrhundert als Technik des Vergleichs (vgl. Luhmann 1995c, S. 35 ff.).[207] Verschiedene Praktiken, Materialitäten, Artefakte, Symboliken und Vorstellungen werden nunmehr in der Gesellschaft selbst vor dem Hintergrund alternativer Modelle beobachtbar. Entwicklungen wie die genannten machen soziale Konstruktionen als solche und damit nicht zuletzt die Kontingenz der je eigenen Lebenswelten sichtbar, wobei die medial ermöglichte Perspektivenpluralisierung seit dem Buchdruck für die Forcierung und Verstetigung dieser Konstellation besonders bedeutsam ist.
Die Verankerung des Wortes „Kultur" in der Alltagssprache ist ein Indiz für die Vergewöhnlichung hierauf eingestellter Vergleichsaktivitäten. Die zahllosen Etikettierungen, die sich auf Weltregionen (z. B. „asiatische Kultur", „afrikanische Kultur") ebenso beziehen können wie auf Gegenstandsbereiche

---

[207]Zur Darstellung dieser Historie von Kultur vgl. auch Luhmann (1997, S. 586–592).

(z. B. „Brotkultur", „Wohnkultur") und soziale Anlässe (z. B. „Fest-Kultur", „Bestattungskultur") belegen dies eindrucksvoll. Aber auch auf Hybridität verweisende Wortschöpfungen (z. B. „afroamerikanisch", „Cross-Over-Küche") sind ein Indikator für Kultur als Resultat des (reflexiven) Vergleichens. Kultur ist so gesehen integrales Moment einer gesteigerten Reflexivität, die Autoren wie Giddens oder Luhmann für eines der wichtigsten Kennzeichen der Moderne halten (vgl. Giddens 1988; Luhmann 1997, S. 1141 f.).

Die reflexive Tätigkeit des Vergleichens und die dazugehörigen Kontingenzbeobachtungen machen Kultur zu einer dauerhaft unruhigen, konfliktiven Auseinandersetzung: „Kultur ist nach all dem ein Doppel, sie dupliziert alles, was ist. Daher formuliert sie ein Problem der ‚Identität', das sie für sich nicht lösen kann – und eben deshalb problematisiert. Was man als kulturelles Phänomen erfasst und Vergleichen aussetzt, kann man ein zweites Mal beobachten und beschreiben, ob es sich um ein Messer, um Gott, um die Seefahrt, einen Vertragsschluss oder die Verzierung von Gegenständen handelt." (Luhmann 1995c, S. 41 f.). Dirk Baecker führt diesen Gedanken fort, indem er in den ungelösten Problemen eben jenes Medium sieht, in bzw. mit dem sich Kultur reproduziert und eine spezifische Funktion annimmt: „Als Problematisierung eines Identitätsproblems (von Dingen, Zeichen und Beobachtern), dass sie, so noch einmal mit Luhmann, selbst nicht lösen kann, vernetzt sie sich mit der und infiziert sie die Gesellschaft mit dem von ihr nicht gelösten Problem." (Baecker 2013, S. 223) Als ebensolches Reflexionsmedium ist sie in gewisser Weise gegenstrukturell, so Baecker, der folgert, dass man „Kultur als Widerstreit gegen die Gesellschaft in der Gesellschaft und insofern als Negativsprache und Gegenrichtung eines Doppelkreislaufs begreifen kann, deren positive Richtung die Reproduktion von Verhalten in der Gesellschaft ist, wie auch immer sie strukturell und institutionell geregelt sein mag." (Baecker 2013, S. 210)

Nun lösen vergleichende Beobachtungen (Unterscheidungen) Kultur im Sinne von „cultural bias" nicht auf. Wenngleich Identitäten, einmal im Rahmen von Kulturbeobachtungen „als kontingent gesetzt, nicht mehr unproblematisch kommuniziert werden können" (Baecker 2013, S. 226), ist hiermit lediglich ein allgemeines, gleichwohl nicht immer im Vordergrund stehendes Bezugsproblem gegenwärtiger Kultur-Konstitution bezeichnet. Zwar fungieren kulturelle Identitäten unter den gegebenen Vergleichs-Bedingungen nicht mehr bruchlos als Identitätsfolien. Zugleich gilt aber auch, dass Kontingenzbeobachtungen – wie Beobachtungen zweiter Ordnung im Allgemeinen – nicht auf Dauer gestellt werden können. Auch die Konstruktion von Kultur ist auf die Mitführung von Identitäten erster Beobachtungs-Ordnung angewiesen. Nur in Bezug auf Entitäten stellt sich in einem weiteren Schritt die Frage, von welcher Kultur, von welchem way

7.7 Kollektive Identitäten

of life das jeweilige Objekt ein Zeichen ist und ob und wie sich dasselbe von anderen unterscheiden lässt. Neben den in der reflexiven Moderne fortgeführten Identitäts-Notwendigkeiten von Individuen kann die vergleichende Kultur-Dekonstruktion also von der Konstruktion von Kultur u. a. nicht lassen, weil neben und mit den Subjekten selbst deren Kommunikationen und Beobachtungen auf die Nutzung von (Kultur-)Entitäten angewiesen bleiben.

Auch dann, wenn die Beobachtung bestimmter Objekthorizonte und deren Verknüpfung, z. B. des Wohnens, des Essens, des Verkehrs oder des Sports, keine Anhaltspunkte dafür vermittelt, wie die jeweiligen Grenzen einer Kultur zu ziehen wären, müssen Entitäten als diffuse Vorstellung und Hintergrundannahme an der Identifizierung beteiligt sein. Das Geschehen des Kulturellen als „Operation des Vergleichs" ist also nicht nur die „Problematisierung eines Identitätsproblems" (Luhmann), sondern auch ein stetiger Beitrag zur Lösung dieses Problems, da Vergleiche Dinge, Menschen und Symbole imaginativ zu Kulturen aggregieren und sich zudem auf zuvor Identifiziertes beziehen. Dabei können in der Kultur-Beobachtung sehr verschiedene Identitäts-Formationen und deren Beziehungen adressiert werden – z. B. solche des Geschlechts (Kulturen der Geschlechter), des Alters (z. B. Jugend-Kulturen), der Klasse (Klassenkulturen), der Organisation (Organisationskulturen), der feeling rules (Emotionskulturen), der Ethnizität (Ethno-Kulturen), einer Epoche (z. B. „Kultur des Rokoko") oder eines Zeitalters (z. B. „Kultur der Moderne"). Immer geht es um die Imagination und die Wahrnehmung eines weiter verzweigten Ensembles zueinander passender Elemente, zu dem das einzelne Objekt (z. B. ein Bauwerk, ein Kleidungsstück, eine Sprechweise) als stellvertretender Ausschnitt in Erscheinung tritt. Dass die jeweilige Identifizierung nur so lange aufrecht erhalten bleibt, wie die Frage nach der *genaueren* Bestimmung der jeweiligen Kultur offen gehalten wird, ändert nichts daran, dass die Imagination als Medium im sozialen Austausch (cultural bias) funktionieren kann.

c) Kultur als Gedächtnis

Mit der Vergewöhnlichung von Kultur-Vergleichen entstehen zugleich neue Formen des Erinnerns und Vergessens von Kultur. Medienentwicklungen haben auch hieran entscheidend Anteil. Die mediale Überschreitung räumlicher und zeitlicher Grenzen (Schrift, Buchdruck, technische Bildmedien) forciert nicht nur

Vergleichsmöglichkeiten, sondern dynamisiert zudem die Möglichkeiten, Vergangenes zu vergegenwärtigen und Gegenwärtiges gezielt zu archivieren, bis hin zum „living archive" (Hoskins 2014) computerisierter Medien (Internet). Die Kontingenzzumutungen des Vergleichens werden durch Einrichtungen eines kollektiven Gedächtnisses, durch eine Kultur des Erinnerns von Kultur kompensiert. Ein Beitrag hierzu ist bereits die (z. B. visuelle) Markierung von etwas als Kultur. Sie ist eine Simplifizierung, die als solche das (Kultur-)Problem (s. o.) nicht aus der Welt schafft, wohl aber vorübergehend eine gewisse Übersichtlichkeit herstellt. Zugleich machen Erinnerungspraktiken sichtbar, mit welchen Unterscheidungen und Vergleichen und d. h. auch: mit welchen Interessen und Motiven Kultur identifiziert wird. Dem Vorzug der Übersichtlichkeit und Komplexitätsreduktion stehen also der Nachteil der Bestimmbarkeit der beteiligten Beobachtenden und eine damit einhergehende Streitbarkeit der Positionen gegenüber. Auch und gerade die Prozessdynamiken kultureller Gedächtnisse und die damit assoziierten Wert- und Anerkennungslogiken kollektiver Identitäten („cultural bias") bestätigen im Feld des Kulturellen die Annahme Max Webers, dass Kampf ein grundlegender Prozess des Sozialen ist.[208] Hier wie auch in anderen Zusammenhängen folgt die Zuteilung von und der Kampf um Anerkennung maßgeblich über die Regulierung von (Un-)Sichtbarkeit: Während das Gezeigte eine Wertschätzung erfährt, werden dem Nichterinnerten potenzielle Achtungsgewinne entzogen.

Bei all dem ist für den Zusammenhang visueller Kommunikation entscheidend, dass die Vergleichsbeobachtung der Kultur nicht nur im Rahmen kognitiv basierter Unterscheidungen von Individuen allein vollzogen wird. Unterscheidende und vergleichende Kultur-Identifizierungen ereignen sich vielmehr in mannigfaltigen medialen Substraten und Artefaktkonstellationen – d. h. als Sichtbarkeiten. Verschiedene Formen der Zeichenverwendung leiten dabei Kultur-Vergleiche an. Ein einfaches wie prägnantes Beispiel gibt die Institution des Museums. Ja, Museen sind Parade-Schaukästen von Kultur-Beobachtungen: Sie verwalten, ordnen, präsentieren und bewerben das, was in einer Gesellschaft als Kultur identifiziert und immer neuen Bewertungen unterzogen wird.[209] Unter anderem fungiert der buchstäbliche Rahmen der Objektpräsentation – z. B. eine

---

[208]Und dementsprechend von Weber ins Stammbuch soziologischer Grundbegriffe eingetragen wurde (vgl. 1922, S. 20).

[209]Die seit längerem stattfindende (aber keineswegs abgeschlossene) Neuordnung musealer Präsentationen der Kulturgeschichten des Menschen unter dem Einschluss der Kritik (post-)kolonialistischer und eurozentristischer Kulturauffassungen gibt hierfür ein Beispiel.

7.7 Kollektive Identitäten

Vitrine – als Anweisung, etwas als Zeichen von Kultur(en) zu lesen. Aber auch andere Rahmungen tragen hierzu bei, z. B. mediale Berichterstattungen und Diskurse, architektonische Entwürfe (z. B. von Museumsgebäuden) oder Hinweisschilder, die eine Altstadt oder eine Parklandschaft als „Weltkulturerbe" rahmen.

Ein anderer Beispiel-Horizont für Kultur-Beobachtungen sind „Traditionen". Wie u. a. Anthony Giddens (vgl. 2001, S. 55 ff.) betont, manifestiert sich in ihnen gerade nicht selbstverständlich praktiziertes Brauchtum. Sie sind vielmehr eine reflexiv-gebrochene Reproduktion dessen, was einst unhinterfragt als Praxis vollzogen wurde. Tradition wird in der Gegenwartsgesellschaft maßgeblich als „Invention of Tradition" (Hobsbawm 1983) reproduziert – unter Einschluss der gelegentlichen Mitreflexion des Erfindungscharakters. Die weltweit zu beobachtende massenmediale Thematisierung von Ess- und Koch-„Kulturen" ist hierfür nur ein Beispiel unter anderen.[210]

Dies vor Augen kann man Kultur in Anlehnung an Goffman auch als „Modulation" beschreiben. Mit ihr wird etwas, das in sich selbst bereits Sinn hat („primärer Rahmen") in einen weiteren Zusammenhang gestellt, der dazu auffordert, das Modulierte als etwas anderes anzusehen.[211] Die Modulation der Kultur nutzt gesellschaftlich etablierte Symbole und stellt sie in einen weiteren, auf denselben als ‚Kultur' verweisenden Themenhorizont. Spezifische Rahmungen bzw. Symbole fungieren dabei als Medium der Herstellung von Kultur und vermögen als solche, einmal kommuniziert, weitere Kultur-Reflexionen und -Kommunikationen in Gang zu setzen.

d) *Kultur als Daseinssphäre der Knappheitsbewältigung*

Fasst man Kultur vor dem Hintergrund des bisher Gesagten als way of life, Vergleichstechnik und Gedächtnis auf, ergeben sich soweit kaum Anhaltspunkte für die Frage, an welchen Inhalten und Werten die Konstruktion des Kulturellen orientiert wird. Eine stark generalisierende, von der sachlichen Breite und zeitlichen Variabilität des Möglichen im Einzelnen absehende, Perspektive bietet ein Verständnis von Kultur als „Daseinssphäre der Knappheitsbewältigung" (Balla 1987). Kultur ist demzufolge das, was Menschen mehr oder weniger existenziell wichtig ist und dazu beiträgt, die unerfreulichen Widerstände, Probleme und Notlagen des Daseins, wenn schon nicht zu überwinden, so doch wenigstens erträglicher zu machen. Diese Perspektive ökologisiert den Kulturbegriff, indem sie ihn

---

[210] Vgl. hierzu ausführlicher Kautt (2019).
[211] Vgl. Goffman (1977). Goffman hat indessen dem Begriff der Kultur kaum Beachtung geschenkt.

zu den spezifischen – sich historisch wandelnden – Problemlagen in Beziehung setzt, die sich für Individuen und Kollektive in der Umwelt ihrer jeweiligen Gesellschaft ergeben. Der gemeinte Zusammenhang betrifft bereits eine der ältesten sozialen Ordnungen des Menschen, nämlich die Institution der Mahlzeit. Wie bereits Georg Simmel (2001 [1910]) feststellt, setzt sie sich mit ihren Regularien, die sich u. a. auf die Zeit, den Ort und die Teilnehmer richten, gegen die physische Bedürfnisbefriedigung des Einzelnen durch und hebt damit den Menschen über seine bloße ‚Natürlichkeit' hinaus. Neben und mit der Funktion der Vergemeinschaftung kommt ihr die Funktion der ‚Kulturalisierung' des Menschen in dem Sinne zu, dass sie die Möglichkeit der Überschreitung und Transzendenz des bloß Körperlichen und den dazugehörigen Limitierungen (z. B. Krankheit und Tod) in einem sozialen (überindividuellen) Ritual symbolisch zum Ausdruck bringt. Die materiellen Artefakte schon früher Kulturen (Schmuck, Behausungen, Tongefäße u. a.) bringen so gesehen nicht nur die soziale (segmentäre, stratifikatorische oder funktionale) Differenzierung, sondern auch eine ‚Gegenwelt' existenzieller und lebenspraktischer Problemlagen zum Ausdruck.

Dabei ist leicht einzusehen, dass höchst verschiedene Problemlagen potenziell als Hintergrund kultureller Produktion in Betracht zu ziehen sind. Mit sozialen Ungleichheiten in lokalem und globalem Maßstab etwa variiert erheblich, was lebenspraktisch knapp und dementsprechend als ‚Motor' von Kultur fungiert. Gleichwohl kann man an dieser Stelle einige Aspekte notieren, denen man für die Gegenwarts-Welt-Konsum-Medien-Gesellschaft mit guten Gründen einige Bedeutung bescheinigen kann:

Die von Karl Marx beschriebenen Entfremdungsprozesse kapitalistischer Wirtschaft (Erwerbsarbeit = Entfremdung von Eigentum und ganzheitlichen Produktionsprozessen) gehören fraglos in dieses Register, sind sie doch weltweit verbreitet. Auch funktionale Differenzierungen und Rationalisierungen tragen zu einem allgemeinen Problemkomplex bei. Sie bringen Individuen in eine sozialstrukturelle Außenstellung, die die Teilhabe an Gesellschaft verstärkt in den Verantwortungsbereich der Subjekte überstellt. Formen der Vergemeinschaftung müssen unter diesen Bedingungen in neuer Weise auch über ‚Kultur' hergestellt werden[212] – die weltweite Verbreitung marktförmig bedienter Sub- und Jugendkulturen ist hierfür ebenso ein Indiz wie die derzeitige Popularisierung und Relevanzsteigerung (mediatisierter) Koch-Kulturen (vgl. Kautt 2019).

---

[212]Vgl. Baecker (2001, S. 107 ff.).

7.7 Kollektive Identitäten

Knapp sind zudem in verschiedenen Weltregionen soziale Ordnungen, die die Daseinssphären des Menschen sinnhaft integrieren. Auch wenn die These vom Bedeutungsverlust der Religionen zu relativieren und differenzieren ist, ist kaum zu übersehen, dass Religionen derzeit nur eingeschränkt als „Daseinssphäre der Knappheitsbewältigung" fungieren und entsprechend kulturelle Institutionen als funktionale Äquivalente in Erscheinung treten müssen.[213] Unter Vorzeichen wie diesen macht es durchaus Sinn, eine „andere Theorie der Moderne" über den Zusammenhang von „Fetischismus und Kultur" (Böhme 2006) zu erarbeiten und wie Hartmut Böhme davon auszugehen, dass im Rücken einer scheinbaren „Entzauberung der Welt" (Weber) eine vertiefte, auf Sinnerfahrungen und Transzendenzwünsche eingestellte Kultur der Artefakte und des Designs immanenter Bestandteil von Modernisierung im Sinne von Rationalisierung und funktionaler Differenzierung ist. Dieser Gedankengang ist im Marxschen Fetisch-Begriff bereits angelegt. Denn im kapitalistisch erzeugten und auf Märkten feilgebotenen Waren-Fetisch sieht Marx eine Gestalt, deren Faszinations- und Geltungskraft durch eine mystische Denkform zustande kommt, die – in der Beteiligung ästhetischer Formen – die Entfremdungs- und Ausbeutungs-Kontexte ihrer Produktion vergessen lässt.[214] Dabei kann man vermuten, dass gerade das

---

[213]Dabei hat die ‚Kulturalisierung' der Gesellschaft durch Vergleichsbeobachtungen ironischerweise selbst massiv Anteil an einer bestimmten Ent-Mystifizierung: „Bei so vielen dann doch verschiedenen Menschen, die kulturell bedingt unterschiedlich beobachten, kommen nicht-menschliche Beobachter, seien es Geister, Teufel und Götter oder Tiere, Pflanzen und Gestirne, nur noch in Form des Aberglaubens vor." (Baecker 2013, S. 202) Zur These der Wiederkehr der Religionen und dazugehörender Narrative vgl. die Beiträge in Zapf, Hidalgo und Hildmann (Hrsg. 2018).

[214]Zu der mystifizierenden Denkform des Fetischismus notiert Marx: „Woher entspringt also der räthselhafte Charakter des Arbeitsprodukts, sobald es Waarenform annimmt? Offenbar aus dieser Form selbst. [...] Das Geheimnißvolle der Waarenform besteht also einfach darin, daß sie den Menschen die gesellschaftlichen Charaktere ihrer eignen Arbeit als gegenständliche Charaktere der Arbeitsprodukte selbst, als gesellschaftliche Natureigenschaften dieser Dinge zurückspiegelt, daher auch das gesellschaftliche Verhältniß der Produzenten zur Gesammtarbeit als ein außer ihnen existirendes gesellschaftliches Verhältniß von Gegenständen. Durch dieß quid pro quo werden die Arbeitsprodukte Waaren, sinnlich übersinnliche oder gesellschaftliche Dinge. [...] Um daher eine Analogie zu finden, müssen wir in die Nebelregion der religiösen Welt flüchten. Hier scheinen die Produkte des menschlichen Kopfes mit eignem Leben begabte, unter einander und mit den Menschen in Verhältniß stehende selbstständige Gestalten. So in der Waarenwelt die Produkte der menschlichen Hand. Dies nenne ich den Fetischismus, der den Arbeitsprodukten anklebt, sobald sie als Waaren producirt werden, und daher von der Waarenproduktion unzertrennlich ist." (Marx 1987 [1872], S. 103).

puristische Formenvokabular bestimmter Strömungen seit dem 20. Jahrhundert (Neue Sachlichkeit, Spielarten des Bauhaus und dessen Weiterentwicklungen) mit seiner Stilisierung von Eigentlichkeit als Kultur-Phänomen zu deuten ist, das auf die Enttäuschungen, Entzauberungen und Entfremdungen der Moderne reagiert.[215]

Die Überlegungen dieses Abschnitts schlagen also vor, Kultur als eine Umgebung visueller Kommunikation zu verstehen, deren Anforderungslagen von der Formgebung eines way of life über reflexiv-vergleichende Kultur-Markierungen und Erinnerungspraktiken (Gedächtnis) bis hin zu Knappheitsbewältigungen reichen. Für die empirische Analyse bedeutet das, Ausschau zu halten nach Gestaltungsphänomenen, die auf eben jene Bedarfe eingestellt sind. Das Entdecken und die systematische Ordnung von Homologien, d. h. von Wertgefügen, die sich im Gleichklang verschiedener Darstellungsformen artikulieren (Zeichen, Stile, Inszenierungen u. a.) sind dabei von besonderer Bedeutung.

Als Gestaltungs-Beispiel für die erwähnten Kultur-Formen kann abschließend das Gemälde „Die Gerippe spielen zum Tanz" des 1944 in Auschwitz ums Leben gekommenen Künstlers Felix Nussbaum dienen. Es wird vor dem Hintergrund des Gesagten als eine mehrschichtige Kultur-Reflexion lesbar, die alle angesprochenen Dimensionen tangiert (vgl. Abb. 7.2).

Zum einen triumphiert hier der Tod im Allgemeinen über diverse Kultur-Güter, die in der Gegenüberstellung zu den Gerippen als trotziger Versuch seiner Überwindung zur Erscheinung gebracht werden. Die malerische Aufreihung der Artefakte, von der antiken Säule über das mittelalterliche Notenblatt bis hin zu Telefon, Schreibmaschine und Film, allegorisiert das Problem der Vergänglichkeit und die Ohnmächtigkeit menschlichen Schaffens gegenüber dem Tod ebenso wie es Kultur als Erinnern im historischen Abriss illustriert. Zum anderen kann man das Gemälde als Sinnbild der gesellschaftlichen Konstellation seiner Entstehungszeit lesen: Die Gerippe (der Tod) als Symbol des Faschismus, der als das kollektivierte Böse vermeintlich triumphierend durch den Trümmerhaufen der Kulturgeschichte marschiert. So entsteht im dargestellten Beziehungsgefüge selbst Kultur – nämlich als Darstellung des „Widerstreits mit der Gesellschaft in der Gesellschaft" (Baecker 2013, S. 222) und nicht zuletzt als ein Versuch des Künstlers, der eigenen Existenzbedrohung im Medium der Kultur zu begegnen.

---

[215]In diesem Zusammenhang ist an die von Odo Marquard (2003) reflektierte Beziehung von Ästhetik und Anästhetik zu erinnern.

Abb. 7.2 „Die Gerippe spielen zum Tanz", Felix Nussbaum, vermutlich 1941, Felix-Nussbaum-Haus, Osnabrück

7.8 Kommunikative Gattungen und Funktionssysteme

Auch Perspektiven, die zu Luhmanns Konzept „operativ geschlossener", „autopoietischer" Systeme auf Distanz gehen, werden die Existenz gesellschaftlicher Funktionsbereiche wie Wissenschaft, Kunst, Religion, Recht, Wirtschaft oder die Massenmedien kaum bestreiten können. Unverkennbar ist weiterhin, dass Bereiche wie die genannten im Rahmen langfristiger Prozesse sozialer Differenzierung entwickelt wurden und nunmehr bei globaler Verbreitung das sie bestimmende ‚Thema' dominieren.

Entscheidend für die historische Rekonstruktion dieser Prozesse ist für Luhmann die Überlegung, dass der Systembildung spezifische, dauerhaft zu Krisen führende Bezugsprobleme zugrunde liegen, die einer dauerhaften Lösung bedürfen. Solche Probleme sind etwa der ungleiche Zugriff auf knappe Ressourcen, die Ermöglichung und Durchsetzung von Entscheidungen oder die Informationsabhängigkeit einer zunehmend komplexen Gesellschaft. Sie werden gelöst durch „symbolisch generalisierte Kommunikationsmedien", die als „themenorientierte Spezialsprachen" die kommunikative Bewältigung bestimmter

Themen dauerhaft erleichtern.[216] So regulieren und legitimieren die Spezialsprachen von Eigentum und Geld die ungleiche Ressourcenverteilung,[217] institutionalisierte Mächte sorgen für die Durchsetzung von Entscheidungen[218] oder die Massenmedien dafür, dass die Gesellschaft stets aufs Neue mit Informationen versorgt wird.[219] Als solche problembezogene Spezialsprachen beschreibt Luhmann neben den genannten z. B. Liebe,[220] Wahrheit,[221] Kunst[222] oder auch „moralische Kommunikation"[223]. Ihre allgemeine Funktion besteht darin, „reduzierte Komplexität übertragbar zu machen und für Anschlußselektivität auch in hochkontingenten Situationen zu sorgen" (1974, S. 240). Sie sind „Kontingenzformeln", die „verständlich und plausibel machen, daß in bestimmter Weise gelebt und gehandelt wird, obwohl – oder sogar: gerade weil – auch anderes möglich ist." (Ebd., S. 250)[224] Als Mechanismen der Komplexitätsreduktion ermöglichen

---

[216]Das allgemeine, gemeinsame Bezugsproblem aller symbolisch generalisierten Kommunikationsmedien sieht Luhmann im Anschluss an Parsons darin, dass bei evolutionär zunehmender Systemdifferenzierung „jedes System seine Einzelbeziehung zu einem anderen System nach Maßgabe generalisierter Bedingungen der Kompatibilität mit den übrigen Systemen steuern können (muß). Die Vielzahl der Außenbeziehungen, die bei Systemdifferenzierung anfallen, muß daher durch symbolisch generalisierte Tauschmedien wie z. B. Geld vermittelt werden." (1974, S. 238) Luhmann verallgemeinert und respezifiziert diesen Ansatz jedoch, indem er nicht wie Parsons annimmt, dass hier nur ein (aus Systemdifferenzierung hervorgehendes) Bezugsproblem im Rahmen von Tauschbeziehungen (und wechselseitigen Bedürfnisbefriedigungen) vorliegt, sondern ein Bezugsproblem, das Kommunikation generell betrifft. Die Perspektive auf die Leistung der symbolisch generalisierten Kommunikationsmedien wird damit erneut auf die Frage nach der „Sicherstellung der erfolgreichen Abnahme von Kommunikationen" (ebd.) zurückgeführt.

[217]Vgl. Luhmann 1988b.

[218]Vgl. Luhmann 1975.

[219]Vgl. Luhmann 1996.

[220]Vgl. Luhmann 1984b.

[221]Vgl. Luhmann 1990.

[222]Vgl. Luhmann 1995.

[223]Vgl. Luhmann 1997.

[224]Luhmann sieht in den symbolisch generalisierten Kommunikationsmedien entsprechend eine Alternative zu Normen, die im Rahmen funktionaler Differenzierung zunehmend weniger in eine einheitliche Kosmologie integriert werden können bzw. an Verbindlichkeit verlieren. Das bedeutet für Luhmann jedoch nicht, dass die Frage „Gibt es in unserer Gesellschaft noch unverzichtbare Normen?" (1993) durchweg negativ beantwortet werden könnte. Gemeint ist vielmehr, dass die themenorientierten Kommunikationen parallel zu Normen entstehen, sodass in vielen Bereichen der Gesellschaft Kommunikation im Verzicht auf diese gesteuert werden kann.

7.8 Kommunikative Gattungen und Funktionssysteme

sie zugleich den Aufbau von Komplexität, die *Steigerbarkeit von Kontingenz* und damit den Aufbau komplexer Gesellschaften.[225] Das Entstehen spezifischer Probleme und darauf bezogener Spezial-Kommunikationen betrachtet Luhmann daher als ein Apriori der Entwicklung der meisten sozialen Funktionssysteme. Letztere ruhen gleichsam auf den symbolisch generalisierten Kommunikationsmedien. Die symbolisch generalisierten Medien sind also „nicht die Folge funktionaler Systemdifferenzierung, sondern eher Katalysatoren für die Ausdifferenzierung von Funktionssystemen." (Luhmann 1988b, S. 68)

Wie oben bereits ausgeführt (4.2 und Kap. 6), schließt das hier vorgelegte Konzept nicht an die Theorie operativ geschlossener Systeme an. Gleichwohl gibt es unverkennbar an Problemen orientierte Funktionsbereiche der Gesellschaft mit eigenen Themen, Generalisierungen, Regeln und historisch entfalteten Sondersemantiken, die als strukturelle Umgebungen visueller Kommunikation berücksichtigt werden müssen. Im Anschluss an Thomas Luckmann kann man auch von „kommunikativen Gattungen" sprechen, die „mehr oder minder wirksame und verbindliche ‚Lösungen' von spezifischen kommunikativen ‚Problemen'" bereitstellen (1986, S. 202). Einigen der symbolisch generalisierten Kommunikationsmedien bzw. kommunikativen Gattungen wende ich mich im Folgenden zu, um dann abschließend die Frage nach deren Abgrenzbarkeit aufzugreifen.

7.8.1 Werbung

Werben ist geradezu eine menschliche Urhandlung, zu der neben dem Werben der Geschlechter Darstellungs- und Informationspolitiken in den verschiedensten Themenbereichen, Figurationen und kommunikativen Gattungen gehören.[226] Das Problem, auf das die Werbung in diesem weiten Sinne eingestellt ist, liegt darin, dass Menschen nicht immer umstandslos von sich aus wollen, was andere als deren Wollen wollen. Werben heißt Arbeit an diesem Problem unter

---

[225]Dabei transformieren sie eher ein Problem, als dass sie es aus der Welt schaffen. Während die ursprünglichen Probleme (Ablehnungswahrscheinlichkeiten) minimiert werden, werden neue, nämlich auf das Medium bezogene, mit den symbolisch generalisierten Medien überhaupt erst erzeugt.

[226]Entsprechend liegen schon früh schriftlich formulierte Werbe-Ratgeber vor, man denke an die Rhetorik der griechischen Antike oder die katholische Gegenreformation im 17. Jahrhundert, auf deren Organisationsbezeichnung der Begriff der Propaganda zurückgeht (Congregatio de Propaganda Fide). Zu einer Übersicht über die Werbungs-Historie vgl. Buchli (1962).

Bedingungen, in denen die Durchsetzung von Interessen nicht über Macht oder Recht erfolgen kann und dementsprechend auf attrahierende Darstellungs- und Kommunikationsformen, kurz: auf die Kunst der Verführung gesetzt werden muss.

Vom allgemeinen Typus persuasiver Kommunikation unterscheidet sich die professionalisierte, in Organisationen betriebene Dienstleistung der Werbung erheblich (vgl. Kautt 2008). Ihre Entwicklung beginnt im 19. Jahrhundert als Reaktion auf eine Spezifikation des Überzeugungsproblems, das seinerseits vor allem mit (Bild-)Medienentwicklungen zusammenhängt: Indem die technischen Bildmedien, beginnend mit der Fotografie, Öffentlichkeiten generieren, in denen die verschiedensten sozialen Objekte (Konsumprodukte, politische Parteien, Städte, Institutionen u. a.) als Bild-Identitäten kondensieren, entsteht der Bedarf für eine Institution, die die Akzeptanzwahrscheinlichkeit verschiedenster Identitäten systematisch steigert. Denn unter den Bedingungen medial-anonymisierter Kommunikation wird die Akzeptanz nicht mehr durch den Zustimmungsdruck sozialer Situationen abgesichert. Die (Bild-)Kommunikation muss vielmehr die Gründe der Positivbewertung nunmehr in sich selbst aufnehmen – sie muss als visuelle Kommunikation die Wahrscheinlichkeit steigern, dass Rezipierende das jeweilige Objekt positiv bewerten, wenn eben dies die Kommunikationsabsicht ist.

Der entsprechende Bedarf entsteht vor allem in der Wirtschaft, da Massenproduktion, Verkehrs- und Informationstechniken weit ausgedehnte Märkte entstehen lassen, auf denen Produkte maßgeblich über Medien bekannt gemacht werden müssen. Aber auch andere Sinnanbieter hängen unter den Bedingungen mediatisierter Öffentlichkeiten immer wieder von Einschätzungen ab, die Individuen auf der Basis visueller Kommunikationen (Fotografie, Film, Fernsehen, Computer) bilden.

Die moderne Werbung übernimmt eben jene Funktion, indem sie soziale Objekte bildlich identifiziert und zugleich positiv qualifiziert und eben dadurch ist sie als ein *spezifischer* Typus der Überzeugungsarbeit gekennzeichnet (vgl. Kautt 2008, S. 75–96 und S. 161–190).[227] Man kann daher die an visuellen Kommunikationen entlanggeführte Unterscheidung von Imagepositiv/Imagenegativ als Leitunterscheidung, als einen ‚Code' der Werbung beschreiben. Die visualisierten (Bild-)Semantiken (der Jugendlichkeit, der Erotik, der Natürlichkeit uvm.) sind dabei als diejenigen Kriterienkomplexe aufzufassen, die in der einzelnen Werbekommunikation (dem einzelnen Image) deutlich machen, was jeweils unter

---

[227]Ein Symptom hierfür ist der Sachverhalt, dass Formen der Überzeugungsarbeit, die die Kommunikation von Bildern nicht ins Zentrum ihrer Strategien stellen, mit anderen Begriffen belegt werden (z. B.: Marketing, Public Relations, Issue Management).

7.8 Kommunikative Gattungen und Funktionssysteme

einem positiven (bzw. negativen) Image zu verstehen ist. Während Sujets wie die genannten auch in anderen Kontexten vorkommen (der Unterhaltung, der Kunst u. a.), führt die Werbung sie in einer charakteristischen Weise auf, die sie als (Werbe-)Images identifizierbar macht.

7.8.2 Berichte, Dokumentation

Trotz einer neueren „Crisis of Journalism" (Alexander Hrsg. 2016), die nicht zuletzt aus den Partizipations- und Manipulationsmöglichkeiten computerisierter Kommunikation (Bots, Fake-News u. a.) hervorgeht, ist die Herstellung glaubwürdiger ‚Nachrichten' seit jeher ein dramaturgisches Problem. Im Kontext visueller Kommunikation tritt dasselbe Problem seit der Vergesellschaftung der Fotografie forciert in Erscheinung.

Der Grund hierfür liegt maßgeblich im eigentümlichen Doppelcharakter technischer Bildmedien – denn sie sind indexikalische Karte und sinnhaftes Kommunikationsmedium zugleich. Sie bilden etwas nicht nur ab, sondern basieren zudem auf sinnrelevanten Selektionsleistungen der Bildherstellung und -rezeption. Mit Peirce kann man sagen: Das Foto ist Index und Ikon zugleich. Man denke neben und mit den Manipulationsdimensionen wie etwa Farbe, Licht, Perspektive und Tiefenschärfe an die Möglichkeit des Arrangements sämtlicher fotografierter bzw. gefilmter Objekte, die eine jeweilige Szene formen. Und schon der zeitliche und räumliche Ausschnitt der ‚Aufnahme' ist bedeutsam. Er erzeugt Sinn, indem er eine spezifische Beziehung zwischen Gezeigtem und Nichtgezeigtem definiert und dadurch die Interpretationsmöglichkeiten des Gezeigten bedingt.

Für die Frage nach den Problemlagen und den Möglichkeiten bildlichen (filmischen) Dokumentierens ist der Doppelcharakter technischer Bildmedien bis in die Gegenwartsgesellschaft von großer Bedeutung. Er provoziert Vertrauen (indexikalischer ‚Realismus') gleichermaßen wie Misstrauen (beobachterabhängige Konstruktion) und damit eine Konstellation, auf die sich ‚dokumentierende' Gestaltungen einstellen müssen.

Bildberichte handhaben ihre Darstellungsweise daher oftmals so, dass sie die indexikalische Dimension technischer Bildmedien in den Vordergrund und die Modi inszenatorischer Eingriffe in den Hintergrund rücken. Aber auch in der Kunst und in dem weiten Feld der Unterhaltung ist Authentizität im Sinne des (scheinbar) Nichtinszenierten immer wieder eine wichtige Ressource. Die in den letzten Jahren hier wie dort häufig eingesetzte Amateur-Video-Ästhetik ist dabei nur ein dramaturgisches Mittel unter anderen. Man denke etwa an die Dogma-Filme der 1990er Jahre oder das sogenannte Reality-TV. Selbst im Rahmen der Fernsehnachrichten führt die ‚schlechte' Ästhetik von Amateur(handy)filmen derzeit weniger zum Zweifel an der Belegfunktion der Bilder als sie umgekehrt als Glaubwürdigkeitsgenerator von Augenzeugenschaft fungiert – z. B. dann, wenn nach Terroranschlägen oder Ausschreitungen radikaler Gruppierungen von Passanten aufgenommene Filmsequenzen gezeigt werden.

Nun soll mit den bisherigen Überlegungen keineswegs der Annahme widersprochen werden, dass sich das „Ensemble des Dokumentarischen" (Odin 2000) im weiteren Zusammenwirken von Professionellen, Institutionen, Rezipierenden und visuellen Kommunikationen ergibt.[228] Vielmehr müssen Analysen, die ein umfängliches Beschreiben, Verstehen und Erklären dessen anzielen, was in einer Gesellschaft als das ‚Dokumentarische' Geltung erlangt, all jene Dimensionen in den Blick nehmen und zueinander in Beziehung setzen.[229]

Unabweisbar ist jedoch der Sachverhalt, dass auch die visuelle Kommunikation selbst einen Beitrag zur Konstitution des Dokumentarischen leisten muss. Wenngleich die Gestaltung die Akzeptanz des Gezeigten als ‚Dokument' nicht sicherstellen kann – eben weil der „dokumentarische Komplex" weit über das Kommunikat hinausgreift –, kann die Spezifität des Designs doch die Wahrscheinlichkeit steigern, dass Formen als Dokumente identifiziert und anerkannt werden. Einige inszenatorische Mechanismen hierfür seien im Folgenden genannt.

1. *Rahmung:* Dokumentationen performieren sich selbst als eben solche mit spezifischen Rahmungszeichen. Mit Erving Goffman und über Goffman hinaus könnte man vom Dokumentarischen als einem spezifischen Theaterrahmen sprechen. Die Rahmenklasse der „Theaterrahmen" unterscheidet Goffman als „Aufführungen" mit bestimmten „Transkriptionsmethoden […] um ein Stück wirklicher Vorgänge außerhalb der Bühne in ein Stück Bühnenwelt zu transformieren." (Goffman 1977, S. 158 f.) Für Goffman stehen dramaturgisch vorbereitete Aufführungen wie solche des Bühnentheaters, des Romans oder des Hörspiels notwendigerweise zu vorgängigen Sinnkonstruktionen verschiedenster Lebenswirklichkeiten in Beziehung, wie sie (die Aufführungen)

---

[228]Zu diesem Ensemble gehören Institutionen wie das Kino, die Schule und das Feuilleton ebenso wie die Sozialisation bzw. Enkulturation von Rezeptionsmustern, die das ‚Dokumentarische' als solches identifizieren (z. B. im Unterschied zum ‚Fiktionalen').

[229]Vgl. zur Ausarbeitung eines entsprechenden Theorie- und Analyse-Instrumentariums z. B. den „semio-pragmatischen" Ansatz von Roger Odin (1995; zu einem Überblick hierzu Hißnauer 2011, S. 61–84).

7.8 Kommunikative Gattungen und Funktionssysteme

zugleich kenntlich machen, dass ihnen selbst ein anderer Wirklichkeitsstatus zukommt, eben der einer „Aufführung". Dokumentationen wie etwa der Dokumentarfilm machen hier keine Ausnahme. Auch sie geben sich über verschiedene Rahmungen als Aufführung zu erkennen, u. a. schon dadurch, dass sie als solche sprachlich etikettiert werden – das gilt für TV-Nachrichten ebenso wie für journalistische Bilder in Magazinen, Museums-Ausstellungen oder für Filme auf eigens ausgewiesenen „Dokumentarfilm-Festivals". Man *kann* nicht nur, man *soll* es wissen, dass der Dokumentarfilm eine auktorial konstruierte Aufführung ist.[230] Dokumentarfilme sind demnach anderes als Täuschungsmanöver, die Goffman als eine eigene Rahmenklasse versteht, nämlich als eine, bei der die Täuschenden den Versuch unternehmen, die zu Täuschenden im Unklaren über den Rahmenstatus der jeweiligen Handlungen und Kommunikationen zu lassen.[231] Bildberichte oder Dokumentarfilme sind hingegen eine Art ‚Spiel', das im Unterschied zu den Spielen der Unterhaltung weniger mit der Unterscheidung von fiktionaler Realität und realer Realität, als vielmehr mit dem Anspruch einhergeht, lebenswirkliche Ereignisse innerhalb des Aufführungsrahmens erscheinen zu lassen.[232]

2. *Binnendifferenzierung und bildsprachliche Mittel:* Der Geltungsanspruch des Dokumentierens artikuliert sich weiterhin darin, dass die Identität der thematisierten Menschen nicht als eine zweifache im Sinne des Theaters oder des Unterhaltungsfilms zur Erscheinung gebracht wird: Individuen agieren z. B. im journalistischen Bildbericht oder im Dokumentarfilm nicht als Bühnendarsteller, die eine bestimmte *Figur* oder *Rolle* darstellen, sondern als diejenigen Personen, als die sie sich im alltäglichen Leben selbst inszenieren. Ebenso sollen Rollen sowie die Beziehungen zwischen Menschen und anderen Weltsachverhalten (Tieren, Artefakten u. a.) in ihrer *lebenswirklichen Verortung* zum Thema werden.

---

[230]Gerade neuere Dokumentarfilme pointieren dies besonders, wenn sie den Produktionsprozess offenlegen. Freilich kann man hierin eine paradoxe Forcierung des Dokumentarischen sehen: Indem der Film zeigt, dass und inwiefern er Realität konstruiert, forciert er die Vorstellung (den Wunsch), dass seine Konstruktion der Realität als dokumentierte Realität der Konstruktion akzeptiert wird.

[231]Vgl. hierzu ausführlicher (Goffman 1977, S. 98–118).

[232]Zu einem Überblick filmtheoretischer Dokumentarfilm-Begriffe und deren Einordnung in das unübersichtliche Feld (dokumentar-)filmischer Produktionen vgl. Heinze (2013). Zu einem Versuch der Klassifizierung unterschiedlicher Genres und Gattungen innerhalb des TV-‚Dokumentarismus' vgl. z. B. Hißnauer (2011).

Verschiedene bildsprachliche Mittel stützen entsprechende Interpretationen: So gibt es einen Stil des fotografischen und filmischen Dokumentierens, der sich auf die (scheinbare) apparative Registratur des vor der Kamera Vorhandenen zurückzieht, indem er die technischen Mittel entsprechend einstellt: Ein großer Tiefenschärfebereich (kleine Blendenöffnung), ‚neutrale' Betrachtungswinkel (keine drastischen Unter- oder Aufsichten) oder Perspektiven, die dem ‚normalen' Seheindruck entsprechen (weder Weitwinkel- noch Teleobjektive) vermitteln Impressionen des ‚Berichtens'. Allerdings muss betont werden, dass auch die gleichsam umgekehrte Strategie zur Steigerung dokumentarischer Effekte genutzt werden kann und dementsprechend ganz unterschiedliche ‚Schulen' des Dokumentarischen entfaltet sind. Ein prägnantes Beispiel ist die unter anderem von Otto Steinert beschriebene, aber auch jenseits programmatischer Erklärungen realisierte „Subjektive Fotografie" der Essener Folkwangschule der 1960er Jahre. Sie ist u. a. dadurch gekennzeichnet, dass sich die Fotografierenden „teilnehmend beobachtend" in die jeweilige Situation einfügen.[233] Derart entstehen Bilder, die Rezipierende nicht erkennen lassen, dass Fotografierende/Filmende störend in die Situation eindringen bzw. sie eine Situation generieren die es ohne sie in dieser Form nicht gegeben hätte.

Weiterhin ist festzustellen, dass auch das Dokumentarische auf ein spezifisches Emotionsmanagement angewiesen ist.[234] Denn die Tatsache, dass Menschen Gefühle ‚haben' (vgl. Abschn. 7.4), kann auch hier nicht negiert werden. Sie muss vielmehr so in Anspruch genommen werden, dass die zeichenhaft provozierte ‚Stimmung', die Atmosphäre und die emotionsbezogene Performanz von Landschaften, Dingen und Körpern, keine Dissonanz zum jeweiligen Sujet herstellt und Betrachtende dementsprechend auch auf der Basis innerlich erlebter Gefühle zu dem Eindruck kommen, es mit einer ‚realen' Szene zu tun zu haben. Dies ist wohl ein Grund u. a. für die fortwährende Beliebtheit von Schwarz-Weiß-Abbildungen im Kontext des Dokumentarischen. Während Farben stärker atmosphärische Stimmungswerte ins Bild bringen, unterstützt die Reduktion auf Graustufungen den Eindruck der Tatsachen-Feststellung.

---

[233] Auch auf zeitgenössischen Festivals ist ein Gutteil der Filme von einem subjektiven Blick gekennzeichnet, der sich als solcher kenntlich macht und – vergleichbar etwa mit den Darstellungsformen der Kunst – der fotografischen Augenzeugenschaft keinen privilegierten Bezugsrahmen für die Auseinandersetzung mit ‚Realität' beimisst.

[234] Vgl. zum Emotionsmenagement des Dokumentarfilms an einem Fallbeispiel Kautt (2017c) und für die (Re-)Konstruktion geordneter Strukturen fotojournalistischer Katastrophendarstellungen Ayaß (2018).

3. *„Kommunikativer Vertrag"*: Das ‚Funktionieren' des Dokumentar-Rahmens setzt weiterhin die aktive Beteiligung der Zuschauenden voraus. Letztere müssen das Spiel, das die jeweilige Inszenierung entfaltet, mitspielen, bzw. müssen sie sich auf die Aushandlung eines „kommunikativen Vertrags" (Casetti 2001, S. 161) einlassen. Hierzu müssen Bilder und Filme fortwährend beitragen. Sie müssen ihre Darstellungsformen so einstellen, dass das Schließen eines stabilen Wahrnehmungsvertrages zwischen Zuschauenden und Film wahrscheinlicher wird, sei es über das ‚Eintauchen' der Zuschauenden in eine redigierte Erzählung, sei es durch eine reflexive Haltung, die das Gezeigte als eine Auseinandersetzung mit *lebenswirklichen* Ereignissen identifiziert.

Auch wenn sich der Problembezug des ‚Dokumentierens' in der reflexiven Moderne radikalisiert, da Menschen mehr denn je daran gewöhnt sind, medialisierte Darstellungen als Beobachtungen von Beobachterinnen und Beobachtern zu dekonstruieren, ohne gleichzeitig über Informationen zu verfügen, die entscheidbar machen, welche Darstellungen die Zutreffenderen sind, bleibt die soziale Notwendigkeit des Dokumentierens bestehen. Denn die Mitglieder der Gesellschaft sind bezüglich verschiedenster Themenzusammenhänge in unterschiedlichen Funktionsbereichen darauf angewiesen, immer wieder aufs Neue darüber informiert zu werden, was sich in der Gesellschaft ereignet. Auch und gerade dann, wenn der Glaube über die Möglichkeit des ‚Berichtens' ins Wanken gerät – die Rede von der ‚postfaktischen Gesellschaft' oder Wörter wie fake news sind hierfür ein Symptom – gewinnen das Bezugsproblem des Dokumentierens und die hierfür entwickelten Sinnstrukturen ebenso an Bedeutung wie die Frage, wie sich visuelle Kommunikationen an diesen Problemhorizont anpassen können.

7.8.3 Kunst

Dass die Auseinandersetzungen mit Kunst lange von europäischen Auffassungen dominiert wurden, ist in der jüngeren Vergangenheit zu Recht dargestellt, problematisiert und kritisiert worden. Im Fokus stand dabei nicht nur die (post-)kolonialistische Vereinnahmung oder hegemoniale Unterdrückung des ‚Fremden', sondern auch die Fixierung auf das Narrativ einer europäischen Kunst-Genealogie, die die verschiedenen Entwicklungslinien ästhetischer Produktion in unterschiedlichen (außereuropäischen) Weltregionen mit variierenden Formensprachen und Funktionen kaum berücksichtigte.[235]

Erschwerend für die Frage nach den Grenzziehungen von Kunst und anderen Bereichen ästhetischer Produktion kommt hinzu, dass bereits die neuere Kunstgeschichte und Kunstwissenschaft am Anfang des 20. Jahrhunderts die museal präsentierte ‚Kunstkunst' in weiteren gesellschaftlichen Beziehungszusammenhängen reflektiert. Schon Aby Warburg entdeckt „Pathosformeln" (2001) nicht nur in den ‚schönen Künsten', sondern auch im Rahmen alltagskultureller Objekte, etwa Zeitungsfotos.

Trotz dieser fraglos notwendigen Neujustierungen und konzeptuellen Öffnungen von Kunst, Kunstgeschichte und Kunstwissenschaft ist kaum zu übersehen, dass es schon sehr lange einen Bereich innerhalb der (Welt-)Gesellschaft gibt, in dem visuelle Kommunikationen in spezifischer Weise gestaltet, präsentiert und archiviert werden, sodass Werke entstehen, die sich signifikant von anderen Artefakten unterscheiden und überdies mit dem Begriff ‚Kunst' in Verbindung gebracht werden. Deutlich ist zudem, dass sich früh ein kunstspezifisches (Bild-)Gedächtnis bildet, das die Selbstreferenzialität künstlerischer Produktion begünstigt, sodass sich im Blick auf Verweisungsbezüge, Vergleiche und rekursive Kombinationen eine „Kunstgeschichte des Hyperimage" (Thürlemann 2013) (re-)konstruieren lässt.

Hinsichtlich der Beschreibung der Spezifität künstlerischer Formen wird man trotz mannigfaltiger empirischer Abgrenzungsschwierigkeiten sagen können, dass in der Betonung der Eigenwertigkeit der Arbeit an der Form bei gleichzeitiger Ausbildung eines Gedächtnisses für eben solche Aktivitäten und ihre Ergebnisse (Kunstwerke) – und zwar im reflexiven Gesellschaftsbezug! – ein wichtiger Anhaltspunkt zu sehen ist. Wie bei der Herausbildung anderer Systeme oder kommunikativer Gattungen spielen auch im Falle der Kunst langfristige Prozesse funktionaler Differenzierung eine wichtige Rolle. Diese führen nicht nur zu einem relativen Bedeutungsverlust der Religionen und damit u. a. zu einer Entpflichtung der Kunst, religiöse Kosmologien zu illustrieren. Sie schwächen

---

[235]Insofern ist die Kunst mit ähnlichen Problemlagen konfrontiert wie die Geschichtswissenschaft oder die Ethnologie und die dazugehörige Ausstellungspraxis. Zur Diskussion der Performanz des (Post-)Kolonialen in diesen Beziehungsgefügen an einem Beispiel Muttenthaler (2002). Besagte Problemlagen werden neben und mit (kunst-)wissenschaftlichen Diskursen dabei seit längerem kuratorisch, d. h. in den Sichtbarkeiten der Artefakte und ihrer Relationierung, mithin im Medium des Ästhetischen selbst, reflektiert. Zu einem aktuellen Beispiel siehe die Ausstellung „Hello World. Revision einer Sammlung" (Hamburger Bahnhof – Museum für Gegenwart – Berlin, 28.04.2018–26.08.2018).

7.8 Kommunikative Gattungen und Funktionssysteme

zudem Stratifikation als primäres Gliederungsprinzip der Gesellschaft, sodass sich künstlerisches Schaffen auch von Distinktions- und Repräsentationsaufgaben, etwa für Oberschichten, emanzipieren kann. Wenngleich soziologische Perspektiven, etwa im Stile Bourdieus, Kunst als Feld rekonstruieren und mit durchaus guten (empirisch belegbaren) Gründen darauf hinweisen, dass Kunst keineswegs ein Reich ist, in dem das „interesselose Wohlgefallen" (Kant) regiert, sondern sich (wie in allen Gesellschaftsbereichen) Interdependenzverhältnisse von Akteurinnen und Akteuren sowie der Einfluss der Kapitalsorten (ökonomisches, soziales und kulturelles Kapital) bemerkbar machen (vgl. Bourdieu 2011), ist evident, dass Kunst die ästhetische (wahrnehmbare) Präparierung von Gestalten so in den Mittelpunkt stellt, dass eben dies zu einem anschlussfähigen Thema wird.[236]

Das (relative) Autonomwerden der Arbeit an der Form hat Niklas Luhmann auf den Begriff des Ornaments als Medium der Kunst projiziert. Im Unterschied zur bloß ergänzenden, dekorierenden Schmuckform ist hiermit eine vertiefte, alle ästhetischen Komponenten und Dimensionen erfassende Arbeit an der Erscheinungsform gemeint, die als solche überzeugen muss. Ein Kunstwerk konstituiert sich durch eine mehr oder weniger stimmige Relationierung wahrnehmbarer Elemente und löst derart ein Problem, das es sich selbst stellt.[237] Am Kunstwerk selbst, der Binnendifferenzierung seiner Formen im Zusammenspiel mit verschiedenen (z. B. räumlichen) Kontexten erweist sich, ob etwas als Kunstwerk identifiziert wird oder nicht.

Die für Kunst-Kommunikationen charakteristische (Selbst-)*Reflexivität* der Form wird typischerweise dadurch in Gang gesetzt, dass sich die angebotenen Gestaltungen einer eindeutigen Lesart entziehen. Begriffe wie „Ambivalenz" oder „Polysemie" gehören dementsprechend nicht (nur) aufgrund der Einfallslosigkeit der sprechenden Subjekte im Feld, sondern aus strukturellen Gründen zu häufigen Vokabeln auf Vernissagen oder in Ausstellungskatalogen, Rezensionen und anderen Abhandlungen. Vor dem Hintergrund einer ‚modernen', da deutungsoffenen, Kunst schlussfolgert August Schlegel in dem „Gespräch über Gemählde" (1996) bereits 1799, dass Kommunikationen über Kunstwerke immanenter Bestandteil der Kunst sind – ein bis zu den heutigen Kunst-Diskursen aktueller Sachverhalt, sind doch dieselben konstitutiv nicht nur für einzelne Werke, sondern auch für kuratorische Konzepte und den stetig zu verhandelnden ‚Kunstbegriff' überhaupt.

---

[236]Zu einer ausführlichen Darstellung der Kunstsoziologie Bourdieus und deren Rezeption vgl. Wuggenig (2017).

[237]Vgl. Luhmann (1995a, S. 348 ff.).

Zur Ambivalenz künstlerischer Arbeiten gesellt sich die reflexive Berücksichtigung des in der Gesellschaft bereits als Kunst identifizierten Formenrepertoires. Das einzelne Kunstwerk muss an das Spezialgedächtnis der Kunst anschließen und sich als Neuerung in diesem Kontext platzieren – Boris Groys hat in diesem Zusammenhang von der „Logik der Sammlung" (1997) gesprochen. Doch geht die Reflexivität über die stimmige Relationierung der Elemente eines Kunstwerks und der Abstimmung von Einzelarbeiten zu einem Werk in Bezug auf das systemspezifische Gedächtnis hinaus. Kunst reflektiert zugleich auf die Gesellschaft im weitesten Sinne – d. h. auf den breiten Horizont von Sinnformen, Semantiken, Normen und Werten einer Zeit in ihren jeweiligen (ästhetischen) Präsentationsformen. Das zeigt sich nicht zuletzt an der Inanspruchnahme sozialer, kultureller und gesellschaftlicher Themen, die seit Beginn des 20. Jahrhunderts geradezu eine Art Meta-Trend sind, von Dada und Futurismus über die „soziale Plastik" bis hin zur performativen Kunst der Gegenwart im Stile von „Rimini Protokoll".

Auch die Kunst, so scheint es, braucht also Themen und eine sinnhafte Verortung in der Gesellschaft, in der sie sich ereignet. Sie kann sich weder als reines l'art pour l'art im Sinne ästhetischer Formenspiele noch auf Auseinandersetzungen mit dem eigenen Gedächtnis beschränken. Gleichwohl muss sie die Behandlung von Themen wie soziale Ungleichheiten, Rassismus, Gewalt oder die ökologische Krise im angedeuteten Sinne so ‚ästhetisieren', dass sie nicht als Ethnografie, Soziologie oder Politologie in Erscheinung tritt. Dementsprechend wird man Kunstwerke und kuratorische Konzepte, die unter Titeln wie „Making Africa" (Museum Vitra, Weil am Rhein 2013), „Migration der Form" (Documenta 12 Kassel, 2007) oder „Von Athen lernen" (Documenta 14, 2017) auf kolonialistische Herrschaftsverhältnisse, den interkulturellen Verflechtungszusammenhang von Kunst oder die Marginalisierung ethnischer Minderheiten hinweisen, kaum als Wissenschafts-Kommunikation verstehen wollen.[238]

---

[238] Allerdings kann für den Beobachtenden das eine oder andere Kunstwerk durchaus soziologisch aufschlussreicher sein als so manche soziologische Studie. Ein Grund hierfür dürfte in einem gängigen Methodenverständnis der (qualitativ orientierten) Soziologie liegen, das etwa Verfahren wie das (qualitative) Experiment (Kleining 1995b) oder die performativen Sozialwissenschaften (Denzin 2008; Gergen/Gergen 2010) kaum berücksichtigt und dadurch Chancen auf Erkenntnisgewinne vergibt. In umgekehrter Blickrichtung zeigt sich bei nicht wenigen Kunstwerken und kuratorischen Konzepten, dass die Behandlung ‚sozialer' (kultureller, gesellschaftlicher) Themen kaum mehr ist als eine Geste des Versuchs, einer Form einen (Erkenntnis-)Mehrwert zu vermitteln, der sich bei genauerer Betrachtung jedoch nicht zu erkennen gibt, ‚Tiefe' also gleichsam nur über Oberflächenimprägnierungen suggeriert wird.

Angesichts der Fragilität künstlerischer Konstruktionen, die strukturell gegeben ist, weil die Kunst als Reflexionsmedium verschiedenster ästhetischer Formen oftmals mit ihren eigenen Grenzen spielt und spielen muss, wird verständlich, dass das als Kunst identifizierte und (dann) archivierte in einem komplexen Zusammenspiel von Organisationen und Akteurinnen und Akteuren hervorgebracht wird, dessen selektive Mechanismen deutlich über diejenigen einzelner Kunstwerke hinausgehen. So wirken nicht nur Künstler, sondern auch Kuratoren, Museumsleiter, Sammler, Galeristen, Kritiker und Diskurse selektiv auf die Ordnung und Bewertung von etwas als Kunst ein. Nicht zuletzt übernimmt die räumliche Rahmung des Museums, das heißt das konkrete Setting des „white cube" (O'Doherty 1976), eine wichtige Funktion, wenn es darum geht, das (scheinbar) Gewöhnliche und Ephemere in ein Kunstwerk zu transformieren.

Dass in der (Selbst-)Reflexivität von Ästhetik (Wahrnehmbarkeiten) *im Gesellschaftsbezug* ein wichtiger Grundzug der Kunst besteht, die sich als solche von anderen Bereichen gestaltender Praxis unterscheidet, mag abschließend ein Vergleich zur Werbung verdeutlichen. Die Formensprache der Werbung kann bisweilen nicht nur der Kunst ähneln, wie etwa dann, wenn Modefotografien an Bilder von Valie Export, Jeff Wall oder Wolfgang Tillmans erinnern. Sie kann durchaus eine innovative, avantgardistische Zeichensprache entwickeln, die der Kunst Impulse gibt – man denke nur an die Pop-Art bis hin zu den Arbeiten von Jeff Koons. Ein substanzieller Unterschied liegt jedoch in der ästhetischen (Selbst-)Reflexivität und damit verknüpfter Ästhetik- und Gattungsvergleiche, die sich nicht in der Werbung, wohl aber in der Kunst und in Kunstdiskursen zeigen.[239]

7.8.4 Wissenschaft und Bildung

In der Wissenschaft dient Visualität der Herstellung, Plausibilisierung, Veranschaulichung und Durchsetzung von Wissenschaftswissen – z. B. im Rahmen einer „instruktiven Bildlichkeit" (Bohn 2012), die durch Rekursionen bestimmter visueller Formen wie Graphen, Tabellen oder Diagrammen generiert wird.[240] Wissenschaftswissen unterscheidet sich dabei trotz des Beziehungszusammenhangs verschiedener Wissenstypen vom oben thematisierten Alltagswissen (z. B.

---

[239]Beispiele geben die Ausstellungen „Art meets Ads" (Harten und Schirner Hrsg. 1992) oder „Ego Update. Die Zukunft der digitalen Identität" (Bieber Hrsg. 2015).

[240]Vgl. zu einem breiten Themenspektrum die Beiträge in Heintz/Huber (Hrsg. 2001) und Pauwels (2015, S. 280 ff.).

im Sinne von Rahmen), insofern es Resultat der Anwendung von Methoden, Methodologien und Theorien ist, die in langfristigen historischen Prozessen zu Zwecken der Generierung eines verifizierbaren und falsifizierbaren Wahrheitswissens entwickelt wurden.

Wie insbesondere die Science and Technology Studies gezeigt haben, sind verschiedene Performativitäten z. B. in naturwissenschaftlichen und medizinischen Laboren von zentraler Bedeutung und immanenter Bestandteil des Forschungsprozesses (Latour/Woolgar 1979; Knorr Cetina 1999). Visualisierungen wie Zeichnung, Mikroskopie, Fotografie, Röntgen, Magnetresonanztomografie u. a. dienen nicht nur der Beweis- und Argumentationsführung, sondern auch der Konstitution von Objekten, auf die sich die wissenschaftliche Erkenntnisproduktion richtet. Gesichtspunkte der Schönheit, der Unterhaltung, der Didaktik oder Pädagogik können eine Rolle spielen (z. B. im Rahmen der Publikation von Forschungsergebnissen oder in der universitären Lehre), sind aber nicht entscheidend. Als *solche* erweist sich die Performativität der Wissenschaft im Unterschied zu anderen Gattungen und Funktionsbereichen durch eine Orientierung an der Herstellung und Darstellung von (relativem) Wahrheitswissen. Auch die „Sichtbare Soziologie" (Beck 2013) ist durch eine entsprechend funktionalisierte ‚Grammatik' ihrer visuellen Kommunikationen strukturiert.

Eine (Welt-)Gesellschaft, die im Zuge von Prozessen funktionaler Differenzierung und im Rahmen von Medienentwicklungen wie dem Buchdruck ihre Komplexität und Wissensabhängigkeit bis in die Gegenwart erheblich steigert („Wissensgesellschaft"), muss dauerhaft dafür Sorge tragen, dass Individuen wissensbasierte und wissensbezogene Kompetenzen erwerben, die die Möglichkeit zur Teilhabe an der Gesellschaft, wenn schon nicht gewährleisten, so doch mindestens steigern. Entsprechend sind Institutionen wie die Schule und die Universität universal. Wenngleich das Bildungssystem nicht über eine Leitunterscheidung binär codiert ist – u. a. deshalb, weil individuelle Menschen und deren Entwicklungen das uncodierbare ‚Medium' bilden,[241] ist offensichtlich, dass es systematische Strukturen der Hervorbringung, Absicherung und Differenzierung von Wissen gibt, zu denen neben und mit der Sprache gerade auch visuelle Performanzen gehören. Typisch für diese sind Rahmungen, die das intentionierte Verständnis des Gezeigten anleiten und/oder erleichtern sollen – sei es durch Typisierungen, die Komplexität reduzieren, durch Spracheinfügungen im Comic-Stil (vgl. Hangartner 2014) oder durch das übersichtliche Arrangieren visualisierter Zusammenhänge wie

---

[241]Vgl. Luhmann (1991b).

bei der sogenannten ‚Infografik'.²⁴² In jedem Fall fungieren neben und mit der Wissenschaft Pädagogik und Didaktik als selektive Mechanismen, als strukturelle Umgebungen visueller Kommunikation. Dies ist sozial umso bedeutsamer als visualisiertes Wissen in Gesellschaftsbereichen jenseits von Wissenschaft und Bildung zum Einsatz kommen kann – so z. B. dann, wenn Daten und deren Visualisierung im Sport, der Kunst oder den Massenmedien Verwendung finden. Visuelle Kommunikation wird dann zu einem Element der Beobachtung zweiter Ordnung im jeweiligen Feld, mit Rückwirkungseffekten für weitere Kommunikationen und Praktiken im jeweiligen Bereich.

7.8.5 Wirtschaft

Insofern Güter auf Märkten gehandelt werden, ist jedwede Form der Ästhetisierung von Waren von zentraler Bedeutung für die Wirtschaft. Dies gilt insbesondere für „Bilder in der Ökonomie", die sich von „Bildern der Ökonomie" unterscheiden lassen.²⁴³ Im ökonomischen Geschehen selbst generiert und strukturiert die Arbeit an der (u. a. visuellen) Form – z. B. entlang der Image-Kommunikationen der Werbung (s. o.) – ein Begehren, das den ‚Wert' einer Ware maßgeblich mitbestimmt.²⁴⁴ Gerade in Überflussgesellschaften mit gesättigten Märkten ist die Ästhetisierung über massenmediale Images im Sinne komplexer symbolischer Ordnungen relevant. Deren Qualifizierungs-Kriterien bleiben höchst flexibel, sodass Images Konsumenten nicht nur mit ganz

---

²⁴²Zur didaktischen Nutzung des Bilderbuchs als Medium der Welterklärung für Kinder an einem populären Beispiel des 18. Jahrhunderts vgl. Chakkalakal (2014); zu Visualisierungen in den Kunst- und Geschichtswissenschaften sowie im Geschichtsunterricht vgl. die Beiträge in Krüger und Kranhold (Hrsg. 2018); zur Visualisierung volkskundlichen Wissens vgl. Schmoll (2005) und Hägele (2007). Zu beispielhaften Modellen der Wissenschaftspraxis vgl. Frankel/DePace (2012). Zur Unterscheidung des Diagramms als spezifischer Darstellungsform im bildwissenschaftlichen Kontext siehe Bucher (2007).

²⁴³Zu dieser Unterscheidung siehe Tellmann (2013), die u. a. zeigt, wie Filme als Symptome ökonomisch bedingter Wirklichkeiten gelesen werden können, z. B. in Bezug auf dargestellte Schuldverhältnisse im Rahmen gegenwärtiger Finanzkrisen.

²⁴⁴Zur Reflexion dingorientierter Wertbeziehungen im Lichte soziologischer ‚Klassiker' vgl. Appadurai (1986) und Miklautz (1996, S. 19 ff.). Bedeutsam ist nicht zuletzt der Sachverhalt, dass Bilder im Sinne von pictures (Flächenbilder, Filme) selbst ein Wirtschaftsgut sind – mit Rückwirkungseffekten auf die Bildproduktion in verschiedensten Themenbereichen und Gattungen (vgl. Bruhn 2003).

unterschiedlichen Einstellungen, Interessenlagen und Kaufmotiven ansprechen können, sondern über ihre variierenden Wertressourcen zugleich unterschiedliche Potentiale der Preisbildung erschließen.[245]

Die Schaffung ästhetischer Anreize, die das Neue, wenn schon nicht substanziell generieren, so doch auf der Ebene sichtbarer Oberflächen suggerieren sollen, setzt freilich einen spezifischen „kapitalistischen Geist" (Weber 1978, S. 30 ff.) voraus, der überhaupt auf Innovation, Optimierung und Gewinn zielt – mithin eine Mentalität, die Max Weber dem „Traditionalismus" entgegenstellt: Der „Mensch will ‚von Natur' nicht Geld und mehr Geld verdienen, sondern einfach leben, so leben wie er zu leben gewohnt ist und soviel erwerben, wie dazu erforderlich ist." (Weber 1978, S. 44).

Neben und mit der auf diesem Fundament ruhenden Ästhetisierung der Ware, die bereits Karl Marx mit dem Begriff des Fetischs verhandelt (vgl. Abschn. 7.7.3), spielt in der Wirtschaft – gleichsam in die Gegenrichtung zum heißen Emotionsmanagement der Ware – ein kühles Kalkül der Form eine Rolle, das auf die Sachlichkeit und Rationalität von Wirtschaftsakteuren abstellt. Performativ hergestellt und bearbeitet werden müssen diese Eigenschaften, weil der soziale Austausch mit dem Basismedium Geld Probleme mit sich bringt. Zum einen entwickelt sich mit Geld in der Weiterführung der Sozialform Eigentum ein „symbolisch generalisiertes Kommunikationsmedium" (Luhmann 1974; 1991a), das sozialen Konflikten recht erfolgreich entgegensteuert: Geld reguliert den Zugriff auf (knappe) Ressourcen und minimiert soziale Konflikte, indem das (Nicht-)Verfügen über Geld als Legitimationsmechanismus der Ungleichverteilung fungiert: Wer zahlen kann, bekommt das am Markt Verfügbare, ohne angeben zu müssen, woher die Finanzmittel stammen. Entscheidend ist die Zahlungsfähigkeit selbst und zwar auch und gerade im Blick auf die stets offene Zukunft, die u. a. dann bedeutsam ist, wenn vertraglich gebundene Geschäftspartner auf zukünftige Zahlungsfähigkeit angewiesen sind.

Zum anderen setzt das Fungieren von Geld das Vertrauen in das Zahlungsmittel sowie die mit ihm umgehenden Akteurinnen und Akteure voraus – also den Glauben daran, dass Münzen oder Scheine in Zukunft als werthafte Objekte im sozialen Austausch funktionieren oder Zahlungsansprüche an Geschäftspartner eingelöst werden können. Die Zeichensphäre der Wirtschaft ist daher substanziell darauf eingestellt, die Sachlichkeit, Seriosität, Langsicht und Verantwortung im Umgang mit Kapital zum Ausdruck zu bringen. Nicht nur, dass die Zahlungsmittel selbst (Geldscheine, Schecks, Kreditkarten, elektronische Bezahlsysteme)

---

[245]Zu den Valorisierungs-Ordnungen von Image vgl. Kautt (2008 und 2015b) und ferner Boltanski/Esquerre (2018).

das Vertrauen in die jeweilige Währung und das damit verbundene politische System stabilisieren sollen.[246] Verschiedenste der auf Wirtschaft fokussierten Personen und Dinge performieren entsprechende Attribute. Von den modischen Selbstdarstellungsformen der Professionellen in Banken und Versicherungen (schlichte Eleganz bei den Anzügen und Kostümen) bis hin zu den Settings und Gebäude-Fassaden verschiedenster Wirtschaftsunternehmen liegt ein wesentlicher Fokus symbolischer Arbeit auf der Darstellung der genannten Eigenschaften und Kompetenzen. Selbst die Werbung, deren Images stark auf emotionsaktivierende Aufmerksamkeitsgeneratoren angewiesen sind, zielt im Kontext der Reklame für Banken und Versicherungen auf Seriosität, Glaubwürdigkeit und Sachorientierung. Nicht zuletzt wird man sagen können, dass die Herstellung von Vertrauen auch bei den zahlreichen Visualisierungstechniken gegenwärtiger Finanzmärkte von Bedeutung ist (Charts, Tabellen, Diagramme u. a.). Das stetige Monitoring bringt die unüberschaubaren, hochkomplexen Dynamiken des Finanzgeschehens in Echtzeit in eine (visuelle) Form und ist damit an der Konstitution des Ökonomischen ebenso beteiligt wie an den hierauf bezogenen Einschätzungen und (Anschluss-)Handlungen der beteiligten Individuen.[247]

7.8.6 Recht

Ein besonderes Beispiel institutionalisierter Macht ist das Recht, das Luhmann zufolge in modernen Gesellschaften als komplexitätsreduzierender Mechanismus in Machtprozessen fungiert. Wenngleich der binäre Schematismus Recht/Unrecht als „Zweitcodierung" der Macht als „passende bzw. nicht passende Situationsdefinition

---

[246]Inklusive der Antizipation einer (guten) Zukunft der mit den jeweiligen Währungen identifizierten Nationalstaaten. So hatte die Schweizerische Nationalbank jüngst in einem Geld-Gestaltungswettbewerb dazu aufgerufen „ein heute noch nicht eindeutig absehbares Bild einer zukünftigen Schweiz zu entwickeln." (Renner 2013, S. 200) In der Verknüpfung zu politischen Regimen sind Währungen in jedem Fall analytisch unter anderem im Rahmen einer politischen Ikonografie zu untersuchen (zum Beispiel der deutschen D-Mark vgl. Gabriel 2011). Und es ist durchaus plausibel, wenn Priddat seine unterhaltsame Darstellung verschiedener (Klein-)Gelder mit Überlegungen zum Falschgeld und zum Begriff des Vertrauens beendet, ist doch bei aller Variation von Geld-Semantiken die (u. a. visuelle) Performanz des Vertrauenswürdigen eine Basis des ‚Funktionierens' auch von Klein-Geld (vgl. Priddat 2011. S. 263 f.).
[247]Zu einer Reflexion der „Bildschirmökonomie" im Anschluss an (welt-)gesellschaftstheoretische Konzepte vgl. Lim (2012).

in systeminternen Interaktionen eingeschaltet oder ausgeschaltet" wird (Luhmann 1975, S. 34) – und damit machtabhängig ist –, wirken die Programme des Rechts (Gesetze) fraglos auf die visuellen Kulturen der Gesellschaft ein.[248] Das macht sich im Verhältnis von Zeigbarem und Nicht-Zeigbarem sowie an der Sichtbarkeit des Unerwünschten, Tabuisierten und Verbotenen bemerkbar. Auch wenn man Zensur im Blick auf die breite Verfügbarmachung verschiedenster Bild- und Film-Typen durch das Internet für einen antiquierten Begriff halten mag, offenbart die genauere Betrachtung, dass gesetzliche Bestimmungen, etwa solche zum Jugendschutz, Urheberschutz, Persönlichkeitsrecht, zur Datenvorratsspeicherung oder zu Techniken wie dem „digitalen Radiergummi" auf die Ordnungen des Sichtbaren Einfluss nehmen.[249]

Für eine Soziologie visueller Kommunikation wäre die systematische Zusammenstellung kommunikativer Gattungen bzw. symbolisch generalisierter Kommunikationsmedien erheblich zu erweitern. Man denke etwa an das weite Feld der Unterhaltung, dessen Bezugsproblem u. a. darin besteht, dass moderne Subjekte ihre Identität mehr denn je selbst gestalten müssen (vgl. Luhmann 1996, S. 114 ff.), wozu die Angebote der ‚Unterhaltungsindustrie' mannigfaltige (u. a. visuelle) Modelle zur Verfügung stellen.

Viel wichtiger als die Vervollständigung einer solchen Matrix ist für mich indessen an dieser Stelle die Plausibilisierung der Unverzichtbarkeit der Berücksichtigung von kommunikativen Gattungen im Gefüge visueller Kommunikation. Ein zentrales Argument für deren hervorgehobene Relevanz liegt darin, dass die dazugehörigen Bezugsprobleme ebenso wenig wie die hierauf eingestellten (visuellen) Spezialsprachen auf „operativ geschlossene" Systeme beschränkt sind. Zwar sind die Reinformen kommunikativer Gattungen auf bestimmte Gesellschaftsbereiche und Themen fokussiert, mit denen oftmals eine örtliche Rahmung einhergeht: Computertomografien sieht man gehäuft in der Medizin (z. B. Kliniken und Arztpraxen), Lehr- und Lernmaterialien im Bildungssystem (Kindergärten, Schulen, Universitäten), wissenschaftliche Darstellungen in der Wissenschaft (Kongresse, Forschungseinrichtungen u. a.), Image-Kommunikationen in der Werbung (z. B. TV-Spots, Plakate), unterhaltende Inszenierungen in Gattungen wie dem Kino-Film und künstlerische Darstellungen in der Kunst (Museen, Galerien u. a.) oder dem Theater.

---

[248] Für den Zusammenhang von Recht und visueller Kommunikation siehe grundlegend Vismann (2007 und Hrsg. 2008). Zu bildlichen Darstellungen des Rechts auch Mulcahy (2017).
[249] Auch dem Bildjournalismus sind rechtliche Grenzen gesetzt, vgl. Feldmann (2008).

7.8 Kommunikative Gattungen und Funktionssysteme

Zugleich gilt aber auch, dass weder die Bezugsprobleme noch die hierauf eingestellten Spezialsprachen an bestimmbaren Gattungs- bzw. Systemgrenzen Halt machen. Symptomatisch ist vielmehr, dass sich die ‚Grammatik' einzelner Funktionsbereiche (Wissenschaft, Kunst, Wirtschaft, Werbung u. a.) in unterschiedlichen Vermischungen und Akzentuierungen in verschiedensten sozialen Kontexten zu erkennen gibt. Ein einfaches Beispiel bieten die weltweit populären Powerpoint-Präsentationen. Deren Visualisierungen kombinieren, sequenzieren oder integrieren nicht selten Stilelemente wissenschaftlicher, pädagogischer, werbender, unterhaltender oder auch künstlerischer Präsentationsformen – und zwar in ganz verschiedenen Anwendungskontexten wie z. B. Schulen, Universitäten oder Wirtschaftsunternehmen. Ähnliche Hybridisierungen liegen vor, wenn sich Inszenierungen von Food-Bloggerinnen oder personale Selbstdarstellungen (Instagram u. a.) an der Ästhetik der Werbung orientieren, das kreative Schaffen von Laien an erfolgreiche Kunst erinnert, Projektpräsentationen im Sportverein mit Infografiken operieren oder der private Reisebericht journalistischen Foto-Reportagen ähnelt. Hier wie dort kann die ästhetische Praxis beeinflusst sein von den Formensprachen kommunikativer Gattungen. Deren kristalline Zeichensprachen, die sich im Zusammenspiel der jeweiligen Spezialgedächtnisse, Professionalisierungsformen, Organisationstypen und (Experten-)Figurationen ergeben und für deren Bezeichnung Gattungsnamen wie „Werbung", „Kunst", „Journalismus" oder „Wissenschaft" als probate Klammern erscheinen, diffundieren also in verschiedene Gestaltungs-Kontexte und -Praktiken.

Die Verflechtungszusammenhänge sind analytisch umso bedeutsamer, als Kommunikations- und Verbreitungsmedien und nicht zuletzt das System der Massenmedien zur deren Sichtbarkeit und weiteren Verflechtung beitragen. Insbesondere die Computerisierung der Gesellschaft forciert aktuell diese Entwicklung. Verschiedenste Gattungs-Ästhetiken bilden eine stets abrufbereite Zeichen-Sphäre, die diverse Stil-Vorlagen vermittelt und jenseits der Professionen zum Einsatz kommt.[250] Entsprechend ist es für empirische Analysen unerlässlich, das Spektrum kommunikativer Gattungen im Blick zu behalten und für die Beschreibung und das Verstehen einzelner Artefakte zu berücksichtigen.

---

[250]Nicht zuletzt ermöglicht (zumeist kommerzialisierte) Software Laien zahlreiche Möglichkeiten, die Formensprachen von Bildung und Wissenschaft, Werbung, Unterhaltung oder Journalismus zu imitieren.

Methodologische Schlussfolgerungen: Sozialökologie visueller Kommunikation

8.1 Ökologie des Sozialen

Vorliegende Arbeit identifiziert die soziale Komplexität visueller Gestaltungen als allgemeines Bezugsproblem einer Soziologie visueller Kommunikation. Sie plädiert dementsprechend dafür, Artefakte als Symptome vielschichtiger sozialer Beziehungsgefüge zu verstehen und ihre analytischen Perspektiven hierauf einzustellen. Wie gezeigt, bieten Herbert Simons „Sciences of the Artificial" einen adäquaten Ausgangspunkt: Ihre Grundannahme, dass Formen des Künstlichen – hierin biologischen Organismen vergleichbar – über Anpassungen an Umgebungen entstehen, kann die Soziologie in ihr Verständnis des Sozialen übersetzen, indem sie visuelle Kommunikationen als relative und zu relationierende Adaptionen an soziale Wirklichkeiten (re-)konstruiert.

Für die Übersetzung und Ausarbeitung des Konzeptes wurden die Begriffe „Praxis" und „Struktur" als Umgebungen des Gestalteten erörtert (vgl. Abschn. 6.3 und 6.4). Dabei zeigt die Diskussion, dass beide Termini der Komplexität des Gegenstandes nur dann gerecht werden, wenn sie *verschiedene* Strukturen und Praktiken einschließen. Luhmanns stark generalisierte Begriffe von Struktur als „Einschränkungsbedingung" und von Praxis als akteursbezogenes Handeln und Kommunizieren entlang komplexitätsreduzierender Gesichtspunkte entsprechen diesem Erfordernis.

In Übereinstimmung mit Gregory Batesons Verständnis von Kommunikation im Sinne einer „Ökologie des Geistes" (vgl. Abschn. 4.2) müssen jedoch die Konzepte Praxis und Struktur aus der Luhmannschen Systemtheorie gelöst und in einen anderen Theoriekontext gestellt werden. Für die Integration der vorgängigen Überlegungen bietet sich *Ökologie* als begriffliche Klammer an. Der Terminus etabliert sich zunächst im 19. Jahrhundert für die Beschreibung der

Beziehungsgefüge lebender Organismen und ihrer natürlichen (biologischen, chemischen, physikalischen) Umgebungen.[1] Er hält dann aber im 20. Jahrhundert in unterschiedliche Fachwissenschaften Einzug und findet bei der Untersuchung menschlicher Artefakte ebenso Verwendung wie bei der Analyse sozialer, pädagogischer, psychischer und technischer Phänomene. Neben frühen soziologischen Ansätzen wie jenen der „Humanökologie"[2] hat der Begriff inzwischen in die Medienwissenschaften („Medienökologie" bzw. „Technoökologie"[3]), die Psychologie („ökologische Psychologie"[4]), die Pädagogik und die Sozialpsychologie („Sozialökologie") Eingang gefunden.[5]

Eine Sozialökologie visueller Kommunikation kommt mit den verschiedenen Spielarten des Ökologie-Begriffs im Verständnis von Gestaltung als Manifestation von prozessualen Wechselbeziehungen zwischen Dingen, Akteurinnen bzw. Akteuren und strukturellen Umgebungen überein. Das Bezugswort ‚Haushalt' (griech. oikos) bringt dies zum Ausdruck, insofern die Ursprungsbedeutung den Akzent nicht auf die feste Form – das gebaute Haus – sondern auf den Prozess des Haushaltens legt, mithin auf das fortwährende In-Beziehung-Setzen der zum Haus gehörenden Elemente und seiner Umgebungen.

Indessen ist für eine Soziologie visueller Kommunikation im hier vorgeschlagenen Sinne entscheidend, dass sie unter Umgebungen neben und mit Formen sozialer Praxis die verschiedensten sozialen Strukturen fasst, die sich im Rahmen ihrer eigenen fachwissenschaftlichen Perspektiven aus bestimmbaren Gründen als Prägekräfte visueller Gestaltungen darstellen. Weder privilegiert sie wie die Humanökologie den urbanen Raum als formgebende Stellgröße,[6] noch rückt sie wie die „ökologische Psychologie" die außersozialen Umweltbedingungen des Akteur(inn)enhandelns in den Mittelpunkt.[7] Sie unternimmt

---

[1] Siehe Tischler (1984). Etymologische Wörterbücher schlagen als möglichen Hintergrund der Wortschöpfung sowohl die Kombination von Oikos (griech. Haus, Haushaltung, Wirtschaft) als auch eine Verbindung von „Biologie" und „Ökonomie" vor.

[2] Vgl. Park/Burgess (1921) und Park (1936). Zur Entwicklungsgeschichte dieses, seit den 1980er Jahren nicht mehr weiter verfolgten, Konzeptes siehe Friedrichs (2004).

[3] Dazu Fuller (2007), Parisi (2009) und Hörl (2013).

[4] Vgl. Graumann/Lantermann/Kruse (1996).

[5] Vgl. z. B. Baacke (1980).

[6] Indem sie dadurch einen Beitrag zur Soziologie des Raumes und der Stadtentwicklung geleistet hat, ist Jürgen Friedrichs zuzustimmen, dass „in dieser Verengung auf räumliche Analyse auch das große Verdienst der Humanökologie" liegt (Friedrichs 2004, S. 177).

[7] Vgl. Levin (1982).

8.1 Ökologie des Sozialen 241

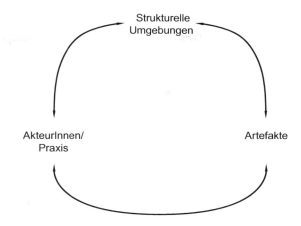

Abb. 8.1 Sozialökologie visueller Kommunikation I. (Quelle: Eigene Darstellung)

vielmehr den Versuch, entlang des disziplinär verfügbaren Wissens, ein breites Spektrum sozialer Konstruktionen in den Blick zu nehmen, die in Verbindung mit Formen von Praxis und immer schon vorliegenden Artefakten als gesellschaftliche Umwelten dessen bestehen, was sich im Einzelfall als visuelle Kommunikation realisiert. Sie übersetzt damit die traditionsreiche Metapher vom „Leben der Bilder" (Appadurai 1996; Mitchell 2008) in einen soziologischen Forschungsansatz, der visuelle Gestaltungen als Adaptionsphänomene im Gefüge *sozialer Umgebungen* rekonstruiert.[8] Vor dem Hintergrund des Gesagten lässt sich dieser Zusammenhang wie in Abb. 8.1 dargestellt schematisieren.

Die Annahme der Wechselbeziehungen setzt dabei neben und mit akteursgebundener Praxis die Möglichkeit des Zirkulierens von Informationen zwischen verschiedenen Ordnungsebenen im skizzierten Sinne voraus (vgl. Abschn. 4.2). Positioniert man singuläre Elemente dieser Ebenen, d. h. einzelne Praktiken, einzelne Strukturen und einzelne Gestaltungen *innerhalb* des Beziehungsgeflechtes, wird ersichtlich, dass a) Individuen zu anderen Individuen, b) Artefakte zu anderen Artefakten und c) Strukturen zu anderen Strukturen in Beziehung stehen und Einzelfälle analytisch entsprechend komplex zu relationieren sind (vgl. Abb. 8.2, 8.3 und 8.4).

---

[8]Dass sich neben, mit und in den sozialen Umgebungen die Kommunikationsmedien ändern, und damit zugleich die ‚Lebensbedingungen' des Artifiziellen, macht insbesondere die voranschreitende Computerisierung der Gesellschaft deutlich. Zum Design-Animismus unter diesen Voraussetzungen vgl. Dörrenbacher und Plüm (2016).

Abb. 8.2 SVK-Artefakte. (Quelle: Eigene Darstellung)

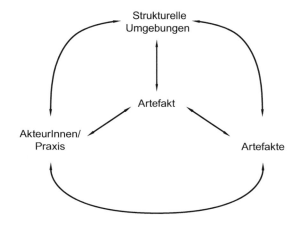

Abb. 8.3 SVK-AkteurInnen. (Quelle: Eigene Darstellung)

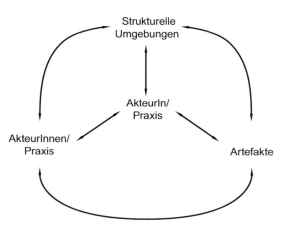

Indem weniger die Beschreibung von Praktiken oder sozialen Strukturen, sondern vielmehr die Aufklärung visueller Gestaltungen das primäre Ziel einer Soziologie visueller Kommunikation bildet, zeigt 8.2 das von ihr in den Mittelpunkt gestellte Beziehungsgefüge.

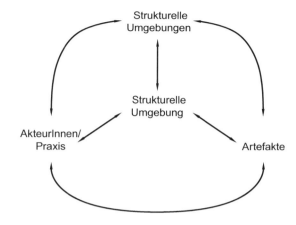

Abb. 8.4 SVK-Strukturelle Umgebungen. (Quelle: Eigene Darstellung)

8.2 Genealogie und Anti-Genealogie

Wie in der Auseinandersetzung mit dem Begriff der Struktur sowie in der Darstellung struktureller Umgebungen (Kap. 7) gezeigt, greifen Gegenstände mit der in sie (visuell) eingeschriebenen Sinnhaftigkeit weit über das situativ-phänomenal Gegebene (Sichtbare, Hörbare, haptisch Fühlbare) hinaus. Ihre Verknüpfungen mit situationstranszendierenden Sinnstrukturen machen sie für situative Ereignisanalysen in gewisser Weise uneinholbar. Prozesse der Gestaltung und deren Rezeption wählen sich, wenn man so sagen kann, in das Netz sozialer Verflechtungen ein – sie sind Mikroprozesse, die die bereits vorhandenen Netze des Sinns an einigen Fäden aufnehmen und daraus einen neuen Knoten schnüren. Der sichtbare Fall ist also immer mehr, als *situativ* der Fall ist. Mit diesem Problem ist jede hermeneutische Rekonstruktion konfrontiert, die sich sinnverstehend dem zuwendet, was sich phänomenal, d. h. empirisch beobachtbar, manifestiert. Das Postulat einer möglichst gegenstandsnahen Analyse muss daher zu der nur scheinbar paradoxen Forderung führen, dass auch die *außersituativen* Umgebungen als Teil des Gegenstandes aufzufassen sind.

Nun ist mit einer derartigen Ökologisierung des Gegenstandes und seiner Erforschung die Frage aufgeworfen, ob und inwiefern diese Perspektive zu Untersuchungsdesigns führen muss, die Fälle auch in ihrer historischen Entwicklung rekonstruieren. Das erste Argument gegen eine solche Notwendigkeit ist ein arbeitsökonomisches: Eine Soziologie visueller Kommunikation kann es sich nicht zur Aufgabe machen, die geschichtlichen Entwicklungen zu rekapitulieren, auf denen ihre Fälle aufruhen. Sie kann z. B. schlechterdings eine Differenzierungstheorie bzw. eine Theorie soziokultureller Wandlungen sein, wenn sie ihr Ziel nicht aus den Augen verlieren will, Erscheinungsformen in verschiedenen Sozialbezügen zu reflektieren. Die hier als Habitate gefassten Strukturen wie Macht, Emotionen, Identitäts- und Körpervorstellungen oder auch Funktionssysteme müssen als historische Tatsachen angenommen werden, für deren genauere Beschreibung bereits soziologische Beschreibungen zur Verfügung stehen, deren Geltung und Relevanzabstufung die Soziologie visueller Kommunikation fallbezogen überprüfen kann.

Ein zweites Argument gegen das Ansinnen, Einzelfälle historisch-genealogisch entfalten zu wollen, hängt wiederum mit der hier vertretenen Annahme immer schon gegebener Verflechtungszusammenhänge von Dingen, Strukturen und Akteurinnen bzw. Akteuren zusammen. Gerade weil Artefakte prozessual in Beziehungsgefügen begriffen werden müssen, lassen sie sich *nicht* auf bestimmbare Anfangspunkte bzw. Wirkungsursachen zurückführen. Artefakte sind, um es in den Worten der „Mille Plateaux" (1992 [1980]) von Gilles Deleuze und Felix Guattari zu sagen, ein „Mittendrin", ein „Gefüge" oder „Verkettungen". Dies bedenkend, sprechen Guattari und Deleuze auch vom „Antigenealogischen" der Verflechtungen.[9] Diese Diagnose lässt sich unschwer auf visuelle Kommunikationen beziehen, und man kann hinzufügen, dass sich Artefakte als antigenealogische Objekte nur sehr bedingt genealogisch verstehen und erklären lassen. Man wird also in den mannigfaltigen Verflechtungen von Dingen, Akteurinnen/Akteuren (Praxis) und Strukturen, sowie in den komplexen Verflechtungen einer Zeit zu den Verflechtungen vergangener Zeiten, eine Grenze auch für das Vorhaben einer prozessorientierten Sozialökologie sehen müssen, d. h. eine Grenze für die Möglichkeit, über die Rekonstruktion zeitlicher Ereignisabfolgen und deren historischen Kontextierung zu einem zutreffenden bzw. prinzipiell zutreffenderen Bild der Ereignisse zu kommen.

Allerdings muss man aus diesem Befund nicht dieselben Konsequenzen wie die „Mille Plateaux" ziehen. Diese präsentieren ein methodologisches Text-Kunstwerk, das über wilde Assoziationsketten, Gedankensprünge und Themenwechsel die offene Verflochtenheit von Bedeutungen gleichsam ästhetisch vor Augen der Leserinnen und Leser führt und damit für das Problem sensibilisiert, dass jede Theorie und jede empirische Analyse deutlich hinter der

---

[9] „Das Rhizom ist eine Anti-Genealogie" (Deleuze/Guattari 1992, S. 21) und „findet seinen Zusammenhalt in der Konjunktion ‚und … und … und …'." (Ebd., S. 41).

8.2 Genealogie und Anti-Genealogie

Komplexität ihrer Untersuchungsgegenstände zurückbleibt. An die Stelle des Versuchs der rekonstruktiven Beschreibung und des Verstehens von Artefakten und ihren rhizomatischen Verflechtungen tritt eine textförmige (sprachliche) Spiegelung komplexer Verzweigungszusammenhänge.

Für eine Sozialökologie visueller Kommunikation ist dies jedoch kein gangbarer Weg, wenn sie den soziologischen Anspruch des Beschreibens und Verstehens empirischer Gegenstände nicht aufgeben will. Trotz der Unmöglichkeit, Formen auf wirkungsursächliche Bedingungen rückführen zu können, kann sie im Rahmen einer komplexitätsreduzierenden Praxis ihre theoretischen und empirisch-analytischen Instrumentarien nutzen, um beobachtbare und durch Beobachtungen fest-gestellte Objekte als Symptome komplexer Strukturen zu beschreiben, sei es im Rahmen von Gegenwartsdiagnosen oder in diachroner Perspektive. Dabei kann sie als eine Symptomatologie des Sozialen trotz ihrer Deutungsbemühungen eine gewisse Distanz zur hermeneutischen „Wut des Verstehens"[10] halten, indem sie die Konstruktivität der von ihr erstellten Texte als Praxis der Konzepte reflexiv mitführt und sich zudem von der Annahme löst, die von ihr untersuchten Objekte seien in der Gesamtheit ihrer Verflechtungszusammenhänge abschließend zu entschlüsseln.[11]

---

[10]Unter dieser Formulierung des frühen Schleiermacher entfaltet Jochen Hörisch eine aufschlussreiche Reflexion der Hermeneutik, die die unzureichende Kenntnisnahme der wissenschaftsbiografischen Entwicklung Schleiermachers als Symptom eines tieferliegenden Problems der Fachwissenschaft deutet: Während der junge Schleiermacher als Antihermeneut noch die Verschleierung verständlicher Klartexte (insbesondere des common sense) durch die Hermeneutik kritisierte, sei der spätere Schleiermacher gleichsam selbst der Wut des Verstehens erlegen. Dass dieser Wut allerdings nicht leicht zu entkommen ist, zeigt die Arbeit von Hörisch selbst – denn auch eine kritische Hermeneutik der Hermeneutik ist eben eine Hermeneutik. Und indem Hörisch vor dem Hintergrund moderner Medienentwicklungen (der Computerisierung) auf die Aussichtslosigkeit hinweist, den komplexen Sinnverzweigungen hermeneutisch zu begegnen, will er doch eben dies verständlich machen, mithin Verstehen an Leser adressieren (vgl. Hörisch 1988). Und wie könnten die Sozialwissenschaften auf Verstehen verzichten, wenn ihre Praxis anderes sein soll als ein Schweigen, anderes als die Formenspiele der Kunst oder anderes als der Glauben der Religionen, deren Selbstverständlichkeiten der frühe Schleiermacher durch die Wut des Verstehens bedroht sah.

[11]Zu den Grenzen hermeneutischen Bild-Verstehens vgl. z. B. die Beiträge in Müller, Raab und Soeffner (Hrsg. 2014).

8.3 Theorie und Empirie

Wie bereits die Fallvignetten des zweiten Kapitels verdeutlichen, ergibt sich die Notwendigkeit eines sozialökologischen Modells aus der sozialen Komplexität des Gegenstandsbereichs. Der hier vorgeschlagene Ansatz folgt also einem Forschungsprinzip, einer Theorie der Methode, die die ‚Sachen selbst' in den Mittelpunkt stellt. Zu einer solchen Ausrichtung notiert Herbert Blumer:

> Das angemessene Bild für empirische Wissenschaft ist meiner Ansicht nach das einer kollektiven Suche nach Antworten auf Fragen, die an den widerständigen Charakter der gegebenen empirischen Welt, die man untersucht, gerichtet werden. Man hat den widerständigen Charakter dieser empirischen Welt da draußen zu respektieren – dies ist in der Tat das Kardinalprinzip der empirischen Wissenschaft. Empirische Wissenschaft geht bei ihrer Suche so vor, dass Bilder der zu erforschenden empirischen Welt entworfen werden und diese Bilder durch genauere Untersuchung überprüft werden. Diese einfache Behauptung erlaubt uns, das Thema der Methodologie ins rechte Licht zu rücken. Methodologie bezieht sich auf oder erfaßt die Prinzipien, die dem gesamten Prozeß der Erforschung des widerspenstigen Charakters der gegebenen Welt zugrunde liegen und ihn leiten (Blumer 1979, S. 41).

Die Feststellung „Man hat den widerständigen Charakter dieser empirischen Welt da draußen zu respektieren" bedeutet demzufolge keineswegs, auf Konzepte bzw. Theorien im Sinne gedanklich erarbeiteter Konstrukte verzichten zu können. Im Gegenteil! Ohne Gesichtspunkte, ohne „Prinzipien, die dem gesamten Prozeß der Erforschung des widerspenstigen Charakters der gegebenen Welt zugrunde liegen und ihn leiten", kann es keine empirische Analyse geben.

In umgekehrter Blickrichtung steht fest, dass Theorien ohne empirischen Bezug nicht zustande kommen. Als „erfahrungsgebundene, partikulare Sprachspiele" (Hirschauer 2008, S. 184) sind sie stets von sozialen Wirklichkeiten informiert – selbst die abstrakteste Gesellschaftstheorie ereignet sich innerhalb der Gesellschaft. Entsprechend betonen gerade Positionen qualitativer Forschung, die in die Gegenrichtung nomologisch-deduktiver Vorgehensweisen Hypothesen und Theorien in explorativen Studien induktiv erarbeiten wollen, eine wechselseitige Durchdringung von Theorie und Empirie, von der auch eine Sozialökologie visueller Kommunikation auszugehen hat. Dabei ist die empirisch gegebene Welt nicht nur Ausgangspunkt ihrer Modellbildung, sondern zugleich maßgeblicher Widerstand und Bezugsrahmen ihrer Forschungspraxis. Nur in Bezugnahme auf konkrete Details eines so und nicht anders vorliegenden Gegenstands kann sie plausibilisieren, dass Gestaltungen nicht Manifestationen des außersozial Notwendigen, sondern des sinnhaft Konstruierten sind. Und nur anhand fallbezogener

8.3 Theorie und Empirie

Merkmale kann sie zeigen, dass und inwiefern bestimmte – und nicht andere – soziale Umgebungen formgebend auf die Gestalt des Artifiziellen einwirken. Eine Sozialökologie visueller Kommunikation erkennt dementsprechend ‚Texte' als Autoritäten im Forschungsprozess an und folgt dem Paradigma qualitativer Sozialforschung, für die die Fallanalyse ein „allgemeines Kennzeichen [...] über verschiedene theoretische Positionen hinweg" ist (Flick 2000, S. 179 f.). Und sie folgt im Speziellen den Traditionslinien ikonografischer, ikonologischer und sozialwissenschaftlicher Forschung, die sich in den letzten Dekaden gebildet haben. Bei allen Unterschieden im Detail kann man eine zentrale Gemeinsamkeit ihrer Ansätze darin sehen, dass sie Daten in ihrer konkreten Phänomenalität in den Mittelpunkt stellen und die Plausibilität und Legitimität theoretischer Generalisierungen über gegenstandsbezogene Analysen einfordern.[12]

Es gilt also, dem ursprünglichen Wortsinn von Methode (griech. „Weg") folgend, zu betonen, dass in der stetigen Verschränkung von Theorie und Empirie der Weg gebildet wird, den die Soziologie beschreitet. Bemerkenswert ist dies auch, weil sozialwissenschaftliche Methodologien der Besonderheit des Visuellen nicht selten mit einem auf bestimmte Analyseverfahren („Inhaltsanalyse", „Filmanalyse" uvm.) beschränkten Methodenverständnis beizukommen versuchen, demgegenüber hier die Ansicht vertreten wird, dass die ‚theoretischen' Wissensbestände (z. B. solche zu den hier als Umgebungen bezeichneten Strukturen) integrales Moment der Untersuchung sein müssen.

Eine Soziologie, die in Anlehnung an Batesons „Ökologie des Geistes" visuelle Gestaltungen im Gefüge kommunikativer Informationskreisläufe, Praxisformen, strukturellen Umgebungen und Artefakten untersuchen will, muss jedenfalls in Übereinstimmung mit methodologischen Positionen des qualitativen Paradigmas die Dichotomie von Theorie und Empirie infrage stellen.[13] Leitend ist für sie die Annahme, dass Theorien immer in Bezug auf empirische Sachverhalte formuliert

---

[12]Schon der Ikonografie Erwin Panofskys ist es ein wichtiges Anliegen, die detaillierte Beschreibung und Analyse der ‚Sachen selbst' in den Mittelpunkt zu stellen und von dort aus begrifflich generalisierend zu theorieorientierten Deutungen fortzuschreiten (Panofsky 1975 [1955]). Für die Sozialwissenschaften sind z. B. zu nennen: „Struktural-hermeneutische Symbolanalyse" (Müller-Doohm 1993), „Video- bzw. Filmanalyse" (Bohnsack/Marotzki/Meuser Hrsg. 2003; Reichertz/Englert 2011; Knoblauch/Tuma/Schnettler 2015), „Dokumentarische Methode" (Bohnsack 2006), „Segmentanalyse" (Breckner 2010), „Visuelle Wissenssoziologie" (Raab 2008), „Visuelle Ethnografie" (Pink 2001) oder „Visuelle Anthropologie" (Collier/Collier 1990), „Artefaktanalyse" (Lueger 2010), „Objektive Hermeneutik" (Englisch 1991). Zu einem Überblick Harper (2008) und Chauvin/Reix (2015).

[13]Vgl. exemplarisch die Beiträge in Kalthoff, Hirschauer und Lindemann (Hrsg. 2008).

werden, wie umgekehrt empirische Analysen auf theoretische Konstruktionen nicht verzichten können und stets von diesen bedingt sind. Das impliziert unter anderem, dass eine Soziologie visueller Kommunikation den Mut aufbringen muss, die Kluft zwischen dem situativ-phänomenal Beobachtbaren einerseits und soziologischen Beschreibungen situationstranszendierender Strukturen andererseits nicht nur konzeptuell, sondern auch im Rahmen fallbezogener Untersuchungen zu überbrücken, indem sie soziologisches Wissen analytisch fruchtbar macht.

8.4 Daten

Einen Indikator für die unausweichliche – und d. h. methodologisch wie methodisch zu berücksichtigende – Verschränkung von Empirie und Theorie bilden bereits die ‚Sachen selbst'. Abgesehen davon, dass die „empirische Welt da draußen" (Blumer) in epistemologischer Perspektive nur als ‚Karte' eines unsichtbar bleibenden Territoriums vorstellbar ist (vgl. Abschn. 4.1), konstruiert der Forschungsprozess selbst in verschiedener Weise das, was in ihm als ‚Datum' behandelt und präsentiert wird.

Dabei ist die Konstruktivität der Daten kein misslicher Folgeeffekt von Theorieorientierung, dem mit dem Ruf nach einem Mehr an Gegenstandsnähe und Theoriedistanz adäquat begegnet werden könnte. Denn auch die verschiedensten Methoden empirischer Sozialforschung, die u. a. im Bereich der Auseinandersetzung mit dem Visuellen zum Einsatz kommen (ethnografische Feldforschung, Foto-Elicitation, Gruppendiskussion u. a.) generieren je spezifische Untersuchungsobjekte, indem sie prinzipiell Perspektiven (Fragen, Begriffe, Theorien) an ihre Untersuchungsgegenstände herantragen, womit es zu einer Umformung und Spezifikation der ‚Daten' kommt.

Nicht zuletzt müssen die Forschenden im Umgang mit visuellen Materialien auf die explikative Eigenleistung des Untersuchungsgegenstandes verzichten und ihre Deutungen in ein anderes Darstellungsmedium überführen, nämlich in das der Sprache bzw. der Schrift.[14] In der Analyse müssen Worte für etwas gefunden werden, was sich selbst ohne Worte Bedeutung verleiht. Das in der Verschriftlichung mündlicher Kommunikation nur mühsam und keineswegs befriedigend in den Griff zu bekommende Transkriptionsproblem – man denke nur an die Codierung

---

[14]Zur methodologischen Reflexion dieses Problems für das ethnografische Schreiben mit einigen praktischen Hinweisen vgl. Hirschauer (2001).

8.4 Daten

paralinguistischer Zeichen im Rahmen der Konversationsanalyse (Intonation, Sprechpausen, Dehnungen u. a.) – stellt sich im Kontext der Analyse visueller Kommunikation in ungleich mannigfaltiger Weise.[15] Die Soziologie visueller Kommunikation ist insofern mit ähnlichen Problemlagen wie die Ethnografie konfrontiert, die stetigen Prozessen der Versprachlichung und Verschriftlichung ausgesetzt ist und Sprache als Instrument reflektieren muss, das soziale Weltsachverhalte nicht ‚registriert', sondern selbst soziale Wirklichkeit schafft.[16]

Aus guten Gründen hat daher die methodologische und methodische Reflexion des Problems der sozialen Konstruktion von Daten auch im Spektrum der sozial- und kulturwissenschaftlichen Forschung zum Visuellen Tradition.[17] Und freilich

---

[15] Nicht befriedigend ist die schriftliche Transkription mündlicher Äußerungen nicht nur, weil die Bandbreite paralinguistischer Verlautbarungen und deren Binnendifferenzierungen über die Zeichen der Konversationsanalyse hinausgehen, sondern auch, weil die Sprechsituation in face-to-face-Situationen oder mediatisierten Interaktionen (z. B. Bildtelefonie) oftmals zu dem sichtbaren Körperverhalten der Kommunizierenden in Beziehung steht. Entsprechend sind neuere Studien der Konversationsanalyse mit einer gesteigerten Komplexität konfrontiert, da sie neben und mit dem (para-)sprachlich Gesagten die visuellen Erscheinungsformen der Situation berücksichtigen. Erst recht muss die Mikro-Situations-Analyse sich auf Visualität einstellen, wenn sie Körperperformanzen in den Mittelpunkt stellt, z. B. im Boxkampf (vgl. Meyer/von Wedelstaedt 2013). Für eine stärkere Berücksichtigung visueller Daten bei der Analyse von Interaktionsprozessen auch als Fundament von Makro-Prozessen vgl. Collins (2017).

[16] Auch diese Seite des Problems der „Schweigsamkeit des Sozialen" (Hirschauer 2001) ist im Kontext ethnografischer Forschungsansätze reflektiert worden. Für einen wichtigen Anstoß der Writing-Culture-Debatte vgl. Clifford/Marcus (Hrsg. 1986); vgl. ferner exemplarisch Latour (2007, S. 221), Kalthoff (2011, S. 169) und Lueger (2010, S. 99). Angesichts der Selektivität sprachlicher und visueller ‚Texte' (Fotos, Filme) spricht indessen viel für eine starke Einbindung verschiedener Textsorten in die Forschung: „Textmaking in the face of the complex realities of late modernity and modernism is what the ethnographic writer and filmmaker share in common – a recognition on which they might base a collaboration that would have regard for past genre boundaries as starting points for conversation, but would not submit to their policings." (Marcus 1994, S. 52).

[17] Vgl. z. B. Collier/Collier (1990 [1967]), Goffman (1979), Mohn (2002). Wie Schändlinger (2011, S. 355) zu recht feststellt, bieten audiovisuelle Medien für die ethnografische Arbeit trotz der Manipulation des Gegenstands den kaum zu überschätzenden Vorteil, in Prozessen teilnehmender Beobachtung eine Fülle von Informationen speichern zu können, ohne etwa den Fortgang des Geschehens durch Nachfragen stören zu müssen. Zugleich bieten Bilddokumente die Möglichkeit, sich die jeweiligen Ereignisse durch die Beteiligten erörtern zu lassen. Und nicht zuletzt können Bilder (Fotografien, Filme) genutzt werden, um Gespräche über Themen und Materialien zu führen, die ohne sie nicht möglich wären, z. B. im Rahmen der „Foto-Befragung" (vgl. Wuggenig 1990).

gibt es ein variantenreiches Spektrum im Umgang mit diesen Problemlagen. Sie reichen von Ansätzen, die für die bestmögliche Zurückdrängung der Einflussnahme und ‚Verzerrung' durch die Forschung plädieren (z. B. Dokumentenanalyse, Konversationsanalyse, Videoanalyse, Objektive Hermeneutik) bis hin zu Konzepten, die, etwa im Stile der Cultural Studies, die engagierte Teilnahme an den zu untersuchenden sozialen Prozessen geradezu als Voraussetzung und Gelingensbedingung der Erzeugung und Erforschung von Daten veranschlagen.[18]

Der hier vorgestellte Ansatz muss sich diesbezüglich nicht festlegen. Entscheidend ist vielmehr die reflexive Ökologisierung gewählter Perspektiven, sodass in Abhängigkeit zu den jeweils zu untersuchenden Objekten und Beziehungsgefügen besser entschieden werden kann, mit welchen Daten-Typen und Daten-Konstruktionen die Analyse durchgeführt werden soll und wie sich die Vor- und Nachteile der jeweiligen Entscheidung darstellen. So zeigen die Beispiele des zweiten Kapitels (Geschirr, Arztpraxis, Werbeplakat) vorgefundene Gegenstände, um die konzeptuellen Überlegungen immerhin zu illustrieren. Während hier Verzerrungseffekte wie solche der situativen Beeinflussung durch den Forschenden entfallen, sind die abgebildeten Objekte gleichwohl unter verschiedenen Gesichtspunkten konstruiert, etwa durch die fotografische Präsentationsform. Sichtbar werden in diesem Vorgehen auch die Limitierungen des Datentypus: Wollte man etwa die Einflussnahme sozialer Praktiken der Produktion und Rezeption auf die behandelten Dinge in den Blick nehmen, müssten weitere Verfahren wie teilnehmende Beobachtung, Interview oder Gruppendiskussion und dementsprechend andere Datentypen in Betracht gezogen und zueinander in Beziehung gesetzt werden.

8.5 Forschungsprozesse

Die zurückliegenden Kapitel plädieren dafür, eine Soziologie visueller Kommunikation als eine Perspektive zu entwerfen, die auf die Beschreibung und das Verstehen visueller Erscheinungsformen in ihren verschiedenen sozialen Beziehungen abzielt. Das präsentierte Konzept folgt insofern dem Paradigma der interpretativen Sozialforschung, als es wie dieses davon ausgeht, dass sich nicht nur die „gesellschaftliche Konstruktion der Wirklichkeit" (Berger/Luckmann 1969),

---

[18]Für die Visual Studies z. B. Mirzoeff (Hrsg. 2012).

8.5 Forschungsprozesse

sondern auch die wissenschaftliche Rekonstruktion dieser Wirklichkeiten in Deutungsprozessen vollzieht. Wenngleich diese „methodologische Schlußfolgerung aus der Konzeption des soziologischen Gegenstandsbereichs [...] nicht zwingend (ist), da die Natur des Objekts die Form seiner wissenschaftlichen Erfassung nicht determinieren muß", (Lamnek 1993, S. 43), ergibt sich der Zusammenhang freilich für sinnverstehende Ansätze der Soziologie. In deren Perspektive werden visuelle Gestaltungen als ‚Texte' in einem weiten Begriffssinn fokussiert, für den „alles zum Gegenstand von Deutungen und Interpretationen gemacht werden (kann), was als sinnhaft postuliert ist und als zeichenhaft repräsentiert angesehen wird" (Soeffner 1982, S. 19).

In Übereinstimmung mit der Tradition hermeneutischer Verfahren impliziert dies ein Verständnis, das in Artefakten stets mehr und anderes erkennt als die Summe ihrer Teile. Nicht nur, dass das jeweilige Arrangement von Sichtbarkeiten spezifische Eigenwerte und einen Eigensinn generiert, den Max Imdahl mit dem Begriff des „Darstellungssinns" belegt. Im Gefüge von (visuellen) Kommunikationen, Praktiken, raumzeitlichen Kontexten und Strukturen bilden sich darüber hinaus für Beobachtende stets besondere Sinnhaftigkeiten. Einer Sozialökologie visueller Kommunikation geht es dementsprechend nicht nur um ein „wiedererkennendes Sehen" in der Zuordnung von Sichtbarkeiten zu strukturellen Umgebungen, sondern auch um ein „sehendes Sehen", das sich auf die spezifischen Aspekte einer Darstellung und das hieraus hervorgehende, gleichsam Neues schaffende, Sinnverstehen richtet.[19]

Wenn nun die „Eigensinnigkeit" der Untersuchungsgegenstände besonders in den Vordergrund gestellt und gegen voreilige Schlüsse der Theorie geschützt werden soll, müssen sich die Forschenden von Vorannahmen lösen, u. a. von Alltagstheorien, die unsere sozial konstruierten Lebenswirklichkeiten prägen. Aus guten Gründen gilt daher in der qualitativen Sozialforschung eine zeitweilige Entfremdung von bereits vorliegendem Wissen über die zu untersuchenden Objektzusammenhänge geradezu als Voraussetzung für eine gelungene Annäherung an das empirisch Vorliegende.[20] Auch die Forderung, auf Hypothesenbildungen ex

---

[19]Zu der Unterscheidung von „wiedererkennendem" und „sehendem Sehen" vgl. Imdahl (1996 [1974]). Zu einer vertieften Auseinandersetzung besagter Modi des Sehens in Bezug auf die Gemeinsamkeiten und Komplementaritäten der Ikonografie Panofkys und der Ikonologie Imdahls vgl. Raab (2008, S. 59 ff.).

[20]Zu dem „methodischen Doppelspiel von Ethnologisierung und Nostrifizierung" am Beispiel der Objektiven Hermeneutik vgl. Bude (1994).

ante zu verzichten, um die Analyse für eine theorieunbelastete Erkundung des Feldes offenzuhalten und gleichsam umgekehrt durch explorative Studien am Gegenstand Hypothesen und Theorien zu entwickeln, ist wohlbegründet und findet sich im Rahmen unterschiedlicher Methoden – von der Dokumenten- und Konversationsanalyse über die Objektive Hermeneutik bis hin zur Grounded Theory oder den ikonografischen Verfahren der Bildanalyse.

Gleichwohl ist dies im Rahmen der eben thematisierten Verschränkung von Theorie und Empirie nicht leicht zu erreichen. Selbst Ansätze wie die Grounded Theory können einen Theoriebezug des Forschungsprozesses nicht ganz verkennen – ist es doch schlechterdings möglich, dass sich sozialisierte, erwachsene und in aller Regel nicht nur mit Allgemein-, sondern auch mit professionellem (sozialwissenschaftlichem) Sonderwissen ausgestattete Forscherinnen und Forscher ohne theoretische Annahmen ins Feld begeben.[21]

Dies bedenkend kann man sagen: Die Grenzen der Möglichkeit einer adäquaten Analyse hängen nicht nur von theoretischen, methodologischen und methodischen Entscheidungen, sondern ebenfalls von den Interessen, Kompetenzen und Ressourcen der in den Forschungsprozess involvierten Individuen ab. Letztere sind auch im Rahmen einer Soziologie visueller Kommunikation dafür zuständig, neben und mit der Gegenstandsanalyse konzeptuelle Perspektiven mit der Interpretation von Daten zu verknüpfen. Im Lichte solcher Überlegungen ist wiederholt auf die beschränkte Standardisierbarkeit der Methoden qualitativer Sozialforschung hingewiesen worden sowie darauf, dass sie sich als „Kunstlehre" nur schwer vermitteln lässt (vgl. Bude 2007).

Umso wichtiger ist es zu betonen, dass ein Modell wie das hier präsentierte einen hilfreichen Bezugsrahmen für empirische Analysen bietet. Dabei können sich Untersuchungen in ihrem Verlauf alternierend mehr der empirisch-analytischen oder theoretischen Seite zuneigen. Schwerpunktsetzungen müssen entsprechend keine Vormachtstellung einer der beiden Seiten zuungunsten der

---

[21]Kelle spricht nicht ohne Anlass vom „inductivist self misunderstanding" der Grounded Theory (2005, § 24). Strübing betont indessen die Relativierung und Präzisierung methodologischer Prämissen durch deren Entwickler in späteren Arbeiten (Strauss/Corbin 1996 [1990]). Besonders das Frühwerk (insbesondere Glaser/Strauss 1967) habe aus strategischen Gründen der pointierten Abgrenzung zur nomologisch-deduktiven Position einem induktivistischen Missverständnis Vorschub geleistet (vgl. Strübing 2008, S. 51–59). Zu vergessen ist auch nicht, dass die Einbezugnahme schon bestehender „formaler Theorien" im Forschungsprozess durch den methodologischen Rahmen der Grounded Theory nicht ausgeschlossen wird und zudem dafür plädiert wird, die selbst entwickelten, gegründeten formalen Theorien kontextabhängig zu variieren (siehe Glaser 2007, S. 106).

jeweils anderen bedeuten. Praktisch realisierbar wird die Verschränkung von Theorie und Empirie durch eine entsprechende Organisation des Forschungsprozesses, wie sie für verschiedene methodologische und methodische Konzepte qualitativer Sozialforschung kennzeichnend ist. Bestimmend ist hier ein *prozessuales* Verständnis der Forschung, das zirkuläre Beziehungen zwischen gegenstandsbezogenem, generalisierendem Schlussfolgern (Induktion) einerseits und der Überprüfung von abstrahierten Konzepten in der Konfrontation mit empirischen Materialien (Deduktion) andererseits systematisch herbeiführt. Die Sozialökologie visueller Kommunikation kann sich entsprechend in einem etablierten Methodenspektrum verorten.[22]

8.6 Sozialökologische Reflexivität

Aus den bisherigen Überlegungen ergeben sich spezifische Reflexionspotentiale sowohl für die Untersuchung des Gegenstands wie für die Beobachtung des Forschungsprozesses selbst. So kann auf der Basis des (weiter zu entwickelnden) Katalogs von Umgebungen des Artifiziellen die Frage besser reflektiert werden, welche Dimensionen im Einzelfall von besonderer Bedeutung sind und welche Relevanzstruktur sich zwischen den Dimensionen gegenstandsbezogen herausbildet. Ergänzt man die hier näher erörterten Habitate (Kap. 7) in die obige Schematisierung, ergibt sich folgende Darstellung (Abb. 8.5):

Auch dann, wenn es der Analyse nicht darum geht, die jeweils thematisierten Gestalten in ihrer gesamten Sozialität zu erfassen, kann sich die konzeptionelle Matrix von Beziehungsgefügen im Sinne eines heuristischen Modells als hilfreich erweisen. Auf ihrer Basis nämlich ist die Selektivität der jeweils gewählten Perspektiven und damit die Konstruktivität des Gegenstandes durch die Soziologie umso besser *als solche* im Forschungsprozess erkennbar. Der analytische Nutzen eines solchen Modells für empirische Fallstudien liegt also nicht zuletzt darin, als Reflexionshilfe der jeweils *nicht* berücksichtigten Dimensionen fungieren zu können. Es macht genauer sichtbar, wie Gegenstände schematisiert werden, wenn sie ‚nur' unter dem Aspekt situativer Handlungspraktiken, machtsymbolischer Ausdrucksformen, emotionaler Semantiken, identitätsbezogener Darstellungsdimensionen oder gattungsspezifischer Selektionslogiken rekonstruiert werden.

---

[22]Zur Reflexion von Anschlussmöglichkeiten einer Sozialökologie visueller Kommunikation an die Grounded Theory vgl. Kautt (2017b).

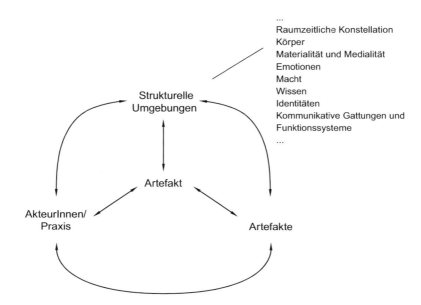

Abb. 8.5 Sozialökologie visueller Kommunikation II. (Quelle: Eigene Darstellung)

Die Interpretationen empirisch gegebener Merkmalsausprägungen gewinnen dabei in dem Maß an Plausibilität, in dem die Diskussion *verschiedener* Lesarten zeigen kann, dass, inwiefern und aus welchen Gründen die infrage stehenden visuellen Formen auf bestimmte soziale Konstruktionen – und nicht auf bestimmte andere – zugerechnet werden können. Die soziologisch informierte Öffnung des Blicks für das Spektrum des Möglichen ist insofern ein Apriori gelungener Kontingenzreduktion.

Vor allem aber trägt eine typologische Matrix struktureller Kontexte (Habitate) wie die hier präsentierte dazu bei, potenzielle soziale Ordnungen und Prozessdynamiken überhaupt im Assoziationshorizont der Forschenden erscheinen zu lassen. So kann das Dilemma abduktiven (hypothetischen) Schließens zwar nicht aus der Welt geschafft werden (vgl. Reichertz 2009), wohl aber mit Anhaltspunkten für die Reflexion der Entstehung abduktiver ‚Blitze' versorgt werden.

Dabei geht es in der Arbeit mit einer Matrix von Habitaten keineswegs darum, der Analyse theoretische Deutungsperspektiven vorzuschreiben. Im Gegenteil! Das Modell ermöglicht vielmehr die Sensibilisierung für die potenzielle Breite möglicher Sozialbezüge der jeweils untersuchten Fälle im Sinne Herbert Blumers

8.6 Sozialökologische Reflexivität

„Sensitizing Concepts" (Blumer 1954, S. 7). Dies kann umso besser geschehen, als begrifflich generalisierte Konzepte gerade durch ihren *Mangel* an empirischer Konkretion als Bezugspunkte der Analyse fungieren können, ohne letztere so einzuschränken, dass die Merkmale der jeweils untersuchten Fälle selbst nicht hinreichend zur Geltung kommen (vgl. Kelle 2005, §45 ff.).

Nicht zuletzt könnte sich eine Sozialökologie visueller Kommunikation auch in einem *designpraktischen* Sinn als nützlich erweisen. Das alte Credo „form follows function" (vgl. Abschn. 6.2) könnte die Praxis des Gestaltens und deren Kritik informieren, wenn *soziale* Funktionen des Designs des Visuellen stärker, umfassender und systematischer berücksichtigt würden als bisher. Stärker, indem die Anpassung von Artefakten an das Soziale als eine zentrale Aufgabe anerkannt würde, umfassender, indem die Vielgestaltigkeit der Sozialbezüge des Künstlichen reflektiert würde und systematischer, indem soziologischem Wissen und soziologischen Methoden in der Wissenschaft vom Entwerfen und in der Designpraxis ein fester Platz zugewiesen würde. Dabei wäre auch hierfür die Ausarbeitung einer Methode zu wünschen, die, bei aller berechtigten Skepsis gegenüber der Standardisierbarkeit qualitativer Sozialforschung, als Rahmen fallbezogener Problemstellungen dienen könnte. Indessen ist hier nicht der Ort, derartige Fragen ausführlicher zu behandeln.[23]

Hinsichtlich der Reflexion von Praxis ist jedenfalls entscheidend, dass ein sozialökologisches Konzept das breite Spektrum möglicher Gesichtspunkte in den Blick nimmt, mit denen Individuen an visuellen Kommunikationen partizipieren. Denn nur so können spezifische Praktiken (etwa habitueller Prägung) als eben solche dechiffriert und im Rahmen empirischer Fallstudien zu anderen Praxisformen in Beziehung gesetzt werden. Der Sozialökologie visueller Kommunikation dient weder der individuellen Interessen folgende homo oeconomicus noch der an Normen und Werten orientierte homo sociologicus als maßgebende Sozialfigur. Eben weil sie Praxis als relevante Konstituente von Gestaltung in den verschiedensten Themenzusammenhängen und Kontexten versteht und sie die empirischen Daten in ihrer Vielgestaltigkeit ernst nimmt, muss sie das Individuum vielmehr als *homo oecologicus* konzipieren im Sinne von Handelnden und Kommunizierenden, die in ihrem Tun (und Lassen) potenziell die verschiedensten sozial bedingten Gesichtspunkte zueinander in Beziehung setzen (vgl. Abschn. 6.4). Eine Typologie relevanter struktureller Umgebungen kann sich daher auch im Zusammenhang der fallbezogenen Rekonstruktion von

---

[23]Zu den Anschlussmöglichkeiten von Design und Soziologie vgl. ausführlicher Kautt (2018).

Praxisformen als gewinnbringendes Reflexionsmedium erweisen, das die Analyse für den Horizont potenziell bedeutsamer Gesichtspunkte von Praxis sensibilisiert. Diese Perspektive schließt die Praxis der Forschung ein. Deren Reflexion ist bedeutsam, da sie als „Praxis der Theorie" (Luhmann 1969) abstrahieren, generalisieren und d. h. vereinfachen muss, z. B. als Praxis der Konstruktion ihrer Gegenstände, als Praxis der Konzepte (ihrer begrifflichen Unterscheidungen und Theoreme) und als Praxis der Kommunikation (z. B. der Darstellung ihrer Ergebnisse). Auf allen Ebenen wählen die Forschenden Gesichtspunkte und bleiben unvermeidlich hinter der Komplexität der sozialen Wirklichkeit zurück, auf die sie sich beziehen. Ihre Generalisierungen richten sich dabei an dem Ziel aus, visuelle Gestaltungen in den verschiedensten sozialen Beziehungen in den Blick nehmen zu können. In Bezug auf die methodologisch relevanten Fragen ‚was wird verallgemeinert?', ‚woraufhin wird verallgemeinert?' und ‚mit welchen Mitteln wird verallgemeinert?'[24] kann man sagen: Verallgemeinert werden *sichtbare Gegenstände* in ihrer intersubjektiven Sinnhaftigkeit auf ihre *sozialen Beziehungen* hin (zu Strukturen, akteursbezogenen Praktiken und anderen Artefakten) mit den *methodischen Mitteln der Soziologie,* zu denen neben und mit theoretischen Unterscheidungen empirische Analyseverfahren gehören. Während das Problem der Komplexitätsreduktion nicht aufhebbar ist, kann sie das prozessuale Wählen von Gesichtspunkten in der Darstellung des Forschungsprozesses und seiner Ergebnisse transparent machen und die Selektivität ihrer Beobachtungen vor dem Hintergrund ihres sozialökologischen Modells reflektieren.[25]

Abschließend bleibt festzuhalten, dass ein solcher Ansatz den Beschreibungs- und Erklärungsansprüchen einzelner Großtheorien nicht folgen kann.[26]

---

[24]Zu diesen Leitfragen theoretischen Generalisierens vgl. z. B. Heinze (1987, S. 128 f.).

[25]Wenn Bourdieu im Rahmen seiner „Theorie der Praxis" den (Klassen-)Milieubezug von Forschenden als Bezugsrahmen der soziologischen Bestimmung des Beobachters wählt und eine darauf bezogene Selbstreflexivität von Forschung anmahnt (Bourdieu 1976, S. 159 f.), wird die hier gemeinte Komplexität nicht berücksichtigt. Wie Langenohl feststellt, schreibt Bourdieus Gebrauchsweise des Reflexivitätsbegriffs vielmehr den „postpositivistischen Grundimpuls der Postmoderne" fort, indem sie für Reflexivität einen fixierbaren Ankerpunkt angibt (Langenohl 2009, Abs. 20). Wie der Begriff der Praxis wird der Begriff der Reflexion in die Theorie der sozialen Felder und des Habitus eingebettet (vgl. Langenohl 2009, insb. Abs. 7, 12, 14).

[26]Sie ist in gewisser Weise eine „relationale Soziologie" (vgl. Mützel/Fuhse 2010), für die computerisierte Netzwerke und die damit zusammenhängenden sozialen Beziehungs- und Interdependenzgeflechte („Figurationen") wiederum zu relationieren sind.

8.6 Sozialökologische Reflexivität

Denn diese tendieren ja dazu, Theorienpluralismus gerade nicht zuzulassen, sondern verschiedenste soziale Phänomene mit einem begrenzten Set von Begriffen zu fassen.[27] Eine Soziologie visueller Kommunikation muss von derartigen Theorieüberdehnungen absehen und die relative Reichweite von Konzepten an den Merkmalen konkreter Objekte ausrichten. Sie muss sich zudem über die Grenzen verschiedener ‚Schulen' hinaus öffnen für die Wahl, Kombination und Synthese (inter-)disziplinärer Gesichtspunkte – seien dies theoretische, methodologische, methodische oder auf empirische Sachverhalte bezogene – um die fachintern gegebene Komplexität nicht im Voraus unnötig einzuschränken. Sie muss notwendigerweise nicht nur ihren Gegenstand ökologisieren, sondern auch sich selbst als eine *Ökologie der Konzepte* fortentwickeln.[28] Die Plausibilisierung dieser Diagnose ist ein wesentliches Ziel vorliegender Arbeit. Wie sich dieses Konzept einer Sozialökologie visueller Kommunikation für empirische Fallanalysen nutzen lässt, wird in weiteren Untersuchungen zu zeigen sein.

---

[27]Um nur zwei prominente Beispiele herauszugreifen: Bourdieus Analysen des Sozialen kreisen stets um Begriffe wie Feld, Habitus oder Klasse, während Medien, funktionale Differenzierung oder soziokulturelle Evolution als Bezugsrahmen des Verstehens des Sozialen kaum zugelassen werden. Demgegenüber stellt das Luhmannsche Theorieprogramm Medien, funktionale Differenzierung und soziokulturelle Evolution in den Mittelpunkt, ordnet jedoch dem stetigen Subjektbezug von Handlungen und Kommunikationen sowie den dazugehörigen Strukturen (Figurationen, Macht u. a.) kaum Bedeutung zu bzw. sieht es in diesen nur Spezialbereiche des Sozialen (z. B. Formen institutionalisierter Macht), nicht aber ‚Medien', die funktional differenzierte Gesellschaftsbereiche stets transzendieren und derart soziale Ordnungen maßgeblich mitbestimmen.

[28]Den Bedarf für eine Perspektiven-Integration auf dem weiteren Weg einer Sozialwissenschaft des Visuellen notiert auch Pauwels (2015, S. 313 f.).

Literatur

Abu Hatoum, Nayrouz. 2017. Framing visual politics: Photography of the wall in palestine. *Visual Anthropology Review, 33* (1): 18–27.
Agamben, Giorgio. 2002 [1995]. *Homo sacer. Die souveräne Macht und das nackte Leben.* Frankfurt am Main: Suhrkamp.
Albrecht, Clemens. 2002. Wie Kultur repräsentativ wird: Die Politik der Cultural Studies. In *Populäre Kultur als repräsentative Kultur. Die Herausforderung der Cultural Studies*, Hrsg. Udo Göttlich, Clemens Albrecht, und Winfried Gebhardt, 16–32. Köln: Herbert von Halem.
Alexander, Jeffrey; Dominik Bartmanski, and Bernhard Giesen, Eds. 2012. *Iconic Power. Materiality and Meaning in Social Life. Cultural Sociology.* New York: Palgrave.
Alexander, Jeffrey; Elizabeth B. Butler, and M. Luengo, Eds. 2016. *The Crisis of Journalism Reconsidered: Democratic Culture, Professional Codes, Digital Future.* New York: Cambridge University Press.
Alheit, Peter, und Morten Brandt. 2006. *Autobiographie und ästhetische Erfahrung: Entdeckung des Wandels des Selbst in der Moderne.* Frankfurt am Main: Campus.
Althoff, Gerd. 2003. *Die Macht der Rituale. Symbolik und Herrschaft im Mittelalter.* Darmstadt: WBG.
Appadurai, Arjun. 1986. Introduction: commodities and the politics of value. In *The social life of things. Commodities in cultural perspective,* Ed. Arjun Appadurai, 3–63. Cambridge: Cambridge University Press.
Arasse, Daniel. 2012 [1989]. *Bildnisse des Teufels.* Berlin: Matthes & Seitz.
Ariès, Philippe; Georges Duby, und P. Veyne, Hrsg. 1989–93. *Geschichte des privaten Lebens.* 5 Bände. Frankfurt am Main: Fischer.
Armstrong, Gary; Jade, Moran, and C. Norris, Eds. 1998. *Surveillance, Closed Circuit Television and Social Control.* Aldershot: Ashgate.
Assmann, Jan. 2002. *Das kulturelle Gedächtnis. Schrift, Erinnerung und politische Identität in frühen Hochkulturen.* 4. Aufl. München: C.H. Beck.
Auslander, Philip. 1999. *Liveness: performance in a mediatized culture.* London, New York: Routledge.
Avermaete, Tom; Serhat Karakayali, and M. von Osten, Eds. 2010. *Colonial Modern. Aesthetics of the Past – Rebellions for the Future.* London: Black Dog.

Ayaß, Ruth. 2018. Katastrophenfotografie. Eine ethnomethodologische Analyse. In Das Bild als soziologisches Problem. Herausforderungen einer Theorie visueller Sozialkommunikation, Hrsg. Michael R. Müller und Hans-Georg Soeffner, 152–178. Weinheim: Beltz Juventa.

Azuma, Ronald T. 1997. A Survey of Augemented Reality. *Presence. Teleoperators and Virtual Environments,* 6 (4): 355–385.

Baacke, Dieter. 1980. Der sozialökologische Ansatz zur Beschreibung und Erklärung des Verhaltens Jugendlicher. In *Deutsche Jugend. Zeitschrift für Jugendfragen und Jugendarbeit* 28 (11): 493–505.

Bachmann-Medick, Doris. 2006. *Cultural Turns. Neuorientierungen in den Kulturwissenschaften.* Reinbek: Rowohlt.

Baecker, Dierk. 2007. *Studien zur nächsten Gesellschaft.* Frankfurt am Main: Suhrkamp.

Baecker, Dirk. 2001. *Wozu Kultur?* Berlin: Kulturverlag Kadmos.

Baecker, Dirk. 2012. Komplexe Bilder: Kommunizierte Wahrnehmung, In *Machtwechsel der Bilder: Bild und Bildverstehen im Wandel,* Hrsg. Enno Rudolph und Thomas Steinfeld, 61–94. Zürich: orell füssli.

Baecker, Dirk. 2013. *Beobachter unter sich. Eine Kulturtheorie.* Frankfurt am Main: Suhrkamp.

Baleva, Martina; Ingeborg Reichle, und Oliver Lerone Schultz, Hrsg. 2012. *Image Match. Visueller Transfer, ‚Imagescapes' und Intervisualität in globalen Bildkulturen.* München: Fink.

Balint, Michael. 1972. *Angstlust und Regression. Beitrag zur psychologischen Typenlehre.* Stuttgart: Kohlhammer.

Ball, Kirstie; Kevin Haggerty, and David Lyon, Eds. 2014. *Routledge Handbook of Surveillance Studies.* London: Routledge.

Balla, Balint. 1987. Kultur als Daseinssphäre von Knappheitsbewältigung, In *Kulturtypen, Kulturcharaktere. Träger, Mittler und Stifter von Kultur,* Hrsg. Wolfgang Lipp, 241–256. Berlin: Reimer.

Barker, Roger. 1960. Ecology and Motivation. In *Nebraska Symposium of Motivation,* Ed. Marshall R. Jones, 1–49. Volume 8. Lincoln: University of Nebraska Press.

Barnard, Malcolm. 1998. *Art, Design, and Visual Culture. An Introduction.* New York: St. Martin's Press.

Barthes, Roland. 1964 [1957]. *Mythen des Alltags.* Frankfurt am Main: Suhrkamp.

Bartlett, Frederic Charles. 1995 [1932]. *Remembering. A Study in Experimental and Social Psychology.* Cambridge: Cambridge University Press.

Bartmanski, Dominik. 2014. The word/image dualism revisited: Towards an iconic conception of visual culture. *Journal of Sociology,* 50 (2): 164–181.

Bataille, George. 1985 [1933]. *Die Aufhebung der Ökonomie.* München: Matthes & Seitz.

Bateson, Gregory, and Margaret Mead. 1942. *Balinese Character. A Photographic Analysis.* New York: New York Academy of Sciences.

Bateson, Gregory. 1994 [1972]. *Ökologie des Geistes. Anthropologische, psychologische, biologische und epistemologische Perspektiven.* Frankfurt am Main: Suhrkamp.

Bau, Axel. 1995. *Wertewandel – Werbewandel? Zum Verhältnis von Zeitgeist und Werbung. Anpassung ökonomischer und politischer Werbung an veränderte soziokulturelle Orientierungsgrößen in der Bundesrepublik Deutschland.* Frankfurt am Main: Haag und Herchen.

Bauch, Kurt. 1994. Imago. In *Was ist ein Bild?* Hrsg. Gottfried Boehm, 275–299. München: Fink.

Literatur

Baudelaire, Charles. 1980. Das moderne Publikum und die Photographie. In *Theorie der Photographie. 1839–1912*, Hrsg. Wolfgang Kemp, 110–113. München: Schirmer/Mosel.
Baudrillard, Jean. 1978. *Agonie des Realen*. Berlin: Merve.
Baudrillard, Jean. 1982. *Der symbolische Tausch und der Tod*. München: Matthes und Seitz.
Baudrillard, Jean. 1991 [1968]. *Das System der Dinge. Über unser Verhältnis zu den alltäglichen Gegenständen*. Frankfurt am Main: Campus.
Baxandall, Michael. 1972. *Painting and Experience in Fifteenth Century Italy. A Primer in the Social History of Pictorial Style*. Oxford: Clarendon Press.
Beck, Gerald. 2013. *Sichtbare Soziologie. Visualisierung und soziologische Wissenschaftskommunikation in der Zweiten Moderne*. Bielefeld: transcript.
Beck, Ulrich. 1986. *Risikogesellschaft. Auf dem Weg in eine andere Moderne*. Suhrkamp: Frankfurt a. M.
Behr, Manfred. 2005. Argumentation durch Bilder. In *Bildwissenschaft. Zwischen Reflexion und Anwendung*, Hrsg. Klaus Sachs-Hombach, 212–229. Köln: Herbert von Halem.
Belk, Russel W. 1988. Possessions and the Extended Self. *Journal of Consumer Research* 15 (2): 139–168.
Belting, Hans. 2001. *Bild-Anthropologie. Entwürfe für eine Bildwissenschaft*. München: Fink.
Belting, Hans. 2005. Nieder mit den Bildern. Alle Macht den Zeichen. Aus der Vorgeschichte der Semiotik. In *Bild-Zeichen. Perspektiven einer Wissenschaft vom Bild*, Hrsg. Stefan Majetschak, 31–48. München: Fink.
Benjamin, Walter. 1977 [1936]. *Das Kunstwerk im Zeitalter seiner technischen Reproduzierbarkeit. Drei Studien zur Kunstsoziologie*. 10. Aufl. Frankfurt am Main: Suhrkamp.
Bennett, Tony. 2010. *Material powers: cultural studies, history and the material turn*. London: Routledge.
Berger, Peter L., und Thomas Luckmann. 1969. *Die gesellschaftliche Konstruktion der Wirklichkeit. Eine Theorie der Wissenssoziologie*. Frankfurt am Main: Fischer.
Beuthner, Michael, Stephan A. Weichert. 2005. The More You Watch, The Less You Know. Hybridisierungstendenzen in der visuellen Kriegs- und Krisenkommunikation. In *War Visions. Bildkommunikation und Krieg,* Hrsg. Thomas Knieper und Marion G. Müller, 153–181. Köln: Herbert von Halem.
Bieber, Alain, Hrsg. 2015. *Ego Update. A History of the Selfie. NRW Forum, Düsseldorf*. Köln: Walther König.
Bieling, Simon. 2018. *Konsum zeigen. Die neue Öffentlichkeit von Konsumprodukten auf Flickr, Instagram und Tumblr*. Bielefeld: transcript.
Bird, Jon; Curtis, Barry; M. Mash; T. Putnam; G. Robertson; S. Stafford, and L. Tickner, Eds. 1996. *The Block Reader in Visual Culture*. London: Routledge.
Blumer, Herbert. 1954. What is wrong with social theory? *American Sociological Review*, 19: 3–10.
Blumer, Herbert. 1979. Methodologische Prinzipien empirischer Wissenschaft. In *Explorative Sozialforschung. Einführende Beiträge aus "Natural Sociology" und Feldforschung in den USA*, Hrsg. Klaus Gerdes, 41–62. Stuttgart: Enke.
Boehm, Gottfried. 1994. Die Bilderfrage. In *Was ist ein Bild?*, Hrsg. Gottfried Boehm, 325–343. München: Fink.
Boehm, Gottfried, Hrsg. 1994. *Was ist ein Bild?* München: Fink.

Boehm, Gottfried. 1995. Bildbeschreibung. Über die Grenzen von Bild und Sprache. In *Beschreibungskunst, Kunstbeschreibung. Ekphrasis von der Antike bis zur Gegenwart*, Hrsg. Gottfried Boehm und Helmut Pfotenhauer, 23–40. München: Fink.

Böhme, Gernot. 1992. *Natürlich Natur. Über Natur im Zeitalter ihrer technischen Reproduzierbarkeit.* Frankfurt am Main: Suhrkamp.

Böhme, Gernot. 1995. Der Glanz des Materials. Zur Kritik der ästhetischen Ökonomie. In *Atmosphäre. Essays zur neuen Ästhetik,* Hrsg. Gernot Böhme, 49–65. Frankfurt am Main: Suhrkamp.

Böhme, Gernot. 1999. *Theorie des Bildes.* München: Fink.

Böhme, Gernot. 2001. *Aisthetik. Vorlesungen über Ästhetik als allgemeine Wahrnehmungslehre.* München: Fink.

Böhme, Hartmut. 2006. *Fetischismus und Kultur. Eine andere Theorie der Moderne.* Reinbek: Rowohlt.

Bohn, Cornelia. 2000. Kleidung als Kommunikationsmedium. *Soziale Systeme* (6): 111–135.

Bohn, Cornelia. 2012. Bildlichkeit und Sozialität. Welterzeugung mit visuellen Formen. *Soziale Systeme* (18): 40–68.

Bohnsack, Ralf; Winfried Marotzki, und M. Meuser, Hrsg. 2003. *Hauptbegriffe Qualitativer Sozialforschung.* Opladen: Leske & Budrich.

Bohnsack, Ralf. 2006. Die dokumentarische Methode der Bildinterpretation in der Forschungspraxis. In *Bildinterpretation und Bildverstehen. Methodische Ansätze aus sozialwissenschaftlicher, kunst- und medienpädagogischer Perspektive,* Hrsg. Winfried Marotzki und Horst Niesyto, 1. Aufl., 45–75. Wiesbaden: VS.

Bohnsack, Ralf. 2007. Die Wissenssoziologie als Methode. Mannheims Beitrag zum Paradigmawechsel. In *Karl Mannheim. Leben, Werk, Wirkung und Bedeutung für die Osteuropaforschung*, Hrsg. Bálint Balla. Hamburg: Krämer.

Boltanski, Luc, und Arnaud Esquerre. 2018. *Bereicherung. Eine Kritik der Ware. Aus dem Französischen von Christine Pries.* Frankfurt am Main: Suhrkamp.

Boorstin, Daniel J. 1961. *Das Image. Oder was wurde aus dem amerikanischen Traum?* Reinbek: Rowohlt.

Bornewasser, Manfred. 2005. Evaluation der Videoüberwachung: Ein Praxisbericht. Ergebnisse einer wissenschaftlichen Begleituntersuchung. In *Bild – Raum – Kontrolle. Videoüberwachung als Zeichen gesellschaftlichen Wandels,* Hrsg. Leon Hempel und Jörg Metelmann, 235–254. Frankfurt am Main: Suhrkamp.

Borsò, Vittoria; Christiane Liermann, und P. Merziger, Hrsg. 2010. *Die Macht des Populären. Politik und populäre Kultur im 20. Jahrhundert.* Bielefeld: transcript.

Bourdieu, Pierre. 1976. *Entwurf einer Theorie der Praxis. Auf der ethnologischen Grundlage der kabylischen Gesellschaft.* Frankfurt am Main: Suhrkamp.

Bourdieu, Pierre. 1982. *Die feinen Unterschiede. Kritik der gesellschaftlichen Urteilskraft.* Frankfurt am Main: Suhrkamp.

Bourdieu, Pierre. 1999. *Die Regeln der Kunst.* Frankfurt am Main: Suhrkamp.

Bourdieu, Pierre. 2005. *Die männliche Herrschaft.* Frankfurt am Main: Suhrkamp.

Bourdieu, Pierre. 2011. *Kunst und künstlerisches Feld.* Konstanz: UVK.

Bourdieu, Pierre; Luc Boltanski; R. Castel; J. Chamboredon; G. Lagneau, und D. Schnapper. 1983. *Eine illegitime Kunst. Die sozialen Gebrauchsweisen der Photographie.* Frankfurt am Main: Suhrkamp.

Bozovic, Miran. 1995. *Jeremy Bentham. The Panopticon Writings.* London, New York: Verso.
Brandes, Uta. 2017. *Gender Design: Streifzüge zwischen Theorie und Empirie.* Basel: Birkhäuser.
Brauneck, Manfred. 1994. *Die Welt als Bühne. Geschichte des europäischen Theaters.* Bd. 1. Antike - Mittelalter - Humanismus und Renaissance. Stuttgart: Metzler.
Breckner, Roswitha. 2010. *Sozialtheorie des Bildes. Zur interpretativen Analyse von Bildern und Fotografien.* Bielefeld: transcript.
Breckner, Roswitha. 2013. Bild und Biographie: Ein Kaleidoskop von Selbstbildern? In *Medialisierungsformen des (Auto-)Biographischen,* Hrsg. Carsten Heinze und Alfred-Hornung, 159–180. Konstanz.
Bredekamp, Horst. 1975. *Kunst als Medium sozialer Konflikte. Bilderkämpfe von der Spätantike bis zur Hussitenrevolution.* Frankfurt am Main: Suhrkamp.
Bredekamp, Horst. 2004. Bildwissenschaft. In *Metzler Lexikon Kunstwissenschaft. Ideen, Methoden, Begriffe,* Hrsg. Ulrich Pfisterer, 56–58. Stuttgart, Weimar: Metzler.
Bredekamp, Horst. 2010. *Theorie des Bildaktes. Frankfurter Adorno-Vorlesungen 2007.* Berlin: Suhrkamp.
Bröckling, Ulrich. 2007. *Das unternehmerische Selbst. Soziologie einer Subjektivierungsform.* Frankfurt am Main: Suhrkamp.
Bruhn, Matthias. 2003. *Bildwirtschaft. Verwaltung und Verwertung der Sichtbarkeit.* Weimar: Verlag und Datenbank für Geisteswissenschaften.
Bryson, Norman; Michael A. Holly, and Keith P. F. Moxey. 1994. *Visual Culture. Images and Interpretations.* Hanover: University Press of New England; Wesleyan University Press.
Bucher, Sebastian. 2007. Das Diagramm in den Bildwissenschaften. Begriffsanalytische, gattungstheoretische und anwendungsorientierte Ansätze in der diagrammatischen Forschung. In *Verwandte Bilder. Die Fragen der Bildwissenschaft,* Hrsg. Ingeborg Reichle, Steffen Siegel, Achim Spelten, 113–129. Berlin: Kadmos.
Buchli, Heinz. 1962. *6000 Jahre Werbung. Geschichte der Wirtschaftswerbung und der Propaganda.* 2 Bd. Berlin: De Gruyter.
Bude, Heinz. 1994. Das Latente und das Manifeste. Aporien einer "Hermeneutik des Verdachts". In *Die Welt als Text. Theorie, Kritik und Praxis der objektiven Hermeneutik,* Hrsg. Detlef Garz und Klaus Kraimer, 114–124. Frankfurt am Main: Suhrkamp.
Bude, Heinz. 2007. Die Kunst der Interpretation. In *Qualitative Forschung. Ein Handbuch,* Hrsg. Uwe Flick, Ernst von Kardorff, I. Steinke, 7. Aufl., 569–578. Hamburg: Rowohlt.
Burckhardt, Jakob. 1997 [1860]. *Kultur (und Kunst) der Renaissance in Italien.* Hrsg. von Horst Günther. Frankfurt am Main: Insel.
Burgin, Victor. 1996. *In/Different Spaces. Place and Memory in Visual Culture.* Berkeley: University of California Press.
Burkart, Günter. 2006. *Die Ausweitung der Bekenntniskultur – neue Formen der Selbstthematisierung.* Wiesbaden: VS.
Burke, Peter. 1998. Reflections on the Frontispiece Portrait in the Renaissance. In *Bildnis und Image. Das Portrait zwischen Intention und Rezeption,* Hrsg. Andreas Köstler und Ernst Seidl, 151–162. Köln: Böhlau.
Burri, Regula V. 2008a. *Doing Images. Zur Praxis medizinischer Bilder.* Bielefeld: transcript.

Burri, Regula V. 2008b. Bilder als soziale Praxis. Grundlegungen einer Soziologie des Visuellen. *Zeitschrift für Soziologie* 37 (4): 342–358.
Butler, Judith. 1991 [1990]. *Das Unbehagen der Geschlechter*. Frankfurt am Main: Suhrkamp.
Carson, Fiona, und Claire Pajaczkowska. 2001. *Feminist Visual Culture*. New York: Routledge.
Casetti, Francesco. 2001. Filmgenres, Verständigungsvorgänge und kommunikativer Vertrag. In: *Montage/AV* 10 (2): 155–173.
Castells, Manuel. 2009. *The Power of Identity*. Chicester: Wiley.
Chakkalakal, Silvy. 2014. *Die Welt in Bildern. Erfahrung und Evidenz in Friedrich J. Bertuchs „Bilderbuch für Kinder" (1790–1830)*. Göttingen: Wallstein.
Chalfen, Richard. 1987. *Snapshot versions of life*. Bowling Green, OH: The Popular Press.
Chauvin, Pierre-Marie, and Fabien Reix. 2015. Visual sociologies. History and directions of research. *L'Année Sociologique*, 65 (1): 15–41.
Chouliaraki, Lilie. 2013. The humanity of war: Iconic photojournalism of the battlefield, 1914–2012. *Visual Communication*, 12 (3): 315–340.
Ciarlo, David. 2011. *Advertising Empire. Race and Visual Culture in Imperial Germany*. Cambridge: Harvard University Press.
Ciompi, Luc, und Elke Endert. 2011. *Gefühle machen Geschichte. Die Wirkung kollektiver Emotionen – von Hitler bis Obama*. Göttingen: Vandenhoeck und Ruprecht.
Clifford, James, and George E. Marcus. 1986. *Writing Culture. The Poetics and Politics of Ethnography. A School of American Research Advanced Seminar. 25th anniversary ed. Berkeley*. London: University of California Press.
Collier, John, and Malcom Collier. 1990. *Visual Anthropology. Photography as a Research Method* (3th ed.). Albuquerque: University of New Mexico Press.
Collins, Randall. 1990. Stratification, Emotional Energy and the Transient Emotions. In *Research Agendas in the Sociology of Emotions*, Ed. Theodore D. Kemper, 25–57. Albany: State University of New York Press.
Collins, Randall. 2017. The visual data revolution and qualitative sociology. *Etnografia e Ricerca Qualitativa*, (2), 181–194.
Connell, Raewyn. 1995. *Masculinities*. Berkeley, California: University of California Press.
Corbin, Juliet, und Anselm Strauss. 1996. *Grounded Theory. Grundlagen qualitativer Sozialforschung*. Weinheim: Beltz.
Crang, Mike. 2012. Tristes Entropique: Steel, Ships and Time Images for Late Modernity. In *Visuality/Materiality. Images, Objects and Practices,* Eds. Gillian Rose and Divya P. Tolia Kelly, 59–74. London, New York: Routledge.
Crary, Jonathan. 1996 [1992]. *Techniken des Betrachters. Sehen und Moderne im 19. Jahrhundert*. Dresden: Verlag der Kunst.
Crouch, David, and Nina Lübbren. 2003. *Visual Culture and Tourism*. New York: A&C Black.
Dahinden, Urs. 2006. *Framing. Eine integrative Theorie der Massenkommunikation*. Konstanz: UVK.
Darwin, Charles. 1872. *The Expression of the Emotions in Man and Animals*. London: John Murray.
Dastgeer, Schugofa, and Peter J. Gade. 2016. Visual framing of muslim women in the arab spring: Prominent, active, and visible. *The International Communication Gazette*, 78 (5): 432–450.

Davis, Whitney. 2011. *A General Theory of Visual Culture*. Princeton: Princeton University Press.

de Laborde, Léon. 1980 [1859]. Die Revolution der Reproduktionsmittel. In *Die Theorie der Fotografie I, 1839–1912*, Hrsg. Wolfgang Kemp, 97–99. München: Schirmer/Mosel.

Deleuze, Gilles, und Felix Guattari. 1992 [1980]. *Kapitalismus und Schizophrenie*. Berlin: Merve.

Denzin, Norman K. 2008. Das reflexive Interview und eine performative Sozialwissenschaft. In *Ethnographie, Kino und Interpretation - die performative Wende der Sozialwissenschaften. Der Norman-K.-Denzin-Reader*, Hrsg. Rainer Winter und Elisabeth Niederer, 137–168. Bielefeld: transcript.

Diaz-Bone, Rainer. 2018. Neue Ausschließungsdynamiken durch Big Data-generierte Unsichtbarkeiten, Inkohärenzen und ungleiche Zeitlichkeiten. In *Datengesellschaft*, Hrsg. Daniel Houben und Bianca Prietl, 207–229. Bielefeld: transcript.

Dikovitskaya, Margaret. 2006. *Visual Culture. The Study of the Visual After the Cultural Turn*. Cambridge: MIT Press.

Doelker, Christian. 2005. Die semantische Tiefe von Bildern. In *Bildwissenschaft. Zwischen Reflexion und Anwendung*, Hrsg. Klaus Sachs-Hombach, 251–263. Köln: Herbert von Halem.

Dohle, Marco. 2011. Unterhaltung durch traurige Filme. *Die Bedeutung von Metaemotionen für die Medienrezeption*. Köln: Herbert von Halem.

Dörner, Andreas. 2001. *Politainment. Politik in der medialen Erlebnisgesellschaft*. Frankfurt am Main: Suhrkamp.

Dörrenbacher, Judith, und Kerstin Plüm. 2016. *Beseelte Dinge: Design aus Perspektive des Animismus*. Bielefeld: transcript.

Douglas, Mary. 1978. *Cultural Bias. Occasional Paper no. 35*, London: Royal Anthropological Institute of Great Britain and Ireland.

Douglas, Mary. 1988 [1966]. *Reinheit und Gefährdung: eine Studie zu Vorstellungen von Verunreinigungen und Tabu*. Frankfurt am Main: Suhrkamp.

Doy, Gen. 2000. *Black Visual Culture. Modernity and Postmodernity*. London, New York: I.B. Tauris.

Dröge, Franz, und Gerd G. Kopper. 1991. *Der Medien-Prozess. Zur Struktur innerer Errungenschaften der bürgerlichen Gesellschaft*. Opladen: Westdeutscher Verlag.

Durkheim, Émile. 1984 [1895]. *Die Regeln der soziologischen Methode. Unter Mitarbeit von René König*. Frankfurt am Main: Suhrkamp.

Durkheim, Emile. 1992 [1893]. *Über soziale Arbeitsteilung. Studie über die Organisation höherer Gesellschaften*. Frankfurt am Main: Suhrkamp.

Eckel, Julia; Jens Ruchatz, und Sabine Wirth, Eds. 2018. *Exploring the Selfie: Historical, Theoretical, and Analytical Approaches to the Digital Self-Photography*. London: Palgrave Macmilton.

Eco, Umberto. 1977. *Zeichen. Einführung in einen Begriff und seine Geschichte*. Frankfurt am Main: Suhrkamp.

Edwards, Elizabeth. 1994. *Anthropology and Photography 1860–1920*. New Haven: Yale University.

Edwards, Elizabeth. 2003. Andere ordnen. Photographie, Anthropologien und Taxonomien. In *Diskurse der Photographie. Fotokritik am Ende des fotografischen Zeitalters*, Hrsg. Herta Wolf, 335–355. Frankfurt am Main: Suhrkamp.

Ege, Moritz. 2013. *Ein Proll mit Klasse. Mode, Popkultur und soziale Ungleichheiten unter jungen Männern in Berlin*. Frankfurt am Main: Campus.

Ehlich, Werner. 1954. *Bild und Bilderrahmen im Altertum. Die Geschichte des Bilderrahmens.* Leipzig: Seemann.
Ehmer, Hermann K. 1971. *Visuelle Kommunikation. Beiträge zur Kritik der Bewußtseinsindustrie.* Köln: DuMont.
Eisenstadt, Shmuel N. 2000. Multiple modernities. *Daedalus* 129. Cambridge: MIT Press: 1–30.
Ekman, Paul, and Wallace V. Friesen. 1969. The Repertoire of Nonverbal Behaviour. Categories, Origins and Coding. *Semiotica* 1 (1): 49–97.
Ekman, Paul. 1989. *Weshalb Lügen kurze Beine haben. Über Täuschungen und deren Aufdeckung im privaten und öffentlichen Leben.* Berlin, New York: de Gruyter.
Elias, Norbert, und John L. Scotson. 1990. *Etablierte und Außenseiter.* Übers. von Michael Schröter. Frankfurt am Main: Suhrkamp.
Elias, Norbert. 1969. *Die höfische Gesellschaft. Untersuchungen zur Soziologie des Königtums und der höfischen Aristokratie.* Neuwied: Luchterhand.
Elias, Norbert. 1977. Zur Grundlegung einer Theorie sozialer Prozesse. *Zeitschrift für Soziologie* 6 (2): 127–149.
Elias, Norbert. 1983. *Engagement und Distanzierung. Arbeiten zur Wissenssoziologie I.* Frankfurt am Main: Suhrkamp.
Elias, Norbert. 1990. Über Menschen und ihre Emotionen. Ein Beitrag zur Evolution der Gesellschaft. *Zeitschrift für Semiotik* 12 (4): 337–357.
Elias, Norbert. 1997 [1939]. *Über den Prozess der Zivilisation. Soziogenetische und psychogenetische Untersuchungen.* Frankfurt am Main: Suhrkamp.
Elias, Norbert. 2002 [1921]. 'Vom Sehen in der Natur'. In Ders. *Frühschriften*, Hrsg. Heike Hammer, 9–28. Frankfurt am Main: Suhrkamp.
Elias, Norbert. 2003. Sport und Gewalt. In *Sport und Spannung im Prozess der Zivilisation,* Hrsg. Norbert Elias und Eric Dunning, 273–315. Frankfurt am Main: Suhrkamp.
Elias, Norbert. 2004 [1935]. *Kitschstil und Kitschzeitalter.* Münster: Lit-Verl.
Elias, Norbert. 2004. *Was ist Soziologie?* 10. Aufl. Weinheim: Juventa.
Englisch, Felicitas. 2001. Bilderanalyse in strukturalhermeneutischer Einstellung. Methodische Überlegungen und Analysebeispiele. In *Qualitativ-empirische Sozialforschung. Konzepte, Methoden, Analysen*, Hrsg. Detlef Garz und Klaus Kraimer, 133–176. Opladen: Westdeutscher Verlag.
Ernst, Wolfgang; Stefan Heidenreich, und Ute Holl, Hrsg. 2003. *Suchbilder. Visuelle Kultur zwischen Algorithmen und Archiven.* Berlin: Kadmos.
Esser, Hartmut. 1999. *Soziologie. Spezielle Grundlagen. Band 1, Situationslogik und Handeln.* Frankfurt am Main/New York: Campus.
Evans, Jessica, und Stuart Hall. 1999. *Visual Culture. The Reader.* London, Thousand Oaks, New Delhi: Sage.
Fahle, Oliver. 2006. Augmented Reality – Das partizipierende Auge. In *Das Spiel mit dem Medium. Partizipation – Immersion – Interaktion. Zur Teilhabe an den Medien von Kunst bis Computerspiel,* Hrsg. Britta Neitzel und Rolf F. Nohr, 91–103. Marburg: Schüren.
Fahlenbrach, Kathrin, Hrsg. 2007. Audiovisuelle Metaphern und Emotionen im Sound-Design. In *Audiovisuelle Emotionen. Emotionsdarstellungen und Emotionsvermittlung,* Hrsg. Anne Bartsch, Jens Eder und Kathrin Fahlenbrach, 330–349. Köln: Herbert von Halem.
Faulstich, Werner, und Helmut Korte, Hrsg. 1997. *Der Star. Geschichte, Rezeption, Bedeutung.* München: Fink.

Feldmann, Dirk. 2008. Rechtliche Bedingungen des Fotojournalismus. In *Global, lokal, digital – Fotojournalismus heute,* Hrsg. Elke Grittmann, Irene Neverla und Ilona Ammann, 137–164. Köln: Herbert von Halem.

Flam, Helena. 1999. Soziologie der Emotionen heute. In *Masse – Macht – Emotionen. Zu einer politischen Soziologie der Emotionen,* Hrsg. Ansgar Klein und Frank Nullmeier, 179–199. Opladen: Westdeutscher Verlag.

Flick, Uwe. 2000. Konstruktion und Rekonstruktion. Methodologische Überlegungen zur Fallkonstruktion. In *Die Fallrekonstruktion. Sinnverstehen in der sozialwissenschaftlichen Forschung.* Hrsg. Klaus Kraimer, 179–200. Frankfurt am Main: Suhrkamp.

Flusser, Vilém. 1996. *Die Revolution der Bilder. Der Flusser-Reader zu Kommunikation, Medien und Design.* 2. Aufl. Mannheim: Bollmann.

Foucault, Michel. 1976. *Überwachen und Strafen. Die Geburt des Gefängnisses.* Frankfurt am Main: Suhrkamp.

Franck, Georg. 1998. *Ökonomie der Aufmerksamkeit.* München, Wien: Hanser.

Frankel, Felice, und Angela H. DePace. 2012. *Visual Strategies. A Practical Guide for Scientists and Engineers.* Cumberland: Yale University Press.

Freund, Gisèle. 1976. Photographie und Gesellschaft. München: Rogner und Bernhard.

Frevert, Ute. 2010. Gefühlvolle Männlichkeiten. Eine historische Skizze. In *Die Präsenz der Gefühle. Männlichkeit und Emotion in der Moderne,* Hrsg. Manuel Borutta und Nina Verheyen, 305–330. Bielefeld: transcript.

Frey, Siegfried. 1999. *Die Macht des Bildes. Der Einfluß der nonverbalen Kommunikation auf Kultur und Politik.* Göttingen: Huber.

Freyermut, Gundolf. 2014. Der Big Bang digitaler Bildlichkeit. Zehn Thesen und zwei Fragen. In Bildwerte. Visualität in der digitalen Medienkultur, Hrsg. Gundolf Freyermuth, und Lisa Gotto, 287–333. Bielefeld: transcript.

Friedrichs, Jürgen. 2004. Human Ecology in der Soziologie. Was ist geblieben? In *Humanökologie. Ursprünge – Trends – Zukünfte,* Hrsg. Wolfgang Serbser, 167–179. München: oekom.

Fuchs, Georg. 1980. Malerei, Photographie und Kultur. In *Theorie der Photographie. 1839–1912,* Hrsg. Wolfgang Kemp, 260–265. München: Schirmer/Mosel.

Führer, Karl-Christian; Knut Hickethier, und A. Schildt. 2001. Öffentlichkeit – Medien – Geschichte. Konzepte der modernen Öffentlichkeit und Zugänge zu ihrer Erforschung. *Archiv für Sozialgeschichte* 41: 1–38.

Fuhse, Jan/Mützel, Sophie. Hrsg. 2010. *Relationale Soziologie: zur kulturellen Wende der Netzwerkforschung.* Wiesbaden: VS.

Fuller, Matthew. 2007. *Media Ecologies. Materialist Energies in Art and Technoculture.* Cambridge, London: MIT Press.

Gabriel, Gottfried. 2011. Aesthetics and Political Iconography of Money. In *Pictorial Cultures and Political Iconographies: Approaches, Perspectives, Case Studies from Europe and America,* Hrsg. Wagner Hebel und Christian Wagner, 419–428. Berlin: De Gruyter.

Galbraith, John Kenneth. 1958. *The affluent society.* Cambridge, Mass.: Riverside Press.

Gattegno, Caleb. 1969. *Towards a Visual Culture. Education Through Television.* New York: Outerbridge & Dienstfrey.

Geertz, Clifford. 1983. *Dichte Beschreibung. Beiträge zum Verstehen kultureller Systeme.* Frankfurt am Main: Suhrkamp.

Gehlen, Arnold. 1957. *Die Seele im technischen Zeitalter. Sozialpsychologische Probleme in der industriellen Gesellschaft.* Hamburg: Rowohlt.

Gehlen, Arnold. 1960. *Zeit-Bilder. Zur Soziologie und Ästhetik der modernen Malerei.* Frankfurt am Main: Athenäum.

Gehlen, Arnold. 2004 [1940]: *Der Mensch. Seine Natur und seine Stellung in der Welt.* Wiebelsheim: Aula Verlag.

Gergen, Mary, und Kenneth Gergen. 2010. Performative Sozialwissenschaft. In *Handbuch Qualitative Forschung in der Psychologie,* Hrsg. Günter Mey und Katja Mruck, 358–366. Berlin, New York: Springer VS.

Gerhards, Jürgen. 1988. *Soziologie der Emotionen. Fragestellungen, Systematik und Perspektiven.* Weinheim/München: Beltz.

Gerling, Winfried; Susanne Holschbach, und P. Löffler, Hrsg. 2018. *Bilder verteilen. Fotografische Praktiken in der digitalen Kultur.* Bielefeld: transcript.

Gerndt, Helge, und Michaela Haibl. 2005. *Der Bilderalltag. Perspektiven einer volkskundlichen Bildwissenschaft.* Münster: Waxman.

Gernsheim, Helmut. 1983. *Geschichte der Photographie. Die ersten hundert Jahre.* Frankfurt am Main, Berlin, Wien: Propyläen.

Giddens, Anthony. 1988 [1984]. *Konstitution der Gesellschaft: Grundzüge einer Theorie der Strukturierung.* Frankfurt am Main: Campus.

Giddens, Anthony. 1995. *Soziologie.* Graz [u.a.]: Nausner & Nausner.

Giddens, Anthony. 2001. *Entfesselte Welt: wie die Globalisierung unser Leben verändert.* Frankfurt am Main: Frankfurt.

Giedion, Siegfried. 2000 [1928]. *Bauen in Frankreich. Bauen in Eisen. Bauen in Eisenbeton.* Berlin: Gebr. Mann Verlag.

Gießmann, Sebastian, und Nadine, Taha. Hrsg. 2017. *Grenzobjekte und Medienforschung/ Susan L. Star.* Bielefeld: transcript.

Ginsburg, Faye. 2002. Mediating Culture: Indigenous Media, Ethnographic Film, and the Production of Identity. In *The Anthropology of Media. A Reader,* Eds. Kelly Askew and Richard Wilk, 210–235. Malden: Blackwell Publishers.

Glaser, Barney B. 2007. Doing Formal Theory. In *The SAGE Handbook of Grounded Theory,* Eds. Antony Bryant and Kathy Charmaz, 97–113. Los Angeles, London: Sage.

Glaser, Barney G., und Anselm L. Strauss. 1967. *The discovery of grounded theory: Strategies for qualitative research.* New York: Aldine.

Gleichmann, Peter; Johan Goudsblom, und H. Korte, Hrsg. 1979. *Materialien zu Norbert Elias' Zivilisationstheorie.* Frankfurt am Main: Suhrkamp.

Gleiter, Jörg H. 2008. *Architekturtheorie heute.* Bielefeld: transcript.

Goffman, Erving. 1951. Symbols of class status. *The British Journal of Sociology* (II): 294–304.

Goffman, Erving. 1967. *Stigma. Über Techniken der Bewältigung beschädigter Identität.* Frankfurt am Main: Suhrkamp.

Goffman, Erving. 1969. *Wir alle spielen Theater. Die Selbstdarstellung im Alltag.* München: Piper.

Goffman, Erving. 1973. *Asyle. Über die soziale Situation psychiatrischer Patienten und anderer Insassen.* Frankfurt am Main: Suhrkamp.

Goffman, Erving. 1974. *Das Individuum im öffentlichen Austausch. Mikrostudien zur öffentlichen Ordnung.* Frankfurt am Main: Suhrkamp.

Goffman, Erving. 1977. *Rahmen-Analyse. Ein Versuch über die Organisation von Alltagserfahrungen.* Frankfurt am Main: Suhrkamp.

Goffman, Erving. 1981. *Forms of Talk*. Oxford: Blackwell.
Goffman, Erving. 1981a [1979]. *Geschlecht und Werbung*. Frankfurt am Main: Suhrkamp.
Goffman, Erving. 1981b. *Strategische Interaktion*. München: Hanser.
Goffman, Erving. 1986. *Interaktionsrituale. Über Verhalten in direkter Kommunikation*. Frankfurt am Main: Suhrkamp.
Goffman, Erving. 1994. Die Interaktionsordnung. In *Interaktion und Geschlecht. Erving Goffman*, Hrsg. Hubert Knoblauch, 50–104. Frankfurt am Main, New York: Campus.
Goltz, Anna von der. 2009. *Hindenburg. Power, Myth, and the Rise of the Nazis*. Oxford: Oxford University Press.
Goodman, Nelson. 1998. *Sprachen der Kunst. Entwurf einer Symboltheorie*. Frankfurt am Main: Suhrkamp.
Goodwin, Charles. 2001. Practices of Seeing Visual Analysis. An Ethnomethodological Approach. In *Handbook of Visual Analysis,* Eds. Carey Jewitt und Theo van Leeuwen, 157–182. London: Sage.
Gozich, Wlad. 1991. Vom Paradox der Sprache zur Dissonanz des Bildes. In *Paradoxien, Dissonanzen, Zusammenbrüche. Situationen offener Epistemologie*, Hrsg. Hans U. Gumbrecht und K. Ludwig Pfeiffer, 747–758. Frankfurt am Main: Suhrkamp.
Gross, Peter. 1995. *Die Multioptionsgesellschaft*. Frankfurt am Main: Suhrkamp.
Groys, Boris. 1997. *Logik der Sammlung. Am Ende des musealen Zeitalters*. München: Hanser.
Guattari, Félix. 2012. *Die drei Ökologien*. Wien: Passagen Verlag.
Guerlin, Frances. 2015. Introduction. In *On not Looking. The Paradox of Contemporary Visual Culture,* Eds. Frances Guerlin. London, New York: Routledge.
Gugler, Andreas. 2000. Speisen der Augen. Allegorische Schaugerichte bei den Krönungen von Kaiser Karl VI. In *Mahl und Repräsentation. Der Kult ums Essen; Beiträge des internationalen Symposions in Salzburg 29. April bis 1. Mai 1999*, Hrsg. Lothar Kolmer und Christian Rohr, 125–134. Paderborn: Schöningh.
Gugutzer, Robert; Gabriele Klein, und Michael Meuser, Hrsg. 2017. *Handbuch Körpersoziologie*, 2 Bd. Wiesbaden: Springer VS.
Gumbrecht, Hans U., und Karl L. Pfeiffer, Hrsg. 1988. *Materialität der Kommunikation*. Frankfurt am Main: Suhrkamp.
Gutwald, Cathrin, und Raimer Zons, Hrsg. 2007. *Die Macht der Schönheit*. München: Fink.
Habermas, Jürgen. 1984. *Vorstudien und Ergänzungen zur Theorie des kommunikativen Handelns*. Frankfurt am Main: Suhrkamp.
Hägele, Ulrich. 2007. *Foto-Ethnographie. Die visuelle Methode in der volkskundlichen Kulturwissenschaft*. Tübingen: TVV Verlag.
Hägele, Ulrich. 2011. Forscher im Fokus der Fotografie. Zur visuellen Konstruktion ethnographischer Wissenschaft. In *Visuelle Medien und Forschung. Über den wissenschaftlich-methodischen Umgang mit Film*, Hrsg. Irene Ziehe und Ulrich Hägele, 69–86. Münster u.a.: Waxmann.
Hagen, Wolfgang. 2018. Anästhetische Ästhetiken. Über Smartphone-Bilder und ihre Ökologie. In *Smartphone-Ästhetik. Zur Philosophie und Gestaltung mobiler Medien*, Hrsg. Oliver Ruf, 75–108. Bielefeld: transcript.

Hahn, Alois. 1986. Soziologische Relevanzen des Stilbegriffes. In *Stil. Geschichten und Funktionen eines kulturwissenschaftlichen Diskurselements,* Hrsg. Hans Ulrich Gumbrecht, Karl Ludwig Pfeiffer und Armin Biermann, 603–611. Frankfurt am Main: Suhrkamp.

Hahn, Alois. 1987. Soziologische Aspekte der Knappheit. *Kölner Zeitschrift für Soziologie und Sozialpsychologie.* Sonderheft 28: 119–132.

Hakim, Catherine. 2011. *Erotisches Kapital. Das Geheimnis erfolgreicher Menschen.* Frankfurt am Main: Campus.

Hangartner, Urs; Felix Keller, und Dorothea Oechslin, Hrsg. 2014. *Wissen durch Bilder: Sachcomics als Medien von Bildung und Information.* Bielefeld: transcript.

Hansen, Lene. 2015. How images make world politics: International icons and the case of Abu Ghraib. *Review of International Studies,* 41(2): 263–288.

Harper, Douglas. 2008. What's New Visually? In *Collecting and Interpreting Qualitative Materials,* Eds. Norman K. Denzin and Yvonna S. Lincoln, 185–204. Thousand Oaks: Sage.

Harper, Douglas. 2012 [1988]. *Visual Sociology.* London, New York: Routledge.

Harten, Jürgen, und Michael Schirner, Hrsg. 1992. *Arts meets Ads, Katalog zur Ausstellung Avantgarde & Kampagne, Kunsthalle Düsseldorf.* Stuttgart: Edition Cantz.

Harth, Manfred, und Jakob Steinbrenner, Hrsg. 2013. *Bilder als Gründe.* Köln: Herbert von Halem.

Harth, Manfred. 2005. Grundbegriffe einer Bildsemantik. In *Bildwissenschaft. Zwischen Reflexion und Anwendung,* Hrsg. Klaus Sachs-Hombach, 230–241. Köln: Herbert von Halem.

Haubl, Rolf. 2009. *Neidisch sind immer nur die anderen. Über die Unfähigkeit, zufrieden zu sein.* München: C.H. Beck.

Hausen, Karin. 1976. Die Polarisierung der "Geschlechtscharaktere" - Eine Spiegelung der Dissoziation von Erwerbs- und Familienleben. In *Sozialgeschichte der Familie in der Neuzeit Europas. Neue Forschungen,* Hrsg. Werner Conze, 363–393. Stuttgart: Klett.

Haustein, Lydia. 2008. *Global Icons. Globale Bildinszenierung und kulturelle Identität.* Göttingen: Wallstein.

Hebdige, Dick. 1979. *Subculture. The Meaning of Style.* London: Methuen.

Hebel, Udo J., and Christoph Wagner, Eds. 2011. *Pictorial Cultures and Political Iconographies. Approachs, Perspectives, Case Studies from Europe and America.* Berlin. New York: de Gruyter.

Heintz, Bettina, und Jörg Huber. 2001. *Mit dem Auge denken. Strategien der Sichtbarmachung in wissenschaftlichen und virtuellen Welten.* Wien/New York: Springer.

Heinze, Carsten, Stephan Moebius, und D. Reicher, Hrsg. 2012. *Perspektiven der Filmsoziologie.* Konstanz: UVK.

Heinze, Carsten; und Alfred Hornung, Hrsg. 2013. *Medialisierungsformen des (Auto-)Biographischen.* Konstanz: UVK.

Heinze, Carsten. 2013. „Die Errettung der äußeren Wirklichkeit?" Die Wirklichkeit der Realität in dokumentar(film)ischen Bildformaten. In *Visuelles Wissen und Bilder des Sozialen. Aktuelle Entwicklungen in der Soziologie des Visuellen,* Hrsg. Petra Lucht, Lisa-Marian Schmidt und René Tuma, 303–322. Wiesbaden: Springer VS.

Heinze, Thomas. 1987. *Qualitative Sozialforschung. Erfahrungen, Probleme, Perspektiven.* Opladen: Westdeutscher Verlag.

Hempel, Leon, und Jörg Metelmann. Hrsg. 2005. *Bild – Raum – Kontrolle. Videoüberwachung als Zeichen gesellschaftlichen Wandels*. Frankfurt am Main: Suhrkamp.
Heng, Terence. 2017. *Visual Methods in the Field. Photography for the Social Sciences*. New York: Routledge.
Heßler, Martina, und Dieter Mersch. 2009. Bildlogik oder Was heißt visuelles Denken? In *Logik des Bildlichen. Zur Kritik der ikonischen Vernunft*, Hrsg. Martina Heßler und Dieter Mersch, 8–62. Bielefeld: transcript.
Heywood, Ian, und Barry Sandywell. 1999. *Interpreting Visual Culture. Explorations in the Hermeneutics of the Visual*. London, New York: Routledge.
Hickethier, Knut. 1997. Vom Theaterstar zum Filmstar. Merkmale des Starwesens vom 19. zum 20. Jahrhundert. In *Der Star. Geschichte, Rezeption, Bedeutung*, Hrsg. Werner Faulstich und Helmut Korte, 29–47. München: Fink.
Hieber, Lutz, und Paula-Irene Villa, Hrsg. 2007. *Images von Gewicht. Soziale Bewegungen, Queer Theory und Kunst in den USA*. Bielefeld: transcript.
Hieber, Lutz. 2008a. Black as a Cultural Statement. Schwarz als kulturelles Statement. In *Back to Black. Black in Current Painting. Schwarz in der aktuellen Malerei*, Hrsg. Veit Görner, Eveline Bernasconi, C. Käding, F. T. Moll, L. Hieber, 10–28. Heidelberg: Kehrer.
Hieber, Lutz. 2008b. Neue soziale Bewegungen und Medienmacht. In *Medienmacht und Gesellschaft. Zum Wandel öffentlicher Kommunikation*, Hrsg. Michael Jäckel und Manfred Mai, 99–122. Frankfurt am Main, New York: Campus.
Hieber, Lutz. 2011. Sozialgeschichte des Werbeplakats. In *Ästhetisierung des Sozialen*, Hrsg. Lutz Hieber und Stephan Moebius, 49–86. Bielefeld: transcript.
Hirschauer, Stefan, und Klaus Amann. 1997. *Die Befremdung der eigenen Kultur. Zur ethnographischen Herausforderung soziologischer Empirie*. Frankfurt am Main: Suhrkamp.
Hirschauer, Stefan. 2001. Ethnografische Schreiben und die Schweigsamkeit des Sozialen. Zu einer Methodologie der Beschreibung. *Zeitschrift für Soziologie* 30 (6): 429–452.
Hirschauer, Stefan. 2008. Die Empiriegeladenheit von Theorien und der Erfindungsreichtum der Praxis. In *Theoretische Empirie. Zur Relevanz qualitativer Forschung*, Hrsg. Herbert Kalthoff, Stefan Hirschauer, und G. Lindemann, 165–187. Frankfurt am Main: Suhrkamp.
Hißnauer, Christian. 2011. *Fernsehdokumentarismus. Theoretische Näherungen, pragmatische Abgrenzungen, begriffliche Klärungen*. Konstanz: UVK.
Hitzler, Roland, und Anne Honer. 1994. Bastelexistenz. Über subjektive Konsequenzen der Individualisierung. In *Riskante Freiheiten. Individualisierung in modernen Gesellschaften*, Hrsg. Ulrich Beck und Elisabeth Beck-Gernsheim, 307–315. Frankfurt am Main: Suhrkamp.
Hitzler, Ronald, und Arne Niederbacher. 2010. *Leben in Szenen. Formen juveniler Vergemeinschaftung heute*. 3. vollst. überarb. Aufl. Wiesbaden: VS.
Hitzler, Ronald, und Michaela Pfadenhauer. 2006. Raver und Styler. Über urbane Inszenierungen. In *Urban Fictions. Die Zukunft des Städtischen*, Hrsg. Manfred Faßler und Claudius Terkowsky, 119–132. München: Fink.
Hobsbawm, Eric. 1983. Introduction: Inventing traditions. In *The invention of tradition*, Eds. Eric Hobsbawm, and Terence Ranger. Cambridge: Cambridge University Press.
Hochschild, Arlie. 1979. Emotion Work, Feeling Rules and Social Structure. *American Journal of Sociology* 85: 551–575.

Hoffmann, Ute, und Bernward Joerges, Hrsg. 1997. *LogIcons. Bilder zwischen Theorie und Anschauung*. Berlin: Edition Sigma.

Hofmann, Wilhelm. 1999. *Die Sichtbarkeit der Macht. Theoretische und empirische Untersuchungen zur visuellen Politik*. Baden-Baden: Nomos.

Hofmann, Wilhelm. 2005. *Politische Identität – visuell*. Münster: Lit.

Holert, Tom. 2000. *Imagineering. Visuelle Kultur und Politik der Sichtbarkeit*. Köln: Oktagon.

Holfelder, Ute, und Klaus Schönberger, Hrsg. 2017. *Bewegtbilder und Alltagskultur(en). Von Super 8 über Video zum Handyfilm. Praktiken von Amateuren im Prozess der gesellschaftlichen Ästhetisierung*. Köln: Herbert von Halem Verlag.

Holly, Werner. 2010. Besprochene Bilder – bebildertes Sprechen. Audiovisuelle Transkriptivität in Nachrichtenfilmen und Polit-Talkshows. In *Sprache intermedial. Stimme und Schrift, Bild und Ton*, Hrsg. Arnulf Deppermann und Angelika Linke, 359–382. Berlin, New York: de Gruyter.

Hölscher, Tonio. 2003. Symbolische Manifestationen in labilen Zeiten. Demokratie und Bildkunst im antiken Athen. In *Zur Ästhetik der Demokratie. Formen der politischen Selbstdarstellung*, Hrsg. Hans Vorländer, 29–53. Stuttgart/München: Deutsche Verlagsanstalt.

Horkheimer, Max, und Theodor W. Adorno. 2003 [1947]. *Dialektik der Aufklärung. Philosophische Fragmente*. Frankfurt am Main: Suhrkamp.

Hörl, Erich. 2013. Le nouveau paradigme écologogique. Pour une écologie générale des médias et techniques. *Multitudes* 51: 68–79.

Hörning, Karl H. 2001. *Experten des Alltags. Die Wiederentdeckung des praktischen Wissens*. Weilerswist: Velbrück.

Hornuff, Daniel. 2012. *Bildwissenschaft im Widerstreit. Belting, Boehme, Bredekamp, Burda*. München: Fink.

Hoskins, Andrew. 2014. The mediatization of memory. In *Mediatization of Communication*, Ed. Knut Lundby, 661–679. Berlin: De Gruyter.

Huberts, Christian, und Sebastian Standke, Hrsg, 2014. *Zwischen|Welten: Atmosphären im Computerspiel*. Glückstadt: Verlag Werner Hülsbusch.

Huerkamp, Claudia. 1989. Ärzte und Patienten. In *Medizinische Deutungsmacht im sozialen Wandel des 19. und frühen 20. Jahrhunderts*, Hrsg. Alfons Labisch und Reinhard Spree, 57–73. Bonn: Psychiatrie-Verlag.

Hunt, John D. 1976. *The Figure in the Landscape. Poetry, Painting, and Gardening During the Eighteenth Century*. Baltimore, London: The Johns Hopkins University Press.

Hüttermann, Jörg. 1999. Kultur als Irritation? Über den Umgang der Luhmannschen Systemtheorie mit dem Problemfeld der Kulturbegegnung. *Berliner Journal für Soziologie*. Jg. 9 (2): 233–252.

Illouz, Eva. 2003. *Der Konsum der Romantik. Liebe und die kulturellen Widersprüche des Kapitalismus*. Frankfurt am Main: Campus.

Imdahl, Max. 1996 [1974]. Cézanne – Bracque – Picasso. Zum Verhältnis zwischen Bildautonomie und Gegenstandssehen. In *Max Imdahl, Gesammelte Schriften, Band 3: Reflexion – Theorie – Methode*, Hrsg. Gottfried Boehm, 300–380. Frankfurt am Main: Suhrkamp.

Iványi, Nathalie. 1999. Die herrschende Konstruktion der Wirklichkeit. Anthony Giddens wissenssoziologisch gelesen. In *Hermeneutische Wissenssoziologie. Standpunkte zur*

Theorie der Interpretation, Hrsg. Ronald Hitzler, Jo Reichertz, und Norbert Schröer, 147–167. Konstanz: UVK.
Ivins, William M. 1938. *On the rationalization of sight. With an examination of three Renaissance texts on perspective.* New York: The Metropolitan Museum of Art.
Jalbert, Paul, Ed. 1999. *Media Studies. Ethnomethodological Approaches.* Lanham, New York, Oxford: University Press of America.
Jay, Martin. 1992. Scopic Regimes of Modernity. In *Modernity and Identity,* Eds. Scott Lash, and Jonathan Friedman, 178–195. Oxford: Wiley-Blackwell.
Jay, Martin. 2002. That Visual Turn. The Advent of Visual Culture. *Jounal of visual culture* 1 (3): 267–278.
Jenks, Chris. 1995. *Visual Culture.* London, New York: Routledge.
Joas, Hans. 1994. Homo Pictor. Von der Freiheit des Bildens. In *Was ist ein Bild?*, Hrsg. Gottfried Boehm, 105–124. München: Fink.
Jones, Amelia. 2003. *The Feminism and Visual Culture Reader.* London, New York: Routledge.
Jörke, Dirk. 2010. Aristoteles' Rhetorik. Eine Anleitung zur Emotionspolitik. *Österreichische Zeitschrift für Politikwissenschaft* 39: 157–169.
Junge, Uli. 2003. Leben und Treiben auf Straßen und Plätzen. Städtebilder und Lokalaufnahmen der Kaiserzeit. In *Triumph der Bilder. Kultur- und Dokumentarfilme vor 1945 im internationalen Vergleich,* Hrsg. Peter Zimmermann und Kay Hoffmann, 27–39. Konstanz: UVK.
Kalthoff, Herbert, Stefan Hirschauer, und Gesa Lindemann, Hrsg. 2008. *Theoretische Empirie. Zur Relevanz qualitativer Forschung.* Frankfurt am Main: Suhrkamp.
Kalthoff, Herbert. 2011. Beobachtung und Ethnographie. In *Qualitative Methoden der Medienforschung,* Hrsg. Ruth Ayaß und Jörg R. Bergmann, 146–182. Mannheim: Verlag für Gesprächsforschung.
Kaufmann, Jean-Claude. 2006. *Kochende Leidenschaft. Soziologie vom Kochen und Essen.* Konstanz: UVK.
Kautt, York. 2008. *Image. Zur Genealogie eines Kommunikationscodes der Massenmedien.* Bielefeld: transcript.
Kautt, York. 2010. Televisuelle Koch-Formate: zur Kulturbedeutsamkeit eines Bereichs der Massenmedien. *Sociologia Internationalis*, 2/2010: 211–247.
Kautt, York. 2011a. Ästhetisierung des Realen: Zur Konstruktion des Echten in der Werbung und anderen Bereichen der Medienkultur. In *Ästhetisierung des Sozialen. Reklame, Kunst und Politik im Zeitalter visueller Medien,* Hrsg. Lutz Hieber und Stephan Moebius, 87–113. Bielefeld: transcript.
Kautt, York. 2011b. Bild-Identitäts-Kulturen. Überlegungen zur Entstehung eines gegenwartskulturellen Beziehungsgefüges. In *Identité et transformation des modes de vie. Identität und Wandel der Lebensformen,* Hrsg. Claudine Burton-Jeangros und Christoph Meader, 248–263. Zürich: Seismo.
Kautt, York. 2012. Pornografie für alle: Zum (Un-)Anständigen allgemeiner Medienkulturen am Beispiel der Werbung. In *Handbuch ‚Pornografisierung von Gesellschaft',* Hrsg. Angela Tillmann und Martina Schuegraf, 79–88. Konstanz: UVK.
Kautt, York. 2015a. Inaugurationen der Mediengesellschaft – der Fall Barack Obama. In: *Rituale der Amtseinsetzung. Inaugurationen in verschiedenen Epochen, Kulturen, politischen Systemen und Religionen,* Hrsg. Gerd Althoff und Helene Basu, 233–254. Würzburg: Ergon.

Kautt, York. 2015b. Zur Theorie des Image. In *Kampf um Images. Visuelle Kommunikation in gesellschaftlichen Konfliktlagen*, Hrsg. Jörn Ahrens, Lutz Hieber und York Kautt, 13–34. Wiesbaden: VS.

Kautt, York. 2017a. Rokoko-Männlichkeiten. Zur Deutung eines Typus moderner Genderperformativität. In *Gesellschaftsepochen und ihre Kunstwelten,* Hrsg. Lutz Hieber, 77–99. Wiesbaden: VS.

Kautt, York. 2017b. Grounded Theory als Methodologie und Methode der Analyse visueller Kommunikation [65 Absätze]. *Forum Qualitative Sozialforschung/Forum: Qualitative Social Research*, 18 (3), Art. 8, http://dx.doi.org/10.17169/fqs-18.3.2859.

Kautt, York. 2017c. Gefilmte Gefühle – gefühlte Filme: Das Dokumentarische im Spannungsfeld von Emotion und Gesellschaft. In Medienkulturen des Dokumentarischen, Hrsg. Carsten Heinze und Thomas Weber, 101–130. Wiesbaden: VS.

Kautt, York. 2018. Soziologie und Design – für ein transdisziplinäres Forschungsprogramm. In *Gestaltung digitaler und politischer Wirklichkeiten*, Hrsg. Christian Bauer, Martin Niederauer, und Gerhard Schweppenhäuser, 117–138. Wiesbaden: VS.

Kautt, York. 2019. Mediatization and global foodscapes: a conceptual outline. In *Globalized Eating Cultures: Mediation and Mediatization*, Eds. Jörg Dürrschmidt, and York Kautt, 309–353. New York/Basingstoke: Palgrave.

Kelle, Udo. 2005. "Emergence" vs. "forcing" of empirical data? A crucial problem of "grounded theory" reconsidered. *Forum Qualitative Sozialforschung/Forum: Qualitative Social Research*, 6 (2), Art. 27, http://nbn-resolving.de/urn:nbn:de:0114-fqs0502275.

Kemp, Wolfgang. 1980. *Theorie der Fotografie. 1839–1912*. 4 Bände. München: Schirmer/Mosel.

Keppler, Angela. 2006. *Mediale Gegenwart. Eine Theorie des Fernsehens am Beispiel der Darstellung von Gewalt*. Frankfurt am Main: Suhrkamp.

Keun, Irmgard. 1994. *Das kunstseidene Mädchen*. 5. Aufl. München: dtv.

Kittler, Friedrich. 1989. There is no Software. *Stanford Humanities Review* 1, 81–90.

Klages, Ludwig. 1950 [1913]. *Grundlegung der Wissenschaft vom Ausdruck*. 7., überarb. Aufl. Bonn: Bouvier.

Klein, Ansgar, und Frank Nullmeier, Hrsg. 1999. *Masse – Macht – Emotionen. Zu einer politischen Soziologie der Emotionen*. Opladen: Westdeutscher Verlag.

Kleining, Gerhard. 1995. Sozialstruktur und Lebenswelten: Zur Kritik der Lebensstilforschung und ihrer Verwendung für die Theorie der Moderne. *Angewandte Sozialforschung* 19: 119–128.

Kleining, Gerhard. 1995b. *Lehrbuch entdeckende Sozialforschung. Von der Hermeneutik zur qualitativen Heuristik*. Weinheim: Beltz.

Knape, Joachim. 2008. Gibt es Pathosformeln? Überlegungen zu einem Konzept von Aby M. Warburg. In *Muster im Wandel. Zur Dynamik topischer Wissensordnungen in Spätmittelalter und Früher Neuzeit*, Hrsg. Wolfgang Dickhut, Stefan Manns und Norbert Winkler. Göttingen: V& R Uni Press.

Knieper, Thomas; und Marion G. Müller, Hrsg. 2005. *War Visions. Bildkommunikation und Krieg*. Köln: Herbert von Halem.

Knoblauch, Hubert; René Tuma, und Bernt Schnettler, Hrsg. 2015. *Videography. Introduction to interpretive videoanalysis of social situations*. Frankfurt am Main et al.: Peter Lang.

Knoblauch, Hubert, und Jürgen Raab. 2002. Der Werbespot als kommunikative Gattung. In *Die Gesellschaft der Werbung. Kontexte und Texte, Produktionen und Rezeptionen*,

Entwicklungen und Perspektiven, Hrsg. Herbert Willems, 139–154. Wiesbaden: Westdeutscher Verlag.
Knoblauch, Hubert. 2013. *PowerPoint, communication and the knowledge society*. Cambridge: Cambridge University Press.
Knoblauch, Hubert. 2014. *Wissenssoziologie*, 3., über. Aufl. Konstanz: UVK.
Knorr-Cetina, Karin. 1999. *Epistemic Cultures. How the Sciences Make Knowledge*. Cambridge: Harvard University Press.
Knorr-Cetina, Karin. 2009. The synthetic situation: Interactionism for a global world. *Symbolic Interaction*, 32 (1): 61–87.
Kohle, Hubertus. 2017. Digitale Rekonstruktion und Simulation. In *Digital Humanities. Eine Einführung*, Hrsg. Fotis Jannidis, Hubertus Kohle und Malte Rehbein, 316–328. Stuttgart: J. B. Metzler.
Kohli, Martin. 1985. Die Institutionalisierung des Lebenslaufs. Historische Befunde und theoretische Argumente. *Kölner Zeitschrift für Soziologie und Sozialpsychologie* 37 (1): 1–20.
König, Gudrun M. 2003. Auf dem Rücken der Dinge. Materielle Kultur und Kulturwissenschaft. In *Unterwelten der Kultur. Themen und Theorien der volkskundlichen Kulturwissenschaft*, Hrsg. Kaspar Maase und Bernd J. Warneken, 95–118. Köln, Weimar, Wien: Böhlau.
König, Gudrun. 2004. Stacheldraht: Die Analyse materieller Kultur und das Prinzip der Dingbedeutsamkeit. *Österreichische Zeitschrift für Geschichte* 15, H. 4: 50–72.
Korn, Andreas. 2005. *Zur Entwicklungsgeschichte und Ästhetik des digitalen Bildes. Von traditionellen Immersionsmedien zum Computerspiel*. Aachen: Shaker.
Kosmala, Katarzyna. 2013. *Imagining Masculinities. Spatial and Temporal Representations and Visual Culture*. New York/London: Routledge.
Köstler, Andreas, und Ernst Seidl, Hrsg. 1998. *Bildnis und Image. Das Portrait zwischen Intention und Rezeption*. Köln: Böhlau.
Krakauer, Siegfried. 1977. *Das Ornament der Masse. Essays*. Frankfurt am Main: Suhrkamp.
Krämer, Sybille; Eva Cancik-Kirschbaum, und R. Totzke, Hrsg. 2012. *Schriftbildlichkeit. Wahrnehmbarkeit, Materialität und Operativität von Notationen*. Berlin: Akademie.
Krappmann, Lothar. 1997. Die Identitätsproblematik nach Erikson aus einer interaktionistischen Sicht. In *Identitätsarbeit heute. Klassische und aktuelle Perspektiven der Identitätsforschung*, Hrsg. Heiner Keupp und Renate Höfer, 66–93. Frankfurt am Main: Suhrkamp.
Kraß, Andreas. 2003. *Queer denken. Gegen die Ordnung der Sexualität (Queer Studies)*. Frankfurt am Main: Suhrkamp.
Krauss, Rosalind E. 1985. *The Originality of the Avant-Garde and Other Modernist Myths*. Cambridge: MIT Press.
Krauss, Rosalind E. 1998. *Das Photographische. Eine Theorie der Abstände*. München: Fink.
Kravagna, Christian. 1997. *Privileg Blick. Kritik der visuellen Kultur*. Berlin: Edition ID-Archiv.
Kreimeier, Klaus. 2005. Kriegsfotografie. In *Krieg und Gedächtnis. Ein Ausnahmezustand im Spannungsfeld kultureller Sinnkonstruktionen*, Hrsg. Waltraud Wende, 285–305. Würzburg: Königshausen & Neumann.
Krippendorf, Klaus. 2006. *The semantic turn. A new foundation of design*. London & New York: Tylor & Francis.

Kristeva, Julia. 1979. *Die Revolution der poetischen Sprache*. Frankfurt am Main: Suhrkamp.
Kröncke, Meike. 2007. Exponierte Sichtbarkeit. Bildstrategien in der visuellen Kultur. In *Kultureller Umbau. Räume, Identitäten und Re/Präsentationen*, Hrsg. Meike Kröncke, Kerstin Mey, und Yvonne Spielmann, 139–160. Bielefeld: transcript.
Krüger, Klaus, und Karin Kranhold. 2018. *Bildung durch Bilder. Kunstwissenschaftliche Perspektiven für den Deutsch-, Geschichts- und Kunstunterricht*. Bielefeld: transcript.
Kruse-Graumann, Lenelis; Carl-Friedrich Graumann, und Ernst-Dietrich Lantermann. 1996. *Ökologische Psychologie. Ein Handbuch in Schlüsselbegriffen*. Weinheim: Beltz.
Labisch, Alfons. 1989. Gesundheitskonzepte und Medizin im Prozeß der Zivilisation. In *Medizinische Deutungsmacht im sozialen Wandel des 19. und frühen 20. Jahrhunderts*, Hrsg. Alfons Labisch und Reinhard Spree, 15–36. Bonn: Psychiatrie-Verlag.
Lachmayer, Herbert. 2011. Das Chefzimmer. In *Möbel als Medien. Beiträge zu einer Kulturgeschichte der Dinge*, Hrsg. Sebastian Hackenschmidt, 123–142. Bielefeld: transcript.
Lahusen, Christian. 1996. Zur Ikonographie visueller Kommunikation. Eine soziologisch-semiotische Interpretation graphischer Zeichen. *Sociologia internationalis: Internationale Zeitschrift für Soziologie, Kommunikations- und Kulturforschung* (1/2): 91–115.
Lamnek, Siegfried. 1993. *Qualitative Sozialforschung. Band I Methodologie*. Weinheim: Beltz.
Langenohl, Andreas. 2009. Zweimal Reflexivität in der gegenwärtigen Sozialwissenschaft. Anmerkungen zu einer nicht geführten Debatte. *Forum Qualitative Sozialforschung* 10 (2), 25 Absätze, Art. 9, http://nbn-resolving.de/urn:nbn:de0114-fqs090297.
Langenohl, Andreas. 2013. Picturing the Post-Dialogic Constellation. Iconic Pretexts to the Swiss Referendum on the Construction of Minarets in 2009. In *Hegemonie und die Kraft der Bilder*, Hrsg. Alice Pechriggl und Anna Schober, 228–252. Köln: Herbert von Halem.
Langlois, Judith H; Lori A. Roggman, R. J. Casey, J. M. Ritter. L. A. Rieser-Danner, V. Y. Jenkins. 1987. Infant Preferences for Attractive Faces. Rudiments of a Stereotype? *Developmental Psychology* 23 (3): 363–369.
Lappenküper, Ulrich; Joachim Scholtyseck, und Christoph Studt, Hrsg. 2003. *Masse und Macht im 19. und 20. Jahrhundert*. München: Oldenbourg.
Laqueur, Thomas. 1992 [1990]. *Auf den Leib geschrieben. Die Inszenierung der Geschlechter von der Antike bis Freud*. Frankfurt [u.a.]: Campus.
Latour, Bruno, und Peter Weibel, Hrsg. 2002. *Iconoclash: beyond the image wars in science, religion, and art*. ZKM Karlsruhe. Cambridge: MIT Press.
Latour, Bruno, und Steve Woolgar. 1979. *Laboratory Life. The Social Construction of Scientific Facts*. Beverly Hills: Sage.
Latour, Bruno. 2007. *Eine neue Soziologie für eine neue Gesellschaft. Einführung in die Akteur-Netzwerk-Theorie*. Frankfurt an Main: Suhrkamp.
Levin, Kurt. 1982. Psychologische Ökologie. In *Kurt Levin: Kurt Levin Werksausgabe. Band 4, Feldtheorie. Kurt Levin Werksausgabe*, Hrsg. Carl-Friedrich Graumann, 291–312. Bern, Stuttgart: Huber; Klett-Cotta.
Liberati, Nicola. 2018. Phenomenology, pokémon go, and other augmented reality games. *Human Studies,* 41 (2): 211–232.

Lim, Il-Tschung. 2012. Operative Bilder der Weltgesellschaft. Visuelle Schemata als Globalisierungsmedien am Beispiel von Kunst- und Finanzmärkten. In *Image Match. Visueller Transfer, ,Imagescapes' und Intervisualität in globalen Bildkulturen*, Hrsg. Martina Baleva, Ingeborg Reichle, und Oliver Lerone Schultz, 255–272. München: Fink.

Lobinger, Katharina. 2008. Visuelle Stereotype. Resultate besonderer Bild-Text-Interaktionen. In: *Visuelle Stereotype*, Hrsg. Thomas Petersen und Clemens Schwender, 103–129. Köln: Herbert von Halem.

Lobinger, Katharina. 2012. *Visuelle Kommunikationsforschung. Medienbilder als Herausforderung für die Kommunikations- und Medienwissenschaft*. Wiesbaden: Springer VS.

Löffler, Petra. 2004. *Affektbilder. Eine Mediengeschichte der Mimik*. Bielefeld: transcript.

Loreck, Hanne. 2013. Dem Vernehmen nach... Kritische Anmerkungen zu einer Theorie der Interpiktorialität. In *Interpiktorialität. Theorie und Geschichte der Bild-Bild-Bezüge*, Hrsg. Guido Isekenmeier, 87–106. Bielefeld: transcript.

Löw, Martina. 2012. *Raumsoziologie*. 7. Aufl. Frankfurt am Main: Suhrkamp.

Luckmann, Thomas. 1986. Grundformen der gesellschaftlichen Vermittlung des Wissens. Kommunikative Gattungen. In *Kultur und Gesellschaft*, Hrsg. Friedhelm Neidhardt, M. Rainer Lepsius, und Johannes Weiß, 191–211. Opladen: Westdeutscher Verlag.

Luckmann, Thomas. 1992. *Theorie des sozialen Handelns*. Berlin: de Gruyter.

Lüders, Christian, und Jo Reichertz. 1986. Wissenschaftliche Praxis ist, wenn alles funktioniert und keiner weiß warum. Bemerkungen zur Entwicklung qualitativer Sozialforschung. *Sozialwissenschaftliche Literatur Rundschau* (12): 90–102.

Ludes, Peter. 2001. Schlüsselbild-Gewohnheiten. Visuelle Habitualisierungen und visuelle Koordinationen. In *Kommunikation visuell. Das Bild als Forschungsgegenstand – Grundlagen und Perspektiven*, Hrsg. Thomas Knieper und Marion G. Müller, 64–78. Köln: Herbert von Halem.

Lueger, Manfred (2010): *Interpretative Sozialforschung. Die Methoden*. Wien: Facultas.

Luhmann, Niklas. 1969. Praxis der Theorie. *Soziale Welt* 20: 129–144.

Luhmann, Niklas. 1974. Einführende Bemerkungen zu einer Theorie symbolisch generalisierter Kommunikationsmedien. *Zeitschrift für Soziologie* 3 (3): 236–255.

Luhmann, Niklas. 1975. *Macht*. Stuttgart: Enke.

Luhmann, Niklas. 1981. Kommunikation mit Zettelkästen. In *Öffentliche Meinung und sozialer Wandel. Public Opinion and Social Change. Für Elisabeth Noelle-Neumann*, Hrsg. Horst Baier, Hans Mathias Kepplinger, Kurt Reumann, und Elisabeth Noelle, 222–228. Opladen: Westdeutscher Verlag.

Luhmann, Niklas. 1984. *Liebe als Passion. Untersuchungen zur Codierung von Intimität*. Frankfurt am Main: Suhrkamp.

Luhmann, Niklas. 1984a. *Soziale Systeme. Grundriß einer allgemeinen Theorie*. Frankfurt am Main: Suhrkamp.

Luhmann, Niklas. 1986. The Individuality of the Individual: Historical Meanings and Contemporary Problems. In *Reconstructing Individualism: Autonomy, Individuality, and the Self in Western Thought*, Eds. Thomas C. Heller, Morton Sosna, and David E. Wellbery, 313–325. Stanford Calif.: Stanford University Press.

Luhmann, Niklas. 1988. Was ist Kommunikation? In *Lebende Systeme. Wirklichkeitskonstruktionen in der systemischen Therapie*, Hrsg. Fritz B. Simon, 10–18. Berlin: Springer.

Luhmann, Niklas. 1988b. Die „Macht der Verhältnisse" und die Macht der Politik. In *Macht und Ohnmacht*, Hrsg. Heinrich Schneider, 43–51. Wien: Niederösterreichisches Pressehaus.

Luhmann, Niklas. 1988c. Wie ist Bewußtsein an Kommunikation beteiligt? In *Materialität der Kommunikation*, Hrsg. Hans U. Gumbrecht und K. Ludwig Pfeiffer, 884–905. Frankfurt am Main: Suhrkamp.

Luhmann, Niklas. 1991a. Der Ursprung des Eigentums und seine Legitimation. Ein historischer Bericht. In *Technischer Imperativ und Legitimationskrise des Rechts. Technical Imperatives and the Crisis of the Legitimacy of Law*, Hrsg. Werner Krawietz, Antonio A. Martino, und Kenneth I. Winston, 43–57. Berlin: Duncker & Humblot.

Luhmann, Niklas.1991b. Das Kind als Medium der Erziehung, *Zeitschrift für Pädagogik 37* (1991): 19–40.

Luhmann, Niklas. 1992. *Die Wissenschaft der Gesellschaft*. Frankfurt am Main: Suhrkamp.

Luhmann, Niklas. 1994. Die Tücke des Subjekts und die Frage nach dem Menschen. In *Der Mensch das Medium der Gesellschaft?*, Hrsg. Peter Fuchs und Andreas Göbel, 40–56. Frankfurt am Main: Suhrkamp.

Luhmann, Niklas. 1995. *Gesellschaftsstruktur und Semantik. Studien zur Wissenssoziologie der modernen Gesellschaft*. Frankfurt am Main: Suhrkamp.

Luhmann, Niklas. 1995b. Über Natur. In Ders.: *Gesellschaftsstruktur und Semantik. Studien zur Wissenssoziologie der modernen Gesellschaft*, 9–30. Frankfurt am Main: Suhrkamp.

Luhmann, Niklas. 1995c. Kultur als historischer Begriff. In Ders.: *Gesellschaftsstruktur und Semantik. Studien zur Wissenssoziologie der modernen Gesellschaft*, 31–54. Frankfurt am Main: Suhrkamp.

Luhmann, Niklas. 1996. *Die Realität der Massenmedien*. Wiesbaden: Westdeutscher Verlag.

Luhmann, Niklas. 1997. Die Gesellschaft der Gesellschaft. Frankfurt am Main: Suhrkamp.

Lyon, David. 2001. *Surveillance Society. Monitoring Everyday Life*. Buckingham, Philadelphia: Open University Press.

Maasen, Sabine; Torsten Mayerhauser, und Cornlia Renggli, Hrsg. 2006. *Bilder als Diskurse – Bilddiskurse*. Göttingen: Velbrück.

Macho, Thomas. 2011. *Vor-Bilder*. München: Fink.

Macho, Thomas. 2013. Tiere zweiter Ordnung. Kulturtechniken der Identität und Identifikation. In *Über Kultur. Theorie und Praxis der Kulturreflexion*, Hrsg. Dirk Baecker, Matthias Kettner und Dirk Rustemeyer, 99–117. Bielefeld: transcript.

Majetschak, Stefan. 2009. Die Sichtbarkeit des Bildes und der Anblick der Welt. Über einige Anregungen Konrad Fiedlers für die Bild- und Kunsttheorie. In *Bildtheorien. Anthropologische und kulturelle Grundlagen des Visualistic Turn*, Hrsg. Klaus Sachs-Hombach, Frankfurt am Main: Suhrkamp.

Malinowski, Bronislaw. 1929. *The sexual life of savages in North-Western Melanesia. An ethnographic account of courtship, marriage, and family life among the natives of the Trobriand Islands, British New Guinea*. New York: Eugenics Pub. Co.

Mannheim, Karl. 1978 [1929]. Ideologie und Utopie. Frankfurt am Main: G. Schulte-Bulmke.

Manovich, Lev. 2012. How to Compare one Million Images, In *Understanding Digital Humanities*, Ed. David M. Berry, 249–278. London: Palgrave.

Marcus, George E. 1994. The Modernist Sensibility in Recent Ethnographic Writing and the Cinematic Metaphor of Montage. In *Visualizing Theory. Selected Essay from V.A.R. 1990–1994,* Ed. Hrsg. Lucien Taylor, 37–53. New York and London: Routledge.
Mareis, Claudia. 2011. *Design als Wissenskultur.* Bielefeld: transcript.
Marquard, Odo. 2003. *Aesthetica und Anaesthetica.* München: Fink.
Marx, Karl. 1987 [1872]. *Das Kapital. Kritik der politischen Ökonomie. Erster Band, Hamburg 1872.* Marx K. Engels F. Gesamtausgabe Bd. 6, Hrsg. Internationale Marx-Engels-Stiftung. Boston: De Gruyter Akademie Forschung.
Matthiesen, Ulf. 1988. Outfit & Ichfinish. Zur beschleunigten Wandlungstypik der gegenwärtigen Bekleidungsmoden. In *Kultur und Alltag,* Hrsg. Hans-Georg Soeffner, 413–448. Göttingen: Verlag Otto Schwartz.
McLuhan, Marshall. 1970. *Die magischen Kanäle.* Frankfurt am Main: Fischer.
Menninghaus, Winfried. 2007. *Das Versprechen der Schönheit.* Frankfurt am Main: Suhrkamp.
Merleau-Ponty, Maurice. 1986. *Das Sichtbare und das Unsichtbare.* Hrsg. Claude Lefort. München: Fink.
Mersmann, Birgit. 2004. Bildwissenschaft als Kulturbildwissenschaft? Von der Notwendigkeit eines inter- und transkulturellen Iconic Turn. *Zeitschrift für Ästhetik und allgemeine Kunstwissenschaft* 49 (1): 91–109.
Merton, Robert K. 1995. *Soziologische Theorie und soziale Struktur.* Hrsg. Volker Meja und Nico Stehr. Berlin, New York: de Gruyter.
Metz, Christian. 1977. *Le signifiant imaginaire. Psychoanalyse et cinéma.* Paris: Union générale d´Editions.
Metzger, Wolfgang. 1975. *Gesetze des Sehens.* 3. Aufl. Frankfurt am Main: Verlag Waldemar Kramer.
Meyer, Christian, und Ulrich von Wedelstaedt. 2013. Skopische Sozialität – Sichtbarkeitsregime und visuelle Praktiken im Boxen. *Soziale Welt,* Bd. 64, (1–2): 69–95.
Meyer, Thomas. 2001. *Mediokratie. Die Kolonialisierung der Politik durch die Medien.* Frankfurt am Main: Suhrkamp.
Miklautz, Elfie. 1996. *Kristallisierter Sinn. Ein Beitrag zur soziologischen Theorie des Artefakts.* München/Wien: Profil.
Miller, Daniel und Jolynna Sinanan. 2017. *Visualising Facebook. A Comparative Perspective.* London: UCL Press.
Miller, Daniel. 2009. *Anthropology and the Individual. A Material Culture Perspective.* Oxford, New York: Berg.
Mirzoeff, Nicholas. Ed. 2012. *The Visual Culture Reader* (3. Ed.). London, New York: Routledge.
Misoch, Sabina. 2007. Die eigene Homepage als Medium adoleszenter Identitätsarbeit. In *Mediennutzung, Identität und Identifikationen. Die Sozialisationsrelevanz der Medien im Selbstfindungsprozess von Jugendlichen,* Hrsg. Lothar Mikos, Dagmar Hoffmann, und Rainer Winter, 163–182. Weinheim: Juventa.
Mitchell, William J. 1992. *The Reconfigured Eye. Visual Truth in the Post-Photographic Era.* Cambridge: Cambridge University Press.
Mitchell, William J. T. 1986. *Iconology. Image, Text, Ideology.* Chicago: University of Chicago Press.

Mitchell, William J. T. 1997. Der Pictorial Turn. In *Privileg Blick. Kritik der visuellen Kultur,* Hrsg. Christian Kravagna, 15–40. Berlin: Edition ID-Archiv.
Mitchell, William J. T. 2007. Realismus im digitalen Bild. In *Bilderfragen. Bildwissenschaften im Aufbruch,* Hrsg. Hans Belting, 237–256. München: Fink.
Mitchell, William J. T. 2008. *Das Leben der Bilder. Eine Theorie der visuellen Kultur.* München: C.H. Beck.
Mohn, Elisabeth. 2002. *Filming Culture. Spielarten des Dokumentierens nach der Repräsentationskrise.* Stuttgart: Lucius & Lucius.
Mulcahy, Linda. 2017. Eyes of the law: A visual turn in Socio-Legal studies? *Journal of Law and Society,* 44: 111–128. doi: http://dx.doi.org/10.1111/jols.12052
Müller, Marion G., and Arvid Kappas. 2011. Visual Emotions – Emotional Visuals. Emotion, Pathos Formulae, and their Relevance for Communication Research. In *The Routledge Handbook of Emotions and Mass Media,* Eds. Katrin Doveling, Christian von Scheve, and Elly A. Konijn, 310–331. London, New York: Routledge.
Müller, Marion, and Stephanie Geise. 2015. *Grundlagen der Visuellen Kommunikation.* 2. Aufl. Konstanz: UVK.
Müller, Michael; Jürgen Raab, und Hans-Georg Soeffner, Hrsg. 2014. *Grenzen der Bildinterpretation.* Wiesbaden: Springer VS.
Müller, Oliver. 2017. Being seen: An exploration of a core phenomenon of human existence and its normative dimensions. *Human Studies,* 40 (3): 365–380.
Müller, Susanne. 2012. *Die Welt des Baedeker. Eine Medienkulturgeschichte des Reiseführers 1830–1945.* Frankfurt am Main: Campus.
Müller-Doohm, Stefan. 1997. Bildinterpretation als struktural-hermeneutische Symbolanalyse. In *Sozialwissenschaftliche Hermeneutik. Eine Einführung,* Hrsg. Ronald Hitzler und Anne Honer, 81–108. Opladen: Leske und Budrich.
Münkler, Herfried. 1995. Die Visibilität der Macht und die Strategien der Machtvisualisierung. In *Macht der Öffentlichkeit – Öffentlichkeit der Macht,* Hrsg. Gerhard Göhler, 213–230. Baden-Baden: Nomos.
Muttenthaler, Roswitha. 2002. Gesellschaftliche Verfasstheit im Feld des Sehens – Deutungsabsichten und verborgene AutorInnenschaft. *Österreichische Zeitschrift für Soziologie.* 27 (2): 50–68.
Mützel, Sophie; Philippe Saner, und Markus Unternährer. 2018. Schöne Daten! Konstruktion und Verarbeitung von digitalen Daten. In *Datengesellschaft,* Hrsg. Daniel Houben und Bianca Prietl, 111–132. Bielefeld: transcript.
Naglo Kristian. 2014. Professioneller und Amateurfußball in Deutschland und England: Diskursverschränkungen, Praktiken und implizite Kollektivität. In *On and Off the Field. Fußballkultur in England und Deutschland / Football Culture in England and Germany,* Hrsg. Anthony Waine und Kristian Naglo, 239–263. Springer VS: Wiesbaden.
Neckel, Sighard. 1991. *Status und Scham. Zur symbolischen Reproduktion sozialer Ungleichheit.* Frankfurt am Main: Campus.
Neckel, Sighard. 2014. *Leistung und Erschöpfung: Bournout in der Wettbewerbsgesellschaft.* Frankfurt am Main: Suhrkamp.
Neumann, Thomas. 1989. *Sozialgeschichte der Photographie.* Neuwied/Berlin: Luchterhand.
Neumann-Braun, Klaus, and Ulla P. Authenrieth, Eds. 2011a. *The Visual Worlds of Social Network Sites. Images and Image-Based Communication on Facebook and Co.* Baden-Baden: Nomos.

Neumann-Braun, Klaus, und Ulla P. Authenrieth, Hrsg. 2011b. *Freundschaft und Gemeinschaft im Social Web. Bildbezogenes Handeln und Peergroup-Kommunikation auf Facebook & Co*. Baden-Baden: Nomos.
Newcomb, Horace, und Paul Hirsch. 1986. Fernsehen als kulturelles Forum. Neue Perspektiven für die Medienforschung. *Rundfunk und Fernsehen Zeitschrift für Medien- und Kommunikationswissenschaften* 34 (2): 177–190.
Nibbrig, Christiaan Hart, Hrsg. 1994. *Was heißt ‚Darstellen'?* Frankfurt am Main: Suhrkamp.
Norris, Clive; Jade Moran, and G. Armstrong. 1998. *Surveillance, Closed Circuit Television and Social Control*. Aldershot: Ashgate.
North, Michael. 1995. *Kommunikationsrevolutionen. Die neuen Medien des 16. und des 19. Jahrhunderts*. Köln: Böhlau.
Nöth, Winfried. 2000. *Handbuch der Semiotik*. 2., vollst. neu bearb. und erw. Aufl. Stuttgart, Weimar: Metzler.
Nöth, Winfried. 2009. Bildsemiotik. In *Bildtheorien. Anthropologische und kulturelle Grundlagen des Visualistic Turn*, Hrsg. Klaus Sachs-Hombach, 235–254. Frankfurt am Main: Suhrkamp.
Novalis. 1969. *Novalis Werke*. Hrsg. Gerhard Schulz. München: C.H. Beck.
Odin, Roger. 1995. A Semio-Pragmatic Approach to the Documentary Film. In *The film spectactor. From sign to mind*, Eds. Warren Buckland, 227–235. Amsterdam: Amsterdam University Press.
Odin, Roger. 2000. Dokumentarischer Film – dokumentarisierende Lektüre. In *Bilder des Wirklichen. Texte zur Theorie des Dokumentarfilms*, Hrsg. Eva Hohenberger, 286–303. Berlin: Vorwerk 8.
O'Doherty, Brian. 1976. *Inside The White Cube. The Ideology Of The Gallery Space*. Expanded Edition. San Francisco: First University of California Press.
Öhman, Arne, und Susan Mineka. 2001. Fears, Phobias and Preparedness. Toward an Evolved Module of Fear and Fear Learning. *Psychological Review* 108 (3): 483–522.
Orgad, Shani. 2013. Visualizers of solidarity: Organizational politics in humanitarian and international development NGOs. *Visual Communication,* 12 (3): 295–314.
Panofsky, Erwin. 1975 [1955]. Ikonographie und Ikonologie. In Ders.: *Sinn und Deutung in der Bildenden Kunst*, 36–50. Köln: Du Mont.
Panofsky, Erwin. 1980 [1927]. Perspektive als ‚symbolische Form'. In Ders.: *Aufsätze zu Grundfragen der Kunstwissenschaft*, Hrsg. Hariolf Oberer und Egon Verheyen, 99–167. Berlin: Verlag Volker Spiess.
Pape, Simone; Jörg Rössel, und Heike Solga. 2008. Die visuelle Wahrnehmbarkeit sozialer Ungleichheit – eine alternative Methode zur Untersuchung der Entkopplungsthese. *Zeitschrift Für Soziologie*, 37 (1): 25–41.
Parisi, Luciana. 2009. Technoecologies of Sensation. In *Deleuze/Guattari & Ecology,* Ed. Bernd Herzogenrath, 182–199. Basingstoke: Palgrave.
Park, Robert E. 1936. Human Ecology. *American Journal of Sociology* 42: 1–15.
Park, Robert E., and Ernest W. Burgess. 1921. *Introduction to the Science of Sociology*. Chicago: Chicago University Press.
Paul, Axel T. 2011. Die Gewalt der Scham. Elias, Duerr und das Problem der Historizität menschlicher Gefühle. In *Zur Kulturgeschichte der Scham*, Hrsg. Michaela Bauks und Martin F. Meyer, 195–216. Hamburg: Felix Meiner Verlag.

Paul, Gerhard. 2005. *Der Bilderkrieg. Inszenierungen, Bilder und Perspektiven der ‚Operation Irakische Freiheit'*. Göttingen: Wallstein.
Paulsson, Gregor. 1955. *Die soziale Dimension der Kunst*. Bern: Francke.
Pauwels, Luc. 2015. A meta-disciplinary framework for producing and assessing visual representations. In *Reframing Visual Social Science: Towards a More Visual Sociology and Anthropology*, 280–308. Cambridge: Cambridge University Press.
Pauwels, Luc. Ed. 2006. *Visual Cultures of Science. Rethinking Representational Practices in Knowledge Building and Science Communication*. Lebanon: University Press of New England.
Pechriggl, Alice, und Anna Schober, Hrsg. 2013. *Hegemonie und die Kraft der Bilder*. Köln: Herbert von Halem.
Peirce, Charles S. 1983. *Phänomen und Logik der Zeichen*, Hrsg. Helmut Pape. Frankfurt am Main: Suhrkamp.
Peirce, Charles Sanders. 1998 [1894]. What is a sign? In *The Essential Peirce,* Ed. Peirce Edition Project, 4–10. Bloomington: Indiana University Press.
Petermann, Werner. 2000. Fotografie- und Filmanalyse. In *Qualitative Forschung. Ein Handbuch*. Hrsg. Uwe Flick, Ernst von Kardorff, und Ines Steinke, 228–231. Hamburg: Rowohlt.
Petersen, Thomas, und Clemens Schwender, Hrsg. 2008. *Visuelle Stereotype*. Köln: Herbert von Halem.
Pias, Claus: Das digitale Bild gibt es nicht. Über das (Nicht-) Wissen der Bilder und die informatische Illusion [08.05.2003]. *Zeitenblicke*, Bd. 2, H.1: http://www.zeitenblicke.historicum.net/2003/01/pias/index.html.
Pinder, Wilhelm. 1949 [1926]. *Das Problem der Generation in der Kunstgeschichte Europas*. 4. Aufl. Köln: Seemann.
Pink, Sarah. 2001. *Doing Visual Ethnography*. London: Sage.
Popitz, Heinrich. 1992. *Phänomene der Macht*. 2., stark erw. Aufl. Tübingen: Mohr Siebeck.
Pörksen, Bernhard, und Wolfgang Krischke. Hrsg. 2013. *Gehetzte Politik: die neue Macht der Medien und Märkte*. Köln: Halem.
Pörksen, Uwe. 1997. Weltmarkt der Bilder. Eine Philosophie der Visiotype. Stuttgart: Klett-Cotta.
Prendiger, Helmut, und Mitsuru Ishizuka. 2011. Virtual interface agents that adapt to user emotions and interest. In *The Routledge Handbook of Emotions and Mass Media,* Eds. Katrin Döveling, Christian von Scheve, and Elly A. Konijn, 388–405. London, New York: Routledge.
Priddat, Birger P. 2011. *Kleingeld. Die verborgene Seite des Geldes*. Berlin: Kadmos.
Qusay, Hassan F., Ed. 2018. Internet of things A to Z: technologies and applications. Hoboken, New Jersey: Wiley.
Raab, Jürgen. 2008. *Visuelle Wissenssoziologie. Theoretische Konzeption und materiale Analysen*. Konstanz: UVK.
Rammert, Werner. 1993. *Technik aus soziologischer Perspektive. Forschungsstand, Theorieansätze, Fallbeispiele. Ein Überblick*. Opladen: Westdeutscher Verlag.
Reckwitz, Andreas. 2003. Grundelemente einer Theorie sozialer Praktiken. Eine sozialtheoretische Perspektive. *Zeitschrift für Soziologie*, Jg. 32, H. 4: 282–301.
Reckwitz, Andreas. 2010. Umkämpfte Maskulinität: Zur Transformation männlicher Subjektformen und ihrer Affektivitäten. In *Die Präsenz der Gefühle. Männlichkeit und Emotion in der Moderne*, Hrsg. Manuel Borutta, und Nina Verheyen, 57–77. Bielefeld: transcript.

Reckwitz, Andreas. 2011. *Die Erfindung der Kreativität. Zum Prozess gesellschaftlicher Ästhetisierung.* Berlin: Suhrkamp.
Reckwitz, Andreas. 2017. *Die Gesellschaft der Singularitäten - Zum Strukturwandel der Moderne.* Berlin: Suhrkamp.
Reichert, Ramón. 2018. Selfies. *Selbstthematisierung in der digitalen Bildkultur.* Bielefeld: transcript.
Reichertz, Jo, und Carina J. Englert. 2011. *Einführung in die qualitative Videoanalyse. Eine hermeneutisch-wissenssoziologische Fallanalyse.* Wiesbaden: VS.
Reichertz, Jo. 2007. Der marodierende Blick. Überlegungen zur Aneignung des Visuellen. *Sozialer Sinn. Zeitschrift für hermeneutische Sozialforschung* 8 (2): 267–286.
Reichertz, Jo. 2009. Abduction: The logic of discovery of grounded theory. *Forum Qualitative Sozialforschung/Forum: Qualitative Social Research, 11* (1), Art. 13, http://nbn-resolving.de/urn:nbn:de:0114-fqs1001135.
Renner, Michael. 2013. Entwurfsstrategien. Ideenwettbewerb der 9. Banknotenserie der Schweizerischen Nationalbank. In *BildÖkonomie. Haushalten mit Sichtbarkeiten,* Hrsg. Emmanuel Alloa, und Francesca Falk, 195–218. München: Fink.
Reuser, Bodo; Roman Nitsch, und A. Hundesalz, Hrsg. 2006. *Die Macht der Gefühle. Affekte und Emotionen im Prozess von Erziehungsberatung und Therapie. Bundeskonferenz für Erziehungsberatung.* München, Weinheim: Juventa.
Risi, Clemens, und Jens Roselt, Hrsg. 2009. *Koordinaten der Leidenschaft. Kulturelle Aufführungen von Gefühlen.* Berlin: Theater der Zeit.
Rorty, Richard M. 1967. *The Linguistic Turn. Essays in Philosophical Method.* Chicago: University of Chicago Press.
Sachs-Hombach, Klaus, und Jörg R. Schirra. 2009. Medientheorie, visuelle Kultur und Bildanthropologie. In *Bildtheorien. Anthropologische und kulturelle Grundlagen des Visualistic Turn,* Hrsg. Klaus Sachs-Hombach, 393–426. Frankfurt am Main: Suhrkamp.
Sachs-Hombach, Klaus. 2003. *Das Bild als kommunikatives Medium. Elemente einer allgemeinen Bildwissenschaft.* Köln: Herbert von Halem.
Sarcinelli, Ulrich, und Jens Tenscher. 2003. *Machtdarstellung und Darstellungsmacht. Beiträge zu Theorie und Praxis moderner Politikvermittlung.* Baden-Baden: Nomos.
Sassen, Saskia. 2000. *Machtbeben.* München, Stuttgart: DVA.
Saup, Winfried. 1983. Barkers Behavior Setting-Konzept und seine Weiterentwicklung. *Psychologische Rundschau,* Band XXXIV, H. 3: 134–146.
Schachter, Stanley. 1964. The Interaction of Cognitive and Physiological Determinants of Emotional States. In *Advances in Experimental Social Psychology,* Ed. Leonard Berkowitz, 40–89. New York: Academic Press.
Schaffer, Johanna. 2008. *Ambivalenzen der Sichtbarkeit. Über die visuellen Strukturen der Anerkennung.* Bielefeld: transcript.
Schändlinger, Robert. 1997. *Erfahrungsbilder. Visuelle Soziologie und dokumentarischer Film.* Konstanz: UVK.
Schändlinger, Robert. 2011. Visuelle Ethnographie. In *Qualitative Methoden der Medienforschung,* Hrsg. Ruth Ayaß und Jörg Bergmann, 350–388. Mannheim: Verlag für Gesprächsforschung.
Scharfe, Martin. 2005. Vignetten. Zur verborgenen Bedeutung von Bildbagatellen. In *Der Bilderalltag. Perspektiven einer volkskundlichen Bildwissenschaft,* Hrsg. Helge Gerndt und Michaela Haibl, 135–154. Münster: Waxman.

Schatzki, Theodore R. 1996. *Social practices: a Wittgensteinian approach to human activity and the social*. Cambdrige: Cambridge University Press.
Schelske, Andreas. 1997. *Die kulturelle Bedeutung von Bildern: soziologische und semiotische Überlegungen zur visuellen Kommunikation*. Wiesbaden: DUV.
Schelske, Andreas. 2005. Bild als Link. In *Bildwissenschaft. Zwischen Reflexion und Anwendung*, Hrsg. Klaus Sachs-Hombach, 510–528. Köln: Herbert von Halem.
Schelsky, Helmut. 1957. *Die skeptische Generation*. Düsseldorf: Diederichs.
Scherer, Klaus R.; Elise Dana, und A. Flykta. 2006. What Determines a Feeling's Position in Affective Space? A Case for Appraisal. *Cognition and Emotion* 20 (1): 92–113.
Scheve, Christian von. 2010. Die emotionale Struktur sozialer Interaktion. Emotionsexpression und soziale Ordnungsbildung. *Zeitschrift für Soziologie* 39 (5): 346–362.
Schindler, Larissa. 2012. Visuelle Kommunikation und die Ethnomethoden der Ethnographie. *Österreichische Zeitschrift für Soziologie* 37: 165–183.
Schlegel, August Wilhelm. 1996 [1799]. *Die Gemählde. Gespräch*. Dresden: Verlag der Kunst.
Schmidt, Kerstin. 2011. The ›Other‹ Country in the City. Urban Spaces and the Politics of Visibility in American Social Documentary Photography. In *Pictorial Cultures and Political Iconographies. Approaches, Perspectives, Case Studies from Europe and America*, Eds. Udo J. Hebel and Christoph Wagner, 253–272. Berlin, New York: de Gruyter.
Schmidt, Siegfried J., und Brigitte Spieß. 1994. *Die Geburt der schönen Bilder. Fernsehwerbung aus der Sicht der Kreativen*. Opladen: Westdeutscher Verlag.
Schmoll, Hermann. 2005. Wie kommt das Volk in die Karte? Visualisierung volkskundlichen Wissens im „Atlas der deutschen Volkskunde". In *Der Bilderalltag. Perspektiven einer volkskundlichen Bildwissenschaft*, Hrsg. Helge Gerndt und Michaela Haibl, 233–250. Münster: Waxman.
Schnabel, Annette. 2005. Gefühlvolle Entscheidung und entscheidende Gefühle. Emotionen als Herausforderung für Rational Choice-Theorien. *Kölner Zeitschrift für Soziologie und Sozialpsychologie* 57 (2): 278–307.
Schnettler, Bernt. 2007. Auf dem Weg zu einer Soziologie visuellen Wissens. *Sozialer Sinn. Zeitschrift für hermeneutische Sozialforschung* 8 (2): 189–210.
Schober, Anna. 2009. *Ironie, Montage, Verfremdung. Ästhetische Taktiken und die politische Gestalt der Demokratie*. München: Fink.
Scholz, Oliver R. 1999. „Mein teurer Freund, ich rat´euch drum/Zuerst Collegium Syntacticum". Das Meisterargument in der Bildtheorie. In: *Bildgrammatik*, Hrsg. Klaus Sachs-Hombach und Klaus Rehkämper, 33–46. Magdeburg: Skriptum.
Scholz, Oliver R. 2009. Abbilder und Entwürfe. Bilder und die Strukturen der menschlichen Intentionalität. In *Bildtheorien. Anthropologische und kulturelle Grundlagen des Visualistic Turn*, Hrsg. Klaus Sachs-Hombach, 146–162. Frankfurt am Main: Suhrkamp.
Schroer, Markus. 2008. *Gesellschaft im Film*. Konstanz: UVK.
Schuegraf, Martina, und Angela Tillmann. 2012. *Pornografisierung von Gesellschaft. Perspektiven aus Theorie, Empirie und Praxis*. Konstanz: UVK.
Schulz, Martin. 2005. *Ordnungen der Bilder. Eine Einführung in die Bildwissenschaft*. München: Fink.
Schulze, Gerhard. 1992. *Die Erlebnisgesellschaft. Kultursoziologie der Gegenwart*. 3. durchgesehene Aufl. Frankfurt am Main: Campus.

Schütz, Alfred, und Thomas Luckmann. 1994 [1974]. *Strukturen der Lebenswelt*. Bd. 1, Frankfurt am Main.
Schützeichel, Rainer. 2010. Emotions, Rationality and Rational Choice. In Soziologische Theorie kontrovers. Hrsg. G. Albert, und S. Sigmund. *Kölner Zeitschrift für Soziologie und Sozialpsychologie*: 169–177.
Schwalbe, Michael. 2009. Framing the self. *Symbolic Interaction,* 32 (3): 177–183.
Schwemmer, Oswald. 2013. Selbstsein und Andersheit. Zum kulturellen Verhältnis von Symbol, Form und Sinn. In *Über Kultur. Theorie und Praxis der Kulturreflexion*, Hrsg. Dirk Baecker, Matthias Kettner und Dirk Rustemeyer, 119–135. Bielefeld: transcript.
Schwender, Clemens. 2006. *Medien und Emotionen. Evolutionspsychologische Bausteine einer Medientheorie*. 2. Aufl. Wiesbaden: DUV.
Searle, John. 2015. *Seeing things as they are: a theory of perception*. Oxford: Oxford University Press.
Sekula, Allan. 2003. Der Körper und das Archiv. In *Diskurse der Photographie. Fotokritik am Ende des fotografischen Zeitalters,* Hrsg. Herta Wolf, 269–334. Frankfurt am Main: Suhrkamp.
Selle, Gert. 1993. *Die eigenen vier Wände*. Frankfurt am Main: Campus.
Selle, Gert. 1997. *Siebensachen*. Frankfurt am Main: Campus.
Selle, Gert. 2002. *Innen und außen. Wohnen als Daseinsentwurf zwischen Einschließung und erzwungener Öffnung*. Frankfurt am Main: Campus.
Senge, Konstanze, und Rainer Schützeichel, Hrsg. 2013. *Hauptwerke der Emotionssoziologie*. Wiesbaden: VS.
Sennett, Richard. 1987. *Verfall und Ende des öffentlichen Lebens. Die Tyrannei der Intimität*. Frankfurt am Main: Fischer.
Seremetakis, Nadia C. 1994. The memory of the Senses: Historical Perception, Commensal Exchange, and Modernity. In *Visualizing Theory. Selected Essay from V.A.R. 1990–1994,* Ed. Lucien Taylor, 214–229. New York/London: Routledge.
Sheller, Mimi. 2012. Metallic Modernities in the Space Age: Visualizing the Carribean, Materializing the Modern. In *Visuality/Materiality. Images, Objects and Practices*, Eds. Gillian Rose and Divya P. Tolia-Kelly, 13–38. London, New York: Routledge.
Siegrist, Hannes; Hartmut Kaelble und Jürgen Kocka, Hrsg. 1997. *Europäische Konsumgeschichte. Zur Gesellschafts- und Kulturgeschichte des Konsums (18. bis 20. Jahrhundert)*. Frankfurt am Main: Campus.
Simmel, Georg. 1989. Philosophie des Geldes. In *Gesamtausgabe Georg Simmel*, Bd. 6., Hrsg. Otthein Rammstedt und David P. Frisby. Frankfurt am Main: Suhrkamp.
Simmel, Georg. 1992 [1896]. Soziologische Aesthetik. In *Georg Simmel Gesamtausgabe*, Bd. 5, Hrsg. Heinz-Jürgen Dahme und Otthein Rammstedt, 197–214. Frankfurt am Main: Suhrkamp.
Simmel, Georg. 1995 [1905]. Philosophie der Mode. In *Georg Simmel Gesamtausgabe*, Hrsg. Michael Behr und Otthein Rammstedt, 7–39. Frankfurt am Main: Suhrkamp.
Simmel, Georg. 2001 [1910]. Soziologie der Mahlzeit. In *Georg Simmel Gesamtausgabe*, Hrsg. Rüdiger Kramme und Otthein Rammstedt, 140–147. Frankfurt am Main: Suhrkamp.
Simon, Herbert A. 1994 [1981]. *Die Wissenschaften vom Künstlichen*. 2. Aufl. Wien, New York: Springer.
Singer, Wolf. 2009. Das Bild in uns. Vom Bild zur Wahrnehmung. In *Bildtheorien. Anthropologische und kulturelle Grundlagen des Visualistic Turn*, Hrsg. Klaus Sachs-Hombach, 104–126. Frankfurt am Main: Suhrkamp.

Sloterdijk, Peter. 2008. *Regeln für den Menschenpark. Ein Antwortschreiben zu Heideggers Brief über den Humanismus*. Frankfurt am Main: Suhrkamp.

Soeffner, Hans-Georg. 1982. Statt einer Einleitung. Prämissen einer sozialwissenschaftlichen Hermeneutik. In *Beiträge zu einer empirischen Sprachsoziologie*, Hrsg. Hans-Georg Soeffner, 9–48. Tübingen: Narr.

Sofsky, Wolfgang, und Rainer Paris. 1994. *Figurationen sozialer Macht. Autorität, Stellvertretung, Koalition*. Frankfurt am Main: Suhrkamp.

Speitkamp, Winfried, Hrsg. 1997. *Denkmalsturz. Zur Konfliktgeschichte politischer Symbolik*. Göttingen, Vandenhoeck & Ruprecht.

Spenger, Florian. 2015. *Internet der Dinge: über smarte Objekte, intelligente Umgegbungen und die technische Durchdringung der Welt*. Bielefeld: transcript.

Spode, Hasso. 1994. Von der Hand zur Gabel. Zur Geschichte der Esswerkzeuge. In *Verschlemmte Welt*, Hrsg. Alexander Schuller und Jutta A. Kleber, 20–46. Göttingen: Vandenhoeck und Ruprecht.

Stagl, Justin. 1996. Volkskultur, Hochkultur, Nationalkultur. In *Der Zusammenbruch des Sowjetsystems*, Hrsg. Bálint Balla und Anton Sterbling, 213–227. Hamburg: Krämer.

Star, Susan L., and James R. Griesemer. 1989. Institutional Ecology, 'Translations' and Boundary Objects: Amateurs and Professionals in Berkeley's Museum of Vertebrate Zoology, 1907–39. *Social Studies of Science*. 19, Nr. 4: 387–420.

Starl, Timm. 1983. Sammelfotos und Bildserien. Geschäft, Technik, Vertrieb. *Fotogeschichte* 3 (9): 3–20.

Stiegler, Bernd. 2006. *Theoriegeschichte der Photographie*. München: Fink.

Stones, Rob. 2005. *Structuration Theory*. New York: Palgrave.

Strauss, Anselm L., und Juliet M. Corbin. 1996 [1990]. *Grounded Theory: Grundlagen qualitativer Sozialforschung*. Weinheim: Beltz.

Strübing, Jörg. 2008. *Grounded Theory. Zur sozialtheoretischen und epistemologischen Fundierung des Verfahrens der empirisch begründeten Theoriebildung*, 2. Aufl. Wiesbaden: Springer VS.

Sturken, Marita, and Lisa Cartwright. 2009. *Practices of Looking. An Introduction to Visual Culture*, 2. Ed. New York: Oxford University Press.

Sullivan, Louis H. 1896. The Tall Office Building Artistically Considered. *Lippincott's Magazine* (57): 403–409.

Tellmann, Ute. 2013. Über die Sichtbarkeit der liberalen Ökonomie. Christian Petzolds Film Yella und das Denken der Bilder. In *BildÖkonomie. Haushalten mit Sichtbarkeiten*, Hrsg. Emmanuel Alloa und Francesca Falk, 75–94. München: Fink.

Tenbruck, Friedrich. 1965. *Jugend und Gesellschaft*. Freiburg im Breisgau: Rombach.

Thürlemann, Felix. 2013. *Mehr als ein Bild. Für eine Kunstgeschichte des Hyperimage*. München: Fink.

Timan, Tjerk. 2016. The body-worn camera as a transitional technology. *Surveillance & Society*, 14 (1): 145–149.

Tischler, Wolfgang. 1984. Ökologie. In *Historisches Wörterbuch der Philosophie*, Hrsg. Joachim Ritter/Karlfried Gründer, 1145–1146. Basel: Schwabe.

Tooby, John, and Leda Cosmides. 2008. The evolutionary psychology of the emotions and their relationship to internal regulatory variables. In *Handbook of Emotions, 3rd Ed.*, Eds. Michael Lewis, Jeannette M. Haviland-Jones and Lisa F. Barrett, 114–137. New York: Guilford.

Turner, Jonathan. 2000. *On the Origins of Human Emotions. A Sociological Inquiry into the Evolution of Human Affect.* Stanford: Stanford University Press.

Turner, Ralf H. 1976. Rollenübernahme: Prozeß versus Konformität. In *Seminar: Kommunikation, Interaktion, Identität,* Hrsg. Manfred Auwärter, Edit Kirsch und Manfred Schröter, 115–139. Frankfurt am Main: Suhrkamp.

Veblen, Thorstein. 1997 [1899]. *Theorie der feinen Leute. Eine ökonomische Untersuchung der Institutionen.* Frankfurt am Main, New York: Fischer.

Vester, Michael. 1993. *Soziale Milieus im gesellschaftlichen Strukturwandel: Zwischen Integration und Ausgrenzung.* Köln: Der Bund.

Virilio, Paul. 1989. *Die Sehmaschine.* Berlin: Merve.

Vismann, Cornelia. 2007. Bildregime des Rechts – Rechtsregime des Bildes. In *Bildregime des Rechts,* Hrsg. Jean-Baptiste Joy, Cornelia Vismann und Thomas Weitin, 15–32. Stuttgart: Merz & Solitude.

Vismann, Cornelia. 2008. *Law and Visual Culture.* Abington: Taylor & Francis.

Vogelgesang, Waldemar. 1991. *Jugendliche Video-Cliquen: Action- und Horrorvideos als Kristallisationspunkte einer neuen Fankultur.* Opladen: Westdeutscher Verlag.

Wang, Caroline, and Mary A. Burris. 1997. Photo Voice: Concept, methodology and use for participatory needs assessment. Health Education & Behavior 24 (3): 369–387.

Warburg. Aby. 2001. Tagebuch der Kulturwissenschaftlichen Bibliothek Warburg mit Einträgen von Gertrud Bing und Fritz Saxl, Hrsg. Karen Michels und Charlotte Schoell-Glass (Aby Warburg: Gesammelte Schriften. Siebte Abteilung, Band 7). Berlin: Akademie Verlag.

Warburg, Aby Moritz. 2011 [1938]. *Schlangenritual. Ein Reisebericht.* 5. Aufl. Berlin: Wagenbach.

Warburg, Aby. 2003. *Der Bilderatlas Mnemosyne.* 2. Aufl. Hrsg. Martin Warnke. Berlin: Akademie.

Warnke, Martin. 1988. *Bildersturm. Die Zerstörung des Kunstwerks.* Frankfurt am Main: Fischer.

Warnke, Martin. 1992. *Politische Landschaft. Zur Kunstgeschichte der Natur.* München: Hanser.

Warnke, Martin. 2018. Nicht mehr Zahlen und Figuren. Oder: Die ozeanische Verbundenheit mit dem Smartphone. In *Smartphone-Ästhetik. Zur Philosophie und Gestaltung mobiler Medien,* Hrsg. Oliver Ruf, 63–73. Bielefeld: transcript.

Warnke, Martin; Uwe Fleckner, und H. Ziegler. Hrsg. 2011. *Handbuch der politischen Ikonographie.* München: C.H. Beck.

Watson, Patrick G. 2018. The documentary method of (video) interpretation: A paradoxical verdict in a police-involved shooting and its consequences for understanding crime on camera. *Human Studies,* 41(1): 121–135.

Watzlawick, Paul; Janet H. Beavin, und D. D. Jackson. 1990. *Menschliche Kommunikation,* 8. Aufl. Bern, Stuttgart: Hans Huber.

Weber, Max. 1922. Wirtschaft und Gesellschaft. Grundriß der Sozialökonomik, 3. Abteilung. Tübingen: J.C.B. Mohr.

Weber, Max. 1978 [1920]. *Gesammelte Aufsätze zur Religionssoziologie.* Tübingen: Mohr.

Weber, Max. 1982. Die Objektivität sozialwissenschaftlicher und sozialpolitischer Erkenntnis. In *Max Weber: Gesammelte Aufsätze zur Wissenschaftslehre.* 5. Aufl. Hrsg. Johannes Winckelmann. Tübingen: Mohr.

Weiner, Annette B. 1994. Trobrianders on Camera and Off. In *Visualizing Theory. Selected Essay from V.A.R. 1990–1994*, Ed. Lucien Taylor, 54–59. New York, London: Routledge.
Weiß, Johannes. 1998. *Handeln und Handeln lassen. Über Stellvertretung*. Opladen.
Wenzel, Horst. 1995. *Hören und Sehen, Schrift und Bild. Kultur und Gedächtnis im Mittelalter*. München: C.H. Beck.
Wenzel, Horst. 2008. *Mediengeschichte vor und nach Gutenberg*. Darmstadt: WBG.
White, Harrison. 1992. *Identity and Control*. Princeton: Princeton Univ. Press.
White, Paul. 2009. Darwin´s Emotions. The Scientific Self and the Sentiment of Objectivity. *Isis* 100 (4): 811–826.
Wiegand, Wilfried. Hrsg. 1981. *Die Wahrheit der Photographie. Klassische Bekenntnisse zu einer neuen Kunst*. Frankfurt am Main: Fischer.
Wiesing, Lambert. 2009. *Das Mich der Wahrnehmung. Eine Autopsie*. Frankfurt am Main: Suhrkamp.
Wilke, Jürgen. 2008. Der Bildermarkt in Deutschland. Akteure, Vermarktungswege, Handelsgebräuche, Markttendenzen. In *Global, lokal, digital – Fotojournalismus heute*, Hrsg. Elke Grittmann, Irene Neverla und Ilona Ammann, 36–50. Köln: Herbert von Halem.
Willems, Herbert, und Alois Hahn, Hrsg. 1999. *Identität und Moderne*. Frankfurt am Main: Suhrkamp.
Willems, Herbert, und York Kautt. 2003. *Theatralität der Werbung. Theorie und Analyse massenmedialer Wirklichkeit. Zur kulturellen Konstruktion von Identitäten*. Berlin: de Gruyter.
Willems, Herbert. 1997. *Rahmen und Habitus. Zum theoretischen und methodischen Ansatz Erving Goffmans. Vergleiche, Anschlüsse und Anwendungen*. Frankfurt am Main: Suhrkamp.
Willems, Herbert. 1999. Institutionelle Selbstthematisierungen und Identitätsbildungen im Modernisierungsprozeß. In *Identität und Moderne*, Hrsg. Herbert Willems und Alois Hahn, 62–101. Frankfurt am Main: Suhrkamp.
Willems, Herbert. 2012. *Synthetische Soziologie. Idee, Entwurf und Programm*. Wiesbaden: Springer VS.
Williams, Linda. 1989. *Hard core: power, pleasure, and the ‚Frenzy of the Visible'*. Berkeley: University of California Press.
Williams, Linda. 2011. The Social Theory of Norbert Elias and the Question of the Nonhuman World. In *Ecocritical Theory. New European Approaches,* Eds. Axel Goodbody and Catherine E. Rigby, 84–97. Charlottesville, London: University of Virginia Press.
Williams, Raymond. 1989. *Culture*. London: Fontana Press.
Willis, Paul. 2014 [1978]. *Profane Culture*. Princeton, New Jersey: Princeton University Press.
Winter, Rainer. 1992. *Filmsoziologie: eine Einführung in das Verhältnis von Film, Kultur und Gesellschaft*. München: Quintessenz.
Winter, Rainer. 1995. *Der produktive Zuschauer. Medienaneignung als kultureller und ästhetischer Prozeß*. München: Quintessenz.
Wobbe, Theresa, und Dirk Trüller. 1999. Georg Simmels Soziologie emotionaler Vergemeinschaftungen. Zu Gruppenbildungen in der rechten Skinheadszene. In *Masse – Macht – Emotionen. Zu einer politischen Soziologie der Emotionen,* Hrsg. Ansgar Klein und Frank Nullmeier, 137–150. Westdeutscher Verlag: Opladen.

Wolf, Herta, Hrsg. 2003. *Diskurse der Fotografie. Fotokritik am Ende des fotografischen Zeitalters*. Frankfurt am Main: Suhrkamp.

Worringer, Wilhelm. 1921. *Abstraktion und Einfühlung. Ein Beitrag zur Stilpsychologie.* München: Piper.

Worth, Sol, und John Adair. 1972. *Through Navajo Eyes. An Exploration in Film Communication*. Bloomington, London: Indiana University Press.

Wouters, Cas. 1979. Informalisierung und der Prozeß der Zivilisation. In *Materialien zu Norbert Elias' Zivilisationstheorie*, Hrsg. Peter Gleichmann, Johan Goudsblom und Hermann Korte, 279–298. Frankfurt am Main: Suhrkamp.

Wright, Cecile Y.; Natalie Darko; Standen, P. J., and Patel, T. G. 2010. Visual research methods: Using cameras to empower socially excluded black youth. *Sociology*, 44 (3): 541–558.

Wuggenig, Ulf. 1990. Die Photobefragung als projektives Verfahren. *Angewandte Sozialforschung* 16 (1): 109–129.

Wuggenig, Ulf. 2017. Die Feld-Kapital-Habitus Theorie der Künste. In *Klassiker der Soziologie der Künste: Prominente und bedeutende Ansätze*, Hrsg. Christian Steuerwald, 731–798. Wiesbaden: Springer VS.

Wunderlich, Stefan. 1999. Vom digitalen Panopticum zur elektronischen Heteropie. Foucaultsche Topografien der Macht. In *Kommunikation, Medien, Macht*, Hrsg. Rudolf Maresch und Niels Werber, 342–367. Frankfurt am Main: Suhrkamp.

Zapf, Holger; Oliver Hidalgo, und Phillip Hildmann, Hrsg. 2018. *Das Narrativ der Wiederkehr der Religion*. Wiesbaden: Springer VS.

Zimmermann, Ruben. 2000. Einführung. Bildsprache verstehen oder Die offene Sinndynamik des Sprachbildes. In *Bildersprache verstehen. Zur Hermeneutik der Metapher und anderer bildlicher Sprachformen*, Hrsg. Ruben Zimmermann, 13–54. München: Fink.

Zurawski, Nils. 2014. *Raum – Weltbild – Kontrolle: Raumvorstellungen als Grundlage gesellschaftlicher Ordnung und ihrer Überwachung*. Opladen: Budrich.

Sachverzeichnis

A
Abduktion, 254
Achtungskommunikation, 129, 133, 157, 214
Adaption, 74–86, 147, 152, 239
Affekt s. Emotion
Affekt- und Peinlichkeitsstandard, 12, 135
Ähnlichkeit, 58, 60, 68
    Selbstähnlichkeit, 66, 71
Aktionsmacht, 146, 158
Allegorie, 69, 188, 218
Alltagstheorie, 100, 129, 168, 187, 190
Analyse, historische, 207, 243ff.
Anerkennung, 91, 133, 146f., 159, 160, 201, 203f., 214
Angst, 8, 123, 143, 195f.
    Angstlust, 128, 157
Anonymisierung, 36, 184, 198, 222
Anpassung s. Adaption
Ansehen, 198
Anti-Genealogie, 243ff.
Appraisal theory, 125
Arbitrarität, 43, 46, 52, 57, 68, 106
Architektur, 37, 54, 102, 107, 111, 119, 138, 148, 156, 162, 207
Aristokratie, 193
Artefakt, 1, 27, 29, 48, 52, 63f., 74ff., 80ff., 91, 176, 241f.
    innere und äußere Umgebung, 76
    Lebensraum des s. Umgebung
    Sozialbezogenheit, 63
    Umgebung, 95, 96

Ästhetik, 7, 15, 23f., 80, 108, 129, 156, 182, 195, 203, 218, 231
    ästhetische Praxis, 237
    Eigenwerte, 251
Atmosphäre, 15, 47, 107, 109f., 226
Aufmerksamkeit, 131, 166f., 205
Augenzeugenschaft, 115, 224, 226
Augmented Reality, 120
Authentizität, 104, 113f., 126, 192, 223
Autonomie, 65, 92, 129, 201, 229
Autopoiesis, 37, 75, 83f.
Avantgarde, 201, 231

B
Bank, 127, 160, 235
Barbarei, 12, 137, 159
Bauhaus, 14, 79, 218
Beeinflussung, 144, 250
Begehren, 150, 233
Beobachtung, 34f., 50, 57
    Beobachtende, 35
    Beobachtungsverhältnisse, 97, 162, 164, 211
    Kontingenzbeobachtung, 77, 211f., 214, 254
    Vergleichsbeobachtung, 214
    zweiter Ordnung, 187, 212, 233
Beschreiben, 224, 245
Besteck, 11ff.
Beton, 107, 111f., 148

Bewusstsein, 35, 38ff., 49ff., 57, 60, 94, 168
Kollektivbewusstsein, 181
Beziehung, parasoziale, 131
Bezugsproblem, soziales, 19f., 25f., 73, 87, 138, 145, 212, 219f., 227, 236f.
Bild, 19, 27ff., 62, 68f.
Landschafts- und Naturbild, 107ff.
Leben der Bilder, 241
Topos, 69, 127, 147, 158
Bilderverbot, 159ff., 236
Bildmedium, technisches, 58, 113–119, 164
Bildtheorie, 7, 27, 43, 69, 86
Bildung, 66, 118, 231ff., 237
Bildwissenschaft, 8, 28, 61, 108
Biographie, 179, 183f.
Boundery Objects, 63
Bürgertum, 116, 190, 199, 207

C

Code und Codierung, 37, 47, 76, 170, 185, 248
Gender-Codes, 184ff.
Gruppen-Codes, 207
ikonische Codes, 41
Image-Codes, 222
sprachliche Codes, 41
Computer und Computerisierung, 6, 47, 115, 119, 135, 153, 158, 161, 165, 167, 175, 184, 199, 214, 223, 237, 241
Interface-Design, 120
Internet der Dinge, 120
Kulturen, 110
Coolness, 130
Cultural bias, 209

D

Darstellung, 34, 42, 61ff.
Daten, 248
Demokratie, 116, 199
Design, 18, 54, 64, 74, 79, 112, 182, 186, 200f.
des Lebendigen, 75, 120
Distinktion, 202
Emotionsdesign, 128
Praxis des Designs, 255
Schichten-Design, 193, 203ff.
Designtheorie, 78
Differenz, ikonische, 62, 68
Differenzierung
funktionale, 139, 217, 232
soziale, 183f.
Digitalisierung s. Computer, 114, 165, 200
Dinge, Bedeutsamkeit, 1, 82, 106, 180
Distanzierung zur Welt, 109
Distinktion, 91, 193f.
Disziplinarmacht, 162, 165f.
Dokument, 223f.
Dokumentarfilm, 61, 225f.
Ensemble des Dokumentarischen, 224

E

Ehre, 196
Eigentum, 148, 179, 220, 234
Elite, 156, 200
Emotion, 122f., 47, 78, 122–144
Deep acting, 131
Dimension
der Darstellung, 126
kognitive, 124
somatische, 123
Emotionsmanagement, 226, 234
Emotion work, 130, 132
Emotionssyndrom, 123
Empirie, 246ff.
Entfremdung, 216ff., 251
Entpersonalisierung, 151
Entscheidungsverhalten, 90, 94, 219
Entwerfen, 58, 76, 255
Entwerfer*innen, 146
Entzauberung der Welt, 81, 217
Erfahrung, 33, 41, 106, 109
Ergonomie, 101, 105
Erhabene, 127, 157
Erleben, 107, 110, 123, 169, 178
Erlebnisgesellschaft, 143
Erotik, Sexualität, 118, 136f., 140
Erwartungsstruktur, 60, 169

Sachverzeichnis

Ess- und Koch-Kultur, 136f., 215
Etablierte und Außenseiter, 151
Ethnografie, 249
Ethnologie, 3
Evolution und Evolutionstheorie, 74f., 83, 124, 127

F
Fake News, 223, 227
Fallanalyse, 10, 95, 247
Faschismus, 146, 218
Fassade, 5, 160, 179f., 235
Feeling rules, 128, 130
Feld, 3, 87, 93, 150, 205, 229
Fetischismus, 217, 234
Figuration, 91f., 135, 150, 154
Film, 45f., 53, 61, 67, 113ff., 223f.
Form, 27, 49ff.
  des Organischen, 75
  Entkopplung Medium – Form, 51
  Formunsicherheit, 198
  Überschuss, 81
  und Inhalt, 34
Form follows function, 78
Fotografie, 113ff.
  Modefotografie, 117
  Portraitfotografie, 116
  sozialdokumentarische, 117
  subjektive, 226
Fremdheit, 198, 207, 211, 227
Funktion, 78, 82
  der Macht, 145
  latente, 79
  manifeste, 79
  soziale, 79, 128
Funktionalismus, 78, 112
Funktionssystem, 112, 139, 196, 205, 219–237

G
Gattung, 107, 171, 196
  kommunikative, 19, 67, 219–237
  Diffusion, 237
Gebrauchsweise, soziale, 93, 115, 117, 169
Gedächtnis, 65, 88, 118, 213ff, 228, 230
  kollektives, 127
Gefühl s. Emotion
Gegenbild, 161
Geld, 148, 180, 191, 206, 220, 234f.
Gender, 21, 144, 181, 184–191
Generalisierung, 6, 37, 61, 83, 102, 256
  symbolische, 61, 67
  von Konzepten, 255
Generation, 2, 24, 26, 112, 119
Geschmack, 14, 79, 180, 194, 197f., 204
  Geschmacksbildung, 201
  Geschmacksunsicherheit, 198
  Notwendigkeitsgeschmack, 204
Gegenwartsgesellschaft, 71, 129, 140, 153, 164, 196, 202, 223
  postfaktische, 227
  Weltgesellschaft, 112, 158, 232
Gesicht, 127, 131, 140, 176
Gestalt, 30, 48f., 61, 77, 89
  Tiergestalt, 136
Gestaltung, 8, 11, 19, 45, 48, 54, 82f.
Gewalt, 157ff., 163
  Gewalt-Demonstration, 157
Glaubensvorstellung, 209
Glaubwürdigkeit, 105, 224, 235
Globalisierung, 119, 161, 166, 189, 202, 211, 219
  der Kulturen, 211
Glück, 196, 206
Größe, relative, 156f.
Gruppe, 129, 181f., 192, 200

H
Habitat, 95f., 244, 253f.
Habitualisierung, 60
Habitus, 70, 87, 93, 116, 151, 192, 203
Handeln, 38, 67, 84f., 87f., 119, 145
Hässlichkeit, 14, 144, 210
Heiratspraxis, 198
Hermeneutik, 243, 245, 251
  Wut des Verstehens, 245
Herrschaft, 136, 151f., 158, 230
Hof
  höfische Kultur, 14, 135f.
Höfling, 163

Holz, 113
Homologie, 66, 211, 218
Homo oecologicus, 255
Hybridität, 44, 112, 212, 237
Hygiene, 15

I
Identität, 19, 22, 154, 177–184, 236
    Identitätsaufhänger, 210
    Identitätsbalancierung, 181
    Identitätsgenerator, 179
    Identitätsproblem, 212
    individuelle, 22, 180
    kollektive, 177, 180
    Schablonisierung, 179
    soziale, 182
    Unvermeidbarkeit, 177
Ideologie, 192
Idiom, zeremonielles, 186ff.
Idolatrie, 8, 159
Ikonoklasmus, 3, 159ff.
Image, 20, 68ff., 117, 133, 154f., 166, 195, 197, 202
    Kommunikation, 201, 222, 233
Imagination, 28, 110, 119, 139, 213
Immersion, 64, 66
Individualisierung, 134, 138f., 183, 197, 210
Individualität, 14, 17, 90ff., 103, 149, 155, 181
Individuum, 13, 16, 33, 45, 104, 123, 169, 255
    und Gemeinschaft, 13, 180
Industrienorm DIN, 15
Infografik, 233, 237
Informalisierung, 134f., 138
Information, 34–42
    soziale, 74
    Verknüpfungen, 40, 42
Informationsmanagement, 153
Institution, 169, 210, 214, 216f., 232, 235
    der Mahlzeit, 216
    Institutionalisierung, 66, 158, 184, 202, 206, 227
Inszenierung, 66, 237

Integration
    ikonische, 58
    indexikalische, 58
    symbolische, 58
Integration kommunikativer Ordnungsebenen, 37
Interaktion, 16, 18, 36, 47, 62, 99, 102, 126, 132, 137, 180
Interaktionsordnung, 133f.
Interdisziplinarität, 257
Interesse, 214, 222, 229, 234, 255
Interpretant, 59
Intersubjektivität, 1, 28, 32, 84, 101, 126, 168f.
Irritation, 155

J
Jesu, bildliche Darstellung, 106, 144
Jogginghose, 207
Journalismus, 115, 117, 200, 237
    Embedded Journalism, 163
Jugendkultur, 23, 130, 207, 216

K
Kampf, 133, 150, 166f., 180, 200, 214
Karte, 114, 223, 248
    und Territorium, 31f.
Kindchenschema, 124
Klasse, 105, 195, 198, 207, 213
    Klassenkampf, 196
Klassengesellschaft, 81
Klassenlage, 196
Klischee, 129, 205
Knappheit, 193f., 198, 202–205, 215–219
    Knappheitsbewältigung, 215–219
Kollektivität s. Gruppe, 90ff.
Kolonialismus und Postkolonialismus, 117, 157, 227
Kommunikation, 34–55
    Anschlussmöglichkeiten, 47
    Kommunikationsüberschuss, 45, 62, 81
    kommunikativer Vertrag, 227
    menschliche, 40f.
    Meta-Kommunikation, 40

Sachverzeichnis

Musterbildung, 41
unter Anwesenden, 36, 133, 149
Unwahrscheinlichkeit, 49f.
Kommunikationsmedium, 50f., 114f.
  symbolisch generalisiertes, 139, 180, 219, 234
Theorie, 50
Komplexität, 40, 54, 62, 74, 87, 93, 107, 125, 174, 220, 232, 239, 245f., 256f.
  der Theorie, 25
  des Gegenstandes, 25
  Reduktion, 87, 94, 214, 232, 256
Konkurrenz, 141, 200
Könnensmacht, 145, 150, 191
Konstellation, raumzeitliche, 64ff., 96
Konstruktivismus, 31
Konsum, demonstrativer, 80, 136, 194f.
Kontext, 64, 82, 98
  Kontextierung, 64, 154
Kontingenz, 50, 52, 77, 211
  Beobachtung, 212f.
  Reduktion, 254
  Steigerbarkeit, 221
  Zumutung, 214
Kontrolle, 61, 74, 85, 99, 135, 153, 162f.
  Kontrollierbarkeit, 66
  Selbst- und Fremdkontrolle, 99, 163
  Videokontrolle, 165
Konventionalisierung, 11, 47, 57, 60
Konzept
  kuratorisches, 228ff.
  Sensitizing Concepts, 255
  sozialökologisches, 255
Kopplung
  Artefakte und Umgebung, 81
  Medium und Form, 53f.
  strukturelle, 37, 76
Kopräsenz, leibliche, 36, 67
Körper, 33, 36, 38, 41, 99–104, 180
  Authentizitätszeichen, 104
  Deutungszeichen, 103
  Identitätszeichen, 105
  Individualitätszeichen, 103
  Normalitätszeichen, 104
  Performanz, 126, 133
  Prestigezeichen, 103

Körperkult, 141
Kosmologie, 21, 100, 186, 188
Kriterium des Handelns, 87
Kult des Selbst, 116
Kultur, 1, 181, 208–218
  als Gedächtnis, 213
  als Knappheitsbewältigung, 215
  als Vergleich, 211
  als way of life bzw. Tauschmedium, 209
  Beobachtung, 213
  Dekonstruktion, 213
  Koch-Kultur, 216
  Kulturalisierung, 216
  repräsentative, 199, 200
  visuelle, 208
Kunst, 7, 42, 44, 57, 64f., 96, 118, 139, 187f., 190, 206, 223, 227–231, 237
  Künstliches, 77
Kunstwerk, 47, 64, 91, 97, 106, 229f.
Kunstwissenschaft, 2, 7, 228
Kunstwollen, 68

L

Landschaftsbild, 98, 107, 110, 176, 188
Lebenslauf, Institutionalisierung, 143
Lebensstil, 14, 194, 200, 203, 205
Lebenswelt, 168, 169
Legitimation, 141, 148, 152, 163, 234
Leistungsprinzip, 141
Leitfrage, 29, 256
Lernen, 7, 41, 125, 131
Liebe, 138ff.
Lifestyle, 142, 195, 197, 201

M

Macht, 144–166
  Aktionsmacht, 146, 147, 149
  autoritäre, 147
  autoritative, 146
  datensetzende, 146, 149
  Drohung, 158
  Ermächtigung, 158
  Gegenmacht, 117, 154, 158f.
  Grundformen der Macht, 145

institutionalisierte, 151, 235
instrumentelle, 146, 147, 149
Verhältnisse, 144
Zerschlagung, 152
Management von (Un-)Sichtbarkeit, 154
Männlichkeit, 185–191
Markt, 96, 166, 192, 200, 217, 222, 233
Materialität, 11, 57, 84, 99, 105–121
Material Turn, 121
Medien s. Materialität, Kommunikationsmedium, Medium
Medienentwicklungen, 213, 222, 232, 245
Medium, 49–55, 111–182
   mediales Substrat, 51, 57, 67, 96, 105, 113
   Medium-Form-Relationierung, 53
Medizin, 15–19, 82, 118, 232
   ÄrztInnen-PatientInnen-Beziehung, 18
Metakultur, 202
Methode, 230, 232, 247, 252f.
Methodologie, 246f., 256
Mikrosoziologie, 5, 89
Misstrauen, 223
Mitteilung, 34, 39ff., 48f.
Mittelschicht, 186, 192, 205
   neue Mittelklasse, 204
Mode, 23, 154, 180, 188, 197, 235
   Distanznahme, 207
   Dress-Code, 155, 188
   Kleider-Ordnung, 197
   vestimäre Oberflächen, 180
Modell, 6, 35, 39, 50f., 68, 163, 191
   heuristisches, 253
Moderne, 7, 112, 116, 139, 166, 212, 218
   Identitäten, 183
   reflexive, 213
Modernisierung, 71, 163, 207, 217
Modul und Modulation, 174f., 177, 215
Motiv s. Sujet, 53, 69, 92, 127, 214
Multimodalität, 32, 44, 106f., 119, 139, 172, 174
Museum, 65, 91, 97, 214f., 230
Mystifizierung und Ent-Mystifizierung, 217

N
Nacktheit, 137, 158f.
Nationalstaat, 146, 152, 160, 182, 209, 235
Natur, 49, 107f., 173, 188
Naturalismus, 114
Natürlichkeit, 113, 216
Neid, 140ff., 193f.
Norm, 11, 14, 22, 83, 115, 132, 181, 185, 187, 192, 220, 255
Nützlichkeit, soziale, 79–82

O
Objekt, 17, 29, 36, 40, 58, 99, 108
   Bildobjekt, 35
   der Kultur, 213
   Objektidentifizierung, 48
   Objektivierung, 98
   soziales, 116, 167
Objektpräsentation, 214
Öffentlichkeit, 115, 117, 120, 128, 153, 158, 200, 222
Ökologie, 38f., 239–243
   des Geistes, 38, 39, 106, 239, 247
   Humanökologie, 83
   Mikroökologie, 98
Ökologisierung
   der Methodologien, Methoden und Konzepte, 255ff.
   des Gegenstands, 243
Ökonomie s. Geld, Image, Markt, Wirtschaft, 93, 148, 191, 194, 196, 233
Opfer, 158
Organisationsfähigkeit, 155, 191
Orientierung am Sozialen, 92
Ornament, 149, 201, 229

P
Pädagogik, 7, 233
Panoptismus, 153f., 162f.
   Panopticon, 142, 162, 195
Paradoxie, 46, 203
Partizipation, 116, 153, 199, 206
Passion, 140

Sachverzeichnis

Pathosformel, 2, 111, 122, 127, 228
Peinlichkeit, 12, 135, 195
Performanz, 36, 41f., 66ff., 187, 194, 198, 232
Performanzkörper, 36, 100
von Emotionen, 125
Perspektivenpluralisierung, 211
Phänomenologie, 33, 107
des Lebendigen, 49
Picture, 28, 58, 68f.
Plastik, 112f.
Plastizität, 112
Polysemie, 45, 59, 229
(Post-)Kolonialismus, 4, 117, 157, 214, 227
Praxis, 86–94, 215, 245, 256
ästhetische, 237
der Theorie, 94, 256
inkorporierte, 94
Praxeologie, 92
Theorie, 93
Preadaptive Advance, 81
Preis, 148, 204, 234
Prestige, 142, 184, 191, 194f.
Problemlage
existenzielle, 216
lebenspraktische, 216
Prozess, 49, 51f., 59f., 71, 76, 78, 85f., 94, 150, 240
der Forschung, 247f., 252ff.
der Gestaltung, 243
Publikum, 64, 66, 152, 154, 167, 175, 200
Purismus, 79, 218

Q
Queer-Studies, 185

R
Rahmen, 18, 53, 62, 68, 89, 96, 172–177
Modul, 173, 174
natürlicher, 17
primärer, 173
sozialer, 15
Täuschung, 173, 174
Theaterrahmen, 173, 175
Rahmung, 89, 176
Rationalisierung, 61, 216f.
Rationalität, 75f., 122, 234
rationale Wahl, 92
Raum, 19, 64f., 85, 88, 98, 110, 195, 205
imaginärer, 65
Meta-Raum, 65
Raum-Gedächtnis, 65
Realität, 11, 31f., 69, 225
das Reale, 69
Reality-TV, 223
Redundanz, 41, 70, 71, 115, 183
Reflexion, Reflexionsmedium, 108, 117, 212
Reflexivität, 90, 212, 229, 230f.
Regel, 60, 131f.
Regime, skopisches, 137, 210
Reinheit und Unreinheit, 137, 210
Religion, 141, 156f., 160, 217, 228, 245
Respekt, 132
Rezeption, 86, 88, 114, 119, 167
Ritual, 21f., 186
Ritualisierung, 186
Hyperritualisierung, 187
Rokoko, 190f.
Rolle, 225
Roman, 139

S
Sachlichkeit, 18, 218, 234
Sammlung, 230
Scham, 129, 133, 135, 187, 195
Schema, Regel, 89, 108, 174
Schicht, 181, 184, 186, 191ff.
Mittelschicht, 12, 205
Oberschicht-Mythologie, 205
Schichtzugehörigkeit, 141
Schönheit, 15, 80f., 109, 144, 210, 229
Schrift, 36, 42, 44, 46, 103, 139
Science and Technology Studies, 5, 232
Sehgemeinschaft, 172
Selbstdarstellung, 115, 166, 180, 199, 237
Selbstgestaltung, 141

Selbstüberwachung, 163
Selbstverwirklichung, 141
Selektion, 31, 34, 50, 76, 83, 129, 145, 207, 256
Unsicherheit, 198
Semantik, 51, 53f., 69ff., 120, 182, 190, 221
Mikro-Semantik, 202
Semiotik, 3, 58, 60, 106
Serialität, 12
Setting, 63, 107, 132, 148, 231
Sichtbarkeit, 28, 43ff., 68, 162, 178
Ordnung des Sichtbaren, 236
Verhältnis zur Unsichtbarkeit, 153, 236
Sichtbar-Machen, 152
Signifikant, 35
Signifikat, 35
Simplifizierung, 82, 214
Sinn, 1, 19, 33, 45, 52
Sinnüberschuss, 62
Sinnkörper, 99
Social media, 114, 166, 187
Sozialisation, 92, 94, 185, 192
Sozialökologie, 239
visueller Kommunikation, 251
Sozialtheorie, 88, 91, 122, 180
Spaß, 2, 66, 131, 143
Spiel, 225
Sport, 103, 136f., 155, 237
Sprache, 1, 32, 40–48, 185, 209, 249
Sprechakte, 41
Status, 105, 136, 191
Hierarchie, 193
Symbolik, 112, 193, 194
Stigma, 17, 104, 137, 154
Stil, 70f., 103, 134, 182, 211, 226, 237
Stilisierung, 70, 71
Stimmungswert, 107, 109ff.
Stratifikation, 191ff., 196–206, 229
Struktur, 82–86, 89, 239
latente, 89
manifeste, 89
Subjekt, 38, 99, 107f., 116, 125, 138, 163, 168, 183, 190, 236
Subjektgenese, 33, 93, 108
Subkultur, 82, 116, 130, 211, 216

Substrat, mediales, 35, 50ff., 113
Sujet, 53, 68ff., 107, 124, 126f., 157, 190f., 223
Symbol, 56ff., 60, 112, 157, 160, 193, 218
der Gleichheit, 157
Klassensymbolik, 193
Kollektivsymbolik, 129
symbolische Ordnung, 116, 118, 200
symbolische Ressourcen, 188
Symbolisieren, 79, 97
Vergegenwärtigung durch Symbolisierung, 60
System, 39, 42, 59, 75, 77, 79, 81, 83
des Geistes, 40, 94
System-Umwelt-Determinismus, 82
System-Vertrauen, 18
Szene, 129

T
Tabu, 236
Täuschung, 115, 173f., 194, 225
Teller, 14
Temporalisierung, 46
Territorium, 31, 114, 248
Theater, 64
Theaterrahmen, 224
Theorie, 37, 246–248, 256f.
der Praxis, Praxeologie, 86
Tod, 99, 210, 216, 218
Topos, 147, 158
Tradition, 202, 207, 215
Traditionalismus, 234
Transidentität, 185
Typografie, 44, 119, 201
Tyrannei der Intimität, 184

U
Umgebung, 82–86
der Gestaltung, 83
sichtbare, 97
strukturelle, 84
Typologie, 254
Universalien, 18, 124, 180, 185, 188, 191, 202, 219, 228, 232, 237

Sachverzeichnis

Unsichtbarkeit, 57, 153, 163
Unterhaltung, 118, 124, 128, 136f., 142, 157, 167, 194, 205f., 223, 236
Unzivilisiertheit, 71, 137, 207

V

Verbot, 159, 236
Verbreitungsmedium, 113, 115, 119, 148, 198, 237
Verführung, 19, 222
Vergemeinschaftung, 129, 182, 210, 216
Vergeudung, 80, 206
Verletzungsoffenheit, 145, 150, 159, 191
Versicherung, 127, 235
Verstehen, 1, 27, 29, 34f., 49, 245
Vertrauen, 207, 223
Videobeweis, 162
Virtual reality, 66, 174
Visual
  Culture, 4, 7, 208
  Emotions, 128
  Studies, 4
  Turn, 44
  Iconic turn, pictorial turn, 8
Visualität s. Sichtbarkeit, 31, 57, 109, 153

W

Wahrnehmung, 28, 31–34, 38
Wahrnehmungsglaube, 33
Wandel, soziokultureller, 47, 115, 117, 134, 162ff., 244
Ware, 217, 233f.
Weiblichkeit, 83, 185–189
Weltanschauung, 61, 192, 203
Weltsprache, soziale Hierarchisierung, 202
Werbung, 19, 139, 194, 221ff.
Werkbundstreit, 201
Werte, 78f., 113, 201f., 209, 215, 234, 255
Wirklichkeit, soziale, 1, 31f., 84, 114, 169
Wirtschaft, 216, 222, 233ff., 240
Wissen, 5, 54, 61, 67, 78, 80, 88–94, 167–177
  Allgemein- und Sonderwissen, 170
  explizites, 170
  Grundelemente, 170
  individuelles, 168
  leiblich-körperliches, 171
  Routinewissen, 170
  soziales, 168
  vorbewusstes, bewusstes, 89
Wissenschaft, 42, 118, 231, 237
  Praxis, 87
  vom Künstlichen, 74
Wissenssoziologie, 5, 173

Z

Zeichen, 28, 35, 41f., 44, 56
  ikonisches, 57
  indexikalisches, 57
  symbolisches, 57
  Zeichenverwendung, 214
Zensur, 149, 163, 236
Zentralperspektive, 46, 61, 108
Zivilisationsprozess, 11, 92, 134–138, 163
Zugehörigkeit, 91, 105, 182, 195, 201
Zweierbeziehung, 140

Druck:
Canon Deutschland Business Services GmbH
im Auftrag der KNV-Gruppe
Ferdinand-Jühlke-Str. 7
99095 Erfurt